CAPITOOL REISGIDSEN

SEVILLA & ANDALUSIË

VAN REEMST
UITGEVERIJ

HOUTEN

A Dorling Kindersley book
www.dk.com

Oorspronkelijke titel: Eyewitness Travelguides – Seville & Andalusia

Van Reemst Uitgeverij/Unieboek bv
Postbus 97
3990 DB Houten
www.capitool.nl

19de druk 2009

Auteurs: David Baird, Martin Symington, Nigel Tisdall
Boekverzorging: *de Redactie*, Amsterdam
Vertaling: Hanneke Bos, Willemien Werkman
Bewerking: Gerard M.L. Harmans

Aanvullende vertaling: *Ottenhof*, Timon Meynen, Linda Doornbos
Actualisering: *Ottenhof*, Machteld Ottenhof
Omslag: Teo van Gerwen-design, Waalre

Fotografie: Neil Lukas, John Miller, Linda Whitwam

Illustraties: Richard Draper, Isidoro González-Adalid Cabezas (Acanto Arquitectura y Urbanismo S.L.), Steven Gyapay, Claire Littlejohn, Maltings, Chris Orr, John Woodcock

ISBN: 978-90-410-3349-9
NUR: 512

◁ **Torre del Oro in nachtelijk Sevilla**

INHOUD

Bijbelillustratie in Moorse stijl, 10de eeuw

INLEIDING OP SEVILLA EN ANDALUSIË

Paardenkoets op Plaza de España, Parque María Luisa

Zahara de la Sierra, een van de traditionele *pueblos blancos* (witte dorpen) van Andalusië

Tegeltableau op Plaza de San Francisco, Estepona

Gemengde groene olijven

De Generalife

HOE GEBRUIKT U DEZE GIDS

Deze reisgids zal u helpen uw verblijf in Sevilla en Andalusië zo aangenaam mogelijk te maken. *Inleiding op Sevilla en Andalusië* beschrijft de geografische ligging en plaatst de streek in een juiste historische en culturele context. In *Sevilla van buurt tot buurt* en *Andalusië van streek tot streek* worden alle bezienswaardigheden gedetailleerd beschreven. Zorgvuldig nagetrokken tips voor hotels, winkels en markten, restaurants en cafés, sport en vertier vindt u in *Tips voor de reiziger*, en *Wegwijs in Andalusië* adviseert u over allerlei praktische zaken.

SEVILLA VAN BUURT TOT BUURT

Het centrum van Sevilla is verdeeld in vier buurten. *De rivier over* vormt de vijfde buurt. Aan elke buurt is een hoofdstuk gewijd. De bezienswaardigheden zijn genummerd en aangegeven op een *wijkkaart*. Gedetailleerde informatie over de bezienswaardigheden wordt in deze volgorde gegeven en is daarom gemakkelijk terug te vinden in het hoofdstuk.

Alle bladzijden die over het centrum van Sevilla gaan, zijn rood gemerkt.

Een oriëntatiekaart toont uw positie met betrekking tot andere wijken in het centrum.

1 Wijkkaart

De bezienswaardigheden zijn genummerd op de kaart aangegeven. Ze staan ook vermeld op de stratengids *op bladzijde 112–117.*

Bezienswaardigheden in het kort noemt de bezienswaardigheden per categorie: kerken, musea en galeries, straten en plaza's enzovoort.

2 Stratenkaart

Deze kaart biedt een blik op het hart van een bezienswaardige buurt.

De aanbevolen route voor een wandeling gaat door de mooiste straten in de buurt.

Sterren markeren de bezienswaardigheden die niemand mag missen.

3 Informatie over bezienswaardigheden

Alle bezienswaardigheden worden apart beschreven, compleet met adressen en praktische informatie. De in het informatiekader gebruikte symbolen staan uitgelegd op de achterflap.

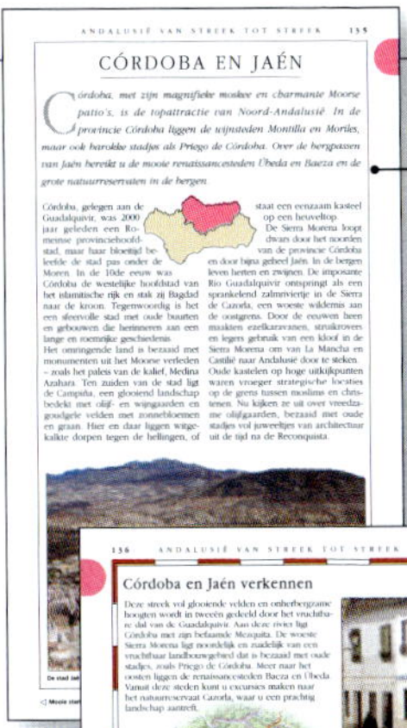

1 Inleiding

Het landschap, de geschiedenis en het karakter van elke streek worden hier beschreven, waarbij de ontwikkeling van het gebied en wat het de bezoeker van nu te bieden heeft aan bod komen.

ANDALUSIË VAN STREEK TOT STREEK

Andalusië is hier verdeeld in vier aparte streken, waaraan steeds een hoofdstuk is gewijd. De interessantste bezienswaardigheden staan genummerd op een *beeldkaart*.

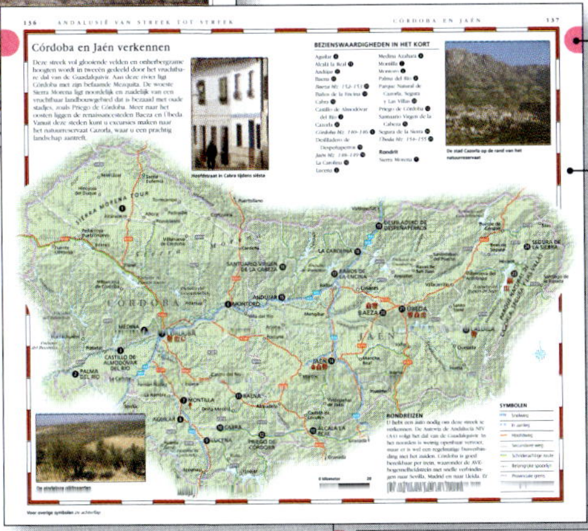

Elke streek van Andalusië is van een kleurcode voorzien.

2 Streekkaart

Deze geeft de voornaamste wegen en een geïllustreerd overzicht van het hele gebied. De bezienswaardigheden zijn genummerd en er worden tips gegeven over het reizen per auto of openbaar vervoer.

3 Informatie over bezienswaardigheden

Alle belangrijke steden en andere interessante plaatsen worden apart beschreven. Ze staan in de volgorde van de nummers op de beeldkaart*. Bij elke stad worden belangrijke gebouwen en andere bezienswaardigheden gedetailleerd beschreven.*

Interessante details worden nader toegelicht.

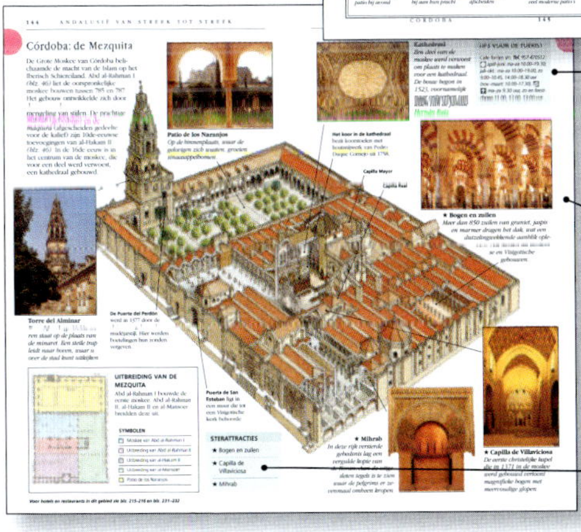

In **Tips voor de toerist** krijgt u praktische informatie om uw bezoek voor te bereiden.

4 Belangrijkste attracties

worden op twee of meer bladzijden beschreven. Gebouwen zijn opengewerkt zodat het interieur zichtbaar wordt. U vindt de weg in musea en galeries aan de hand van met kleur gecodeerde plattegronden.

Sterren markeren de attracties die niemand mag missen.

INLEIDING OP SEVILLA EN ANDALUSIË

SEVILLA EN ANDALUSIË VERKENNEN

Andalusië is een van de grootste regio's van Spanje, en zeker de meest gevarieerde. Het strekt zich uit van de Atlantische Oceaan tot de Middellandse Zee, en omvat moerassen, olijfboomgaarden, bossen en besneeuwde bergtoppen. Toeristen komen af op de kustresorts of sightseeing in drie steden die beroemd zijn om hun kunst en architectuur: Sevilla, Córdoba en Granada. Er zijn echter ook vele kleinere, afgelegen plaatsen die een bezoek waard zijn. Een van de trekpleisters van Andalusië is de levenslust en gastvrijheid van de bevolking, waarvan de vele *fiestas* getuigen.

Muuraltaar voor de Maagd Maria in Cádiz

Het heerlijke Patio de las Doncellas in het Real Alcázar in Sevilla

SEVILLA

- **Moors Real Alcázar**
- **Kathedraal en La Giralda**
- **Bars en stierenvechten**
- **Flamboyante vieringen van Semana Santa**

De levendige hoofdstad van Andalusië aan de Guadalquivirrivier combineert de roem van Moors en christelijk Spanje in de onmiskenbare klokkentoren van Giralda, van oorsprong een minaret, bij de kathedraal *(blz. 78–79)* en in het bontversierde koninklijk paleis van het **Real Alcázar** *(blz. 82–83)*. Toeristen drommen ook samen om de vreemde witgekalkte straten en pleinen te zien van de **wijk Santa Cruz** *(blz. 72–73)* en om het immense aantal verschillende cafés te proberen. Bij een stierengevecht sluiten ze zich aan bij de lokale bevolking op het **Plaza de Toros de la Maestranza** *(blz. 68)*, de wereldberoemde arena. Minstens zo aantrekkelijk als de vele monumenten en musea is de honger naar spektakel en alles uit het leven halen: in de lente worden de uitbundige processies in de **Heilige Week** (Semana Santa) *(blz. 38)* gevolgd door de feestpret van het **Aprilfestival** *(blz. 38)*.

HUELVA EN SEVILLA

- **Romeinse ruïnes van Itálica**
- **Het Moorse bolwerk van Carmona**
- **Nationaal Park Doñana**
- **De Columbusconnectie**

Sevilla is dé uitvalsbasis voor het verkennen van de gelijknamige provincie en het naburige Huelva. De ruïnes van de Romeinse stad **Itálica** *(blz. 132)* en het prachtige oude bergdorp **Carmona** *(blz. 132)*, door de Arabieren gebouwd op Romeinse funderingen, kunnen beide worden bezocht in een halve dag. De belangrijkste attractie van westelijk Andalusië is het **Nationaal Park Doñana** *(blz. 130–131)*, een gebied met kwetsbare kustmoerassen, rijk aan flora en fauna. Reserveer een plek in de vierwielerbus voor de officiële rondleiding; dan ziet u zeker veel van de overvloed aan vogels in Doñana. De westelijke provincie Huelva, die Portugal schampt, is het bekendst om zijn binding met Christoffel Columbus, die hiervandaan voer naar de Nieuwe Wereld. Het **Monasteria de la Rábida** *(blz. 127)* is een soort gedenkplaats voor hem. In het binnenland heeft de **Sierra de Aracena** *(blz. 126)* een mooi landschap om te wandelen of te paardrijden; men maakt hier ook enkele van de beste gedroogde hammen in Spanje.

Paard in het Nationaal Park Doñana, in westelijk Andalusië

◁ **Zicht op de haven van Livádi, overzien door Chóra, op Sérifos**

Palacio Jabalquinto, in het mooie bergdorp Baeza

CÓRDOBA EN JAÉN

- **De Grote Moskee van Córdoba**
- **Córdoba's joodse wijk**
- **Renaissancesteden**
- **Prachtige barokkerken en -landhuizen**

Córdoba *(blz. 140–146)* vereist een bezoek op uw gemak, alleen al om de tijd te nemen om de omvang te ervaren van de **Mezquita** *(blz. 144–145)*, de uitzonderlijke moskee-kathedraal, die werd gebouwd tussen de 8ste en 10de eeuw. Het interieur bestaat uit elegante pilaren en bogen. Naast de Mezquita ligt de voormalige joodse wijk van de stad, een doolhof van betoverende middeleeuwse straten en verborgen patio's.
Het platteland van zowel de provincie Córdoba als Jaén wordt gekarakteriseerd door eindeloze rijen olijfbomen, die extravergine olijfolie van hoge kwaliteit leveren. Neem de tijd om de vele interessante kleine steden in dit gebied te verkennen. **Priego de Córdoba** *(blz. 150)* is een mooie verzameling barokarchitectuur, en heeft ook een prachtige middeleeuwse wijk. **Jaén** staat vol kastelen, kerken en landhuizen uit de renaissance. Twee steden op tegenoverliggende bergtoppen bieden een mooie wandeling: **Úbeda** *(blz. 154– 155)* en de kleinere buur **Baeza** *(blz. 152–153)*.

CÁDIZ EN MÁLAGA

- **Kliftop Ronda**
- **De sherrydriehoek**
- **Populaire stranden aan de Costa del Sol**
- **Levendig Tanger**

De beroemde *pueblo's blancos* (witte steden) van Zuid-Spanje – pittoreske huizenclusters schuilend onder een oud kasteel – zijn het handelsmerk van de heuvels tussen de Atlantische en de zuidelijke mediterrane kust. De bijzonderste is **Ronda** *(blz. 176–177)*, die op de rand van een klif staat en doorsneden wordt door een diepe kloof.
Wijnliefhebbers zullen veel naar hun gading vinden in en om **Jerez de la Frontera** *(blz. 162)*, het centrum van de productie van sherry en andere versterkte wijn. Iets zuidelijker aan de kust ligt **Cádiz** *(blz. 164–167)*, de oudste stad van Europa met prachtige nauwe straten en havenzicht.
Aan de **Costa del Sol** *(blz. 182)*, vooral tussen Málaga en Estepona, vindt u de beste stranden, gezinsattracties en nachtleven. Een hoogtepunt is het luxeresort Marbella.
Op slechts 45 minuten per veerboot van Tarifa ligt **Tanger** *(blz. 170)*, dat een dwarse mix van Afrika, Europa en Marokko is. Het is al decennia een favoriete plek van kunstenaars en schrijvers. De exotische charme van de bazaars en moskeeën trekt nog altijd veel geboeide bezoekers.

De exclusieve jachthaven van Puerto Banus in Marbella

GRANADA EN ALMERÍA

- **Het Alhambra**
- **De glooiende Alpujarras**
- **Woestijnlandschappen**

Het sierlijke paleis-fort het **Alhambra** *(blz. 194–195)*, dat uitkijkt over Granada vanaf een heuveltop, mag u niet missen. Ten zuiden van Granada, aan de andere kant van de **Sierra Nevada** *(blz. 197)* – met het zuidelijkste skiresort van Europa – liggen de pittoreske valleien van de **Alpujarras** *(blz. 198–199)*. De heuvels zijn bezaaid met aparte dorpen.
De regenarme oostelijke provincie Almería krijgt minder bezoekers dan de rest van Andalusië, maar heeft hier en daar prachtige landschappen, vooral de geweldige kliffen en het voorgebergte van Cabo de Gata *(blz. 202)*. Tabernas ligt in de enige woestijn van Europa en heeft vaak als decor gediend voor westerns en andere films.

De prachtige architectuur van het oude Alhambrapaleis in Granada

Sevilla en Andalusië in kaart gebracht

Andalusië is de zuidelijkste regio van Spanje. Het grenst aan Extremadura en Castilla-La Mancha in het noorden en Murcia in het noordwesten. In het westen ligt het aan de Atlantische Oceaan, in het zuiden en oosten aan de Middellandse Zee. Het is met 87.267 km^2 een van de grootste regio's in Spanje. Er wonen 6,8 miljoen mensen. Sevilla is de provinciehoofdstad.

◁ **Schilderij van de Feria de Abril in Sevilla door Dominguez Becquer (1885)**

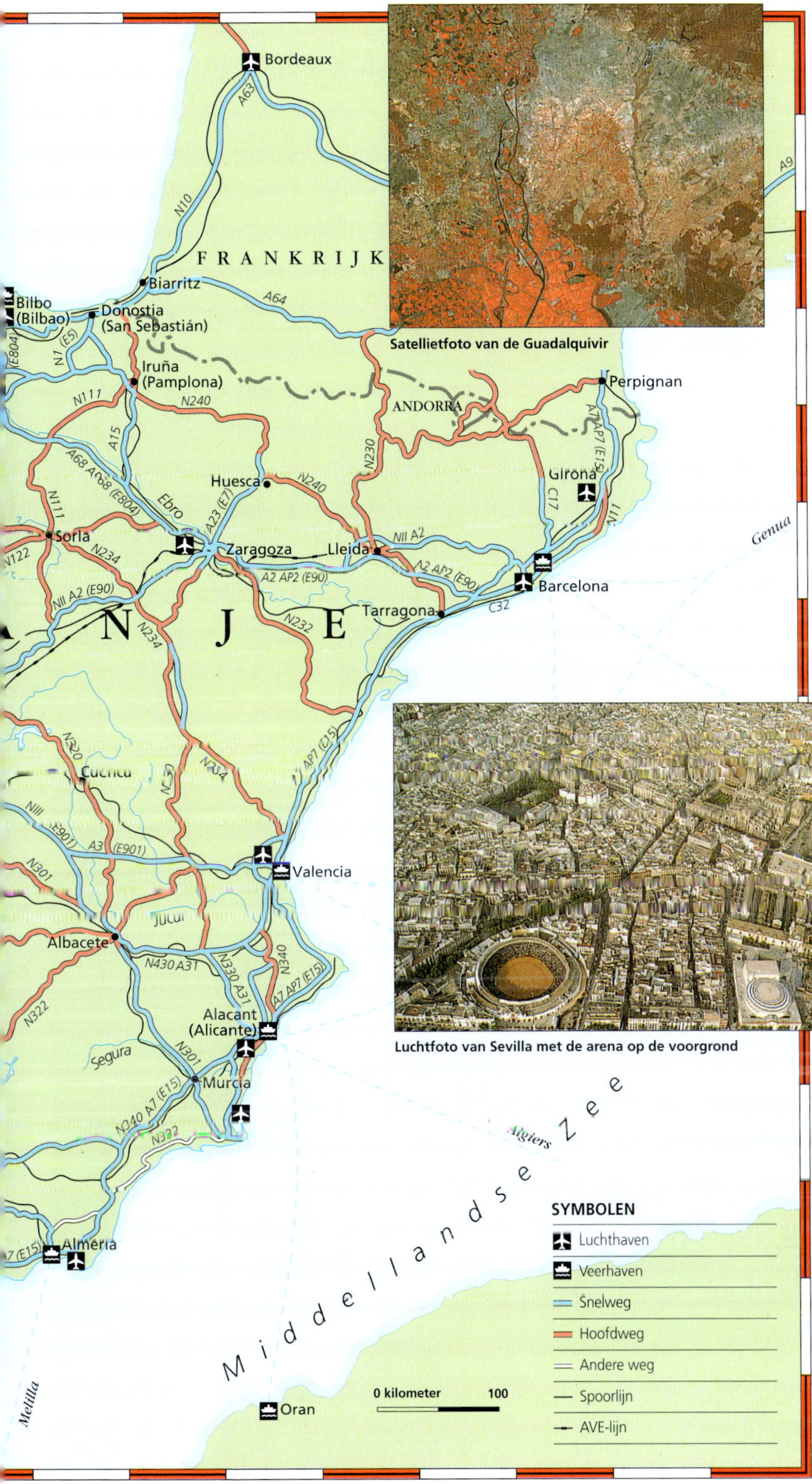

Satellietfoto van de Guadalquivir

Luchtfoto van Sevilla met de arena op de voorgrond

Centrum van Sevilla en Groot-Sevilla

Het centrum van Sevilla is een doolhof van oude, smalle straten. De meeste bezienswaardigheden zijn dan ook te belopen. Enkele drukke hoofdstraten verdelen het centrum in buurten. In dit boek krijgen deze buurten bijzondere aandacht, te beginnen met de historische wijken aan weerszijden van de Avenida de la Constitución. In het westen, langs de rivier, ligt El Arenal met de Plaza de Toros en in het oosten de oude joodse buurt Santa Cruz, gedomineerd door de kathedraal en de Reales Alcázares. In het noorden ligt La Macarena, terwijl het Parque María Luisa zich uitstrekt achter de Universidad, ten zuiden van het centrum.

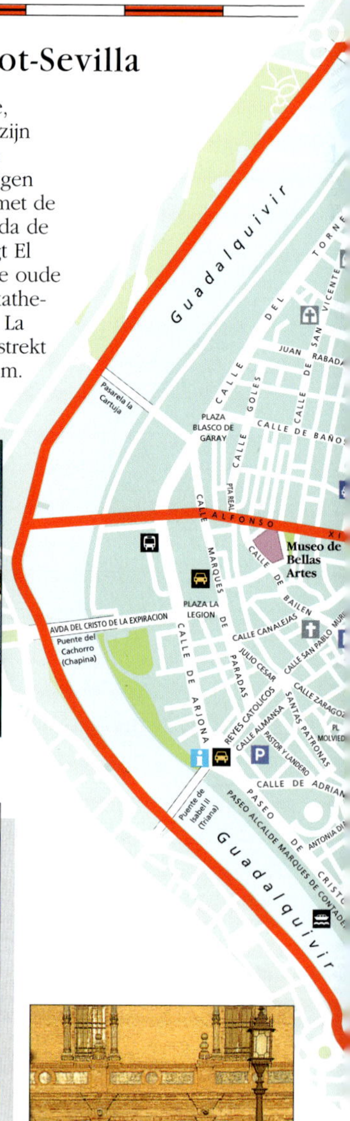

El Arenal: Teatro de la Maestranza en Torre del Oro

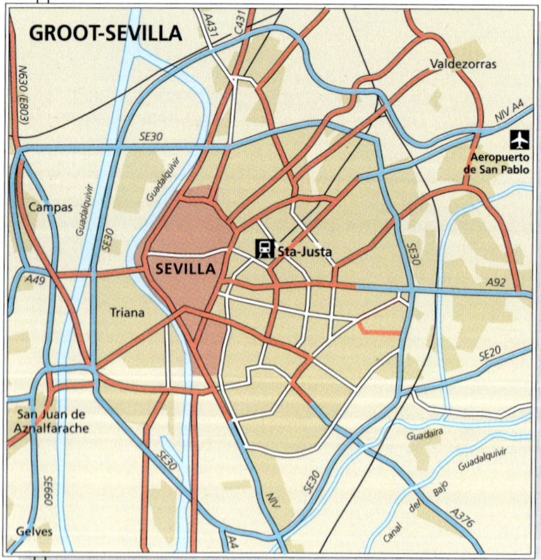

Groot-Sevilla

Ten westen van de Guadalquivir ligt het terrein van Expo '92 en de schilderachtige Trianabuurt. Rond de stad strekken zich industriegebieden en moderne woonwijken uit.

Parque María Luisa: de Plaza de España, aangelegd voor de Expositie van 1929

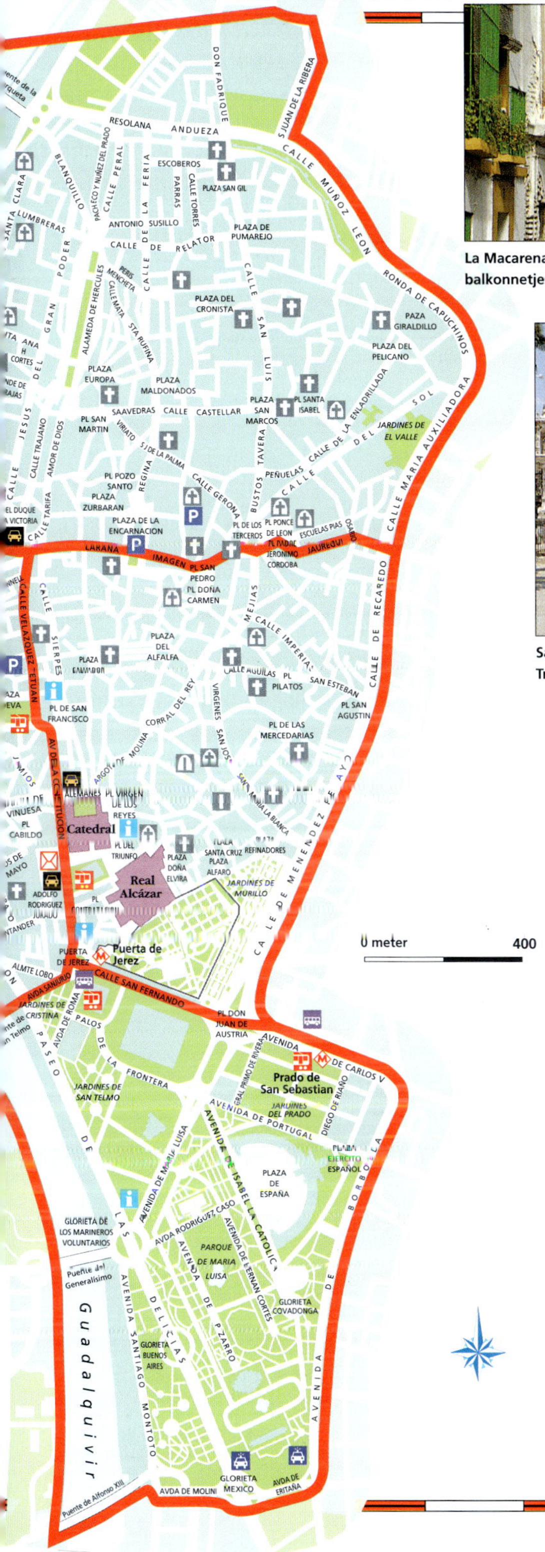

La Macarena: Sevilliaanse gevels met balkonnetjes aan de Calle Santa Clara

Santa Cruz: koetsjes op de Plaza del Triunfo bij de kathedraal

SYMBOLEN

- Bezienswaardigheid
- Centrum Sevilla
- Bebouwing
- Groot-Sevilla
- Luchthaven
- Treinstation
- Busstation
- Streekbusstation
- Metro-Centrotramhalte
- Metrostation (open in 2008)
- Opstappunt rondvaartboot
- Taxistandplaats
- Parkeerplaats
- Toeristenbureau
- Ziekenhuis met eerstehulppost
- Politiebureau
- Kerk
- Klooster
- Postkantoor
- Snelweg
- Hoofdweg
- Secundaire weg
- Spoorlijn

PICADORES

EEN SCHETS VAN ANDALUSIË

In Andalusië lijken alle Spaanse clichés samen te komen. U struikelt hier als het ware over stierenvechters, flamencodansers, witte dorpjes en droge sierras. Ze vormen echter slechts een deel van een ingewikkeld patroon. Onder de oppervlakte wemelt het van de tegenstellingen. Waarheen u ook gaat, zeker als u de toeristische kust achter u laat, overal ontdekt u iets onverwachts, of het nu een plaatselijk fiesta is of een adembenemend uitzicht.

Tot ongeveer 1950 is er nauwelijks iets veranderd in Andalusië. Het was er als in de 19de eeuw, toen de Engelsman Richard Ford het land beschreef als 'bewaard gebleven voor oudheidkundigen' – bijna nog een feodale maatschappij, met enorme standsverschillen.

Mand verse olijven

Tegenwoordig strekken zich hier vierbaanswegen uit waar nog niet zo lang geleden karresporen liepen. Kinderen van wie de ouders analfabeet waren, spelen met computers en stippelen hun universitaire opleiding uit. Landbouw is nog steeds belangrijk, maar er zijn ook auto- en vliegtuigfabrieken. De dienstensector overheerst, met name het toerisme. In 2005 was deze goed voor 68,7 procent van het BNP, vergeleken met 8,7 procent voor landbouw en visserij. De 7,9 miljoen inwoners van Andalusië hebben hun liefde voor folklore en hun enorme gastvrijheid echter behouden.

HET MOORSE ERFGOED

Het Andalusische karakter is gecompliceerd, omdat het voortkomt uit een complexe geschiedenis. Opeenvolgende invallers, onder wie Feniciërs, Romeinen, Visigoten en Moren, hebben allemaal hun sporen nagelaten. De christelijke machtheb-

Muzikanten, zangers en dansers zetten een traditie voort die stamt uit de 18de eeuw (*blz. 28*)

◁ Stierenvechters (*blz. 26–27*) in traditioneel kostuum bereiden zich voor op de *corrida*

bers van Spanje hebben zowel joden als Moren uit hun rijk verdreven, maar ze konden hun invloed op het land niet uitpoetsen, zeker niet in Andalusië. De eeuwenlange Moorse bezetting *(blz. 46–47)* heeft onvermijdelijk geleid tot een in Europa uniek slag mensen en cultuur.

Sevillanos **genieten van een aperitief en wat tapas *(blz. 224–225)***

Als u door de streek reist, ziet u veel Moors erfgoed: in de pracht van het Alhambra *(blz. 194–195)* en de Mezquita *(blz. 144–145)* in Córdoba, en in de resten van versterkingen en ingewikkelde tegeltableaus. In werkplaatsen in het hele land worden nog nijverheden beoefend die uit de grote Moorse rijken stammen. Veel van de nu nog gebruikte irrigatiekanalen volgen de loop die de Moren hadden uitgezet. Zij legden *norias* (waterraderen), *aljibes* (regenreservoirs), *albercas* (cisternen) en *acequías* (irrigatiekanalen) aan. Zoals uit deze woorden blijkt, drukten de Moren ook hun stempel op de taal, niet alleen in irrigatietermen, maar ook in woorden voor voedsel: *naranja* (sinaasappel) bijvoorbeeld, en *aceituna* (olijf).

De liefde van de Andalusiër voor poëzie en taalkunst komt ook van de Moren. Het is geen toeval dat de beste Spaanse dichters, onder wie Nobelprijswinnaars, uit deze streek komen.

VOLK EN CULTUUR

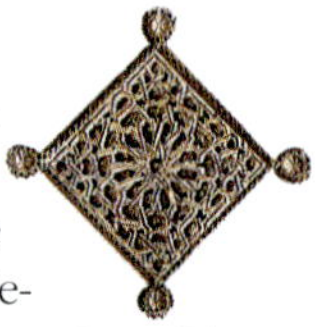

Stucwerk in Moorse stijl

Sevillanos doen hun best om hun reputatie van zwierigheid en hedonisme hoog te houden. Een 13de-eeuwse Moorse schrijver betitelde hen als 'hoogst lichtzinnig en zeer genegen tot gek doen'. Die reputatie waarmaken is een dagtaak, maar de bezoeker moet zich door de exuberante buitenkant niet laten misleiden. Een verrassend aspect van Sevilla en Andalusië is dat, hoewel de maatschappij open en extravert lijkt, men zeer op zijn privacy is gesteld. Het Andalusische gevoel voor tijd is soms verwarrend. Progressieve zakenlieden passen zich wel aan de strakke eisen van Europa aan, maar over het algemeen lacht men hier om de Noord-Europese jachtigheid. Geniet van het moment en morgen zien we wel weer. Een concert begint dan ook ver na het aangekondigde tijdstip en een lunch kan op elk moment tussen 13.00 en 16.30 uur worden genuttigd.

Boetelingen dragen een monstrans, Semana Santa *(blz. 38)*

De houding tegenover vrouwen

Dor, eenzaam landschap, een van de vele gezichten van Andalusië *(blz. 20–21)*

verandert in Andalusië, net als elders in Europa, maar de Spaanse *machismo*-traditie is er de oorzaak van dat er nog een lange weg te gaan is. Het aantal vrouwen dat buitenshuis werkt is lager dan in andere westerse landen. Veel vrouwen geven hun baan op als ze trouwen, om daarna voor de kinderen en het huishouden te gaan zorgen. Paradoxaal genoeg is de moeder een haast heilige figuur in Andalusië, waar de familiebanden erg sterk zijn. Door de nieuwe welvaart en een gestage trek naar de steden beginnen de waarden van vroeger te verbleken, maar Andalusië is in aanleg nog steeds een traditionele landbouwmaatschappij, waar de nadruk ligt op persoonlijke betrekkingen. Het katholicisme is de grootste godsdienst in Spanje en de verering van de Maagd Maria is heel opvallend in Andalusië. Afgezien van een zuiver religieuze devotie vormt ze ook het voorwerp van een diepe verering door de mannelijke bevolking. Een man die nooit de mis bezoekt, kan in vervoering raken over de Maagd van zijn plaatselijke kerk. Als ze in een processie de kerk wordt uitgedragen, voelt hij zich zeer sterk met Haar verbonden. Als u beseft dat het schitterend aangeklede beeld de rol vervult van een heidense Moeder Aarde of een vruchtbaarheidsgodin is het fenomeen gemakkelijker te begrijpen. Als samenleving is Andalusië niet bang voor zijn emoties, die altijd dicht onder de oppervlakte liggen. Het verlangen van de matador om de stier te doden kent geen aarzeling. Een voorbeeld hiervan is ook de flamenco; de pijn en de passie in de liederen zijn niet alleen een weergave van het lijden en het verlangen van de zigeuners en de armen, maar ook van de ziel van Andalusië.

Sevillaanse dame in traditionele Semana Santakleding *(blz. 38)*

Fraaie tegels in het Palacio de Viana *(blz. 143)*

Non met kloosterjam

Het landschap van Andalusië

Schijfcactus, afkomstig uit Amerika

Elk jaar komen miljoenen bezoekers naar de torenhoge hotels langs de Middellandse Zeekust. De lege, winderige Atlantische kust, het uitgestrekte, ruige moerasland en de ruwe bergketens van het binnenland, begroeid met naaldbossen, kurk- en olijfbomen, worden weinig bezocht. Kenmerkend voor het landschap zijn de glooiende heuvels vol wijngaarden, graan en olijfbomen. Van de totale oppervlakte van Andalusië is ongeveer 17 procent nationaal park of natuurreservaat, waar de unieke dieren- en plantenwereld van de streek wordt beschermd.

De vruchtbare vlakten *van het Guadalquivirdal worden bevloeid door de rivier en zijn sinds de tijden van de Moren dé landbouwstreek van Andalusië. Tussen de akkers staan citrusbomen.*

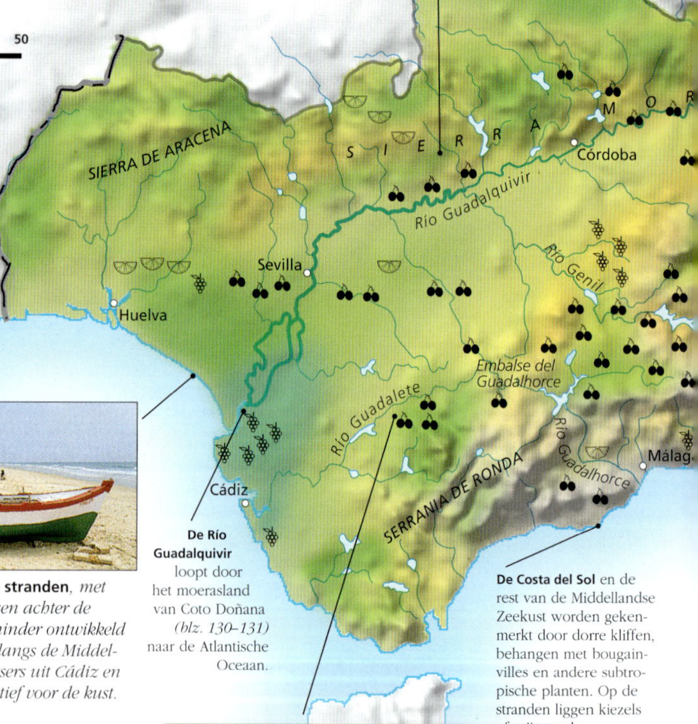

De Atlantische stranden, *met hun naaldbossen achter de duinen, zijn minder ontwikkeld dan de costas langs de Middellandse Zee. Vissers uit Cádiz en Huelva zijn actief voor de kust.*

De Río Guadalquivir loopt door het moerasland van Coto Doñana *(blz. 130–131)* naar de Atlantische Oceaan.

De Costa del Sol en de rest van de Middellandse Zeekust worden gekenmerkt door dorre kliffen, behangen met bougainvilles en andere subtropische planten. Op de stranden liggen kiezels of grijs zand.

SYMBOLEN

- Woestijn
- Moeras
- Bos
- Bouwland
- Olijfgaarden
- Wijngaarden
- Citrusplantages

Ruige bergen *rond Ronda omsluiten het natuurreservaat Sierra de Grazalema, waar allerlei wild leeft, onder andere de vale gier en drie soorten arenden. De zeldzame* pinsapo *groeit er.*

Eindeloze olijfgaarden *verschaffen het landschap in de provincies Córdoba en vooral Jaén een eigenaardig patroon. Deze langlevende bomen zijn van groot belang voor de plaatselijke economie, vanwege hun olie* (blz. 148) *en mooie hout.*

Uitgestrekte naaldwouden bedekken de ruige sierra's van Cazorla, Segura en Las Villas *(blz. 156)* in een van de grootste natuurreservaten van Spanje.

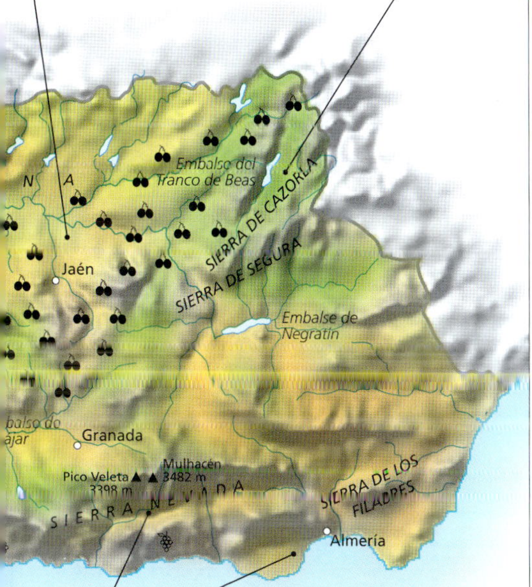

Groenten en exotische vruchten worden gekweekt in kassen die vele hectaren beslaan rond El Ejido. De bodem van Almería is verder onvruchtbaar.

De Sierra Nevada, *de hoogste bergketen in Spanje, bereikt zijn hoogste punt (3482 m) op de top van de Mulhacén. Hoewel het gebied slechts 40 km van de Middellandse Zeestranden verwijderd ligt, zijn sommige plekken altijd met sneeuw bedekt. Het skiseizoen begint in december en duurt tot de lente.*

NATUUR IN ANDALUSIË

Zuid-Spanje is gezegend met een flora en fauna die tot de rijkste en meest gevarieerde van Europa behoort. Sommige soorten komen uitsluitend hier voor. De lente is de beste periode om de natuur te zien, als de wilde bloemen bloeien en trekvogels onderweg van Afrika naar Noord-Europa halt houden.

Kurkeik *groeit vooral in de provincie Cádiz. De schors wordt om de tien jaar geschild.*

Het Cazorlaviooltje, *dat alleen in Sierra de Cazorla* (blz. 157) *voorkomt, bloeit in mei.*

Een moefflon *is een wendbaar, snel wild schaap dat rond 1970 in de bergen werd geïntroduceerd.*

Flamingo's *verzamelen zich in het moerasland Coto Doñana en de delta van de Río Odiel in Huelva.*

Moorse architectuur

De eerste belangrijke periode van Moorse architectuur begon met het kalifaat van Córdoba. De Mezquita bezit nog alle kenmerken van de Moorse stijl: bogen, stucwerk en decoratief gebruik van kalligrafie. Later brachten de Almohaden een zuiverder islamitische stijl met zich mee, nog te zien in La Giralda *(blz. 78)*. De Nasriden bouwden het Alhambra in Granada, terwijl ook de *mudéjares (blz.24)* gebouwen in Moorse stijl neerzetten, zoals het Palacio Pedro I, een deel van de Real Alcázar van Sevilla *(blz. 46–49)*.

Weerspiegelingen *in water stonden centraal in de Moorse architectuur.*

Moorse koepels *waren van buiten vaak niet versierd; van binnen droeg een ingewikkeld systeem van stenen ribben het gewicht van de koepel. Net als deze in de Mezquita* (blz. 144–145), *waren ze ingelegd met veelkleurig mozaïek.*

Verdedigingsmuren

Moorse tuinen waren vaak aangelegd rond zacht kabbelende waterlopen en vijvertjes.

ONTWIKKELING MOORSE ARCHITECTUUR

Pre-Kalifaten 710–929		**Kalifaten 929–1031**		**Almoraviden en Almohaden 1091–1248**		**Nasriden 1238–1492**	
		1031–1091 Taifa-periode *(blz. 46)*				**ca. 1350** Alhambra	
700	**800**	**900**	**1000**	**1100**	**1200**	**1300**	**1400**
	785 Begin Mezquita in Córdoba		**1184** Begin La Giralda in Sevilla			**ca. 1350** Palacio Pedro I	
		936 Begin Medina Azahara bij Córdoba				**Mudéjaren, na ca. 1215**	

Azulejos (blz. 76) *sierden de muren in steeds geometrischer patronen, zoals te zien is aan deze tegels in het Palacio Pedro I* (blz. 82).

MOORSE BOGEN

De Moorse boog kwam voort uit de hoefijzerboog die de Visigoten gebruikten bij de bouw van hun kerken. De Moren pasten hem aan en gebruikten hem als basis voor hun bouwwerken, zoals de Mezquita. Latere bogen tonen een doordachtere ornamentatie en de hoefijzervorm verdwijnt hoe langer hoe meer.

Boog, kalifaat, Medina Azahara ***(blz. 138)***

Boog, Almohaden, Patio del Yeso ***(blz. 83)***

Boog, mudéjaren, Salón de Embajadores ***(blz. 83)***

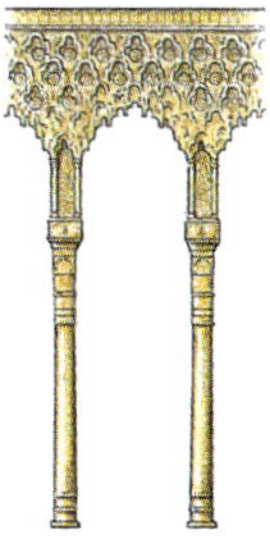

Boog, Nasriden, Alhambra ***(blz. 195)***

MOORS PALEIS

De paleizen van de Moren waren ontworpen om er het leven te wijden aan kunsten en wetenschap. Dit voorbeeld laat zien hoe met ruimte, licht, water en versiering een harmonieus effect werd bereikt.

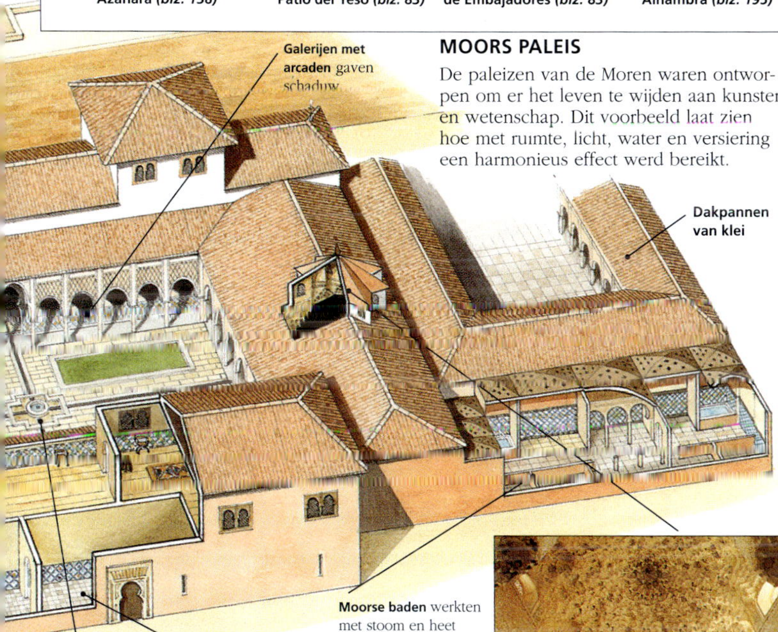

Galerijen met arcaden gaven schaduw.

Dakpannen van klei

Moorse baden werkten met stoom en heet water. Net als de Romeinse hadden ze vaak vloerverwarming.

Ingangspartijen moesten ongewenst bezoek verwarren.

Fraai stucwerk *kenmerkt de stijl van de Nasriden. De Sala de los Abencerrajes* (blz. 195) *in het Alhambra is met de eenvoudigste materialen gebouwd, maar wordt toch beschouwd als een van de toonaangevende monumenten uit de periode van de Moorse heerschappij.*

Water *koelde de binnenplaatsen en zorgde ook voor een rustpunt. Vaak, zoals hier in de Patio de los Leones* (blz. 195) *moest het water uit een bron diep onder de grond worden opgepompt.*

Post-Moorse architectuur

De christelijke herovering werd gevolgd door de bouw van nieuwe kerken en paleizen, veelal door de *mudéjares (blz. 48)*. Later namen de vooroordelen tegen de Moren toe. Gotische stijlen uit Noord-Europa drongen Andalusië binnen, al bleef de invloed van de mudéjaren tot in de 18de eeuw bestaan. In de 16de eeuw was Andalusië het centrum van de Spaanse renaissance en in de 18de eeuw ontstond een eigen interpretatie van de barok.

Mudéjartoren, Iglesia de Santa Ana *(blz. 192)*

DE RECONQUISTA (MIDDEN 13DE–EIND 15DE EEUW)

Moorse handwerkslieden die aan christelijke gebouwen werkten, schiepen een christelijk-islamitische mengstijl, die mudéjar wordt genoemd. Kerken uit het midden van de 13de eeuw, zoals die van Sevilla en Córdoba, tonen Moorse invloed; het Palacio Pedro I in de Real Alcázar *(blz. 82–83)* is bijna geheel Moors. Begin 15de eeuw kwamen gotische stijlen, waarvan de kathedraal van Sevilla *(blz. 78–79)* een voorbeeld is, veel voor. Na de val van Granada in 1492 *(blz. 48)* ontwikkelde zich een laat-gotische stijl, de Isabellastijl.

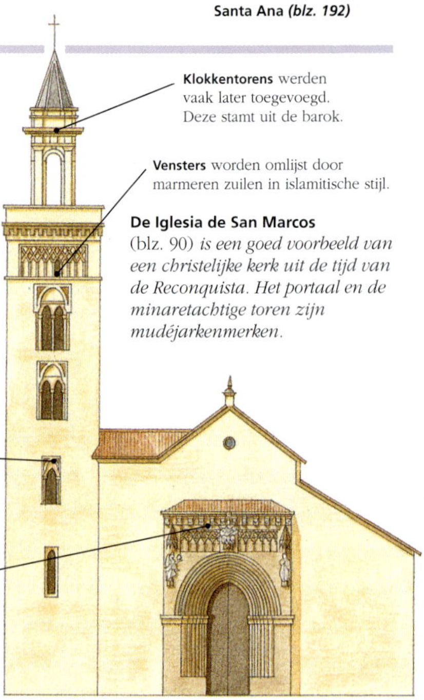

De Iglesia de San Marcos (blz. 90) *is een goed voorbeeld van een christelijke kerk uit de tijd van de Reconquista. Het portaal en de minaretachtige toren zijn mudéjarkenmerken.*

Mudéjarportaal, Nuestra Señora de la O *(blz. 162)*

Gotisch venster, kathedraal van Sevilla

Het Palacio Jabalquinto (blz. 152) *bezit een rijkbewerkte gevel. Het wapen en de heraldische symbolen, eigen aan gebouwen in Isabellastijl, zijn een uiting van het verlangen naar een nationale stijl.*

DE RENAISSANCE (16DE EEUW)

Vroege renaissancearchitectuur werd plateresk genoemd, omdat de fijne details leken op het werk van zilversmeden (*platero* betekent zilversmid). De gevel van het Ayuntamiento *(blz. 74)* in Sevilla is het beste voorbeeld van plateresk in Andalusië. Het Palacio Carlos V vertegenwoordigt een hoogrenaissancestijl. Eind 16de eeuw kwam de sobere herreraanse stijl op, genoemd naar Juan de Herrera, die het Archivo de Indias *(blz. 80)* ontwierp.

Plateresk detail aan het Ayuntamiento in Sevilla

Binnenplaats met herreraanse verhoudingen, Archivo de Indias

Stenen medaillons werden als decoratie gebruikt. In de middelste stond het wapen van de keizer.

Klassieke frontons sieren de vensters.

Het Palacio Carlos V, *begonnen in 1526, ligt in het hart van het Alhambra* (blz. 195). *De stijl is een afspiegeling van de macht van Karel V als Heilig Rooms Keizer.*

Rustiek metselwerk geeft de benedenverdieping een stevig aanzien.

BAROK (17DE EN 18DE EEUW)

De vroege Spaanse barok neigde naar soberheid. In de 18de eeuw echter ontstond de churrigereske barok genoemd naar de architectenfamilie Churriguera. De stijl van deze familie zelf was nogal ingehouden, maar werd op overdadige wijze geïmiteerd. Priego de Córdoba *(blz. 150)* is een toonbeeld van de barok. La Cartuja *(blz. 191)* in Granada heeft een barokke sacristie.

Weelderige, barokke sacristie van La Cartuja, Granada

Palacio del Marqués de la Gomera, Osuna *(blz. 133)*

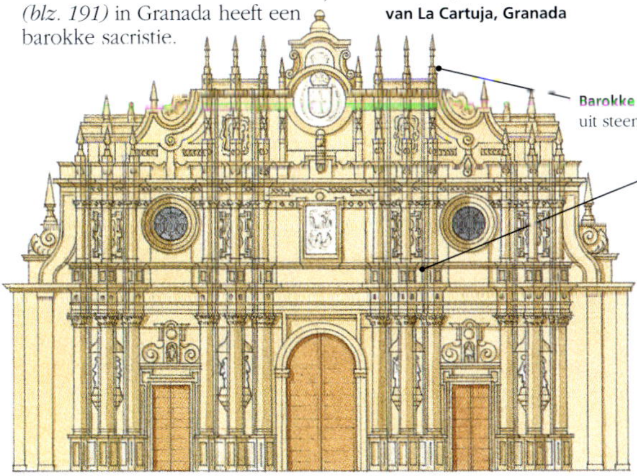

Barokke pinakels werden apart uit steen gehouwen.

Herhaalde stenen banden geven de verdiepingen van de kerk aan en dragen bij aan de complexe versiering van de gevel.

De kathedraal van Guadix (blz. 198) *is een renaissancegebouw met een barokke gevel. Zo'n combinatie van stijlen komt in Andalusië veel voor.*

De wereld van het stierenvechten

Affiche

Stierenvechten is een heilig ritueel, waarin mannen (of vrouwen) het opnemen tegen een dier dat wordt gefokt voor de arena. In dit 'authentieke religieuze drama', zoals de dichter García Lorca het noemde, voelt de toeschouwer de angst en de extase van de matador. Stierenvechten is omstreden, vanwege de wreedheid, maar in Andalusië nog altijd geliefd.

Maestranza-arena, Sevilla
Deze wordt, met Las Ventas in Madrid, beschouwd als een toplocatie voor stierengevechten in Spanje.

Stieren fokken
De toro bravo *(vechtstier) wordt speciaal gefokt op agressiviteit en moed.*

De matador draagt een *traje de luce* (galakostuum), een kleurig zijden pak, geborduurd met gouden lovertjes.

De uitvallen worden gedaan met een *muleta*, een rode cape, die aan een kant gesteven is.

FIESTA!

Stierengevechten zijn een vast onderdeel van vele fiestas in Spanje. Een enthousiast en deskundig publiek, vaak gehuld in traditionele kledij, vult de arena's *(blz. 38–39)* gedurende het seizoen, dat duurt van april tot oktober.

Feestkleding

HET GEVECHT

De *corrida* bestaat uit drie fasen of *tercios*. In de eerste, de *tercio de varas*, worden de matador en *picadores* (ruiters met lansen) bijgestaan door *peones* (helpers). In de *tercio de banderilleros* steken *banderilleros* pijlen in de rug van de stier. In de *tercio de muleta* valt de matador uit naar de stier met een *muleta* (cape). Het doden zelf, met een zwaard, heet *estocada*.

De matador *bespeelt de stier met een* capa *(rode cape) om zijn intelligentie en snelheid te testen. Daarna lokken* peones *hem naar de* picadores.

De paarden zijn goed beschermd

Picadores *hitsen de stier op met lansen en testen zijn moed als hij hun paarden aanvalt. De lansen verzwakken de schouderspieren van de stier.*

DE ARENA

Het publiek zit in de *tendidos* (stalles) of op de *palcos* (balkon), waar zich ook de *presidencia* (presidentsloge) bevindt. Daartegenover liggen de *puerta de cuadrillas*, waardoor de matador en zijn team binnenkomen, en de *arrastre de toros* (doorgang voor de stieren). De matador wacht in een gang *(callejón)* achter de *barreras* en *burladeros*. De paarden verblijven in de *patio de caballos* en de stieren in de *corrales*.

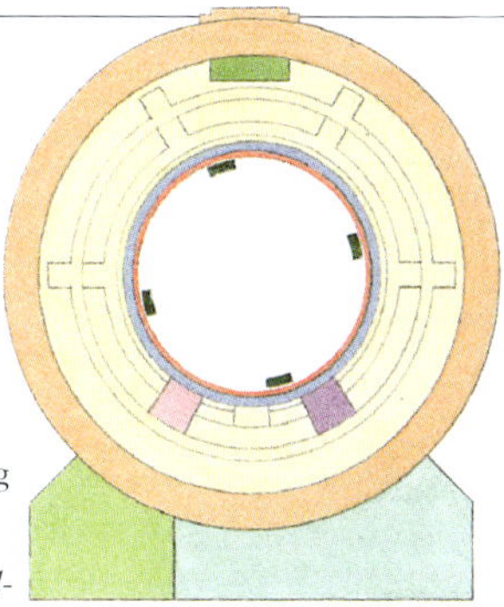

Plattegrond van een arena

SYMBOLEN

- Tendidos
- Palcos
- Presidencia
- Puerta de cuadrillas
- Arrastre de toros
- Callejón
- Barreras
- Burladeros
- Patio de caballos
- Corrales

Banderillas, pijlen met weerhaken, worden in de verzwakte rugspieren van de stier gestoken.

De stier gaat vrijuit als hij zeer moedig is – de toeschouwers vragen de *corrida*-president het dier in leven te laten.

Manolete

Men beschouwde hem als een van de grootste matadors; hij werd in 1947 in Linares, Jaén, gedood door de stier Islero.

Julian López (El Juli)

El Juli debuteerde op 16-jarige leeftijd. Hij is bekend vanwege zijn buitengewone moed en zijn flair met de capa *en de* muleta.

Banderillos *dagen de gewonde stier uit in de* tercio de banderillas *om zijn reactie te testen op de in zijn rug gestoken* banderillas.

De stier weegt ongeveer 500 kg

De matador *valt uit met de cape in de* tercia de muleta *en houdt hem laag, zodat de stier zijn kop omlaag brengt. Dan doodt hij de stier met een zwaard.*

De estocada recibiendo *wordt zelden toegepast. De matador wacht hierbij tot de stier aanvalt in plaats van naar hem toe te lopen.*

Flamenco, de ziel van Andalusië

***Feria*-affiche 1953**

Flamenco is niet gewoon een dans, maar een krachtige artistieke uitdrukking van levensvreugde en -verdriet. Er zijn in heel Spanje flamencodansers, maar het is een puur Andalusische kunstvorm, die oorspronkelijk door zigeuners werd uitgevoerd. Er bestaan veel stijlen *cante* (liederen) in verschillende delen van Andalusië, maar de choreografie ligt niet vast – de dansers improviseren op basispassen en volgen het ritme van de gitaar en hun gevoel. Flamenco werd in de jaren zestig en zeventig van de 20ste eeuw verwaarloosd, maar staat nu weer volop in de belangstelling.

Sevillanas, *een volksdans die sterk beïnvloed is door de flamenco, wordt door Andalusiërs in cafés en thuis gedanst* (blz. 244).

De oorsprong van flamenco *is onbekend. Waarschijnlijk hebben zigeuners de meeste invloed gehad en mengden zij hun cultuur met de bestaande Moorse en Andalusische folklore en met joodse en christelijke muziek. Al in de vroege middeleeuwen waren er zigeuners in Andalusië, maar de flamenco ontwikkelde zich pas in de 18de eeuw.*

Op een *tablao* (flamencovoorstelling) staan ten minste vier mensen op het toneel.

DE SPAANSE GITAAR

Klassieke gitaar

De gitaar speelt een hoofdrol in de flamenco en begeleidt van oudsher de zanger. De flamencogitaar ontwikkelde zich vanuit de moderne klassieke gitaar, die in de 19de eeuw in Spanje ontstond. Flamencogitaren hebben een lichte, ondiepe kast en een verdikte plaat onder het klankgat, waarop ritmen worden geklopt. Tegenwoordig treden flamencogitaristen vaak solistisch op. Een van de grootsten, Paco de Lucía, begon als begeleider van zangers en dansers, maar maakte in 1968 zijn debuut als solist. Zijn soepele, vernieuwende stijl heeft veel andere musici beïnvloed, zoals de groep Ketama, die flamencoblues speelt.

Paco de Lucía speelt flamencogitaar

Zingen hoort bij *flamenco en de zanger treedt vaak als solist op. Camarón de la Isla (1952–1992), een bij Cádiz geboren zigeuner, behoorde tot de beroemdste* cantaores *(flamencozangers). Hij begon als zanger van de* cante jondo *(letterlijk 'diepe liederen') en ontwikkelde zijn eigen, door popmuziek beïnvloede stijl.*

WAAR VINDT U DE BESTE FLAMENCO?

Flamencofestivals *blz. 34–39, 244*
Flamencogitaar *blz. 34–37, 244*
Flamenco in Sacromonte *blz. 193*
Flamencozang *blz. 34–37, 244*
Flamenco-*tablaos blz. 244*
Flamencokostuums *blz. 239*

Eva Yerbabuena *is een* bailaora *(danseres) die befaamd is om haar voetenwerk en intensiteit. Sara Baras is een andere beroemde danseres, bekend vanwege haar eigen stijl. Beiden leiden hun eigen bejubelde flamencogezelschap. Een andere internationale flamencoster is Juana Amaya.*

De trotse houding van de *bailaora* suggereert een ingehouden passie.

Een rauwe, vibrerende stem kenmerkt de zanger.

Traditionele gestippelde jurk

De bailaor *(danser) is minder belangrijk dan de* bailaora. *Toch zijn velen van hen beroemd geworden, onder wie Antonio Canales. Hij ontwikkelde een nieuw ritme door zijn originele voetenwerk.*

DE FLAMENCO-TABLAO

Het komt tegenwoordig nog maar zelden voor dat u een spontane *tablao* meemaakt, maar als de zangers en dansers de geest krijgen, is het resultaat indrukwekkend. Een optreden dat met *duende* ('geest') wordt uitgevoerd, krijgt veel waarderende *olés* van het publiek.

FLAMENCORITME

Het herkenbare ritme van de flamenco wordt aangegeven door de gitaar. Net zo belangrijk is het handgeklap en het stampen van de voeten van de dansers in hun hooggehakte schoenen. De *bailaoras* kloppen soms ook een ritme met castagnetten. Lucero Tena (geboren in 1939) werd beroemd om haar castagnettensolo's. Bevallige bewegingen van de handen geven de gevoelens van de dansers weer – pijn, verdriet, geluk. De dans ligt niet vast en de stijl varieert van danser tot danser.

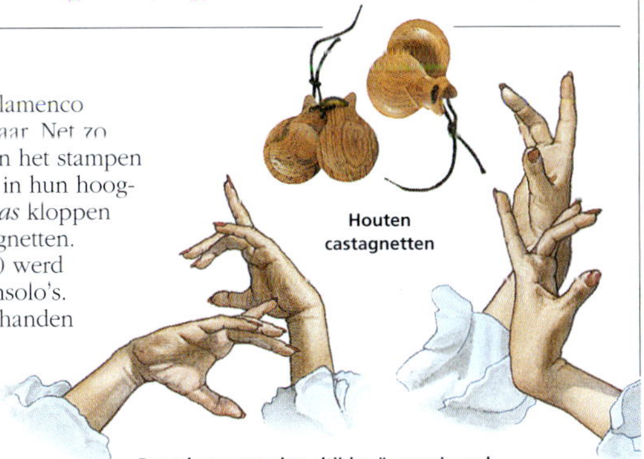

Houten castagnetten

De gebaren worden altijd geïmproviseerd

Het land van de sherry

Logo van González Byass

De Feniciërs brachten 3000 jaar geleden de wijnstok naar Jerez. Later exporteerden de Grieken en de Romeinen wijn uit deze heuvelachtige streek. De basis van de huidige sherryhandel werd gelegd door Engelse kooplieden die zich hier na de Reconquista *(blz. 48–49)* vestigden. Zij ontdekten dat de kalkhoudende bodem, het klimaat en de plaatselijke druiven goede wijnen opleverden, zeker als ze werden versterkt met wijngeest. Nog steeds zijn grote sherryhuizen in Britse handen.

Voorbereiding op het regenseizoen

Druiven op de kalkhoudende grond bij Jerez

SHERRYGEBIEDEN

Sherry wordt gemaakt in *bodegas* in de steden Jerez de la Frontera, Sanlúcar de Barrameda en El Puerto de Santa María, maar ook in kleinere centra als Rota en Chiclana de la Frontera.

0 kilometer 10

SOORTEN SHERRY

Drie maanden na het persen en voordat de alcohol wordt toegevoegd, wordt de sherry als volgt ingedeeld:

Fino *is de geliefdste soort in Andalusië. Hij is droog en fris en een heerlijk aperitief, vooral als hij koud wordt geschonken.*

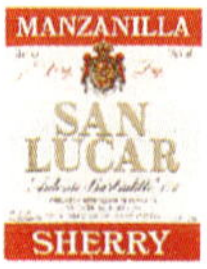

Manzanilla *is gelijk aan* fino, *maar komt alleen uit Sanlúcar. Hij heeft een licht zilte smaak.*

Amontillado *is in het vat gerijpte* fino. *De sterke smaak komt van de* flor *(schimmel), die de sherry ook kleurt. Droog of zoet.*

Oloroso *(Spaans voor geurig) is een volle, lichtrood gekleurde sherry met een rijk notenaroma. Soms gezoet.*

Cream-*sherry is een volle donkere mengvorm van* oloroso *met Pedro Ximénezdruiven. In zijn zoetste vorm vaak als dessertwijn gedronken.*

HOE SHERRY WORDT GEMAAKT

Sherry wordt gemaakt van twee druivensoorten, palomino, die een droge, fijne sherry oplevert, en Pedro Ximénez, waaruit een vollere, zoetere sherry voortkomt.

Drogen *is alleen nodig bij Pedro Ximénezdruiven. Ze worden op* esparto-*matten in de zon gedroogd, waardoor de suiker zich concentreert voor het persen.*

Plukken *doet men in de eerste drie weken van september. Palominodruiven worden dagelijks geperst en zijn dus zeer vers.*

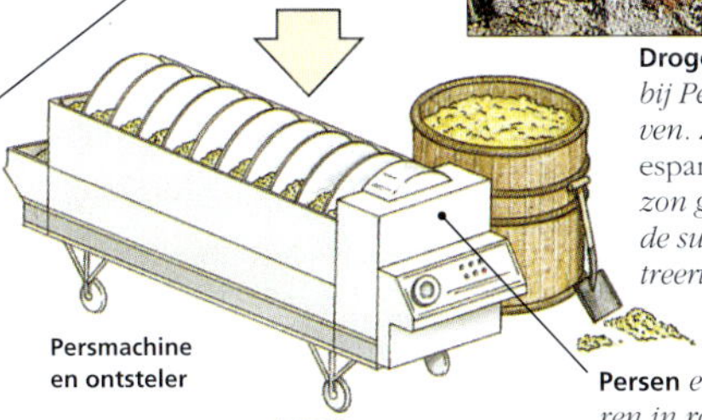

Persen *en steeltjes verwijderen in ronde stalen vaten gebeurt vaak 's nachts, omdat het dan niet zo warm is.*

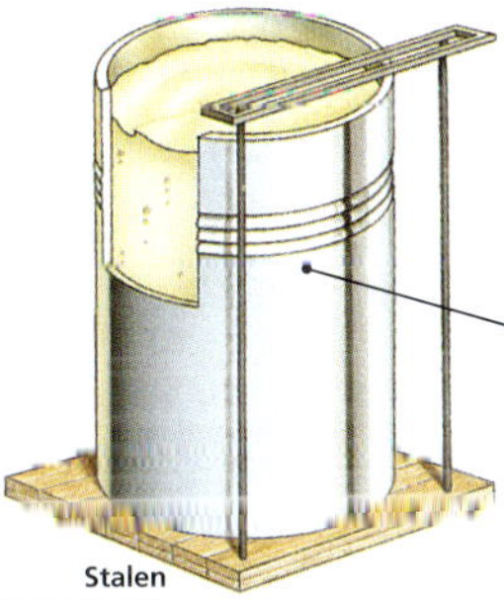

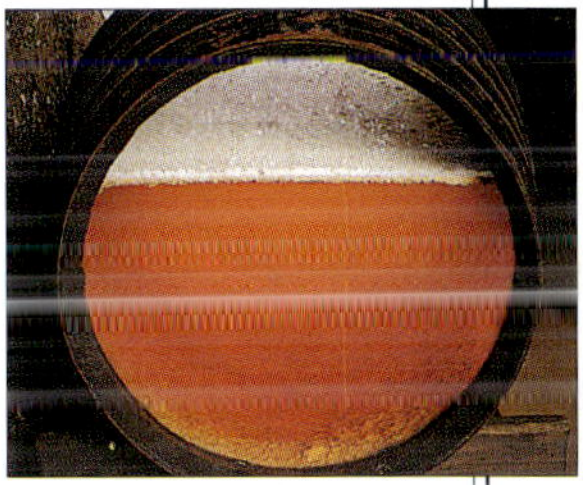

Flor, *een schimmel, vormt zich op jonge wijn in het fust, waardoor de wijn niet oxideert en een fijne smaak krijgt. Als* flor *ontstaat, is de wijn een* fino.

Versterking *is het toevoegen van pure wijnalcohol, waardoor het alcoholpercentage stijgt van ongeveer 11 procent tot 18 procent voor* olorosos *en 15,5 procent voor* finos.

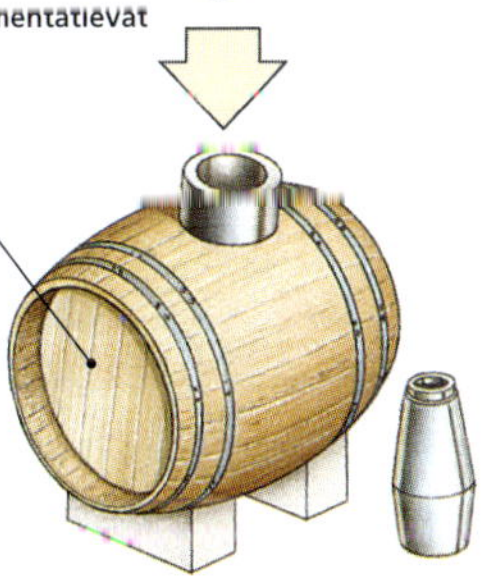

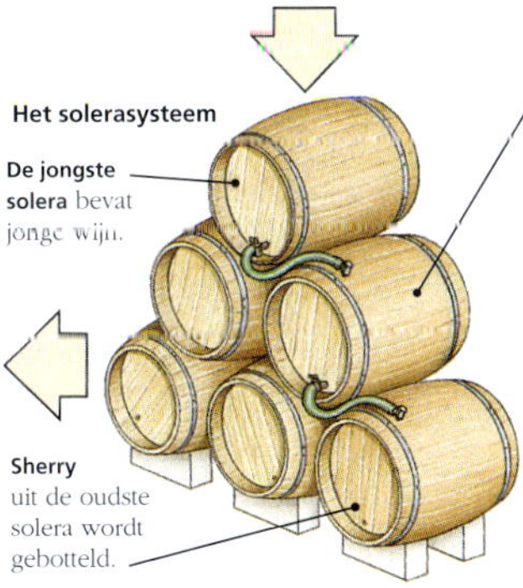

Het solerasysteem *zorgt ervoor dat de kwaliteit van een sherry constant blijft. De wijn uit de jongste solera wordt gemengd met de oudere eronder. De oudste solera bevat een klein deel zeer oude wijn.*

Het eindproduct

Strandleven en ontspanning in Andalusië

Vissersboot, Costa del Sol

Door het subtropische klimaat, met gemiddeld 300 zonnige dagen per jaar, is de kust van Andalusië – en met name de Costa del Sol – een van de populairste oorden geworden voor mensen die op zoek zijn naar vermaak en ontspanning. In de jaren vijftig van de 20ste eeuw lag hier nog slechts een aantal vissersdorpen *(blz. 183)*. Nu trekt het gebied jaarlijks enkele miljoenen toeristen, die onderdak vinden in de vele hotels en appartementen langs de kust. De gevarieerde kustlijn leent zich uitstekend voor allerlei watersporten *(blz. 246)* en even daarachter bepalen golfbanen het landschap *(blz. 246)*. Op deze kaart staan enkele van de fraaiste golfbanen en een keuze van de aantrekkelijkste stranden.

Zonnebaden op een strand van Marbella aan de Costa del Sol

Costa de la Luz *in het westen van Andalusië is een kust met ongerepte stranden, zonder torenhoge hotels. Door de Atlantische winden is het een paradijs voor windsurfers.*

0 kilometer 50

Costa Tropical *is een kust vol kleine baaien, die ideaal zijn voor duikers. Het water is warmer en helderder dan aan de Costa de la Luz en het zand is kiezelig.*

DE BESTE STRANDEN VAN ANDALUSIË

Caños de Meca ①
Prettig wit zandstrand, beschut door rotsen en duinen.

Bolonia ②
Schilderachtig strand bij Romeinse ruïnes.

Tarifa ③
Verblindend wit zand met golven en wind voor surfers.

Costa Natura ④
Populair naaktstrand net buiten Estepona.

Babaloo Beach ⑤
Trendy plek bij Puerto Banús. Jetskiing.

Victor's Beach ⑥
Klassiek Marbellastrand voor stijlvolle barbecues.

Don Carlos ⑦
Beste strand van Marbella, met exclusieve Don Carlos beachclub.

Cabopino/Las Dunas ⑧
Naaktstrand en duinen bij moderne jachthaven. Rustig.

Rincón de la Victoria ⑨
Ongerept familiestrand ten oosten van Málaga.

La Herradura ⑩
Rotsige, mooie baai ten westen van Almuñécar.

Playa de los Genoveses ⑪
Een ongerept strand tussen Cabo de Gata en het dorp San José.

Playa Agua Amarga ⑫
Schitterend zandstrand in klein vissersdorp werd exclusieve badplaats.

Costa de Almería *is beroemd om zijn pittoreske vissersdorpen en rotsige landschap, dat tot leven komt bij de adembenemende zonsondergangen. De stranden zijn nog eenvoudig, met name die in het natuurreservaat Cabo de Gata, zoals San José, op deze foto.*

COSTA DEL SOL

Een half miljoen buitenlanders zijn permanent aan de Costa del Sol gaan wonen. Het luxueuze leventje in Marbella wordt aangevuld met de populaire stranden en meer dan 30 van Europa's beste golfbanen, waaronder de prestigieuze Club de Golf Valderrama, waar in 1997 om de Ryder Cup werd gespeeld.

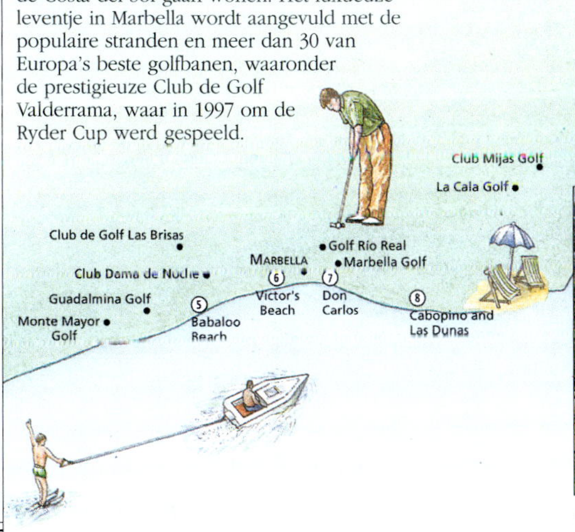

De geaccidenteerde greens van Marbella Golf

AGENDA VAN ANDALUSIË

De agenda van Andalusië is gevuld met festivals en culturele evenementen. Elke stad en elk dorp heeft zijn jaarlijkse *feria* (jaarmarkt), met parades, dansen, kermis, vuurwerk en stierengevechten. Ook zijn er talloze *fiestas*, feestelijke gebeurtenissen waarop religieuze devotie zich mengt met *joie de vivre*. In het voorjaar is het landschap op zijn mooist, het klimaat is zacht en met *ferias* en *fiestas* wordt het einde van de winter gevierd.

Feria van Sevilla, 1903

In de zomer wordt het erg warm in het binnenland en overvol aan de kust. De herfst brengt nog meer *fiestas* en de opening van het muziek- en theaterseizoen. In de winter worden in de steden concerten van jazz, pop en klassieke muziek gegeven. De eerste sneeuw op de Sierra Nevada kondigt het skiseizoen aan. De data van de evenementen, met name van de *fiestas*, veranderen van jaar tot jaar. Informeer bij het toeristenbureau *(blz. 255)*.

Amandelbomen bloeien op de hellingen van Andalusië

VOORJAAR

Het is nergens zo mooi in de lente als in Andalusië. Na de regen in de winter zijn de heuvels begroeid met mals gras en stort het water zich door de rivierbeddingen. Langs landweggetjes bloeien wilde bloemen, amandelbloesem bedekt de hellingen en de aardbeien worden geoogst. Overal viert men feest, vaak met een religieuze ondertoon, maar doorvlochten met heidense ceremoniën.

MAART

Cristo de la Expiración *(de vrijdag negen dagen voor Palmzondag)*, Orgiva *(blz. 198)*. Een oorverdovend *fiesta*: schoten weerklinken, vuurpijlen en rotjes worden afgestoken.

Semana Santa *(Palmzondag – Goede Vrijdag)*. Sevilla viert deze week groots *(blz. 38)* en overal houdt men processies. In Málaga *(blz. 180–181)* laat men op Heilige Woensdag een gevangene vrij die zich uit dank bij de processies aansluit. Deze traditie begon twee eeuwen geleden, toen gevangenen een epidemie trotseerden om een heilig beeld door de stad te dragen. In Baena *(blz. 147)* dreunen de straten van het tromgeroffel.

APRIL

Fiesta de San Marcos *(25 april)*, Ohanes, Sierra Nevada. Jongemannen die acht stieren met zich voeren, begeleiden het beeld van San Marcos. De stieren moeten knielen voor de heilige.

Feria de Abril *(twee weken na Pasen)*, Sevilla *(blz. 38)*.

Romería de Nuestra Señora de la Cabeza *(laatste zondag van april)*, Andújar *(blz. 39)*. Grote bedevaart.

MEI

Día de la Cruz *(eerste week van mei)*, Granada *(blz. 190–196)* en Córdoba *(blz. 38)*.

Feria del Caballo *(eerste week van mei)*, Jerez de la Frontera *(blz. 162)*. Paardenmarkt.

Festival Internacional de Teatro y Danza *(hele maand mei)*, Sevilla. Beroemde gezelschappen in het Teatro de la Maestranza *(blz. 68–69)*.

Festival de los Patios *(tweede week van mei)*, Córdoba *(blz. 38)*. Versierde patio's.

Romería de San Isidro *(15 mei)*. *Romerías* voor San Isidro in vele steden, waaronder Nerja *(blz. 180)*.

Concurso Nacional de Flamenco *(tweede week van mei; om de drie jaar: 2007, 2010)*, Córdoba. Nationale flamencowedstrijd.

Feria de Mayo *(laatste week van mei)*, Córdoba *(blz. 38)*.

Romería del Rocío *(eind mei of begin juni)*, El Rocío *(blz. 38)*.

Feria del Caballo in Jerez de la Frontera

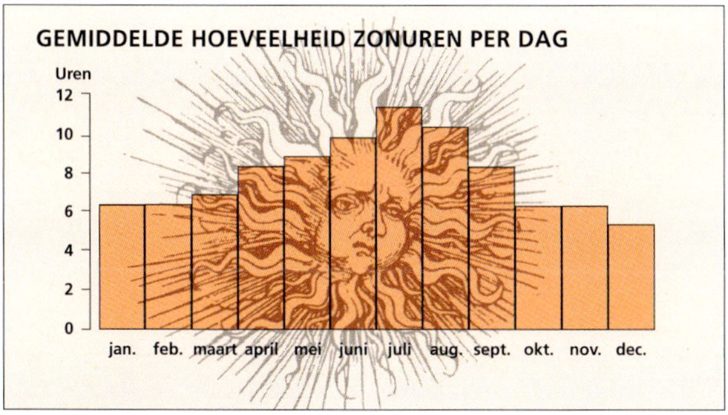

Zonuren
Zelfs in de winter zijn er in Andalusië maar weinig dagen zonder zon. Vanaf de lente komt er steeds meer zon en hartje zomer kan het gevaarlijk zijn om zonder goede bescherming voor de huid naar buiten te gaan.

Loslopende stieren op het fiesta Lunes de Toro in Grazalema

ZOMER

In de hete zomermaanden is de siësta (middagdutje) hard nodig. Veel mensen stoppen op lunchtijd met werken en plezier wordt in de koele avonduren gemaakt. De toeristen krijgen op het strand gezelschap van duizenden Spanjaarden. In de kuststeden vinden popconcerten plaats.

JUNI

Corpus Christi *(eind mei of begin juni)* wordt gevierd in Granada *(blz. 39)*. In Sevilla dansen *seises*, jongens in wambuis en pofbroek, in de kathedraal. In Zahara, bij Ronda *(blz. 174)* worden de straten met planten versierd.
Día de San Juan *(23, 24 juni)*. Op de avond van 23 juni wordt er gedanst, gedronken en gezongen rond vuren op de stranden in heel Andalusië, ter ere van Johannes de Doper. In Lanjarón *(blz. 189)* houdt men een watergevecht tot in de vroege uren van 24 juni.
Romería de los Gitanos *(derde zondag in juni)*, Cabra *(blz. 147)*. Duizenden zigeuners trekken naar een heiligdom op een heuveltop.
Festival Internacional de Música y Danza *(half juni–begin juli)*, Granada *(blz. 190–196)*. Artiesten uit de hele wereld treden op. Veel voorstellingen in het Alhambra *(blz. 194–195)*.

JULI

Festival de la Guitarra *(eerste twee weken van juli)*, Córdoba *(blz. 140–146)*. Gitaarfestival presenteert alle stijlen, van klassiek tot flamenco.
Fiesta de la Virgen del Carmen *(rond 15 juli)*. Deze Maagd wordt in veel kustplaatsen geëerd met regatta's en andere sportevenementen. 's Avonds wordt het beeld van de Maagd op een vissersboot rondgevaren te midden van een knetterend vuurwerk.
Lunes de Toro *(rond 17 juli)*, Grazalema *(blz. 174)*. Een week lang zijn elke dag de stieren los.

AUGUSTUS

Fiestas Colombinas *(rond 3 augustus)*, Huelva *(blz. 127)*. Latijns-Amerikaans dans- en muziekfestival ter ere van Colombus' reis. Elk jaar aan een ander Latijns-Amerikaans land gewijd.
Fiestas Patronales de Santa María de la Palma *(15 augustus)*, Algeciras *(blz. 170)*. Een heiligenbeeld wordt uit zee gered en in een processie van boten naar het strand gebracht. Later wordt het aan de zee teruggegeven.
Fiestas de la Exaltación del Río Guadalquivir *(derde week van augustus)*, Sanlúcar de Barrameda *(blz. 162)*. Paardenrennen op het strand.
Feria de Málaga *(laatste twee weken van augustus, blz. 39)*.
Feria de Almería *(laatste week van augustus, blz. 39)*.

De Costa del Sol – populair bij toeristen en Spanjaarden

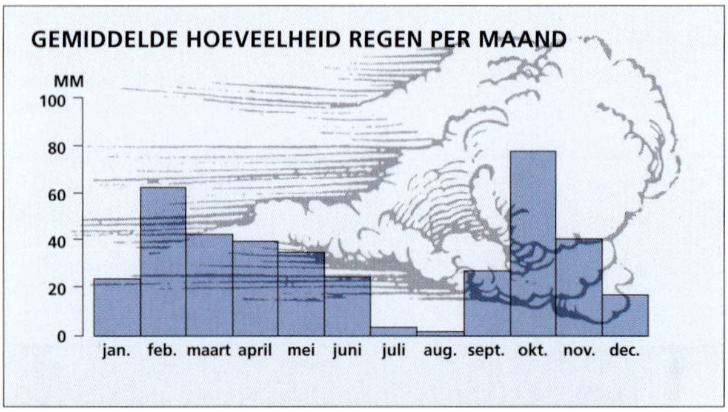

Regen
In het vroege voorjaar kan er veel regen vallen, maar de zomers zijn droog. De regen neemt toe van september tot oktober. Dan kunnen er enorme buien zijn. In de afgelopen jaren heeft het te weinig geregend.

Chirimoya*-oogst aan de subtropische kust in Almuñécar *(blz. 189)

HERFST

Dit is een heerlijke tijd om Andalusië te bezoeken. Het weer is rustig en niet meer zo warm en de grootste drukte is voorbij. De druiven worden geplukt, wat overal aanleiding is voor feest. Het theaterseizoen begint met toneel en concerten. Langs de subtropische kust aan de Middellandse Zee worden zoete aardappelen en *chirimoyas* (boea nonna's) geoogst en in het binnenland staan verse paddenstoelen op het menu.

SEPTEMBER

Feria de Pedro Romero *(eerste twee weken van september)*, Ronda *(blz. 176–177)*. Dit *fiesta* eert de man achter het moderne stierengevecht *(blz. 177)*. De kostuums die de deelnemers aan de Corrida Goyesca dragen zijn ontworpen door Goya.

Fiestas Patronales de la Virgen de la Piedad *(6 september)*, Baza *(blz. 198)*. Een bizar *fiesta*, waarop een figuur die Cascamorras wordt genoemd uit het naburige Guadix komt om een Mariabeeld te stelen. Met olie ingesmeerde jongeren jagen hem de stad uit. Als hij met lege handen in Guadix terugkomt, wordt hij gestraft.

Moros y Cristianos-*fiesta*, Válor *(blz. 191)*

Moros y Cristianos *(15 september)*, Válor *(blz. 199)*. Op dit *fiesta* worden veldslagen uit de Reconquista nagespeeld.

Fiesta de la Vendimia *(tweede of derde week van september)*, La Palma del Condado *(blz. 129)*. Een *fiesta* ter ere van het eerste druivensap.

Romería de San Miguel *(laatste zondag in september)*, Torremolinos *(blz. 182)*. Een van de grootste *romería's* *(blz. 38)* in Andalusië.

Bienal de Arte Flamenco *(laatste twee weken van september: even jaartallen)*, Sevilla. Hier ziet u eersteklas flamenco, zoals Cristina Hoyos.

Sevilla en Otoño *(september–november)*, Sevilla. Culturele evenementen, waaronder dans, toneel, tentoonstellingen en sport.

OKTOBER

Fiesta del Vino *(5–9 oktober)*, Cadiar *(blz. 199)*. Voor dit *fiesta* in de bergen van de Alpujarras wordt een fontein gebouwd die wijn spuwt.

Festival Iberoamericano de Teatro *(laatste twee weken van oktober)*, Cádiz *(blz. 164–165)*. Latijns-Amerikaans theaterfestival.

NOVEMBER

Festival Internacional de Jazz *(begin november)*, Granada *(blz. 190–196)* en Sevilla.

Festival de Cine Iberoamericano *(laatste twee weken van november)*, Huelva *(blz. 127)*. Latijns-Amerikaans filmfestival.

Met olie ingesmeerde jongeren jagen op Cascamorras in Baza

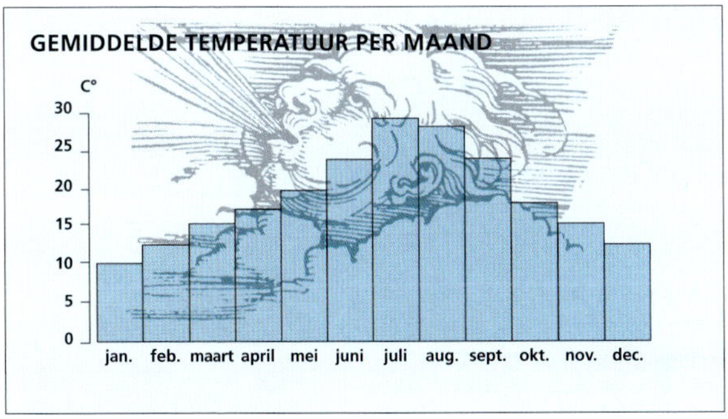

Temperatuur
In Andalusië heerst een warm, mediterraan klimaat, al kan het 's nachts soms koud zijn. Vanaf januari begint de temperatuur te stijgen en in de zomer is het in de steden in het binnenland warmer dan het gemiddelde.

Middeleeuwse muziek op het [illegible]

WINTER

Nu worden de rijpe olijven geoogst. De restaurants zetten wild op tafel (everzwijn en patrijs), want dit is de periode van het jachtseizoen. Skiers trekken naar de Sierra Nevada. De winter is het regenseizoen en 's nachts is het koud, maar de zon laat zich vaak genoeg zien. In februari verschijnt de amandelbloesem alweer.

DECEMBER

La Inmaculada Concepción *(8 december)*, Sevilla. Door de straten rond de Plaza del Triunfo en Santa Cruz *(blz. 72–73)* trekken *tunas*, minstrelen

Fiesta de los Verdiales *(28 december)*, Málaga *(blz. 180–181)*. Op het Spaanse equivalent van 1 april, *El Día de los Santos Inocentes*, verzamelen zich duizenden mensen op de Venta del Túnel, aan de rand van Málaga, om *pandas* (bands) *verdiales*, op hun middeleeuwse instrumenten wilde, primitieve muziek uit de Moorse tijd te horen spelen.

JANUARI

Día de la Toma *(2 januari)*, Granada *(blz. 190–196)*. Dit *fiesta* herinnert aan de verdrijving van de Moren in 1492 *(blz. 48)*. De kroon van koningin Isabella en het zwaard van koning Ferdinand worden door de straten gedragen.

Día de Reyes *(6 januari)*. Aan [illegible] officiële feestdag rijden de Drie Koningen in prachtige kostuums door de straten van de steden in heel Andalusië. Hun koetsen worden getrokken door tractors of paarden en ze gooien snoepjes naar de kinderen.

Certamen Internacional de Guitarra Clásica Andrés Segovia *(eerste week van januari)*, Almuñécar *(blz. 189)*. Gitaarwedstrijd ter ere van de grote meester.

FEBRUARI

Los Carnavales *(tweede of derde week van februari)*. Carnaval wordt overal gevierd, vooral in Cádiz *(blz. 39)* en de kuststad Isla Cristina *(blz. 126)*.

Festival de Música Antigua *(februari en maart)*, Sevilla. Op historische instrumenten wordt prachtige oude muziek ten gehore gebracht.

Jaarlijks flamencofestival, Jerez *(eind februari/begin maart)*, Jerez *(blz. 162)*. Flamencouitvoeringen en -workshops.

OFFICIËLE FEESTDAGEN

Nieuwjaarsdag (1 jan.)
Driekoningen (6 jan.)
Día de Andalucía (28 feb.)
Witte Donderdag en Goede Vrijdag (wisselt)
Dag van de Arbeid (1 mei)
Maria Hemelvaart (15 aug.)
Nat. feestdag (12 okt.)
Allerheiligen (1 nov.)
Dag v.d. Grondwet (6 dec.)
Onbevlekte Ontvangenis (8 dec.)
Eerste Kerstdag (25 dec.)

Skilift op de besneeuwde hellingen van de Sierra Nevada *(blz. 197)*

Fiestas in Andalusië

Kostuum, Semana Santa, Córdoba

Een Spaanse *fiesta* of *feria* kent zijn gelijke niet en die in Andalusië behoren tot de uitbundigste. *Fiestas* gedenken vaak een historische gebeurtenis of het begin van een seizoen. Vaker nog zijn ze religieus van karakter. Semana Santa (Heilige Week) bijvoorbeeld wordt in heel Andalusië gevierd. Een *fiesta* is een waar volksfeest: zingen, dansen en drinken doet men van vroeg tot laat. Bij een *feria* horen een kermis, feestgangers in traditionele flamencokostuums en optochten met paarden en koetsen. Ook worden in heel Andalusië op *romerías* relikwieën in processie het platteland rondgedragen.

Ruiters en vrouwen op hun paasbest op het Feria de Abril, Sevilla

SEVILLA

Semana Santa of Heilige Week (Palmzondag – Goede Vrijdag) wordt in Sevilla luisterrijk gevierd. Meer dan 100 *pasos* (praalwagens met heiligenbeelden) worden door de straten gevoerd. Ze worden begeleid door *nazarenos*, de leden van ongeveer vijftig 13de-eeuwse broederschappen, gehuld in lange gewaden en punthoeden. Als de processies langstrekken, barsten ingehuurde zangers uit in *saetas*, liederen ter ere van Maria. In de vroege uren van Goede Vrijdag laaien de emoties hoog op als de Virgen de la Macarena wordt rondgedragen te midden van 2500 *nazarenos (blz. 89)*.
Op de Feria de Abril, de voorjaarskermis twee weken na Pasen, gaan de *Sevillanos* een week lang aan de rol. Elke dag, vanaf ongeveer 13.00 uur, vindt de *cabalgata* plaats, een parade waarop ruiters met hun vrouwen, die *mantillas* (kanten hoofddoeken) dragen, hun fraaie uitmonstering tonen. 's Avonds puilen de *casetas* uit en worden er *sevillanas* gedanst. (Van de duizend *casetas* is ongeveer een kwart open voor het publiek.) In de Maestranza-arena *(blz. 68)* zijn de beste stierenvechters te zien.

Pelgrims in de Romería del Rocía in de provincie Huelva

HUELVA EN SEVILLA

Een van de populairste *fiestas* van Spanje, de Romería de Rocío, wordt met Pinksteren gevierd. Meer dan zeventig broederschappen trekken naar de schrijn van El Rocío *(blz. 129)* in Las Marismas, de moerassen aan de monding van de Guadalquivir. Ze krijgen gezelschap van pelgrims te paard, te voet of per auto. Dit alles is ter ere van de Virgen del Rocío, de Witte Duif of de Koningin van het Moeras. Dagen- en nachtenlang wordt er gedronken en gedanst, tot op maandagmorgen de Maagd uit haar schrijn wordt gehaald. Jongemannen uit de nabijgelegen stad Almonte dragen haar vervolgens twaalf uur lang door de menigte.

CÓRDOBA EN JAÉN

In mei wordt in Córdoba *(blz. 140–146)* non-stop feestgevierd. De Día de la Cruz – dag van het Kruis – wordt op de eerste drie dagen van de maand gevierd. Religieuze broederschappen en buurtschappen strijden met elkaar wie de mooiste kruisen maakt. Deze worden op pleinen en straathoeken neergezet. Hierna volgt het Festival de los Patios (5–15 mei). Dan gaan de binnenplaatsen in de oude stad open voor het publiek. Op elke patio wordt door de bezoekers gedanst en gezongen. In de laatste week van mei viert Córdoba zijn kleurrijke *feria*. Deze is toegankelijker voor toeristen dan de Feria de Abril in Sevilla. Het festival gaat terug tot de Romeinse tijd en viert de komst van de lente.

De Romería de Nuestra Señora de la Cabeza wordt op de laatste zondag in april gehouden in het Santuario de la Virgen de la Cabeza *(blz. 151)*, een afgelegen heiligdom in de Sierra Morena. Meer dan 250.000 mensen komen er op af, sommigen te voet of te paard. Dag en nacht wordt een grote kaars brandende gehouden. De Maagd, die La Morenita wordt genoemd, wordt door de menigte ronddragen die haar begroet met *Guapa! Guapa!* (Mooi! Mooi!).

Gekostumeerde kinderen op het carnaval in Cádiz

Boetelingen op de Romería de Nuestra Señora de la Cabeza in april

CÁDIZ EN MÁLAGA

In februari wordt twee dagen lang Los Carnavalos (carnaval) gevierd en in Cádiz *(blz. 164)* gebeurt dat uitgelatener dan waar ook in Andalusië. Er wordt gezegd dat dit carnaval dat van Río de Janeiro naar de kroon steekt.

Groepen zangers oefenen maanden van tevoren en er worden satirische liedjes geschreven die overal de gek mee steken.

In het Fallatheater laten de gekostumeerde zangers hun liedjes horen. Daarna nemen ze deel aan een optocht.

De hele stad gaat verkleed en in de nauwe straten verdringen zich de feestende, zingende en dansende menigten.

De Feria de Málaga, die halverwege augustus wordt gehouden, viert de herovering van de stad op de Moren door de Katholieke Koningen *(blz. 48)*.

Málaga *(blz. 180–181)* zet zijn beste beentje voor, in een poging Sevilla te overtreffen. Mensen in klederdrachten, versierde koetsen en paarden paraderen in het centrum en op het kermisterrein.

Het feest gaat een week lang ononderbroken door.

In de arena *(blz. 181)* in La Malagueta zijn de beste stierenvechters aan het werk.

GRANADA EN ALMERÍA

Corpus Christi, eind mei of begin juni, is een van de grootste evenementen in Granada *(blz. 190–196)*. Op de dag ervoor trekt een stoet gekostumeerde figuren met reusachtige koppen en reuzen door de stad, aangevoerd door de *tarasca*, een vrouw op een enorme draak. De volgende dag wordt de *custodia* of monstrans uit de kathedraal door de straten gedragen. De week erna wordt er feestgevierd.

De *feria* in Almería *(blz. 200–201)*, eind augustus, wordt ter ere van de Virgin del Mar gevierd met kermis, processies, sport en stierengevechten. Het Mariabeeld dateert uit 1502, toen het aanspoelde op het strand en werd gevonden door een wacht op de uitkijk voor Berberpiraten.

Feria de Málaga, dat de herovering van de stad op de Moren viert

Jurisdiccion d
REAL FORTA
de la
ALHAM

GESCHIEDENIS VAN SEVILLA EN ANDALUSIË

De vroegste geschiedenis van Andalusië is eigenlijk het verhaal van oude steden – Cádiz *(blz. 164–165)*, gesticht in 1100 v.C., is de oudste stad van Europa – en steeds weer nieuwe bewoners die hun eigen ideeën en gebruiken meebrachten.

Reliëf van een Iberische krijger

De eerste mensachtigen bewoonden de streek ongeveer 1 miljoen jaar geleden. De *homo sapiens* volgde rond 25.000 v.C. en tegen de ijzertijd had zich al een sterke Iberische cultuur ontwikkeld. Later ontstonden er culturele banden met de Feniciërs, de Grieken en de Carthagers. Deze banden en de overvloed aan natuurlijke hulpbronnen, zoals ijzer, goud en kopererts, zorgden ervoor dat dit deel van Iberië een van de rijkste delen van het Middellandse Zeegebied werd.

De Romeinen verschenen in 206 v.C. voor het eerst in Spanje. Ze heersten er bijna 700 jaar. Ze werden vervolgens verdreven door de Visigoten toen het Westromeinse rijk in de 5de eeuw n.C. instortte. De Moren, die hen weer opvolgden, zaten eerst in Córdoba, daarna in Sevilla, en tegen het einde van hun bijna 800 jaar durende heerschappij in het Nasridenrijk Granada. Na de overgave van Granada aan de christenen in 1492 begon voor Spanje een periode van expansie en welvaart. De ontdekking van de Nieuwe Wereld maakte van Sevilla een van de rijkste steden van Europa, maar veel van deze overvloed ging verloren tijdens oorlogen met het Habsburgse rijk. In de 18de eeuw raakte Spanje economisch in verval en in de 19de en vroege 20ste eeuw leidde armoede tot politieke conflicten en ten slotte tot burgeroorlog.

In de jaren na de Spaanse Burgeroorlog bleef de armoede bestaan, al zorgde het opkomende massatoerisme tussen 1960 en 1980 voor veel verbetering. Na de dood van Franco en toetreding tot de EU groeide in Spanje de welvaart en namen de democratische vrijheden toe.

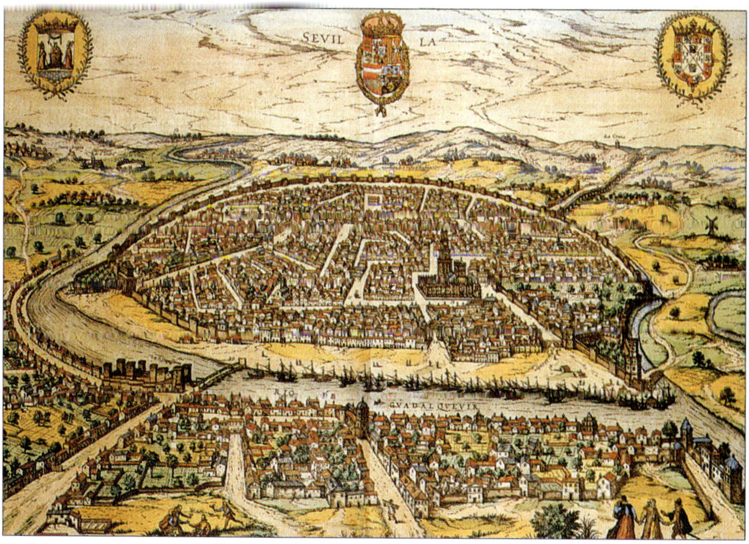

De 16de-eeuwse haven van Sevilla, waar schepen met rijkdommen uit Amerika arriveerden

◁ 18de-eeuwse litho van de Puerta de la Justicia in het Alhambra *(blz. 194–195)*

De vroegste tijd

Schedel van Neanderthaler

Rond 50.000 v.C. bewoonden Neanderthalers Gibraltar. Zo'n 25.000 jaar later volgde de *homo sapiens* en vanaf 7000 v.C. vestigden zich neolithische stammen uit Afrika in Spanje. Toen de Feniciërs kwamen om in edele metalen te handelen, troffen ze een ontwikkelde Iberische cultuur aan. Ze gingen handelen met het half-mythische koninkrijk Tartessus. De Grieken hadden zich al in het noordoosten van Spanje gevestigd en begonnen na 600 v.C. ook het zuiden te koloniseren. Ondertussen vermengden zich Kelten uit het noorden met de Iberiërs. Deze door de Grieken beïnvloede cultuur bracht prachtige kunstwerken voort. De Carthagers verwoestten rond 500 v.C. Tartessus.

INVLOEDSSFEREN

Grieks

Fenicisch

Grafheuvels bij Los Millares
Bij Los Millares (blz. 201) *leefde rond 2300 v.C. een metaalbewerkende beschaving. In één grafheuvel werden bijna honderd mensen begraven, waarna de grafkamers met aarde werden afgedekt.*

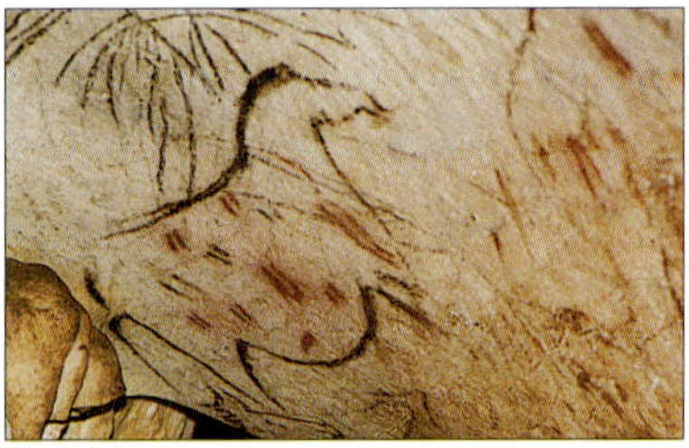

Grotschilderingen
Sinds ongeveer 25.000 v.C. beschilderden mensen grotten in Andalusië. Ze tekenden met een knap naturalisme vissen, dieren, mensen, wapens en andere voorwerpen.

Het korte zwaard en schild duiden op een Iberische krijger.

De armen van dit beeldje zijn uitgestrekt, als in gebed.

IBERISCHE BRONZEN BEELDEN
Deze bronzen beeldjes uit de 5de–4de eeuw v.C. zijn votiefgeschenken aan de goden. Ze werden gevonden in een grafveld bij Despeñaperros in de provincie Jaén. De Romeinen beschouwden de Iberiërs als zeer nobel.

TIJDBALK

1.000.000–750.000 v.C. Vuistbijlen in Puerto de Santa María, Cádiz

Vuistbijl

25.000–18.000 v.C. *Homo sapiens* maakt grotschilderingen en rotstekeningen

4000 v.C. Neolithische resten in graven in Cueva de los Murciélagos in Granada: espartosandalen en votiefgeschenken

4500 v.C. Begin van landbouw en veeteelt

1.000.000 v.C.	50.000 v.C.	10.000 v.C.	8000 v.C.	6000 v.C.	4000 v.C.

50.000 v.C. Neanderthalers leven in Gibraltar

7000 v.C. Komst neolithische kolonisten uit Noord-Afrika. Begin van landbouw op Iberisch schiereiland

Neolithische okerpot

Godin Astarte
De Feniciërs stichtten Cádiz rond 1100 v.C. Ze brachten hun eigen godin mee, Astarte, die naarmate de oosterse invloed zich verspreidde, in heel Andalusië populair werd.

Griekse urn
De Grieken importeerden veel kunstvoorwerpen; hun stijl beïnvloedde de Iberische kunst in hoge mate.

De hoofdtooi geeft aan dat deze vrouw een god vereert.

Deze priesteres maakt een zegenend gebaar.

WAAR VINDT U HET VROEGSTE ANDALUSIË?

Rotsschilderingen kunt u zien in de Cueva de la Pileta bij Ronda la Vieja *(blz. 175)* en in de Cuevas de Nerja *(blz. 180)*. In Antequera *(blz. 179)* bevinden zich dolmens uit de bronstijd *(2500 v.C.)*. Grafheuvels ziet u in Los Millares *(blz. 201)*. Replica's van de beroemde Caramboloschat uit Tartessus staan uitgestald in het Museo Arqueológico in Sevilla *(blz. 97)* en Iberische reliëfs uit Porcuna in Jaén *(blz. 149)*.

De Toro de Porcuna
(500–450 v.C.) werd gevonden in Porcuna bij Jaén.

Dama de Baza
Dit beeld uit 500–400 v.C. stelt waarschijnlijk een Iberische godin voor. Er werden in Zuid-Spanje meer van zulke beelden gevonden.

Caramboloschat
Deze schat uit Tartessus is Fenicisch van stijl. De ligging van dit koninkrijk is nog onbekend, al werden er veel voorwerpen van gevonden.

2300 v.C. Bronstijd; dolmenachtige begraafplaatsen in Los Millares *(blz. 201)*

800–700 v.C. Bloeitijd koninkrijk Tartessus, beïnvloed door Feniciërs

Tartessische gesp

241 v.C. Eerste Punische Oorlog tussen Carthago en Rome

2000 v.C.	1000 v.C.	800 v.C.	600 v.C.	400 v.C.

1100 v.C. Cádiz gesticht door Feniciërs

800 v.C. Kelten uit Noord-Europa trekken zuidwaarts

600 v.C. Griekse kolonisten op de kusten van Andalusië

500 v.C. Carthago koloniseert Zuid-Spanje

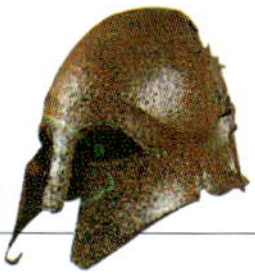

Griekse helm

219 v.C. Carthagers bezetten Sagunto (Oost-Spanje)

Romeinen en Visigoten

Kapiteel

De Romeinen kwamen in 206 v.C. naar Spanje tijdens een oorlog met Carthago. Ze zouden er 700 jaar blijven. Het kostte hen 200 jaar om Spanje te veroveren en het in provincies te verdelen. Baetica, met hoofdstad Corduba (Córdoba), kwam overeen met het huidige Andalusië. Steden werden gebouwd en olijfolie en tarwe naar Rome geëxporteerd. Baetica werd een van de rijkste Romeinse provincies, met een rijke Ibero-Romeinse cultuur. De Visigoten hielden de Romeinse waarden in ere tot de komst van de Moren in 711 n.C.

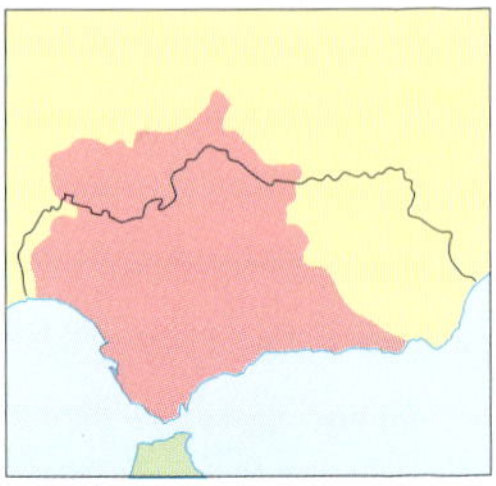

ROMEINS GEBIED 100 N.C.

Romeins Baetica

Andere Romeinse provincies

Hadrianus

De keizers Hadrianus en Trajanus zijn in Baetica geboren. Veel politici, schrijvers en filosofen uit die provincie trokken naar Rome om carrière te maken.

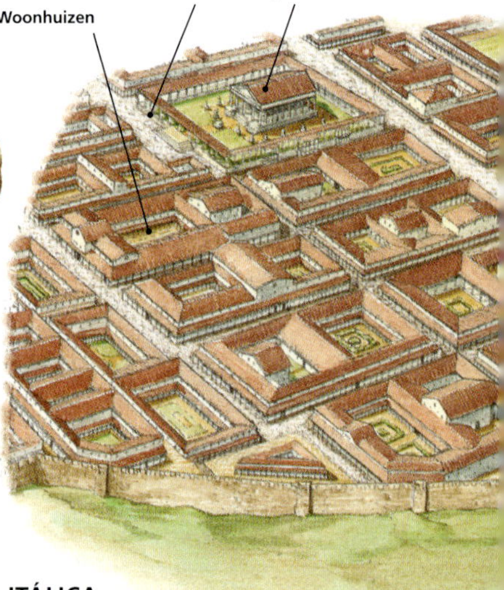

Romeinse mozaïeken in Andalusië

Woonhuizen, tempels en openbare gebouwen bezaten allemaal mozaïekvloeren, waarop vele thema's werden uitgebeeld.

ITÁLICA

Scipio Africanus stichtte in 206 v.C., na de val van Carthago, Itálica *(blz. 132)*. De stad beleefde zijn bloeitijd in de 2de en 3de eeuw v.C. en was de geboorteplaats van de keizers Hadrianus en Trajanus. Anders dan Córdoba werd hij na de Romeinse tijd niet verbouwd. Tegenwoordig is Itálica een fraai bewaard gebleven voorbeeld van een Romeinse stad.

TIJDBALK

206 v.C. Scipio Africanus verslaat de Carthagers bij Alcalá del Río; Itálica wordt gesticht

200 v.C. Romeinen veroveren Zuid-Spanje en bereiken Cádiz

61 v.C. Julius Caesar is gouverneur van Hispania Ulterior (Spanje)

55 v.C. Geboorte van Seneca de Oudere in Córdoba

Julius Caesar

27 n.C. Andalusië Baetica genoemd

Zelfmoord van Seneca

65 Zelfmoord van Seneca de Jongere na samenzwering tegen Nero

69–79 Keizer Vespasianus geeft alle steden in Hispania Romeinse status

98–117 Trajanus, uit Itálica, is keizer. Spaanse senatoren hebben invloed in Rome

117 Hadrianus tot keizer gekroond

200 v.C. | 100 v.C. | 1 n.C. | 100 | 200

Olijvenoogst
Deze scène op een Romeinse sarcofaag toont een olijvenoogst. Olijven werden vooral gekweekt in het dal van de Guadalquivir tussen Córdoba en Sevilla. Duizenden amforen met olijfolie gingen naar Rome.

Visigotische kroon
De hangers aan deze kroon vormen de Latijnse naam van de Visigotische koning Recceswinth.

Het amfitheater hoorde bij een Romeinse stad. Dat van Itálica was het op twee na grootste van het Romeinse Rijk.

WAAR VINDT U ROMEINS EN VISIGOTISCH ANDALUSIË?

Romeinse opgravingen zijn te zien in Itálica *(blz. 132)*, Carmona *(blz. 132)* en Ronda la Vieja *(blz. 175)*. In Málaga vindt u een Romeins amfitheater en in Alameda de Hércules in Sevilla *(blz. 88)* Romeinse zuilen. Het Museo Arqueológico in Sevilla *(blz. 97)*, Córdoba *(blz. 143)* en Cádiz *(blz. 164)* stellen Romeinse kunstvoorwerpen tentoon. Visigotische zuilen en kapitelen kunt u bekijken in de Mezquita in Córdoba *(blz. 144–145)*.

De Romeinse ruïnes *van Itálica* (blz. 132) *liggen 9 km ten noorden van Sevilla.*

San Isidoro en San Leandro
San Isidoro (560–635) van Sevilla, schrijver van Etymologieën, *bekeerde samen met zijn broer San Leandro Visigoten tot het christendom.*

415 Visigoten komen uit Noord-Europa in Spanje aan

446 Tarraconensis nog steeds Romeins; Rome probeert rest van Spanje te heroveren

Geïllumineerde omslag van Etymologieën van San Isidoro

632 Dood van profeet Mohammed

300 | **400** | **500** | **600**

Theodosius

409 Vandalen plunderen Tarraconensis (Tarragona)

476 Visigoten in heel Spanje de baas

589 Derde Raad van Toledo in Midden-Spanje. Visigotische koning Reccared van arianisme tot katholicisme bekeerd

635 Dood van San Isidoro van Sevilla

De Moren

10de-eeuws ivoren vat

De Moren werden in 710 binnengehaald om een ruzie onder de Visigoten op te lossen. In 711 keerden ze terug om Spanje te veroveren; binnen tien jaar was alleen nog het noorden in christelijke handen. De Moren noemden hun gebied Al Andalus en vestigden er in 929 een onafhankelijk kalifaat. De hoofdstad Córdoba was de grootste stad van Europa, een waar cultureel centrum. In de 11de eeuw viel het kalifaat uiteen in 30 taifas (partijstaten). De Almoraviden, een Afrikaanse stam, trokken in 1086 het gebied binnen, waaruit ze in de 12de eeuw weer werden verdreven door de Almohaden uit Marokko, die Sevilla tot hun hoofdstad maakten.

MOORS GEBIED IN 800

Al Andalus

Apocalyps
Illustratie van een 11de-eeuwse interpretatie van een 8ste-eeuwse tekst, Commentaar op de Apocalyps *van Beatus van Liébana.*

Abd al-Rahman III ontvangt de Byzantijnse gezant

Bronzen hert
Dit 10de-eeuwse bronzen beeld stamt uit Medina Azahara.

HET HOF VAN ABD AL-RAHMAN III

Abd al-Rahman III bouwde zijn paleis Medina Azahara *(blz. 138)* na 936. Op dit 19de-eeuwse schilderij van Dionisio Baixeres biedt een Byzantijnse gezant de kalief de werken aan van de Griekse wetenschapper Dioscorides. De Moren in Córdoba wisten veel van de oudheid en gaven deze kennis door aan Europa. De Medina werd in 1010 geplunderd door Berberse huurlingen.

TIJDBALK

Visigotische koning en Moors leider

710 Eerste Moorse interventie in Spanje

711 Invasie onder Tarik ben Ziyad

756 Abd al-Rahman I komt in Spanje aan en roept zichzelf uit tot heerser over een onafhankelijk emiraat rond Córdoba

785 Bouw Mezquita *(blz. 144–145)* in Córdoba begonnen

822–852 Abd al-Rahman II

Munt uit het rijk van Abd al-Rahman III

912–961 Abd al-Rahman III

929 Abd al-Rahman III roept kalifaat uit in Córdoba

936 Bouw van Medina Azahara begonnen

961–976 Al-Hakam II breidt Medina Azahara en Mezquita uit

700 | 800 | 900

Averroës van Córdoba *(1126–1188)*
De natuurkundige en filosoof Averroës bewerkte de geschriften van Aristoteles voor westerse en islamitische geleerden.

Mozarabische bijbel
In de Moorse samenleving leefden joden en mozarabieren (christenen met een islamitische levensstijl). Dit is een illustratie in Moorse stijl uit een 10de-eeuwse bijbel.

Hoefijzervormige bogen kenmerken dit paleis, net als de Mezquita *(blz. 144–145)* in Córdoba.

Klerken zijn bezig met het handschrift dat aan Abd al-Rahman III zal worden aangeboden.

WAAR VINDT U MOORS ANDALUSIË?

De Mezquita in Córdoba *(blz. 144–145)* en de ruïnes van het paleis in Medina Azahara *(blz. 138)* zijn de meest complete restanten van het Moorse kalifaat in Spanje. Het Museo Arqueológico in Córdoba *(blz. 143)* toont voorwerpen uit Medina Azahara.
De Alcazaba in Almería *(blz. 200)* stamt uit de 10de eeuw, toen het nog deel uitmaakte van het kalifaat, en de Alcazaba in Málaga *(blz. 181)* werd in de taifaperiode gebouwd. De Torre del Oro *(blz. 69)* en La Giralda *(blz. 78)* in Sevilla zijn gebouwd door de Almohaden.

De Alcazaba *in Almería (blz. 200), uit de 10de eeuw, kijkt uit over de oude stad.*

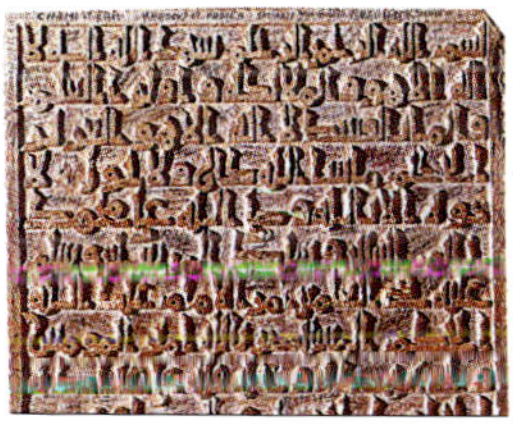

Koefisch schrift
Islamitische kunstenaars mochten geen mensen afbeelden en gebruikten vaak kalligrafie als decoratie.

Irrigatie in Al Andalus
Het waterrad was onmisbaar voor irrigatie, waarmee de Moren rijst en sinaasappels verbouwden.

Al-Mansoer

1012 *Taifas* komen op als Moorse ministaatjes

1031 Einde kalifaat

1086 Invasie van de Almoraviden

1120 Macht van Almoraviden tanende

1126 Averroës, Arabische filosoof geboren

1147 Almohads arrive in Seville; build Giralda and Torre del Oro

1000 | **1100** | **1200**

976–1002 De militaire dictator Al-Mansoer aan de macht

1010 Medina Azahara geplunderd door Berbers

1085 Overgave van Toledo in het noorden aan de christenen verslapt de Moorse heerschappij

Maimónides

1135 Maimónides, joods filosoof, in Córdoba geboren

1175–1200 Toppunt macht Almohaden. Terrein op christenen heroverd

De Reconquista

Christelijke ruiter

De oorlog tussen de Moren en de christenen, die in Noord-Spanje begon, bereikte Andalusië met een belangrijke christelijke overwinning bij Navas de Tolosa in 1212. Spoedig daarna vielen Sevilla en Córdoba. Eind 13de eeuw was alleen nog het Nasridenrijk Granada onder Moorse heerschappij. Ondertussen lieten christelijke monarchen, zoals Alfonso X en Pedro I door mudéjaren (*blz. 24*) kerken en paleizen bouwen in de heroverde gebieden – mudéjar betekent letterlijk 'zij die mogen blijven'. Granada viel ten slotte in 1492 in handen van Ferdinand van Aragón en Isabella van Castilië, de 'Katholieke Koningen'.

MOORS GEBIED IN 1350

Nasridenrijk

Cantigas van Alfonso X
De levendige Cantigas *van Alfonso X, die veel van Andalusië heroverde op de Moren, zijn een verslag van het leven in Spanje na de Reconquista.*

De Katholieke Koningen trekken Granada binnen. Men noemde Ferdinand en Isabella zo om wat zij deden voor het christendom.

Boabdil

DE VAL VAN GRANADA

Dit reliëf van Felipe de Vigarney (1480–circa 1542) in het Capilla Real in Granada (*blz. 190*) toont de overgave van de stad door Boabdil, de laatste Moorse heerser, in 1492. De Katholieke Koningen bekeerden de Moren met dwang en verdreven de joden. In hetzelfde jaar begon Columbus aan zijn reis naar Amerika (*blz. 127*).

Almohadische banier
Dit fraaie tapijt is waarschijnlijk de door de christenen tijdens de slag bij Navas de Tolosa op de Moren buitgemaakte banier.

TIJDBALK

1212 Almohaden (*blz. 46*) door christenen verslagen bij Las Navas de Tolosa

1220

1226 Ferdinand III bezet Baeza

1236 Ferdinand III verovert Córdoba

1238 Nasridendynastie in Granada. Bouw Alhambra (*blz. 194*) begonnen

1248 Ferdinand III bezet Sevilla

1252–1284 Alfonso X herovert groot deel Andalusië. Vertalersschool in Toledo blijft Moorse literatuur vertalen

1260

Alfonso X

1300

Pedro I van Castilië

1333 Moren bouwen toren bij 8ste-eeuwse donjon of Gibraltar (*blz. 17*

1340

1350–1369 Regering van Pedro I van Castilië, die de Alcázar in Sevilla in mudéjarstijl herbouwt. Burgeroorlog tegen Hendrik II van Trastámara

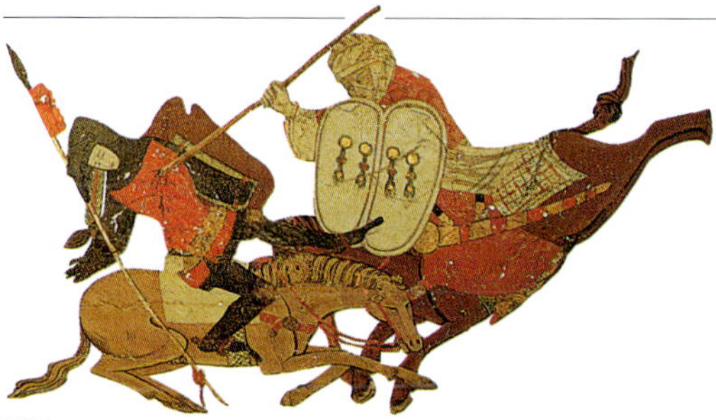

Ridders
De Moren leefden als ridders – deze toernooiscène is te zien in de Sala de los Reyes in het Alhambra (blz. 194).

Kroon
Deze kroon in mudéjarstijl, met de wapens van Castilië en León, is gemaakt van zilver, ivoor en koraal.

Nasridenkrijgers

Astrolabium
Zoals uit dit navigatieinstrument blijkt, beschikten de Moren over veel technische kennis.

Boabdils vertrek
Volgens de legende huilde Boabdil toen hij Granada verliet. Hij vertrok naar Laujar de Andarax (blz. 197) *en later naar Afrika.*

WAAR VINDT U ANDALUSIË UIT DE TIJD VAN DE RECONQUISTA?

Veel van de gebouwen uit de Reconquista zijn in de stijl van de mudéjaren *(blz. 24)*. De belangrijkste zijn het Palacio Pedro I in de Real Alcázar *(blz. 83)* en delen van de Casa de Pilatos *(blz. 77)*, beide in Sevilla. Christelijke kerken uit de 13de, 14de en 15de eeuw in Andalusië zijn ook ofwel volledig in mudéjarstijl of hebben mudéjarkenmerken, zoals de Iglesia de San Marcos *(blz. 90)* in Sevilla. In deze periode bouwden de Nasriden van Granada de fraaiste voorbeelden van Moorse architectuur in Spanje: het Alhambra en Generalife *(blz. 194–196)*. De kathedraal van Sevilla *(blz. 78–79)* is in de 15de eeuw gebouwd als een hooggotische bevestiging van het katholieke geloof.

Het Palacio Pedro I (blz. 83) *in Sevilla geldt als het meest complete voorbeeld van mudéjararchitectuur in Spanje.*

1369 Hendrik II van Trastamára vermoordt Pedro I; basis gelegd voor monolithisch Castiliaans bewind

La Pinta, *een van de schepen van Columbus*

1492 Columbus vaart naar Amerika

1380 | **1420** | **1460**

Gedwongen doop van de Moren

1469 Huwelijk van Ferdinand van Aragón met Isabella van Castilië

1474 Isabella tot koningin uitgeroepen

1479 Ferdinand wordt koning van Aragón; Castilië en Aragón verenigd

1492 Granada valt toe aan de Katholieke Koningen

Sevilla's Gouden eeuw

Mexicaanse indiaan

In de 16de eeuw ontstond een monolithische Spaanse staat, geregeerd door de Katholieke Koningen. Ketters werden vervolgd en de achtergebleven Moren slecht behandeld. In 1503 kreeg Sevilla een handelsmonopolie met de Nieuwe Wereld en de Paus droeg Spanje op de Indianen te bekeren. In 1516 kwam de Habsburger Carlos I, later Heilig Rooms Keizer Karel V, op de troon; Spanje werd de machtigste staat van Europa. Oorlog putte de schatkist uit die door de belangrijkste haven, Sevilla, werd gevuld. Tegen 1680 was de Guadalquivir dichtgeslibd en verplaatste de handel zich naar Cádiz.

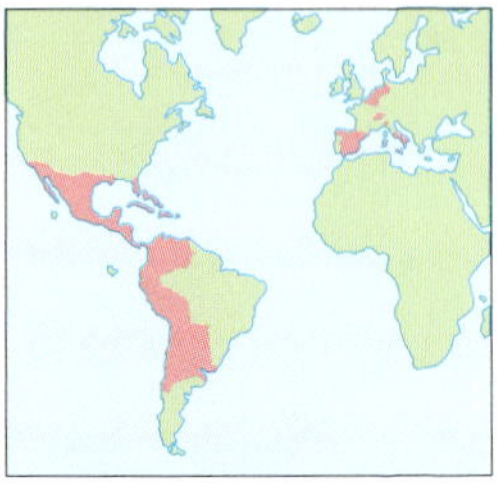

SPAANSE RIJK IN 1700

Spaanse gebieden

Carlos I *(1516–1556)*
Carlos I van Spanje werd in 1521 Heilig Rooms Keizer Karel V. Zijn verkiezing gaf het Habsburgse Rijk toegang tot de enorme rijkdommen die Spanje, en met name Sevilla, voortbracht.

La Giralda *(blz. 78)*, ooit minaret, nu klokkentoren van de kathedraal van Sevilla.

SEVILLA IN DE 16DE EEUW

Dit schilderij van Alonso Sánchez Coello (1531–1588) toont Sevilla in zijn bloeitijd. Als de schepen terugkeerden uit de Nieuwe Wereld brachten ze grote rijkdommen de stad binnen, wat de haven tot een van de rijkste van Europa maakte. De bevolking nam toe, er kwamen steeds meer religieuze gebouwen en de kunst bloeide. Er was echter ook veel armoede, misdaad en ziekte.

Kaart van Midden-Amerika
Dertig jaar na de eerste reis van Columbus waren de verre landen en zeeën van Midden-Amerika al bekend terrein geworden voor Spaanse zeevaarders.

TIJDBALK

1502 Moren in opstand in Las Alpujarras *(blz. 198–199)*; ze worden gedoopt of verdreven

1506 Dood van Isabella

1516 Dood van Ferdinand

1516–1556 Regering van Carlos I, later Heilig Rooms Keizer

1519 Hernán Cortés verovert Mexico

1519 Magalhães vertrekt uit Sanlúcar de Barrameda om de wereld rond te varen

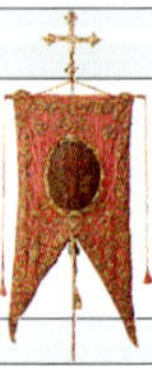

Inquisitiebanier uit Sevilla

1532 Pizarro verovert Peru

1556–1598 Regering Filips II

Fernão de Magalhães (1480–1521)

1558 Tweede Moorse opstand in Las Alpujarras

1559 Inquisitie vervolgt protestanten in Sevilla

1580 Sevilla wordt grootste stad van Spanje

1587 Drake plundert Cádiz

1588 Mislukte aanval Spaanse Armada op Engeland

1500 | 1525 | 1550 | 1575

Inquisitie
De Spaanse Inquisitie kwam in de 15de eeuw voort uit angst voor ketterij. In de 16de eeuw hield men auto-da-fe's (ketterverbrandingen) in Sevilla op de Plaza de San Francisco (blz. 74).

Velázquez
Diego Velázquez, in 1599 in Sevilla geboren, schilderde hier zijn eerste werken, maar werd later hofschilder in Madrid. Dit is een detail van een schilderij dat hij voor Filips IV maakte.

In- en uitladen gebeurde in het centrum van de stad.

Schepen uit andere delen van Europa brachten goederen naar de stad, die naar de Nieuwe Wereld werden verhandeld.

De laatste Moren
De laatste Moren werden in 1609 verdreven; hiermee verdween na 700 jaar de Zuid-Spaanse landbouw.

WAAR VINDT U DE GOUDEN EEUW IN ANDALUSIË?

De Isabellastijl *(blz. 24)*, een overblijfsel van het 16de-eeuwse nationalisme, ziet u in de Capilla Real *(blz. 190)* in Granada en het Palacio de Jabalquinto in Baeza *(blz. 152–153)*. In Baeza en Úbeda *(blz. 154–155)*, die in de Spaanse renaissance tot bloei kwamen, vindt u de beste architectuur uit die tijd. De platereske *(blz. 25)* gevel van het Ayuntamiento *(blz. 74–75)* in Sevilla is een goed voorbeeld van deze stijl en het Palacio Carlos V *(blz. 191)* in Granada is een voorbeeld van klassieke renaissancearchitectuur. Het Archivo de Indias *(blz. 80–81)* werd in herreraanse stijl *(blz. 25)* gebouwd. Het Hospital de la Caridad *(blz. 69)* is een prachtig 17de-eeuws barok gebouw.

De Capilla Real (blz. 190) *in Granada is een grafmonument voor de Katholieke Koningen Ferdinand en Isabella.*

1598–1621 Regering van Filips III

1608 Cervantes publiceert *Don Quixote*

1609 Filips III verdrijft de Moren

Originele uitgave van Don Quixote

1649 Pest in Sevilla doodt eenderde van de bevolking

1600 | **1625** | **1650** | **1675**

1596 Engelse vloot plundert Cádiz

1599 Velázquez geboren in Sevilla

1617 Murillo geboren in Sevilla

1630 Madrid grootste stad van Spanje. Zurbáran naar Sevilla

Jonge bedelaar van Murillo (1617–1682)

1665–1700 Carlos II, laatste der Spaanse Habsburgers

De Bourbons

Joseph Bonaparte

Na de dertien jaar durende Successieoorlog volgden de Bourbons de Habsburgers op en ging bij de Vrede van Utrecht Gibraltar aan de Engelsen verloren *(blz. 172–173)*. Later sleurden de banden met Frankrijk Spanje mee de Napoleontische Oorlogen in. Na de slag van Trafalgar deed de Spaanse koning Carlos IV troonsafstand en zette Napoleon Bonaparte zijn broer Joseph op de troon. Met hulp van de Engelsen werden de Fransen uit Spanje verdreven. Na de terugkeer van de Bourbons begon Spanje zijn koloniën te verliezen. Andalusië werd een van de armste Spaanse gebieden.

SPANJE IN EUROPA (1812)

- *Napoleontische satellieten*
- *Napoleontische heerschappij*

Romantisch Andalusië
Het Moorse erfgoed gaf Andalusië bekendheid als mooi en mythisch land. Reizigers uit de romantische tijd kwamen er graag.

De grondwet wordt in Cádiz afgekondigd.

Carlos III
Een Bourbon die met de ideeën van het verlicht despotisme de maatschappij wilde vernieuwen. Hij probeerde koloniën te stichten in de dun bevolkte Sierra Morena.

DE GRONDWET VAN 1812

Tijdens de Napoleontische Oorlog vaardigde het Spaanse parlement in Cádiz in 1812 een liberale grondwet uit. Na de terugkeer van de Bourbons in 1814 verbood Ferdinand VII echter alle liberale activiteit. In de Eerste Carlistenoorlog wendde zijn dochter Isabella II zich voor steun tot de liberalen toen zij haar rechten op de troon betwistte op haar oom Don Carlos.

TIJDBALK

1701 Begin regering Filips V van Bourbon

1717 Handel op Amerika naar Cádiz

1726 Spanje probeert Gibraltar weer in te nemen

1779–17 Beleg va Gibralta

1700 — 1725 — 1750 — 1775

1701–1713 Spaanse Successie-oorlog

1713 Vrede van Utrecht; Gibraltar naar Engeland

1724 Filips V wordt in zijn ambt hersteld

1746–1759 Regering van Ferdinand VI

1759–1788 Carlos III

1771 Koninklijke Tabaksfabriek in Sevilla voltooid

1788–1808 Carlos IV

Slag van Bailén *In 1808 versloeg een Spaans burgerleger een ervaren Frans leger en maakte 22.000 krijgsgevangenen.*

Slag van Trafalgar *In 1805 verloren de Spanjaarden, toen geallieerd met Napoleon, van de Engelse admiraal Nelson.*

Steun voor de grondwet kwam uit vele bevolkingsgroepen, waaronder vrouwen.

WAAR VINDT U HET ANDALUSIË VAN DE BOURBONS?

Overal in Andalusië vindt u 18de-eeuwse barok, bijvoorbeeld in Sevilla de voormalige Koninklijke Tabaksfabriek, nu de Universidad *(blz. 96–97)*, en de Plaza de Toros de la Maestranza *(blz. 68)*. In Osuna *(blz. 133)*, Écija *(blz. 133)* en Priego de Córdoba *(blz. 150)* vindt u ook voorbeelden. De lagere niveaus van de kathedraal van Cádiz *(blz. 164)* vormen het meest complete voorbeeld van een barokke kerk in Spanje. De Puente Isabel II *(blz. 103)* is een voorbeeld van 19de-eeuwse arquitectura de hierro.

De Puente Isabel II *stamt uit Andalusië's 'industriële' tijdperk.*

Washington Irving *In* Tales of the Alhambra *(1832) gaf de Amerikaanse diplomaat Washington Irving een geromantiseerd beeld van Andalusië.*

Tabaksfabriek in Sevilla Carmen *(1845) van Prosper* Mérimée (blz. 96) *ging over de vrouwen – meer dan 3000 – die in de tabaksfabriek werkten.*

Isabel II

1808 Joseph Bonaparte koning van Spanje. Slag van Bailén

1812 Liberale grondwet in Cádiz opgesteld

1814–1833 (Restauratie van Bourbon) Ferdinand VII

1870–1873 Koning Amadeo I

1868 Isabella II van troon gestoten

1873–1874 Eerste Republiek

1800 | **1825** | **1850** | **1875**

1805 Slag van Trafalgar

1814 Zuid-Amerikaanse koloniën beginnen onafhankelijkheidsstrijd

1808–1814 Oorlog Napoleon

1843 Isabella II bestijgt de troon

1833 1ste Carlistenoorlog

1846–1849 2de Carlistenoorlog

1872–1876 3de Carlistenoorlog

1874 Tweede restauratie van Bourbon: koning Alfonso XII

Alfonso XII

De Burgeroorlog

Generaal Franco

Andalusië raakte steeds meer aan de grond, tot in het begin van de 20ste eeuw sociaal protest onontkoombaar was. De jaren twintig brachten dictator generaal Primo de Rivera en kortstondige sociale orde. In 1931 kwam een republikeinse regering aan de macht, die oorspronkelijk bestond uit liberalen en socialisten. Door de rigide sociale structuur kwamen hervormingen maar langzaam van de grond en in 1931–1936 groeiden de spanningen tussen links en rechts (waaronder de Falange). Ten slotte verklaarde in 1936 de nationalistische generaal Franco de oorlog aan de Republiek.

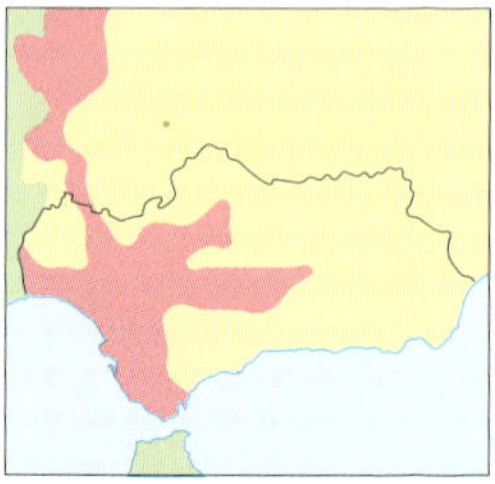

ANDALUSIË IN 1936

Nationalistisch gebied

Republikeins gebied

Moors reveil
Eind 19de eeuw leidde regionalisme, andalucismo, *tot heropleving van Moorse architectuur, zoals het Estación de Córdoba in Sevilla.*

Ook vrouwen vochten tegen het nationalistische leger.

Picasso
Pablo Picasso, hier op een zelfportret, werd in 1881 in Málaga geboren. Zijn beroemde schilderij Guernica *verbeeldt de gevolgen van de Burgeroorlog.*

HET REPUBLIKEINSE LEGER

In Andalusië viel Franco het republikeinse leger meteen aan. Cádiz en Sevilla vielen in handen van de Nationalisten, maar andere steden hielden langer vol. In 1937 bezette Franco Málaga en doodde er duizenden Republikeinen.

TIJDBALK

1876 Componist Manuel de Falla in Cádiz geboren

1882–1912 Strijdbaarheid onder landarbeiders neemt toe

1885–1902 Regentschap María Cristina

1895–1898 Oorlog Cuba

Spaanse soldaten, Oorlog in Cuba

1880 | **1890** | **1900**

1881 Pablo Picasso geboren

1885 Anarchistengroep *Mano Negra* actief in Andalusië

1893 Gitarist Andrés Segovia geboren bij Jaén

1898 Cuba onafhankelijk met hulp VS. Cádiz en Málaga in verval

1902–1931 Regering Alfonso XIII

Casa Viejas
In 1933 werden boeren gedood na een opstand van anarchisten in Casa Viejas (provincie Cádiz), een harde slag voor de republikeinse regering.

WAAR VINDT U VROEG-20STE-EEUWSE ARCHITECTUUR IN ANDALUSIË?

Deze periode wordt gekenmerkt door stijloplevingen. Regionalisme ziet u op de Plaza de España *(blz. 98)*, het Museo Arqueológico *(blz. 99)* en het Museo de Artes y Costumbres Populares *(blz. 99)*, in het Parque María Luisa. Het Teatro Lope Vega *(blz. 97)* heeft een neobarokke stijl.

De Pabellón Real (blz. 99) *in het Parque María Luisa is een pastiche van de laatgotische Isabellastijl* (blz. 24).

Tentoonstelling 1929
Deze handelsbeurs moest de economie van Andalusië stimuleren. Helaas viel hij samen met de krach op Wall Street.

Wapens werden het republikeinse leger verschaft door de Sovjet-Unie.

Federico García Lorca
Dit affiche is voor Lorca's toneelstuk Yerma. *De toneelschrijver werd in 1936 in Granada door Falangisten vermoord.*

Generaal Queipo de Llano
Radiopropaganda gericht op de stad Sevilla als onderdeel van de nationalistische strategie.

Republikeins affiche

1923–1930 Dictatuur van Generaal Primo de Rivera

1929 Tentoonstelling Ibero-Amerika

1933 Slachting in Casas Viejas

1936 Begin Burgeroorlog

1910 | **1920** | **1930**

1917–1920 Bolsjewistisch Triënnium; communistische protesten in Andalusië

José Antonio Primo de Rivera

1931–1939 Tweede Republiek

1933 Falange gesticht door José Antonio Primo de Rivera, die later Franco steunt

1936 Franco wordt staatshoofd

1939 Eind Burgeroorlog

Modern Andalusië

Andalusische vlag

In 1945 was Spanje de enige nationalistische staat in Europa. Alle hulp werd geweigerd tot in 1953 Franco toestond dat er Amerikaanse bases op Spaans grondgebied werden gebouwd. In de jaren zestig en zeventig groeide de economie en profiteerde Andalusië in het bijzonder van het toerisme. Toen Franco in 1975 overleed en Juan Carlos I de troon besteeg, was Spanje klaar voor de democratie. In 1982 werd de Sevilliaan Felipe González premier. In hetzelfde jaar werd Andalusië een autonoom gebied.

AUTONOME GEBIEDEN

Andalusië tegenwoordig

Feria
Ondanks het repressieve regime van Franco, bleef het Andalusische volk onveranderd in evenementen als de feria in Sevilla.

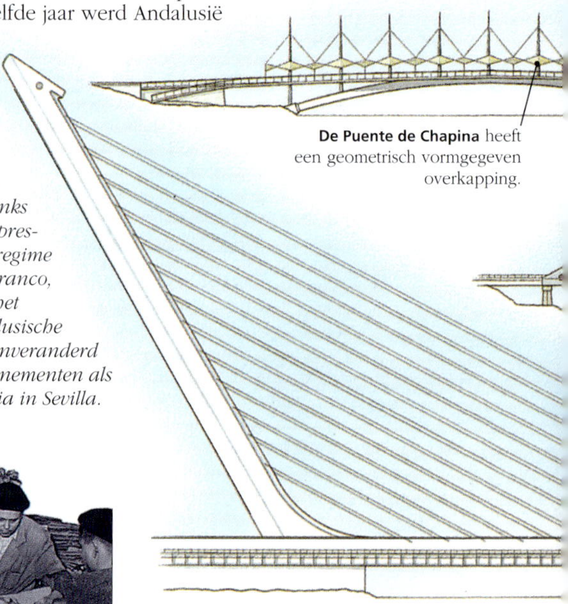

De Puente de Chapina heeft een geometrisch vormgegeven overkapping.

De hongerjaren
Na de Burgeroorlog was Spanje geïsoleerd van Europa en na de Tweede Wereldoorlog kreeg het geen steun. Veel Andalusiërs zochten werk in het buitenland.

NIEUWE BRUGGEN

Ondanks de nieuw verworven autonomie loopt Andalusië op economisch gebied nog steeds achter op de rest van Spanje. De centrale regering financierde de bouw van de nieuwe infrastructuur die nodig was voor Expo '92. Er werden vijf moderne bruggen over de Guadalquivir gebouwd.

TIJDBALK

1940 | 1950 | 1960 | 1970

1940 Franco staat Hitler niet toe Gibraltar vanaf Spaans grondgebied aan te vallen

1940–1953 Hongerjaren

1953 Spanje krijgt economische steun omdat het Amerikaanse bases toelaat op zijn gebied

Franco ontmoet de Amerikaanse president Eisenhower (1953)

1962 Begin ontwikkeling Costa del Sol

1966 Palomaresincident: bij een botsing van twee Amerikaanse vliegtuigen vallen vier atoombommen, maar exploderen niet. Hertogin Medina Sedonia, de 'rode hertogin' leidt protestmars in Madrid

1969 Spanje sluit zijn grens met Gibraltar

1975 Franco sterft. Derde restauratie van de Bourbons: Juan Carlos I op de troon

1976 Adolfo Suárez wordt tot eerste minister benoemd en vormt een centrum-rechtse regering

Franco's begravenis *(1975)*
Franco's dood werd zowel betreurd als verwelkomd. De meeste mensen waardeerden de democratische verandering.

Massatoerisme
Nieuwe hotels voor massatoerisme veranderden de kust

WAAR VINDT U MODERN ANDALUSIË?

De opvallendste gebouwen van modern Andalusië werden begin jaren negentig gebouwd. Expo '92 liet Sevilla vijf nieuwe bruggen over de Guadalquivir na, terwijl in La Cartuja *(blz. 104)* de paviljoens van de Expo nog overeind staan. Ook het nieuwe Teatro de la Maestranza *(blz. 68–69)* in El Arenal is in deze periode gebouwd.

De Omnimaxbioscoop (blz. 104) *op het Expoterrein was eerst deel van het Paviljoen der Ontdekkingen.*

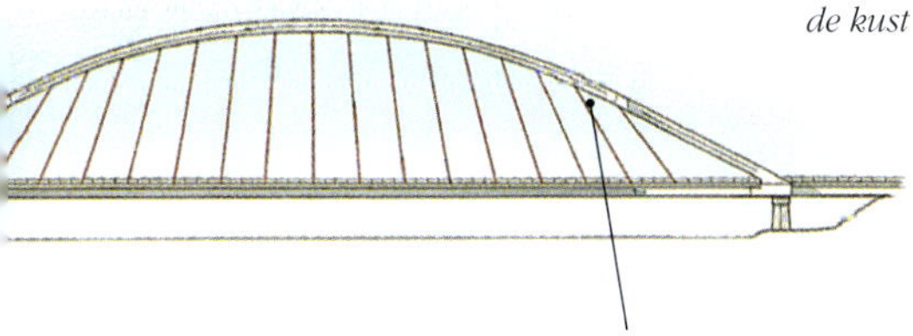

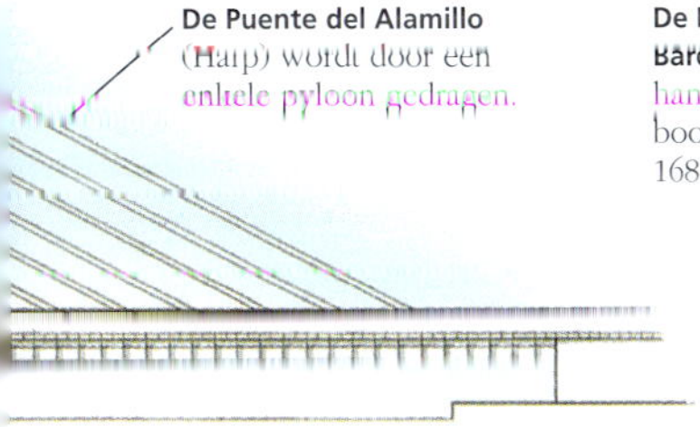

De Puente del Alamillo (Harp) wordt door een enkele pyloon gedragen.

De Puente de la Barqueta, een unieke hangbrug die aan een boog hangt, overspant 168 meter.

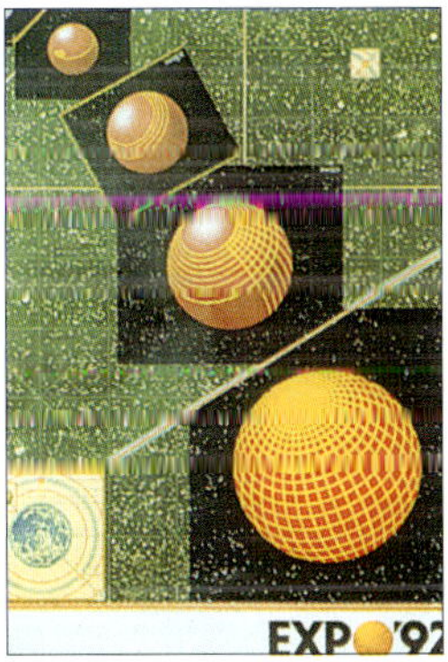

Expo '92
Expo '92, in Sevilla, zette Andalusië in het centrum van de belangstelling. In 1996 was Spanje echter nog steeds niet uit de gemaakte kosten.

Felipe González
In 1982, het jaar na de mislukte coup van kolonel Antonio Tejero, behaalde Felipe González, leider van de socialistische PSOE, een grote meerderheid bij de verkiezingen.

1982 Felipe González wordt tot premier gekozen; Andalusië wordt een autonoom gebied

1985 Grens Spanje-Gibraltar open

1996 Bij de verkiezingen verliest González van een coalitie geleid door Aznar

2004 De Spaanse socialistische arbeiderspartij wint, tegen alle voorspellingen in, de algemene verkiezingen

1980	1990	2000	2010

1981 Kolonel Tejero pleegt coup en houdt parlement in gijzeling, Juan Carlos grijpt in

Kolonel Tejero

2002 Spanje voert de euro in

2006 Sevilla FC wint de UEFA Cup

2006 In maart kondigt de Baskische terroristische organisatie ETA een wapenstilstand aan

SEVILLA VAN BUURT TOT BUURT

Sevilla in het kort

De hoofdstad van Andalusië is een compacte stad met een rijke geschiedenis. Veel van de belangrijkste bezienswaardigheden liggen in of vlak bij het centrum op de linkeroever van de Río Guadalquivir. De meeste toeristen gaan meteen naar de kathedraal en La Giralda, Real Alcázar en het Museo de Bellas Artes. Ook erg de moeite waard zijn het schitterende renaissancepaleis Casa de Pilatos en de arena van Sevilla, de Plaza de Toros de la Maestranza. Daarnaast zijn er nog vele kerken, monumenten en buurten in de vier in dit deel beschreven stadsdelen en, verderop, aan de overkant van de rivier.

Barokke ingang, Parlamento de Andalucía *(blz. 89)*

Het plafond van het Museo de Bellas Artes *(blz. 66–67)*

Plaza de Toros de la Maestranza vanaf de rivier *(blz. 68)*

De Moorse Torre del Oro, een verdedigingstoren *(blz. 69)*

Patio van Real Fábrica de Tabacos, nu de Universidad *(blz. 96)*

◁ La Giralda bij avond boven de daken van El Arenal

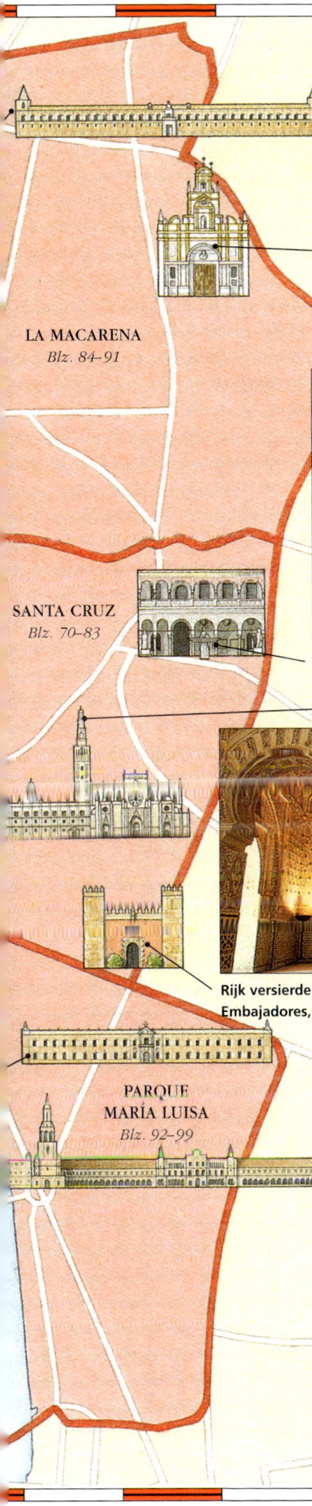

Een van de draagbaren in de Basílica de la Macarena, Sevilla's centrum voor religieuze verering *(blz. 89)*

Romeins reliëf van Leda en de zwaan, Casa de Pilatos *(blz. 77)*

La Giralda boven de imposante gotische kathedraal *(blz. [illegible])*

Rijk versierde mudéjarbogen in de Salón de Embajadores, Real Alcázar *(blz. 82–83)*

Plaza de España in de oase van het Parque María Luisa *(blz. 98–99)*

Plaza de Toros de
SEVILLA
PROPIEDAD DE LA REAL MAESTRANZA DE CABALLERIA - Empresa: PAGES
(FUERA DE ABONO)
18
SEPTIEMBRE 1994
GRANDIOSA NOVILLADA CON PICADORES
6 ESCOGIDOS NOVILLOS 6
JANDILLA
PARA LOS NOVILLEROS
ADOLFO DE LOS REYES
LUIS REINOSO
"EL CARTUJANO"
GREGORIO BRAVO
LA NOVILLADA DARA COMIENZO A LAS 7 DE LA TARDE
GIN RIVES
GIN RIVES

EL ARENAL

Torre del Oro op 20ste-eeuws tegeltableau

In El Arenal, begrensd door de Río Guadalquivir en goed bewaakt door de fraaie 13de-eeuwse Torre del Oro, bevonden zich vroeger munitieopslagplaatsen en scheepswerven. Tegenwoordig bepaalt de verblindend witte arena, Plaza de Toros de la Maestranza, de sfeer. Hier houden de Sevillianen al meer dan twee eeuwen lang hun *corridas*. De vele bars en wijnkelders zijn in het seizoen van de stierengevechten overvol.

De Guadalquivir speelt niet meer zo'n grote rol in het stadsleven, nadat hij in de 17de eeuw dichtslibde. In die tijd was El Arenal een beruchte, door de stadsmuren omgeven onderwereld. De rivier werd net op tijd voor Expo '92 weer in zijn oude, bevaarbare glorie hersteld. De oostoever werd veranderd in een door bomen beschaduwde promenade met prachtig uitzicht op Triana en La Cartuja aan de overkant (*blz. 104–105*). Boot- en bustochten vertrekken vanaf de Torre del Oro. Vlakbij ligt het nieuwe Teatro de la Maestranza, waar een goed geïnformeerd publiek geniet van opera, klassieke concerten en balletuitvoeringen. Het Hospital de la Caridad draagt bij aan de liefdesrelatie van de stad met de barok. De bijbehorende kerk hangt vol beroemde schilderijen van Murillo. In het iets noordelijker gelegen Museo de Bellas Artes wordt het verhaal verteld van de School van Sevilla. De indrukwekkende verzameling schilderijen van Zurbarán, Murillo en Valdés Leal alleen al is een bezoek aan Sevilla waard.

BEZIENSWAARDIGHEDEN IN HET KORT

Historische gebouwen

Hospital de la Caridad 5

Plaza de Toros de la Maestranza 3

Torre del Oro 6

Musea

Museo de Bellas Artes blz. 66–67 1

Kerken

Iglesia de la Magdalena 2

Theaters

Teatro de la Maestranza 4

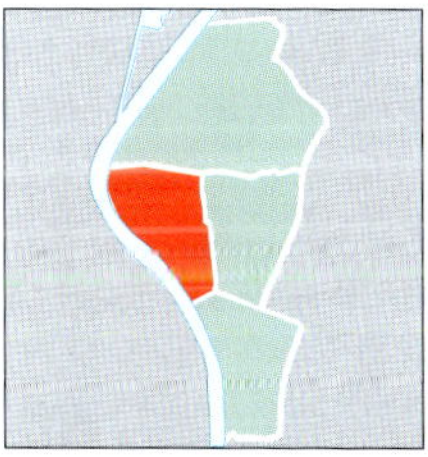

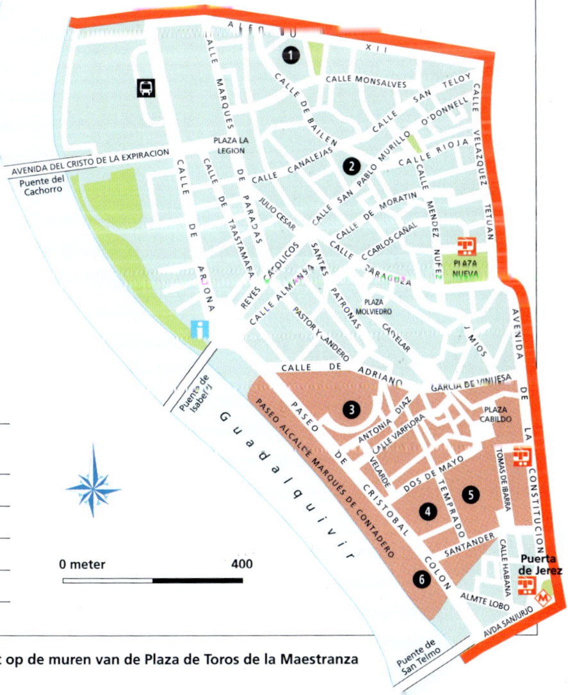

SYMBOLEN

- Stratenkaart blz. 64–65
- Busstation
- Metro-Centrotramhalte
- Metrostation (open in 2008)
- Toeristenbureau

◁ **Affiche voor een stierengevecht op de muren van de Plaza de Toros de la Maestranza**

Onder de loep: El Arenal

Beeld van Carmen

Ooit bevonden zich het hoofdkwartier van de artillerie, de munitievoorraden en de haven van Sevilla in El Arenal. Nu wordt de sfeer bepaald door de arena van Sevilla, de indrukwekkende Plaza de Toro de la Maestranza. In het seizoen van de stierengevechten *(blz. 26–27)* zitten de bars en de restaurants overvol. De rivieroever wordt gedomineerd door een van Sevilla's bekendste monumenten, de Moorse Torre del Oro. De lange, door bomen beschaduwde promenade naast Paseo de Cristóbal Colón is ideaal voor een romantische wandeling langs de Guadalquivir.

★ Plaza de Toros de la Maestranza
De 18de-eeuwse arena van Sevilla, een van de oudste van Spanje, heeft een barokke gevel in wit en oker ❸

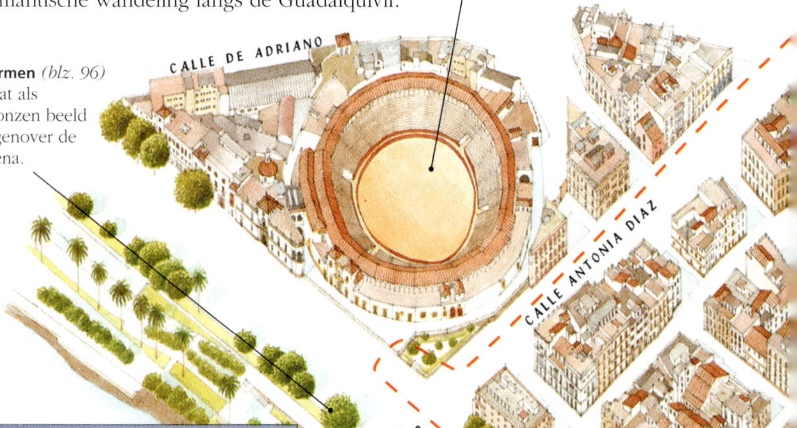

Carmen *(blz. 96)* staat als bronzen beeld tegenover de arena.

Paseo Alcalde Marqués de Contadero

Teatro de la Maestranza
Dit opvallende theater en operagebouw werd in 1991 geopend. Hier speelt het Orquesta Sinfónica de Sevilla, maar ook treden buitenlandse gezelschappen op ❹

STERATTRACTIES

- ★ Hospital de la Caridad
- ★ Plaza de Toros de la Maestranza
- ★ Torre del Oro

De Guadalquivir
De rivier zorgde voor grote overstromingen. Na een ramp in 1947 werd een dam gebouwd. Nu worden vanaf de Torre del Oro rustige boottochten gemaakt.

El Buzo
Dit is een van de vele traditionele tapasbars bij Calle Arfe. Vlakbij ligt Mesón Sevilla JabugoI, een bar waar jamón ibérico (blz.225) *wordt geserveerd.*

ORIËNTATIEKAART
Zie Stratengids, kaarten 3, 5–6.

El Postigo is een kunstnijverheidsmarkt.

Naar de kathedraal

Op Plaza de Cabildo worden in een klooster gemaakte snoepjes verkocht.

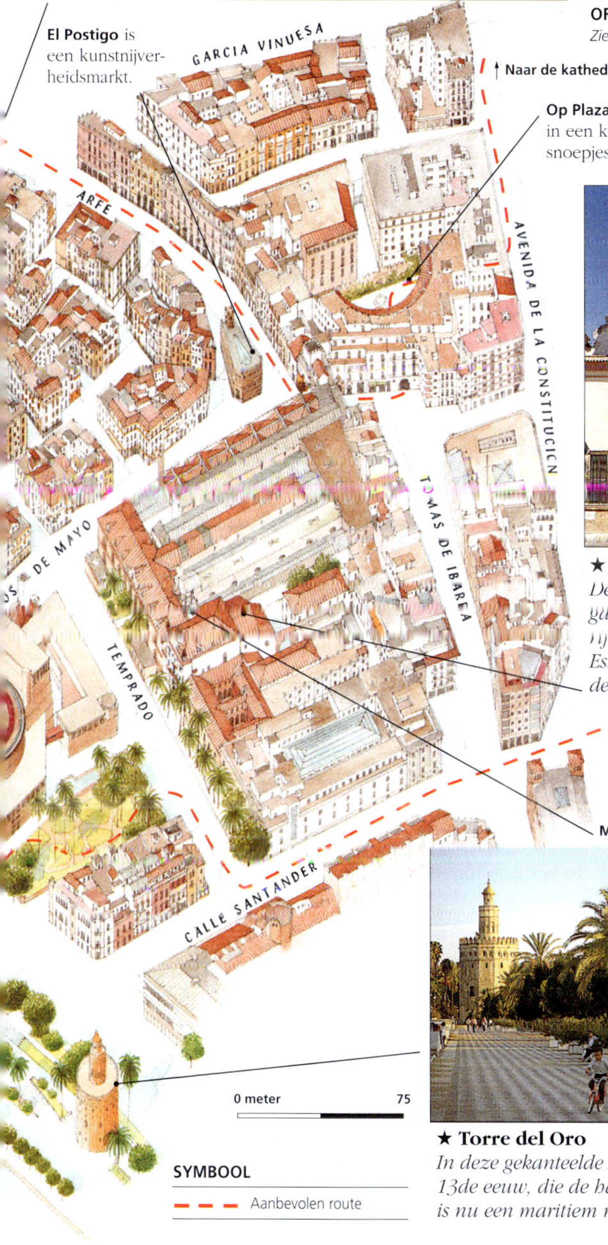

★ Hospital de la Caridad
De barokke kerk van dit gasthuis hangt vol schilderijen van Bartolomé Esteban Murillo en Juan de Valdés Leal ❺

Naar Real Alcázar

Maestranza de Artillería

★ Torre del Oro
In deze gekanteelde Moorse toren uit de 13de eeuw, die de haven moest beschermen, is nu een maritiem museum gevestigd ❻

SYMBOOL

Aanbevolen route

Museo de Bellas Artes ❶

Barokke cherubijnen in Sala 5

Het voormalige Convento de la Merced Calzada huisvest na restauratie een van de beste kunstmusea van Spanje. Het klooster, dat in 1612 door Juan de Oviedo werd voltooid, ligt rond drie patio's, die nu zijn versierd met bloemen en azulejo's *(blz. 76)*. De indrukwekkende collectie Spaanse kunst van het museum reikt van middeleeuws tot modern, met de nadruk op het werk van kunstenaars uit de School van Sevilla, zoals Bartolomé Esteban Murillo, Juan de Valdés Leal en Francisco de Zurbarán.

La Inmaculada
Deze wervelende Inmaculada *(1672) van Valdés Leal (1622–1690) hangt in Sala 8, gewijd aan de religieuze werken van deze schilder.*

★ San Hugo en el Refectorio *(1655)*
Dit schilderij, dat Zurbáran voor het klooster in La Cartuja (blz. 105) *maakte, stelt kartuizermonniken voor die het eten van vlees afzweren.*

Het Claustro de los Bojes is omsloten door bogen in Toscaanse stijl.

STERATTRACTIES

- ★ Claustro Mayor
- ★ Koepelplafond
- ★ La Virgen de la Servilleta
- ★ San Hugo en el Refectorio van Zurbarán
- ★ San Jerónimo Penitente van Pietro Torrigiano

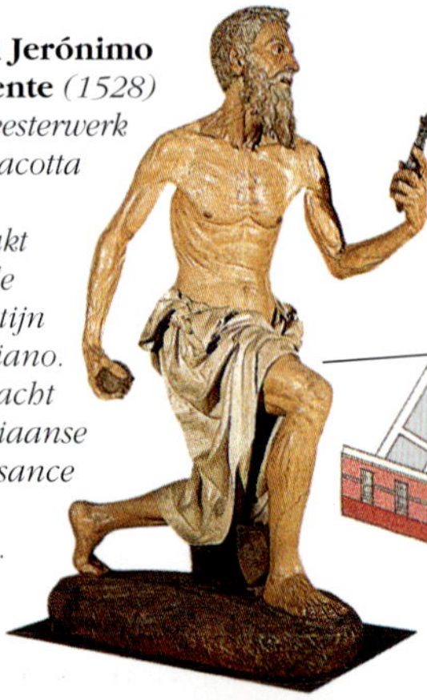

★ San Jerónimo Penitente *(1528)*
Dit meesterwerk in terracotta werd gemaakt door de Florentijn Torrigiano. Het bracht de Italiaanse renaissance naar Sevilla.

★ La Virgen de la Servilleta
Deze aansprekende Maria met Kind (1665–1668), die op een servet (servilleta) *zou zijn geschilderd, is van Murillo.*

TIPS VOOR DE TOERIST

Pl del Museo 9. **Kaart** 5 B2.
Tel. 95-4786482. B2, C3, C4.
wo–za 9.00–20.00, di 15.00–20.00, zo 9.00–14.00 uur.
www.juntadeandalucia.es/cultura

★ Koepelplafond
Het schitterende plafond van de kloosterkerk is in de 18de eeuw beschilderd door Domingo Martínez en nu in volle glorie gerestaureerd.

Apoteosis de Santo Tomás de Aquino
Zurbarán voltooide dit werk in 1631 op 33-jarige leeftijd. De figuren hebben sprekende [illegible] kleuren, waardoor het schilderij lijkt te leven.

★ Claustro Mayor
De voornaamste kloostergang werd in 1724 opnieuw vormgegeven door architect Leonardo de Figueroa.

SYMBOLEN

- Middeleeuwse kunst
- Renaissancekunst
- Barokkunst
- 19de- en 20ste-eeuwse kunst
- Geen tentoonstellingsruimte

MUSEUMWIJZER

Er loopt een chronologische route door de veertien zalen van het museum, die bij de Claustro del Aljibe begint. Beneden ziet men de periode van de 14de eeuw tot de barok, de bovenverdieping gaat van de barok tot de vroege 20ste eeuw.

Voor hotels en restaurants in dit gebied zie blz. 212–214 en blz. 228–230

Museo de Bellas Artes ❶

Zie blz. 66–67.

Madonna met Kind in de barokke Iglesia de la Magdalena

Iglesia de la Magdalena ❷

Calle San Pablo 10. **Kaart** 3 B1 (5 B2). *Plaza Nueva.* ***Tel.*** *95-4229603.* *ma–za 7.30–11.00, 18.30–21.00, zo 7.30–13.30, 18.30–21.00 uur.*

Deze in 1709 door Leonardo de Figueroa gebouwde immense barokke kerk, wordt stap voor stap in zijn oude glorie hersteld. In de zuidwesthoek bevindt zich de Capilla de la Quinta Angustia, een mudéjarkapel met drie koepels, restant van een oudere kerk, waar de Spaanse schilder Bartolomé Murillo *(blz. 66–67)* in 1618 werd gedoopt. De doopvont die bij die doop werd gebruikt staat nog altijd in het baptisterium. Boven de steile westgevel torent een helder gekleurde klokkentoren uit.
Onder de religieuze werken in de kerk zijn een schilderij van Francisco de Zurbarán, *St. Dominicus in Soria*, in de Capilla Sacramental (rechts van de zuidelijke deur), en fresco's van Lucas Valdés boven het altaar, die *De allegorie van de overwinning van het geloof* verbeelden. Op de muur van het noordertransept ziet u een fresco met een middeleeuwse ketterverbranding.

Plaza de Toros de la Maestranza ❸

Paseo de Colón 12. **Kaart** 3 B2 (5 B4). *Puerta Jerez.* *Archivo de Indias.* *C3, C4.* ***Tel.*** *95-4224577.* *dag. 9.00–19.00, 9.30–15.00 uur op dagen met stierengevechten.*

De beroemde arena van Sevilla is zonder twijfel de mooiste van heel Spanje en een ideale plaats om voor het eerst een *corrida* of stierengevecht *(blz. 26–27)* mee te maken. Stierengevechten worden steeds minder populair, maar de zonovergoten arena met zijn helder witte muren, bloedrode hekken en genadeloze zandvlakte bepaalt onmiskenbaar de hartenklop van de stad. Ook als u een tegenstander van stierengevechten bent, is deze arena uit 1761–1881 zeker een bezoek waard.
De arena biedt plaats aan 12.500 bezoekers. Rondleidingen beginnen bij de hoofdingang aan de Paseo de Colón. Aan de westkant ziet u de Puerta del Príncipe (de Koningspoort), waardoor alleen de beste matadors op de schouders van hun bewonderaars naar buiten worden gedragen. Via de *enfermería* (eerste hulp) bereiken de bezoekers een museum, dat is gewijd aan de geschiedenis van het stierengevecht in Sevilla. Tot de grote collectie kostuums, portretten en affiches behoren ook afbeeldingen van historische gevechten op de Plaza de San Francisco en een paarse cape die door Pablo Picasso is beschilderd. De rondleiding voert vervolgens naar de kapel waar matadors voor hun overwinning bidden en dan naar de stallen waar de paarden van de *picadores* (ruiters met lansen) staan. Het seizoen begint op Eerste Paasdag en loopt door tot oktober. De meeste *corridas* zijn op zondag. Kaarten zijn verkrijgbaar bij het *taquilla* (bespreekkantoor) bij de arena.

Ingang met 19de-eeuws ijzerwerk, Teatro de la Maestranza

Teatro de la Maestranza ❹

Paseo de Colón 22. **Kaart** 3 B2 (5 C5). *en* *Puerta Jerez.* *C3, C4.* ***Tel.*** *95-4226573 (informatie).* *tijdens voorstellingen.* **www**.teatromaestranza. com

Dicht bij de Plaza de Toros ligt het operagebouw en theater van Sevilla, dat plaats biedt aan 1800 mensen en wel wat op de arena lijkt. Het opende zijn deuren in 1991 en

De arcaden in de arena Plaza de Toros de la Maestranza, uit 1761

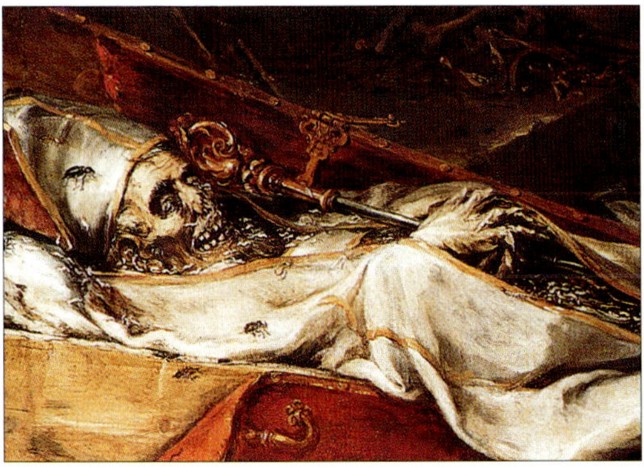

Finis Gloriae Mundi van Juan de Valdés Leal in het Hospital de La Caridad

er treden internationale gezelschappen op *(blz. 245)*. Net als veel gebouwen die kort voor Expo '92 *(blz. 56–57)* werden gebouwd, is het in een wat strenge stijl ontworpen door de architecten Luis Marín de Terán en Aurelio del Pozo. IJzeren restanten van de 19de-eeuwse munitiewerk plaats versieren de gevel aan de kant van de rivier. Kaarten worden verkocht in de ernaast gelegen Jardín de la Caridad.

Hospital de la Caridad ❺

Calle Temprado 3. **Kaart** 3 B2 (5 C5). *en Puerta Jerez. C3, C4.* ***Tel.*** *95-4223232. ma–za 9.00–13.30, 15.30–19.30, zo en feestdagen 9.00–13.00 uur.*

Dit gasthuis werd in 1674 gesticht en doet nog altijd dienst als bejaarden- en verpleeghuis. In de tuin tegenover de ingang staat een standbeeld van de weldoener Miguel de Mañara. Het complex is ontworpen door Pedro Sánchez Falconete. De gevel van de gasthuiskerk, met zijn witgekalkte muren, terracotta steenwerk en omrande *azulejos* *(blz. 76)*, is een prachtig voorbeeld van Sevilliaanse barok. Binnen vindt u twee vierkante patio's, versierd met planten, 18de-eeuwse Hollandse tegels en fonteinen met Italiaanse beelden van Liefdadigheid en Barmhartigheid. In de noordhoek voert een paadje naar rechts naar een andere patio, waar nog een 13de-eeuwse boog van een scheepswerf te zien is. Een buste van Mañara staat tussen de rozenstruiken. In de kerk hangen verschillende schilderijen van 17de-eeuwse schilders, ondanks het feit dat tijdens de napoleontische bezetting in 1810 *(blz. 53)* de belangrijkste kunstwerken zijn geroofd door maarschalk Soult. Direct boven de ingang hangt het demonische *Finis Gloriae Mundi* van Juan de Valdés Leal, met tegenhanger zijn morbide *In ictu oculi*. Veel van de andere werken zijn van de hand van Murillo, waaronder *Johannes de Deo die een zieke man draagt*, portretten van Jezus, *Johannes de Doper als jongen* en *St.-Isabella van Hongarije die de leprozen geneest*. Als u vanaf de ingang van het gasthuis naar links kijkt, ziet u de achthoekige Moorse Torre de Plata (zilveren toren) boven de Calle Santander uitrijzen.

Torre del Oro ❻

Paseo de Colón. **Kaart** 3 B2 (5 C5). *en Puerta Jerez. C3, C4.* ***Tel.*** *95-4222419. di–vr 10.00–14.00, za en zo 11.00–14.00 uur. aug. (di gratis).*

In de Moorse tijd maakte de Gouden Toren deel uit van de verdedigingsmuur die de Real Alcázar *(blz. 82–83)* verbond met de rest van de stad. Hij is in 1220 als wachttoren gebouwd, toen Sevilla door de Almohaden werd bestuurd *(blz. 46–47)* en heeft een pendanttoren aan de overkant van de rivier. Er werd een ketting tussen beide torens gespannen om te voorkomen dat schepen de rivier op voeren. In 1760 werd het kleine torentje erop gezet. De toren werd misschien Gouden Toren genoemd naar vergulde *azulejos* die ooit de muren bedekten, of vanwege de schatten uit de Nieuwe Wereld die er werden uitgeladen. De toren is gebruikt als kapel, als gevangenis, als buskruitopslagplaats en als havenkantoor. Nu zit er het Museo Marítimo, een maritiem museum.

De Torre del Oro gebouwd door de Almohaden

DON JUAN VAN SEVILLA

Miguel de Mañara (1626–1679), stichter en weldoener van het Hospital de la Caridad, wordt wel vergeleken met Don Juan Tenorio. De amoureuze successen van de legendarische Sevilliaanse verleider werden voor het eerst beschreven in 1630 in een toneelstuk van Tirso de Molina. Later inspireerden ze werken van Mozart, Molière, Byron en Shaw. Mañara leidde een losbandig leven voor hij zich tot de filantropie bekeerde – veroorzaakt door een visioen van zijn eigen begrafenis, dat hij in dronkenschap zag.

De legendarische Don Juan met twee veroveringen

SANTA CRUZ

De Barrio de Santa Cruz, de oude joodse buurt in Sevilla, is een wirwar van witte straatjes en patio's en vormde ooit de schilderachtigste plek van de stad. Veel bekende stadsgezichten zijn hier te vinden: de gotische kathedraal met de herkenbare La Giralda, de schitterende Real Alcázar met de koninklijke paleizen en groene tuinen van Pedro I en Karel V en het Archivo de Indias, waar de archiefstukken getuigen van de Spaanse ontdekkingsreizen en de roemruchte verovering van de Nieuwe Wereld. Ten noordoosten van deze monumenten spreidt zich een doolhof van witgekalkte straatjes uit. De kunstenaar Bartolomé Esteban Murillo woonde hier in de 17de eeuw, terwijl zijn tijdgenoot Juan de Valdés Leal het Hospital de los Venerables decoreerde met enkele mooie barokke fresco's. Verder naar het noorden ligt de drukke Calle de las Sierpes, een van de populairste winkelstraten van Sevilla.

Rijkversierde lantaarn, Plaza del Triunfo

De aangrenzende marktpleinen, zoals het aardige Plaza del Salvador, vormden de achtergrond voor de verhalen van Cervantes. Vlakbij vindt u de versierde gevels en interieurs van het Ayuntamiento en het Casa de Pilatos.

BEZIENSWAARDIGHEDEN IN HET KORT

Tuinen
Jardines de Murillo 13

Straten en pleinen
Calle de las Sierpes 2
Plaza del Triunfo 9
Plaza Virgen de los Reyes 8

Kerken
Iglesia del Salvador 4
Kathedraal en La Giralda blz. 78–79 7

Historische gebouwen
Archivo de Indias 10
Ayuntamiento 3
Casa de la Condesa Lebrija 1
Casa de Pilatos 6
Hospital de los Venerables 12
Museo del Baile Flamenco 5
Real Alcázar blz. 82–83 11

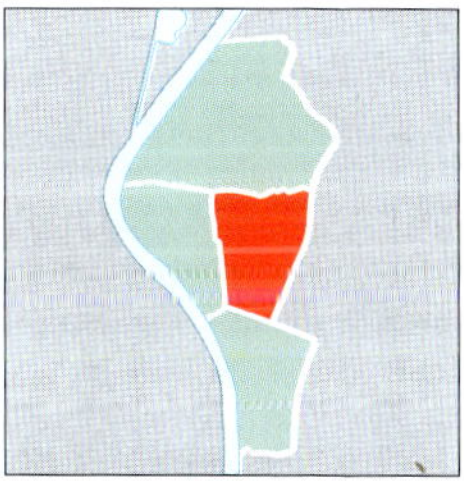

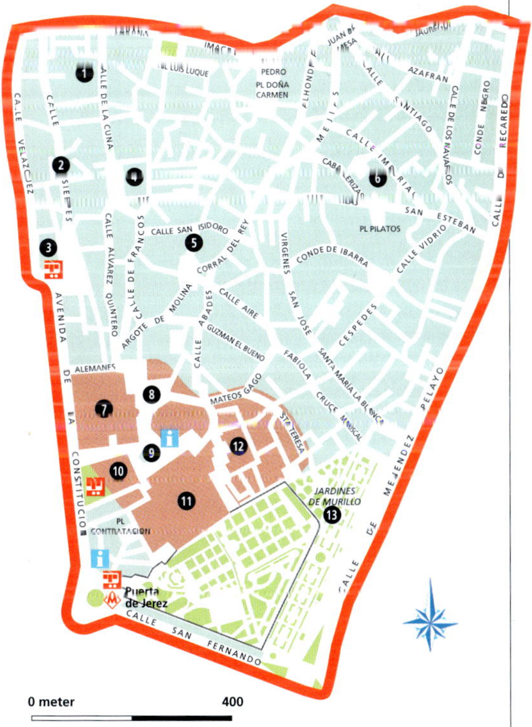

SYMBOLEN
Stratenkaart *blz. 72–73*
Metro-Centrostation
Metrostation (open in 2008)
Toeristenbureau

Onder de loep: Santa Cruz

Tralievenster, Santa Cruz

De doolhof van smalle straatjes ten oosten van de kathedraal en de Real Alcázar tonen Sevilla in zijn meest romantische en compacte vorm. Naast de voorspelbare souvenirwinkels, tapasbars en straatgitaristen ontdekt de wandelaar talloze pittoreske straatjes, verscholen pleinen en met bloemen overdekte patio's. Nu herbergt dit voormalige joodse getto, met zijn gerestaureerde gebouwen met karakteristieke tralievensters, dure woonhuizen en hotels. 's Avonds maken de goede bars en restaurants een bezoek de moeite waard.

Plaza Virgen de los Reyes
Langs deze plaza, met een vroeg-20ste-eeuwse fontein van José Lafita, wachten koetsjes ❽

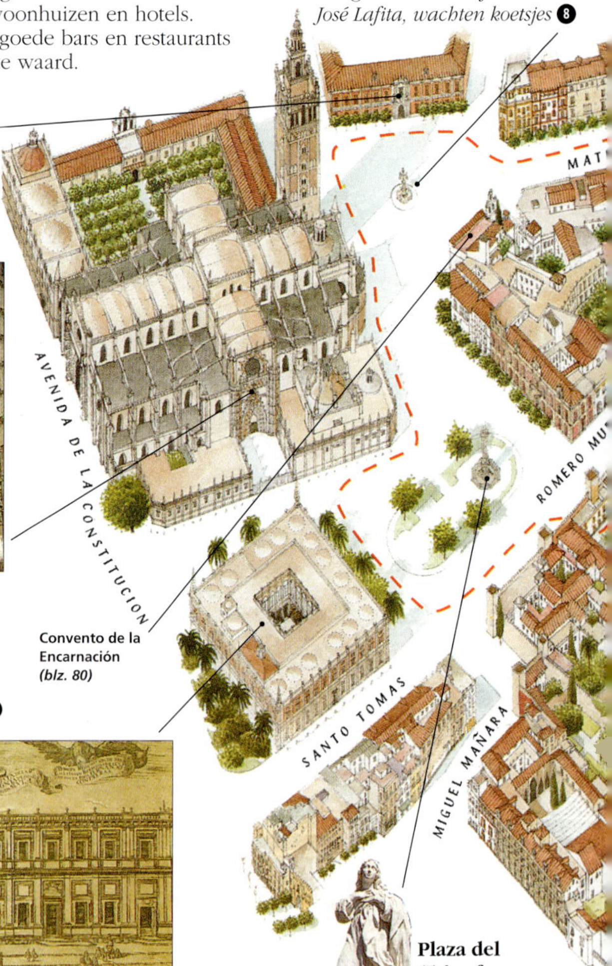

Palacio Arzobispal, het 18de-eeuwse aartsbisschoppelijk paleis, is nog steeds door de kerk in gebruik.

★ Kathedraal en La Giralda
De kathedraal en zijn Moorse klokkentoren zijn het bekendste stadsbeeld in Sevilla ❼

Convento de la Encarnación *(blz. 80)*

Archivo de Indias
In dit archiefgebouw, dat in de 16de eeuw als koopmansbeurs werd gebouwd, bewaart men documenten die betrekking hebben op de Spaanse kolonisatie van Amerika ❿

Plaza del Triunfo
Een barokke zuil herinnert aan de gro aardbeving van 175 Ertegenover staat ee modern standbeeld van de Onbevlekte Ontvangenis ❾

Voor hotels en restaurants in dit gebied zie blz. 212–214 en blz. 228–230

Calle Mateos Gago
Deze straat zit vol souvenirwinkels en tapasbars. Bar Giralda op nr. 2, met gewelven die uit een Moors badhuis stammen, staat bekend om zijn grote keuze aan tapas (blz. 224–225).

ORIËNTATIEKAART
Zie Stratengids, kaarten 5–6

Plaza Santa Cruz is getooid met een bewerkt ijzeren kruis uit 1692.

★ Hospital de los Venerables
Bij dit 17de-eeuwse tehuis voor bejaarde priesters hoort een fraai gerestaureerde barokke kerk ⓬

Callejón del Agua,
Dit witgekalkte straatje, langs de muren van het Alcázar, biedt mooie kijkjes in met planten gevulde patio's. Washington Irving (blz. 53) *verbleef op nr. 2.*

0 meter 50

★ Real Alcazar
Het koninklijke paleis van Sevilla is een mooie combinatie van mudéjarhandwerk (blz. 24), *koninklijke stijl en prachtige tuinen* ⓫

SYMBOOL

– – – Aanbevolen route

STERATTRACTIES

- ★ Hospital de los Venerables
- ★ Kathedraal en La Giralda
- ★ Real Alcázar

Mozaïek uit Itálica *(blz. 132)*, in Casa de la Condesa Lebrija

Casa de la Condesa Lebrija ❶

Calle Cuna 8. **Kaart** 1 C5, 3 C1 (5 C2). ***Tel.*** *95-4227802.* *half juni–sept.: ma–vr 10.00–13.30, 17.00–20.00, za 10.00–14.00 uur; okt.–half juni: ma–vr 10.00–13.30, 16.30–19.30, za 10.00–14.00 uur.*

Het huis van de familie van gravin Lebrija toont het chique leven in Sevilla. Op de begane grond bevinden zich de Romeinse en middeleeuwse stukken, een rondleiding op de eerste verdieping gaat langs de bibliotheek en kunst, zoals de *azulejos (blz. 76)* met Moorse invloed.
Het huis stamt uit de 15de eeuw en heeft verscheidene mudéjardetails *(blz. 29)*. Veel van de Romeinse stukken zijn afkomstig uit de ruïnes van Itálica *(blz. 132)*, waaronder de mozaïekvloer in de patio. Het *artesonado*-plafond boven de trap komt uit het paleis van de hertogen van Arcos in Marchena. Romeins glaswerk en munten, en marmer uit Medina Azahara *(blz. 138)* zijn te zien in de kamers achter de patio.

Calle de las Sierpes ❷

Kaart 3 C1 (5 C3).

De straat van de slangen, die vanaf de Plaza de San Francisco naar het noorden loopt is de belangrijkste winkelstraat voor voetgangers in Sevilla. Winkels met een lange geschiedenis, die hoeden, waaiers en de traditionele *mantillas* (kanten hoofddoeken) verkopen, staan zij aan zij met moderne kledingwinkels, souvenirwinkels en loterijkiosken. De beste tijd om hier te wandelen is de tijd waarop de *sevillanos* dat zelf doen, de *paseo* in de vooravond.
In de aan weerszijden parallel lopende straten, Calle Cuna en Calle Tetuán kunt u ook mooie etalages bekijken. Let op de schitterende tegelreclame voor Studebakerauto's uit 1924 *(blz. 76)*, Calle Tetuán nr. 9.
Aan het zuideinde van de Calle de las Sierpes, aan de muur van de Banco Central Hispano, geeft een plaquette de plaats aan van de Cárcel Real (Koninklijke Gevangenis), waar de beroemde Spaanse schrijver Miguel de Cervantes (1574–1616) *(blz. 51)* opgesloten heeft gezeten. Als u vanaf dat punt naar het noorden loopt, ligt aan uw linkerhand de Calle Jovellanos, die naar de Capillita de San José leidt. Deze sfeervolle kapel staat in scherp contrast met de winkels eromheen. Verderop, op het kruispunt met de Calle Pedro Caravaca, wordt u een terugblik gegund in de wereld van de Real Círculo de Labradores, een herenclub uit 1856. Aan het eind van de straat bevindt zicht La Campana, de beroemdste *pastelería* (taartjeswinkel) van Sevilla.

Terras van La Campana, de bekendste *pastelería* van Sevilla

Ayuntamiento ❸

Plaza Nueva 1. **Kaart** 3 C1 (5 C3). *Plaza Nueva.* ***Tel.*** *95-4590101.* *di–do 17.30 en 18.30 uur.*

Platereske ingangspartij van het Ayuntamiento van Sevilla

Het stadhuis van Sevilla ligt tussen de oude Plaza de San Francisco en de moderne uitbreiding van Plaza Nueva.
In de 15de–18de eeuw werden op de Plaza de San Francisco door de Inquisitie openbare geloofsprocessen gehouden *(blz. 51)*. Wie schuldig werd bevonden, werd levend verbrand (*auto-da-fé's*). Op die plek staat nu het Prado de San Sebastián, ten noorden van het Parque María Luisa, *blz. 98–99*. Nu is de Plaza de San Francisco het centrum van de activiteiten in Semana Santa en Corpus Christi *(blz. 34–35)*. Op Plaza Nueva vond ooit de Convento de San Francisco plaats. In het midden staat een ruiterstandbeeld van Ferdinand III, die Sevilla op de Moren heroverde en in 1671 heilig werd verklaard *(blz. 48)*.
Het Ayuntamiento werd gebouwd tussen 1527 en

Voor hotels en restaurants in dit gebied zie blz. 212–214 en blz. 228–230

1534. De oostgevel, die uitziet op de Plaza de San Francisco, is een mooi voorbeeld van plotereske stijl *(blz. 25)*. De westgevel is onderdeel van een neoklassieke uitbreiding uit 1891. Eigenlijk is deze om het oorspronkelijke gebouw heen gebouwd, maar in de hal en de onderste Casa Consistorial (Raadkamer) zijn nog gebeeldhouwde plafonds bewaard gebleven. In de raadkamer hangt *De oplegging van de kazuifel op St.-Ildefonso* van Velázquez. In de bovenste Casa Consistorial ziet u een met goud bewerkt plafond en schilderijen van Zurbarán en Valdés Leal *(blz. 66–67)*.

Iglesia del Salvador ❹

Plaza del Salvador. **Kaart** 3 C1 (6 D3). ***Tel.*** *95-4595404.* *wegens renovatie tot mei 2008.* *voor rondleidingen: ma, di, za, zo 10.00–14.00, 16.00–20.00 uur (bel van tevoren).*

Barokke gevel van de Iglesia del Salvador, Plaza del Salvador

Deze kerk dankt zijn kathedraalachtige afmetingen aan het verlangen van de christelijke overwinnaars de prachtige Moorse gebouwen te overtroeven. Op deze plek stond eerst een moskee; een deel van de Moorse patio is nog te zien naast de Calle Córdoba, omringd door arcades waarin zuilen met Romeinse en Visigotische kapitelen zijn opgenomen.
Tegen 1670 raakte de moskee, die toen allang voor de christelijke eredienst werd gebruikt, in verval en begon men met de bouw van een nieuwe barokke kerk, ontworpen door Esteban García. De kerk werd in 1712 voltooid door Leonardo de Figueroa. Binnen is het schip ontworpen door José Granados, architect van de kathedraal van Granada *(blz. 190)*. In de Capilla Sacramental staat een mooi beeld *Jesús de la Pasión*, gemaakt door Juan Martínez Montañés (1586–1649). In de noordwesthoek geeft een deur toegang tot de Capilla de los Desamparados en een Moorse patio. Aan de Calle Córdoba rust de klokkentoren op een deel van de oorspronkelijke minaret.

Naast de kerk ligt de Plaza del Salvador, een ontmoetingsplaats voor de jeugd. Het bronzen beeld herinnert aan de beeldhouwer Montañés. Ten oosten van de kerk liggen aan de Plaza Jesús de la Pasión vooral bruidswinkels.

Museo del Baile Flamenco ❺

Calle Manuel Rojas Marcos 3. **Kaart** 3 C1 (6 D3). ***Tel.*** *95-4340311.* *dag. 9.00–18.00 uur (april–okt.: tot 19.00).* **www**.museoflamenco.com

Hoewel de flamenco zou zijn ontstaan aan de overkant van de rivier, in Triana, is Santa Cruz zijn feitelijke thuis in Sevilla. Het museum van flamencodans is gevestigd in een gerestaureerd 18de-eeuws huis, aan een kleine straat tussen de Plaza del Alfalfa en de kathedraal. Het doel van dit museum is om de bezoeker een introductie te geven van deze kunstvorm. Het is niet alleen een traditionele expositieruimte, maar ook een podium voor flamenco-uitvoeringen en een school die lesgeeft in flamencomuziek en -dans.

HET EMBLEEM VAN SEVILLA

De intrigerende afkorting 'no8do' ziet u overal, van de muren van het Ayuntamiento tot de zijkanten van de stadsbussen. Hij schijnt te betekenen: *'No me ha dejado'* ('Zij heeft mij niet verlaten'), woorden die zouden zijn gesproken door Alfonso de Wijze, toen de stad hem trouw bleef in een conflict met zijn zoon Sancho tijdens de Reconquista *(blz. 48–49)*. De dubbele lus in het midden staat voor een streng wol, in het Spaans *madeja*. Dat maakt *no (madeja) do*.

Het traditionele embleem van Sevilla, hier aan het Ayuntamiento

De azulejoskunst

16de-eeuwse *azulejos*, Salones de Carlos V *(blz. 80)*

Geglazuurde keramiektegels, koel in de zomer, sterk en kleurig, zijn al eeuwenlang niet weg te denken uit Andalusische gevels en interieurs. De kunst van hun vervaardiging werd door de Moren naar Spanje gebracht – het woord *azulejos* komt van het Arabische *azzulayj* of 'steentje'. Moorse *azulejos* zijn ingewikkelde mozaïeken van stenen met één kleur. In Sevilla ontwikkelde de kunst zich in de pottenbakkerijen van Triana *(blz. 102–103)*. Later ontstond in Italië een nieuwe variant. De Industriële Revolutie maakte de massaproductie van *azulejos* mogelijk, in keramiekfabrieken als, tot 1980, de beroemde 'Pickman y Cia' in het klooster La Cartuja *(blz. 105)*.

AZULEJOS IN MUDÉJARSTIJL

De Moren maakten mooie mozaïeken in ingewikkelde geometrische patronen, als decoratie van hun paleismuren. De gebruikte kleuren waren blauw, groen, zwart, wit en oker.

16de-eeuwse mudéjartegels, Casa de Pilatos

Vlechtmotief, Patio de las Doncellas

Mudéjartegels in de Patio de las Doncellas, Real Alcázar

Bord van de Koninklijke Tabaksfabriek (nu deel van de Universidad, *blz. 96–97)*, gemaakt van beschilderde glazuurtegels

AZULEJOS VOOR COMMERCIEEL GEBRUIK

Toen de technieken voor het maken en kleuren van *azulejos* verbeterden, werden ze ook gebruikt voor decoratieve uithangborden en winkelpuien. Zelfs reclames werden in kleurige tegeltableaus uitgevoerd.

Geglazuurde keramische biertap

Azulejo-reclame voor het nieuwste model Studebakerauto (1924), aan de Calle Tetuán, achter de Calle de las Sierpes *(blz. 74)*

Genuese fontein en gotische balustraden op de mudéjar Patio Principal van het Casa de Pilatos

Casa de Pilatos ❻

Plaza de Pilatos 1. **Kaart** 4 D1 (6 E3). ***Tel.*** *95-4225298. dag. 9.00–19.00 uur ('s winters 18.00). 1ste verdieping. begane grond.*

In 1518 vertrok de markies van Tarifa op een grand tour door Europa en het Heilige Land. Hij kwam twee jaar later terug, diep onder de indruk van de architectuur en kunst uit het Italië van de renaissance. De rest van zijn leven wijdde hij aan het vormgeven van een nieuwe esthetiek, die veel invloed had. Zijn paleis in Sevilla, dat het Huis van Pilatus wordt genoemd omdat het zou lijken op het huis van Pontius Pilatus in Jeruzalem, werd een toonbeeld van deze nieuwe stijl. In de loop der eeuwen droegen latere eigenaars hun eigen verfraaiingen bij. Het Casa de Pilatos wordt nu bewoond door de hertogen van Medinaceli.

Bezoekers komen binnen door een marmeren portaal, dat in 1529 door de markies in Genua werd besteld. Tegenover de met bogen omgeven Apeadero (erf voor koetsen) ligt de Patio Principal. Deze binnenplaats is in mudéjarstijl *(blz. 24)* uitgevoerd, versierd met *azulejos* en fijn stucwerk. Hij wordt omringd door arcaden en bekroond door gotische balustraden. In de hoeken staan drie Romeinse beelden, Minerva, een dansende muze en Ceres, en een Grieks beeld van Athene uit de 5de eeuw v.C. In het midden bevindt zich een fontein, die uit Genua is geïmporteerd. Rechts ziet u eerst de Salón del Pretorio met een cassettenplafond en inlegwerk en daarachter de Corridor de Zaquizamí. Van de oudheden in de aangrenzende kamers noemen we *Leda en de zwaan* en twee Romeinse reliëfs die herinneren aan de Slag bij Actium in 31v.C. Verderop, in de Jardín Chico, is een vijver met een bronzen beeld van Bacchus. Als u terugkeert op de Patio Principal, gaat u rechtsaf de Salón de Descanso de los Jueces binnen. Hierachter bevindt zich een met ribben gewelfde kapel met beeldhouwwerk uit de 1ste eeuw, *Christus en de goede herder*. Naar links bereikt u via de Gabinete de Pilatos, met zijn kleine fontein in het midden, de Jardín Grande. Rond 1560 ontwierp de Italiaanse architect Benvenuto Tortello de loggia's.

Lantaarn in het ingangsportaal

Als u weer terugkeert naar de centrale patio, vindt u achter het beeld van Ceres een betegelde trap die naar de appartementen op de bovenverdieping leidt. Hij is overdekt door een prachtige *media naranja* (halve sinaasappel), een koepel uit 1537. Stucwerk van Juan de Oviedo en fresco's van Francisco de Pacheco zijn nog altijd te zien in de kamers die hun namen dragen.

Ten westen van het Casa de Pilatos wordt de Plaza de San Ildefonso begrensd door de Convento de San Leandro, beroemd om zijn *yemas* (van eidooiers gemaakte snoepjes) die uit een *torno* (trommel) worden verkocht. Tegenover het klooster ligt de neoklassieke Iglesia de San Ildefonso.

Wapenschilden in het cassettenplafond in de Salón del Pretorio

Voor hotels en restaurants in dit gebied zie blz. 212–214 en blz. 228–230

De kathedraal van Sevilla en La Giralda ❼

16de-eeuws glas-in-lood

De kathedraal ligt op de plek van een grote, in de 12de eeuw door de Almohaden *(blz. 46–47)* gebouwde moskee. La Giralda, de klokkentoren, en de Patio de los Naranjos zijn overblijfsels van dit Moorse bouwwerk. In 1401 begon men met de bouw van de christelijke kathedraal, de grootste in Europa. Een eeuw later was hij klaar. Na het bezichtigen van deze enorme gotische kathedraal, kunt u La Giralda beklimmen en genieten van een schitterend uitzicht over de stad.

★ La Giralda
Op de Moorse klokkentoren staat een replica van een 16de-eeuwse bronzen windvaan (giraldillo, *vandaar de naam) die Geloof symboliseert.*

★ Patio de los Naranjos
In Moorse tijden wasten bezoekers voor het bidden hun handen en voeten in de fontein onder de bomen.

Romeinse zuilen uit Itálica *(blz. 132)* staan rond de kathedraal.

DE GROEI VAN LA GIRALDA

Deze minaret werd in 1198 voltooid. In de 14de eeuw werden de Moorse bollen op de top vervangen door christelijke symbolen. In 1568 bouwde Hernán Ruiz het renaissanceklokkenhuis, dat goed past bij de Moorse onderkant.

1198 | 1400 | 1557 (ontwerp) | 1568

Retablo Mayor
Santa María de la Sede, de patroonheilige van de kathedraal, zit op het altaar onder een gouden waterval. De 44 vergulde panelen van het retablo *werden tussen 1482 en 1564 door Spaanse en Vlaamse beeldhouwers gesneden.*

TIPS VOOR DE TOERIST

Avenida de la Constitucion s/n. **Kaart** 3 C2 (5 C4). ***Tel.*** *95-214971.* *Archivo de Indias.* *Puerta Jerez.* **Kathedraal en La Giralda** *ma–za 11.00–17.00, zo 14.30–18.00 uur (juli–aug.: 9.30–15.30).* *ma–zo 8.30, 10.00, 12.00, 17.00 uur (ook za 8.00, zo 11.00, 13.00 en 18.00 uur).*

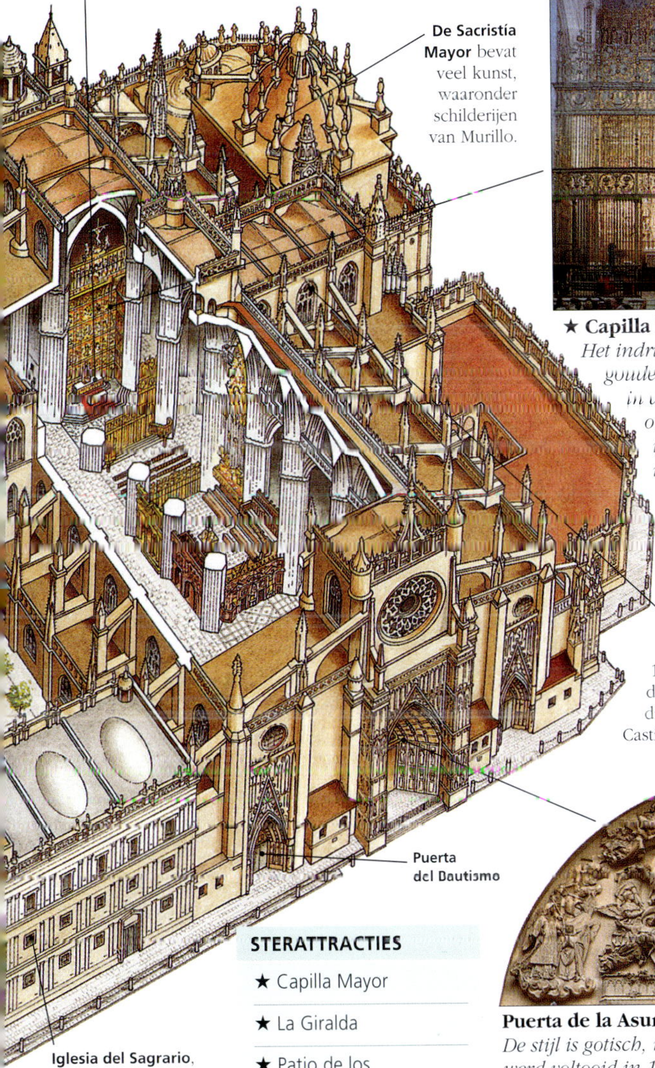

De Sacristía Mayor bevat veel kunst, waaronder schilderijen van Murillo.

★ Capilla Mayor
Het indrukwekkende, gouden Retablo Mayor in de hoofdkapel is omringd door een ijzeren hek dat in 1518–1532 werd gesmeed.

De graftombe van Columbus stamt uit 1890. De dragers van de kist vertegenwoordigen de koninkrijken Castilië, Léon, Aragón en Navarra *(blz. 48).*

Puerta del Bautismo

Iglesia del Sagrario, een 17de-eeuwse kapel, nu een parochiekerk.

STERATTRACTIES

- ★ Capilla Mayor
- ★ La Giralda
- ★ Patio de los Naranjos

Puerta de la Asunción
De stijl is gotisch, maar dit portaal werd voltooid in 1833. Het timpaan wordt versierd door een stenen reliëf van de hemelvaart van Maria.

Bovenstuk van de barokke ingangspartij van het Palacio Arzobispal

Plaza Virgen de los Reyes ❽

Kaart 3 C2 (6 D4). **Palacio Arzobispal** *voor publiek.* **Convento de la Encarnación** *voor publiek.*

Dit plein, waar het heerlijk uitrusten is, met een mooi gezicht op La Giralda *(blz. 78–79)*, biedt een typisch Sevilliaans beeld: koetsjes, sinaasappelbomen, zigeunerbloemenverkopers en religieuze gebouwen. In het midden staat een vroeg-20ste-eeuwse lantaarn en fontein van de hand van José Lafita, met koppen die zijn nagemaakt van Romeinse originelen in het Casa de Pilatos *(blz. 77)*.
Aan de noordkant van het plein staat het Palacio Arzobispal (Aartsbisschoppelijk Paleis), gebouwd in de 16de–18de eeuw, dat tijdens de napoleontische bezetting van 1810 *(blz. 52–53)* commandopost van maarschalk Soult was. Het is een mooi barok paleis met een jaspis trappenhuis en schilderijen van Zurbarán en Murillo. Ertegenover ligt het witgepleisterde Convento de la Encarnación, gesticht in 1591. Het klooster ligt op een terrein waar ooit een moskee en een ziekenhuis stonden. Op de Plaza Virgen de los Reyes stond vroeger de Corral de los Olmos, een kroeg die voorkomt in de boeken van Miguel de Cervantes *(blz. 51)*. Een plaquette op een van de kloostermuren herinnert hieraan.

Reliëf van La Giralda, Museo de Arte Contemporáneo

Plaza del Triunfo ❾

Kaart 3 C2 (6 D4).

De Plaza del Triunfo, tussen de kathedraal *(blz. 78–79)* en Real Alcázar *(blz. 82–83)*, is aangelegd ter ere van het feit dat de stad een aardbeving in 1755 goed doorstond. Deze aardbeving verwoestte Lissabon in Portugal, maar richtte betrekkelijk weinig schade aan in Sevilla – deze redding werd toegeschreven aan de verering van de Maagd Maria. Zij wordt geëerd met een barokke zuil naast het Archivo de Indias, terwijl in het midden van de Plaza een monument de Onbevlekte Ontvangenis gedenkt.
In de Calle Santo Tomás, aan de zuidoosthoek van de Plaza, ligt een gebouw dat gebruikt wordt door het Archivo de Indias. Dit is het voormalige Museo de Arts Contemporáno, dat nu is gevestigd in het Monasterio de Santa Mariá de las Cuevas *(blz. 105)*. Het werd in 1770 gebouwd en was ooit een schuur waar de tienden voor de Kerk werden opgeslagen. Tijdens renovatie van dit gebouw werden delen van de Moorse stadsmuren blootgelegd.

Archivo de Indias ❿

Avda de la Constitución. **Kaart** 3 C2 (6 D5). *Archivo de Indias.* *Puerta Jerez.* ***Tel.*** *95-4211234.* *ma–za 10.00–16.00 uur.*

Gevel van het Archivo de Indias van Juan de Herrera

Het archiefgebouw van Indië onderstreept de belangrijke rol van Sevilla bij de kolonisatie van de Nieuwe Wereld. Het werd gebouwd tussen 1584 en 1598 naar ontwerp van Juan de Herrera, medearchitect van El Escorial bij Madrid. Oorspronkelijk was het een *lonja* (beurs) voor kooplieden. In 1758 had Carlos III alle Spaanse documenten met betrekking tot 'Indië' onder één dak verzameld, met elkaar een fascinerende verzameling. Deze bevat brieven van Columbus, Cortés, Cervantes en George Washington. Samen telt de verzameling zo'n 86 miljoen handgeschreven bladzijden en 8000 kaarten en tekeningen. Sommige documenten worden nu digitaal op cd-rom opgeslagen. Bezoekers van het Archivo de Indias bereiken via een marmeren trap de bibliotheekzalen, waar tekeningen, kaarten en facsimiledocumenten eerbiedig liggen uitgestald. De tentoonstellingen wisselen regelmatig; een aquarelkaart uit de tijd dat de stad Acapulco niet meer dan een kasteel omvatte, tekeningen van een koninklijke *corrida* (stierengevecht) in Panamastad in 1748 of ontwerpen van een stadhuis in Guatemala.

Real Alcázar ⓫

Zie blz. 82–83.

Hospital de los Venerables ⓬

Plaza de los Venerables 8. **Kaart** 3 C2 (6 D4). Archivo de Indias. **Tel.** 95-4562696. **dag.** 10.00–14.00, *16.00–20.00 uur.* *behalve zo-avond.*

Het Hospital de los Venerables, in het centrum van de Barrio de Santa Cruz, is gevestigd als rusthuis voor priesters. De bouw begon in 1675 en werd 20 jaar later voltooid door Leonardo de Figueroa. Het Hospital dient tegenwoordig als cultureel centrum voor FOCUS (Fundación Fondo de Cultura de Sevilla).

Het gebouw ligt rond een centrale patio. De bovenverdiepingen worden, samen met de ziekenzaal en de kelder, als tentoonstellingsruimten gebruikt. Een aparte rondleiding voert langs de kerk, een toonbeeld van barokke pracht met fresco's van Juan de Valdés Leal en zijn zoon Lucas Valdés. Andere hoogtepunten zijn de beelden van St.-Pieter en St.-Ferdinand van Pedro Roldán, aan weerszijden van de deur aan de oostzijde, en *De apotheose van St.-Ferdinand* door Lucas Valdés, boven in het *retablo* van het hoofdaltaar. De fries waarschuwt (in het Grieks) de bezoekers 'God te vrezen en de priester te eren'. Op het plafond van de sacristie ziet u een trompe-l'oeil met *De triomf van het kruis* door Juan de Valdés Leal.

Jardines de Murillo ⓭

Kaart 4 D2 (6 E5).

Deze formele tuinen aan de zuidkant van de Barrio de Santa Cruz waren vroeger boomgaarden en moestuinen. Ze werden in 1911 aan de stad geschonken. Hun naam herinnert aan de bekendste schilder van Sevilla, Bartolomé Murillo (1617–1682), die in de nabijgelegen Calle Santa Teresa woonde. Een lange promenade, de Paseo de Catalina de Ribera, eert de stichter van het Hospital de las Cinco Llagas, waar tegenwoordig het Parlamento de Andalucía is gevestigd *(blz. 89)*.

Monument voor Columbus in de Jardines de Murillo

Boven de palmbomen uit rijst een monument voor Columbus, met een beeld van de *Santa María*, het karveel waarmee hij in 1492 naar de Nieuwe Wereld voer *(blz. 127)*.

Fresco van Juan de Valdés Leal in het Hospital de los Venerables

Real Alcázar ⓫

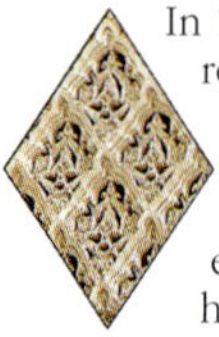

Mudéjar-stuc

In 1364 gaf Pedro I *(blz. 48)* opdracht een koninklijke residentie te bouwen binnen de paleizen die door de Almohaden *(blz. 46–47)* waren gebouwd. Binnen twee jaar hadden ambachtslieden uit Granada en Toledo een schitterende verzameling mudéjarpatio's en -gangen gebouwd, het Palacio Pedro I, die nu het hart vormt van de Real Alcázar van Sevilla. Latere koningen drukten hun eigen stempel op het geheel– Isabella I *(blz. 49)* voegde het Casa de la Contratación toe en Karel V *(blz. 50)* liet grandioze, rijkversierde kamers bouwen.

Jardín de Troya

Tuinen van de Alcázar
Deze tuinen, met hun terrassen, fonteinen en paviljoens, zijn een koele afwisseling voor de hitte en drukte van Sevilla.

★ Salones de Carlos V
Wandtapijten en 16de-eeuwse azulejos *sieren de gewelfde gangen van de kamers en de kapel van Karel V.*

Patio del Crucero ligt boven de oude baden.

PLATTEGROND VAN DE REAL ALCÁZAR

Het complex omvat het Palacio Pedro I en kantoren van de Spaanse monumentenzorg. De bovenverdieping wordt gebruikt door de koninklijke familie.

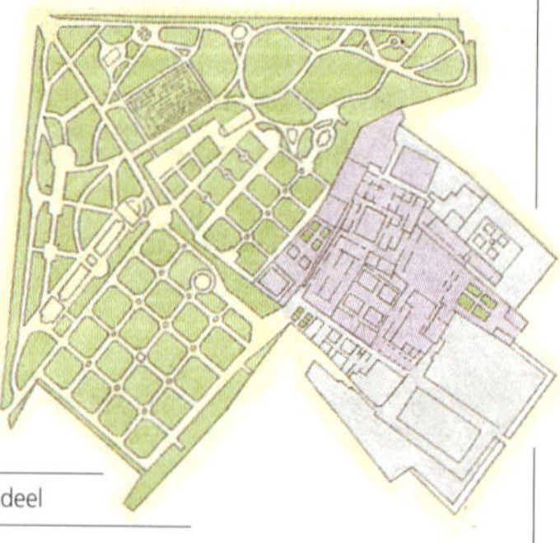

SYMBOLEN

- Boven afgebeeld deel
- Tuinen

★ Patio de las Doncellas
Op de Patio van de Meisjes is stucwerk te zien van kunstenaars uit Granada.

★ Salón de Embajadores
De oogverblindende koepel van deze hal is in 1427 gebouwd en bestaat uit een besneden, verguld houten vlechtwerk.

TIPS VOOR DE TOERIST

Patio de Banderas. **Kaart** 3 C2 (6D4). *Archivo de Indias.* Ⓜ *Puerta Jerez.* ***Tel.*** *95-4502323.* *C3, C4, 21, 22.* *di–za 9.30–19.00, zo 9.30–17.00 uur (okt.–maart: di–za tot 17.00, zo tot 13.30 uur).*
www.patronato-alcazarsevilla.es

Hoefijzerbogen
Azulejos *en stucwerk versieren de Hal van de Ambassadeurs, die over drie symmetrische doorgangen beschikt, elk met drie hoefijzervormige bogen.*

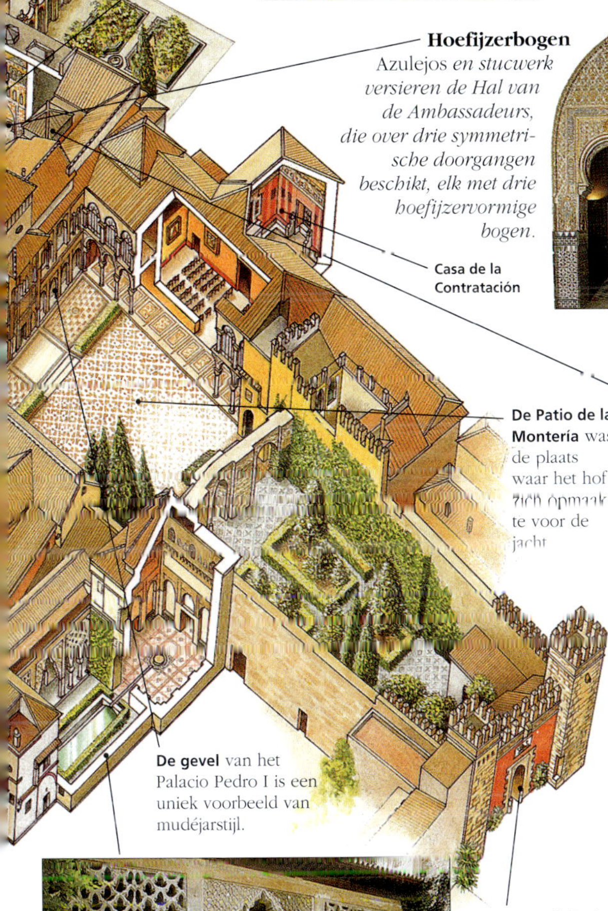

Casa de la Contratación

De Patio de la Montería was de plaats waar het hof zich opmaakte voor de jacht.

Patio de las Muñecas
Met zijn aangrenzende slaapkamers en gangen was de Patio van de Poppen het hart van het paleis. De naam verwijst naar twee gezichtjes in een van de bogen.

De gevel van het Palacio Pedro I is een uniek voorbeeld van mudéjarstijl.

Puerta del León (ingang)

Patio del Yeso
De Patio van Gips, een tuin met bloembedden en een kanaaltje, bezit nog details van het 12de-eeuwse Alcázar van de Almohaden.

STERATTRACTIES

- ★ Patio de las Doncellas
- ★ Salón de Embajadores
- ★ Salones de Carlos V

ABANICOS

LA MACARENA

Het noorden van Sevilla wordt vaak door de toeristen verwaarloosd, maar het biedt een karakteristieke mengeling van vervallen barok- en mudéjarkerken, ouderwetse tapasbars en met wasgoed volgehangen straatjes. De naam van de buurt komt zeer waarschijnlijk van de Romeinse godin Macaria, de dochter van Hercules. La Macarena is een traditionele wijk, waar kerk en familie nog altijd een belangrijke rol spelen. De beste manier om deze wijk binnen te gaan is de Calle Feria in noordelijke richting af te lopen naar de Basílica de la Macarena, waar de Virgen de la Esperanza Macarena wordt vereerd. Van de vele kerken en kloosters in dit gebied bewaren het Monasterio de San Clemente en de Iglesia de San Pedro het beste de geest van het oude Sevilla, terwijl het Convento de Santa Paula een zeldzame gelegenheid biedt om even achter de schermen van een besloten religieuze gemeenschap te kijken. De mooie 13de-eeuwse Torre de Don Fadrique in het Convento de Santa Clara is een herkenningspunt in het westen van dit stadsdeel. Meer naar het noorden ligt het voormalige Hospital de las Cinco Llagas, waar nu het parlement van Andalusië zetelt.

Romeinse zuil, Alameda de Hércules

BEZIENSWAARDIGHEDEN IN HET KORT

Kerken en kloosters
Basílica de la Macarena 4
Convento de Santa Paula 8
Iglesia de San Marcos 7
Iglesia de San Pedro 9
Iglesia de Santa Catalina 10
Monasterio de San Clemente 1

Historische gebouwen
Parlamento de Andalucía 5
Torre de Don Fadrique 2

Monumenten
Murallas 6

Markten
Alameda de Hércules 3

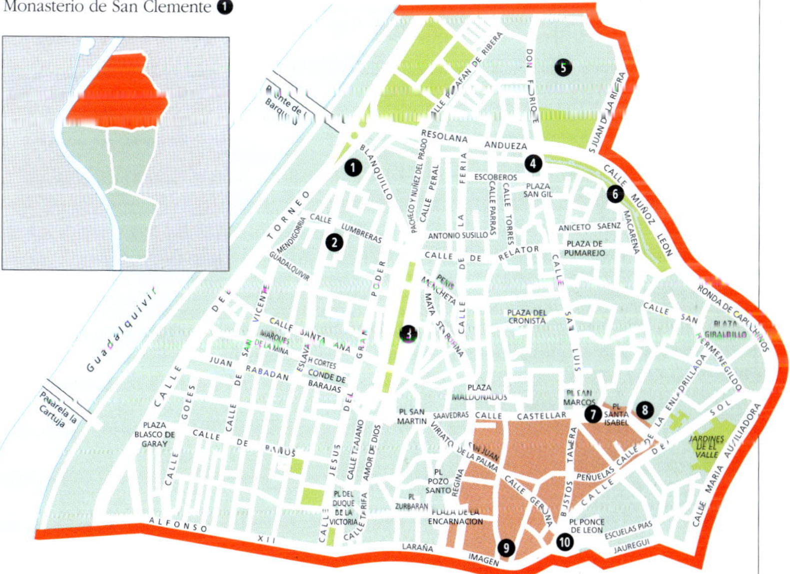

SYMBOOL

Stratenkaart *blz. 86–87*

0 meter 500

◁ **Praalwagen van de Virgen de la Esperanza Macarena bij de processies tijdens Semana Santa**

Onder de loep: La Macarena

Tegeltableau van Santa Paula

Op een wandeling door deze buurt krijgt u een glimp te zien van het dagelijks leven in een deel van Sevilla dat nog nauwelijks toeristisch is. De Calle de la Feria, de winkelstraat, kunt u het beste 's ochtends bezoeken, als het er druk is en de marktkramen vol liggen met verse vis en groenten. De vooravond is de beste tijd om het grote aantal mooie kerken in deze wijk te bezichtigen, die op dat tijdstip open zijn voor de mis. Dat is ook de tijd waarop de plaatselijke bewoners de bars in de buurt bezoeken voor een drankje en een hapje.

Palacio de las Dueñas
Dit 15de-eeuwse mudejarpaleis, ingesloten door huizen, heeft een elegante patio. Het is de privéresidentie van de hertogen van Alva, herkenbaar aan hun wapenschild boven de ingang.

Calle de la Feria
Op donderdagochtend wordt El Jueves, de oudste markt van Sevilla, gehouden in deze straat met veel winkels.

Iglesia San Juan de la Palma is een kleine mudéjarkerk. Het gemetselde klokkenhuis stamt uit 1788.

In het Convento de Santa Inés verkopen de nonnen koekjes.

★ Iglesia de San Pedro
De kerk waar Velázquez werd gedoopt heeft diverse stijlen, van mudéjar tot moderne tegeltableaus ❾

SYMBOOL

- - - Aanbevolen route

Voor hotels en restaurants in dit gebied zie blz. 212–214 en blz. 228–230

★ Iglesia de San Marcos
Deze 14de-eeuwse kerk, op de plaats van een vroegere moskee, heeft een mudéjartoren en een mudéjar-gotisch portaal. In het interieur ziet u nog unieke hoefijzervormige bogen ❼

ORIËNTATIEKAART
Zie Stratengids, kaarten 2, 5

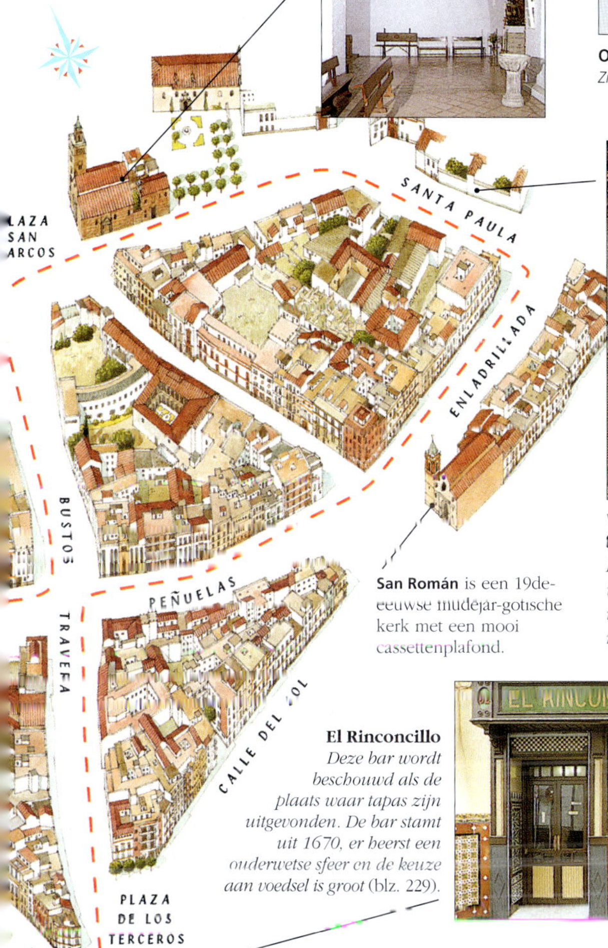

★ Convento de Santa Paula
De kloosterkerk is een mengeling van gotiek, mudéjarstijl en renaissance ❽

San Román is een 19de-eeuwse mudéjar-gotische kerk met een mooi cassettenplafond.

El Rinconcillo
Deze bar wordt beschouwd als de plaats waar tapas zijn uitgevonden. De bar stamt uit 1670, er heerst een ouderwetse sfeer en de keuze aan voedsel is groot (blz. 229).

Iglesia de Santa Catalina
De gotische Santa Catalina heeft een mudéjartoren en -apsis. Er staat een beeld van Santa Lucía, patroonheilige van de blinden ❿

STERATTRACTIES

- ★ Convento de Santa Paula
- ★ Iglesia de San Marcos
- ★ Iglesia de San Pedro

Monasterio de San Clemente ❶

Calle Reposo 9. **Kaart** 1 C3. *C3, C4.* ***Tel.*** *95-4378040.* **Kerk** *alleen voor de mis: ma–za 8.30, zo en feestdagen 9.30 uur.*

Achter de oude muren van het Monasterio de San Clemente gaat een vredig klooster schuil met palmen en fruitbomen en een arcade met een zij-ingang tot de kloosterkerk. Deze sfeervolle kerk kunt u ook betreden via een boog in de Calle Reposo. De diverse onderdelen stammen uit de 13de tot de 18de eeuw, waaronder een mooi mudéjar *artesonado*-plafond, *azulejos (blz. 76)* uit 1588, een barok hoofd*retablo* van Felipe de Rivas en vroeg-18de-eeuwse fresco's van Lucas Valdés.

Marmeren zuilen aan de zuidkant van Alameda de Hércules

Torre de Don Fadrique ❷

Convento de Santa Clara, Calle Santa Clara 40. **Kaart** 1 C4. ***Tel.*** *95-4379905.* *voor renovatie.*

Deze 13de-eeuwse toren is een van de leukste historische verrassingen van Sevilla. Hij rijst als een schaakstuk op uit het Convento de Santa Clara, dat u betreedt vanuit de Calle Santa Clara, onder een boog door die uitkomt op een patio met sinaasappelbomen en een fontein. Links ligt een tweede binnenplaats, waar de toren staat. De gotische toegang is in de 16de eeuw gebouwd als onderdeel van de eerste universiteit van Sevilla en hier in de 19de eeuw naartoe overgebracht. De toren is in 1252 neergezet als deel van de verdedigingsmuren van het paleis van de Infante Don Fadrique. Op de gevel ziet u romaneske vensters onder gotische. Na meer dan 80 treden bereikt u de bovenverdieping, vanwaar u een indrukwekkend uitzicht hebt over de stad.

Het klooster van Santa Clara werd in 1260 gesticht, al stammen de huidige gebouwen uit de 15de eeuw. De maniëristische ingangsportico is ontworpen door Juan de Oviedo. Binnen heeft het schip een mudéjarcassettenplafond en een prachtig hoofd-*retablo*.

Torre de Don Fadrique op de patio van het Convento de Santa Clara

Gargouille op de Torre de Don Fadrique

Alameda de Hércules ❸

Kaart 2 D4.

Deze boulevard met bomen links en rechts is aangelegd in 1574. Het vroegere moerasgebied werd veranderd in een populaire promenade voor de *sevillanos* uit de Gouden Eeuw *(blz. 50–51).* Sinds de verhuizing van de zondagse vlooienmarkt naar Charco de la Pava *(blz. 104)* heeft men zich ingespannen de Alameda, sinds lang een verwaarloosd gebied in Sevilla, te verbeteren.

Aan het zuideinde van de boulevard staan twee marmeren zuilen. Ze komen uit een Romeinse, aan Hercules gewijde tempel in wat nu de Calle Mármoles (Knikkerstraat) heet, waar nog drie andere zuilen zijn overgebleven. Op de zuilen van Alameda staan verweerde beelden van Hercules en Julius Caesar. Er zijn bars, restaurants, cafés en Marokkaanse theehuizen.

Basílica de la Macarena ❹

Calle Béquer 1. **Kaart** *2 D3. 🚌 C1, C2, C3, C4.* ***Tel.*** *95-4370195. ◯ dag. 9.30–13.00, 17.00–20.00 uur.* **Schatkamer** *◯ dag. 9.30–13.00, 17.00–20.00 uur. ● paasvakantie.*

De Basílica de la Macarena is in 1949 in neobarokke stijl gebouwd door Gómez Millán als een nieuw onderkomen voor de Virgen de la Esperanza Macarena. Hij grenst aan de 13de-eeuwse Iglesia de San Gil, waar de Maagd was gehuisvest tot een brand in 1936.

Het beeld van de Maagd staat boven het hoofdaltaar, omgeven door watervallen van goud en zilver. Het wordt toegeschreven aan Luisa Roldán (1656–1703), de begaafdste kunstenares van de School van Sevilla. Een kapel aan de oostmuur bevat een beeld van Morales Nieto uit 1654: *De veroordeelde Christus*. De muurschilderingen van Rafael Rodríguez Hernández zijn in 1982 gemaakt op thema's rond de Maagd Maria, zoals de Onbevlekte Ontvangenis. In een ruimte rechts van de hoofdingang kunt u herinneringen kopen aan de Maagd en kaartjes voor het museum in de Schatkamer dat helemaal aan haar is gewijd. U ziet er bijvoorbeeld gewaden die zijn gemaakt van *trajes de luces* (galakostuums) die door beroemde en ongetwijfeld dankbare stierenvechters zijn geschonken. Ook zijn de juwelen van de Maagd te bewonderen en praalwagens die in de Semana Santa (*blz. 38*) worden gebruikt, waaronder de prachtige zilveren draagbaar van La Macarena.

Draagbaar van de Virgen de la Macarena in Semana Santa

VIRGEN DE LA MACARENA

De verering van Virgen de la Macarena bereikt zijn hoogtepunt in de Semana Santa *(blz. 38)*. Dan wordt haar beeld door de straten gedragen op een draagbaar met baldakijn, versierd met witte bloemen, kaarsen en zilver. In de ochtenduren van Goede Vrijdag begeleiden boetelingen met kappen op en de kreet *!Guapa* (Mooi!) de maagd op haar tocht naar de kathedraal *(blz. 78–79)*.

Virgen de la Macarena – altaarstuk in Basílica de la Macarena

Renaissancegevel en barokportaal van het Parlamento de Andalucía

Parlamento de Andalucía ❺

Barrio de la Macarena, C/ Parlamento de Andalucia s/n. **Kaart** *2 E3. ◯ bezoek na schriftelijke afspraak of bel het protocolkantoor.* ***Tel.*** *95-4592100.* ♿ **www.**parlamentodeandalucia.es

Het parlement van Andalusië zetelt in een indrukwekkend renaissancegebouw, het Hospital de las Cinco Llagas (vijf wonden). Het gasthuis, in 1500 gesticht door Catalina de Ribera, lag eerst bij het Casa de Pilatos. In 1540 begon de bouw van wat het grootste gasthuis van Europa zou worden. De rustieke zuidgevel heeft een barokportaal van de hand van Asensio de Maeda. Het gasthuis werd in 1613 voltooid. In 1992 werd het gerestaureerd voor het parlement. Centraal in het complex ligt de maniëristische kerk, die in 1560 werd gebouwd door Hernán Ruiz de Jongere. Tegenwoordig doet de kerk dienst als vergaderruimte.

Murallas ❻

Kaart 2 E3.

Een deel van de oude verdedigingsmuren van Sevilla ligt nog langs de Calle Andueza en de Calle Muñoz León. Het loopt van de herbouwde Puerta de la Macarena bij de Basílica de la Macarena *(blz. 89)* tot de Puerta de Córdoba, 400 m meer naar het oosten. De 12de-eeuwse muur werd gebouwd als een courtinemuur met meer dan 100 torens; de Torre Blanca is een van de zeven die nog over zijn. Aan het oosteinde staat de 17de-eeuwse Iglesia de San Hermenegildo, genoemd naar de Visigotenkoning die hier tot martelaar zou zijn gemaakt. Aan de zuidhoek van deze kerk zijn nog restanten van de Moorse bogen te zien.

Iglesia de San Marcos ❼

Plaza de San Marcos. **Kaart** 2 E5 (6 E1). ***Tel.*** *95-4502616.* *ma–za 19.30–20.30 uur.*

In deze 14de-eeuwse kerk ziet u verschillende mudéjardetails, zoals de Giralda-achtige toren (verbouwing van een minaret van een vroegere moskee) en de decoratie van het gotische portaal aan Plaza de San Marcos. Bij de restauratie van het in 1936 door brand verwoeste interieur werden hoefijzervormige bogen in het schip blootgelegd. Een beeld van St.-Marcus, toegeschreven aan Juan de Mesa, staat in de linkerhoek. Achter de kerk

Gotisch-mudéjarportaal van de 14de-eeuwse Iglesia de San Marcos

ligt het in 1490 gestichte Convento de Santa Isabel, in de 19de eeuw een vrouwengevangenis. De kerk stamt uit 1609. Het barokke portaal, aan de Plaza de Santa Isabel, heeft een basreliëf van *De Visitatie* van de hand van Andrés de Ocampo.

Convento de Santa Paula ❽

C/ Santa Paula 11. **Kaart** 2 E5 (6 F1). ***Tel.*** *95-4536330.* *di–zo 10.00–13.00, 16.30–18.30 uur.*

Sevilla bezit verscheidene besloten religieuze complexen en maar weinige kan men bezoeken. Dit in 1475 gestichte klooster, dat nog altijd 40 nonnen huisvest, is daar één van. Het publiek mag door twee deuren in de Calle Santa Paula binnenkomen. Klop op de bruine, nr. 11, als u het kloostermuseum wilt zien. Via een trap bereikt u twee ruimten vol religieuze schilderijen en voorwerpen. De ramen van de tweede ruimte kijken uit op de kloostergang, waar de nonnen zich 's middags verpozen. Zij maken vele soorten marmelade en jam, die te koop zijn in een ruimte naast de uitgang. Bel aan bij een nabijgelegen stenen ingang om de kloosterkerk te bezoeken, die u bereikt door een vredige tuin over te steken. In het portaal ziet u een combinatie van gotische bogen, mudéjarmetselwerk, renaissancemedaillons en keramiek van de Italiaanse kunstenaar Nicola Pisano. Binnen heeft het schip een in 1623 gesneden houten dak. Er staan beelden van Johannes de Evangelist en Johannes de Doper, van Juan Martínez Montañés.

Johannes de Doper **in het Convento de Santa Paula**

KLOKKENTORENS

Boven de daken van Sevilla kunt u aan de klokkentorens zien hoe de tijd verstrijkt. De invloed van La Giralda *(blz. 78)* is zichtbaar in de Moorse bogen en het maaswerk dat de 14de-eeuwse toren van San Marcos siert en het mudéjarmetselwerk dat de basis vormt van het klokkenhuis van San Pedro. De kerken van Santa Paula en La Magdalena vertonen een barokke stijl en de torens van San Ildefonso illustreren de neoklassieke smaak van de 19de eeuw.

Voor hotels en restaurants in dit gebied zie blz. 212–214 en blz. 228–230

Ingewikkeld patroon op een kapeldeur in de Iglesia de San Pedro

Iglesia de San Pedro ❾

Plaza San Pedro. **Kaart** 2 D5 (6 E2). ***Tel.*** *954-229124.* *ma–za 8.30–11.30, 19.00–20.30, zo 9.30–13.30, 19.00–20.30 uur.*

De kerk waar in 1599 de schilder Diego Velázquez werd gedoopt, is een echte mengelmoes van bouwstijlen. Mudéjarelementen herkent u in het metselwerk van de toren, die wordt bekroond door een barok klokkenhuis. Het hoofdportaal, aan de kant van Plaza de San Pedro, is een toevoeging van Diego de Quesada uit 1613. Een beeld van St.-Pieter kijkt minachtend neer op het verkeersgewoel beneden hem.

In het slecht verlichte interieur kunt u een houten plafond en deur in mudéjarstijl onderscheiden. Het gewelf van een van de kapellen is versierd met geometrische patronen. Achter de kerk, in Calle Doña María Coronel, wordt gebak verkocht uit een ronddraaiende trommel in de muur van het Convento de Santa Inés. Een patio met arcaden ligt voor de gerestaureerde kerk, met fresco's van Francisco de Herrera en een nonnenkoor, dat door een scherm van het publiek is afgescheiden. Op 2 december eert men het geconserveerde lichaam van Doña María Coronel, de 14de-eeuwse stichteres.

Iglesia de Santa Catalina ❿

Plaza Ponce de Léon. **Kaart** 2 D5 (6 E2). ***Tel.*** *95-4217441.* *wegens restauratie tot 2010.*

Waar vroeger een moskee stond, ligt nu deze 14de-eeuwse kerk met een mudéjartoren, die veel op La Giralda *(blz. 78)* lijkt (goed te zien vanaf Plaza Ponce de Léon), maar dan zonder de gebruikelijke barokke klokkentoren. Aan de westkant, bij Calle Alhóndiga, stamt het gotische portaal van de in 1930 afgebroken Iglesia de Santa Lucía. In de ingang staat een hoefijzervormige boog. Aan de linkerkant van het schip ligt de Capilla Sacramental van Leonardo de Figueroa. Rechts heeft de Capilla de la Exaltación een mooi plafond uit 1400 en een Christusbeeld van Pedro Roldán.

Detail van een hoefijzerboog in de Iglesia de Santa Catalina

La Magdalena *(blz. 68)*

San Ildefonso *(blz. 77)*

PARQUE MARÍA LUISA

Het gebied ten zuiden van het stadscentrum wordt gedomineerd door het uitgestrekte, lommerrijke Parque María Luisa, het belangrijkste groengebied van heel Sevilla. Een groot deel ervan behoorde vroeger tot het terrein van het barokke Palacio de San Telmo uit 1682. Even ten noorden van het park ligt Prado de San Sebastián, de voormalige locatie van de *quemadero*, waar veel slachtoffers van de Inquisitie *(blz. 51)* zijn verbrand. De allerlaatste executie vond plaats in 1781.

Keramische urn in het Parque María Luisa

Veel van de historische gebouwen in het park zijn neergezet voor de Ibero-Amerikaanse tentoonstelling in 1929. Deze internationale beurs was bedoeld om de plaats van Spanje en Andalusië op de wereldkaart te onderstrepen. Tentoonstellingen uit Spanje, Portugal en Latijns-Amerika werden uitgestald in aantrekkelijke, speciaal gebouwde paviljoens, die tegenwoordig dienst doen als musea, ambassades, militair hoofdkwartier en culturele instellingen. Het grote vijfsterrenhotel Alfonso XIII en de halvemaanvormige Plaza de España zijn de meest opvallende overblijfselen uit deze opwelling van Andalusische trots. Dichtbij ligt de Koninklijke Tabaksfabriek, die voor altijd zal worden geassocieerd met Carmen, de fictieve zigeunerheldin, die er werkte. Tegenwoordig is hij onderdeel van de Universidad, de universiteit van Sevilla.

BEZIENSWAARDIGHEDEN IN HET KORT

Musea
Museo Arqueológico 7
Museo de Artes y Costumbres Populares 6

Theaters
Teatro Lope de Vega 4

Tuinen
Parque María Luisa blz. 98–99 5

Historische gebouwen
Hotel Alfonso XIII 1
Palacio de San Telmo 2
Universidad 3

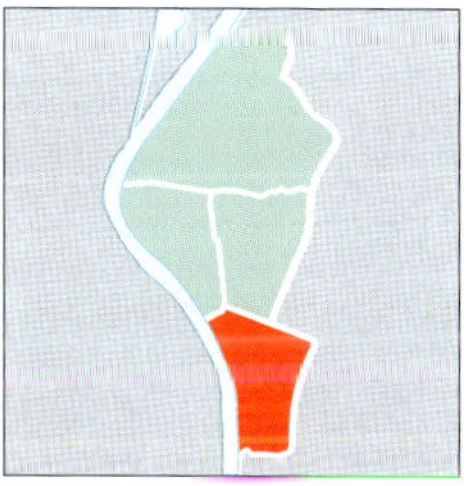

0 meter 400

SYMBOLEN

Stratenkaart *blz. 94–95*

Metro-Centrostation

Metro (open in 2008)

Toeristenbureau

◁ **Koetsje op de Calle San Fernando**

Onder de loep: Rond de Universidad

Beeld van El Cid door Anna Huntington

Ten zuiden van de Puerta de Jerez staat een groepje deftige gebouwen tussen de rivier en het Parque María Luisa. Het bestaan van de oudste hangt samen met de Guadalquivir zelf: het 17de-eeuwse Palacio de San Telmo is gebouwd als school voor zeelieden en de komst van tabak uit de Nieuwe Wereld leidde tot de bouw van de monumentale Koninklijke Tabaksfabriek, nu de Universidad de Sevilla. Voor de Ibero-Amerikaanse tentoonstelling van 1929 werden paviljoens in vele stijlen gebouwd en ook het fraaie hotel Alfonso XIII. Zo ontstond een omgeving met oogstrelende gebouwen langs de weg naar het Parque María Luisa.

Paseo de las Delicias
Deze rivierboulevard loopt langs de Jardines de San Telmo. De naam betekent 'wandeling van genot'.

Pabellón de Chile is nu de Escuela de Artes Aplicadas (School voor Toegepaste Kunsten).

Pabellón de Perú
Deze kopie van het aartsbisschoppelijk paleis in Lima heeft een mooie gevel. Het is een van de nationalistische ontwerpen die voor de tentoonstelling werden gebruikt.

Pabellón de Uruguay

Costurero de la Reina, *Tegenwoordig doet dit gebouw dienst als gemeentelijk toeristenbureau, maar de 'Naaidoos van de koningin' was ooit een tuinhuis.*

0 meter 75

Monument voor El Cano, die in 1522 de eerste vaart rond de wereld voltooide na de dood van Magalhães.

SYMBOOL

Aanbevolen route

Voor hotels en restaurants in dit gebied zie blz. 212–214 en blz. 228–230

★ Palacio de San Telmo
Dit paleis was ooit een zeevaartschool, maar huisvest nu de Junta de Andalucía. Boven de churrigiereske deur staat een beeld van St.-Telmo ❷

ORIËNTATIEKAART
Zie Stratengids, kaarten 2, 5

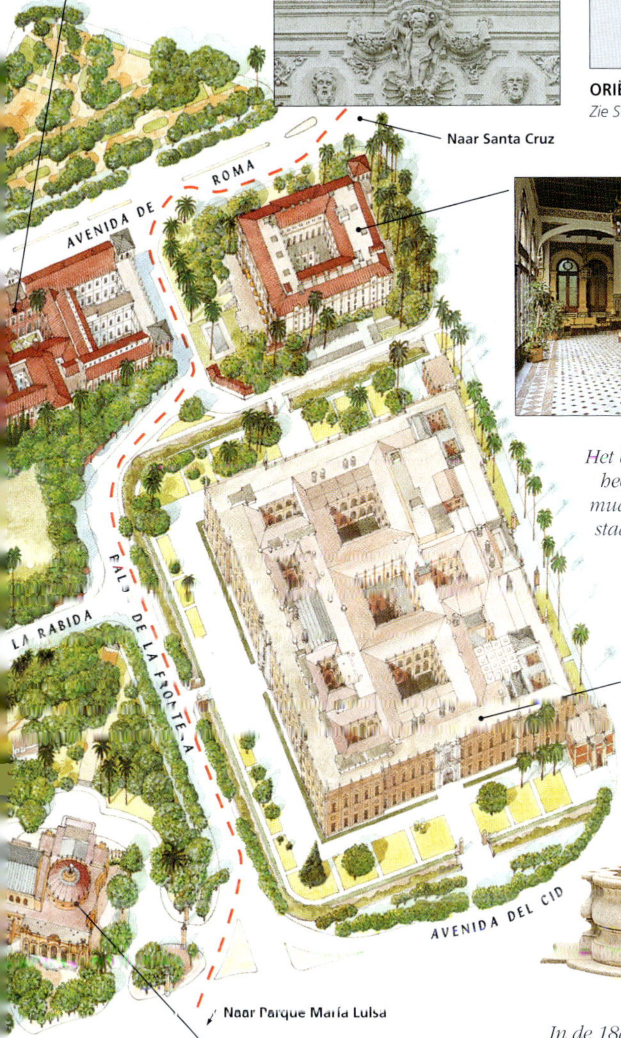

Hotel Alfonso XIII
Het beste hotel van Sevilla heeft een weelderig neo-mudéjarinterieur. De bar staat ook open voor niet-gasten ❶

★ Universidad
In de 18de-eeuwse Koninklijke Tabaksfabriek vindt u vele interessante details, waaronder deze barokke fontein ❸

Teatro Lope de Vega
Dit grandioze theater en casino, het Pabellón de Sevilla uit 1929, is nu een belangrijk podium voor de kunsten ❹

STERATTRACTIES

- ★ Palacio de San Telmo
- ★ Universidad

Hotel Alfonso XIII ❶

Calle San Fernando 2. **Kaart** 3 C3 (6 D5). en *Puerta Jerez.* ***Tel.*** *95-4917000.* *behalve toiletten.* **www**.westin.com

In de zuidoosthoek van Puerta de Jerez ligt het bekendste luxehotel van Sevilla. Het is genoemd naar koning Alfonso XIII *(blz. 54)*, die regeerde van 1902 tot 1931, toen Spanje een republiek werd. Het hotel werd tussen 1916 en 1928 gebouwd voor bezoekers van de Ibero-Amerikaanse tentoonstelling van 1929 *(blz. 55)* in regionalistische stijl, versierd met *azulejos (blz. 76)*, smeedijzer en metselwerk. In het midden ligt een grote patio met een fontein en sinaasappelbomen. Ook niet-gasten zijn welkom in de bar of in het restaurant.

Churrigiereske decoratie van het Palacio de San Telmo

Palacio de San Telmo ❷

Avenida de Roma. **Kaart** 3 C3. en *Puerta Jerez.* ***Tel.*** *95-5035505.* *gesloten wegens restauratie tot midden 2008.* **www**.juntadeandalucia.es

Dit indrukwekkende paleis werd in 1682 gebouwd als school voor de scheepvaart. Het is genoemd naar St.-Telmo, patroonheilige van de navigators. In 1849 werd het paleis privéwoning van de hertogen van Montpensier – tot 1893 hoorde het Parque María Luisa *(blz. 98–99)* tot

Centrale patio met fontein in het elegante hotel Alfonso XIII

het terrein. In 1901 werd het een seminarium en tegenwoordig is hier het presidentiele hoofdkwartier van regionale regering gevestigd.
Het mooiste deel van het paleis is het in 1734 voltooide, overdadige churrigiereske portaal door Antonio Matías de Figueroa dat uitziet op de Avenida de Roma. Rond de Ionische zuilen staan allegorische beelden van de Kunsten en Wetenschappen. St.-Telmo houdt een schip en kaarten vast en naast hem staan St.-Ferdinand met een zwaard en St.-Hermenegildo met een kruis. De noordgevel, aan de Avenida de Palos de la Frontera, wordt bekroond door een rij Sevilliaanse beroemdheden, in 1895 toegevoegd door Susillo, met beelden van beroemde kunstenaars, zoals Velázquez en Montañés.

Universidad ❸

Calle San Fernando 4. **Kaart** 3 C3. en *Puerta Jerez.* ***Tel.*** *95-4551000.* *ma–vr 8.00–20.30 uur.* *feestdagen.* **www**.us.es

De voormalige Real Fábrica de Tabacos (Koninklijke Tabaksfabriek) is nu onderdeel van de universiteit van Sevilla. De fabriek was een populaire attractie voor 19de-eeuwse toeristen op zoek naar romantiek. Toen werd driekwart van alle Europese sigaren hier gemaakt, gerold op de dijen van meer dan 3000 *cigarreras* (sigarenmaaksters). Zij waren 'eerder brutaal dan kuis' volgens het *Handboek voor Spanje*, dat Richard Ford in 1845 schreef. Het fabriekscomplex is het grootste gebouw in Spanje, op El Escorial in

Detail van de gevel van de Universidad

CARMEN

De warmbloedige *cigarreras* die in de Tabaksfabriek werkten, inspireerden de Franse auteur Prosper Mérimée in 1845 tot het schrijven van zijn verhaal over de zigeunerheldin *Carmen*. Het gaat over een sensuele, wilde vrouw die haar vriendje de soldaat inruilt voor een stierenvechter en door de afgewezen minnaar wordt vermoord. Bizet baseerde zijn opera uit 1875 op dit gepassioneerde drama, waarmee Carmen de vleesgeworden Spaanse romantiek werd.

Carmen en Don José

Madrid na, en werd tussen 1728 en 1771 gebouwd. De gracht en de wachttorens zijn aanwijzingen voor het belang dat aan het beschermen van het koninklijke tabaksmonopolie werd gehecht. Rechts van de hoofdingang ligt de voormalige gevangenis, waar op smokkelen betrapte arbeiders werden opgesloten. Links ligt een kapel, die nu door studenten wordt gebruikt. De ontdekking van tabak in de Nieuwe Wereld wordt in het hoofdportaal herdacht met borstbeelden van Columbus *(blz. 127)* en Cortés. Dit deel van de fabriek werd ooit als woongedeelte gebruikt – aan weerszijden van de vestibule liggen kleine patio's met planten en ijzerwerk. Verderop leiden de Klokpatio en de Fonteinpatio naar de voormalige werkplaatsen. De tabaksbladeren werden eerst op het dak gedroogd en gescheurd in de door ezels aangedreven molens eronder.

Barokke fontein in een van de patio's van de Universidad

Teatro Lope de Vega ❹

Avenida María Luisa s/n. **Kaart** 3 C3. *en Prado de San Sebastian, Puerta Jerez.* ***Tel.*** *95-4590867 (bespreekbureau).* **www**.sevilla.org/cultura *voor optredens.*

Lope de Vega (1562–1635), vaak 'de Spaanse Shakespeare' genoemd, schreef meer dan 1500 toneelstukken. Dit neobarokke, naar hem genoemde, theater, werd in 1929 geopend als casino en theater voor de Ibero-Amerikaanse tentoonstel-

Koepel van het neobarokke Teatro Lope de Vega uit 1929

ling *(blz. 55)* en wordt nog altijd voor voorstellingen en tentoonstellingen gebruikt *(blz. 244–245)*. Bezoekers van het Café del Casino kunnen te midden van deze vergane glorie van hun koffie genieten.

Parque María Luisa ❺

Zie blz. 98–99.

Museo de Artes y Costumbres Populares ❻

Pabellón Mudéjar, Parque María Luisa. **Kaart** 4 D5. ***Tel.*** *95-4232576.* *di 15.00–20.00, wo–za 9.00–20.00, zo en feestdagen 9.00–14.00 uur.*

Dit museum in het mudéjarpaviljoen van de Ibero-Amerikaanse tentoonstelling van 1929 *(blz. 55)* is gewijd aan de volkskunsten en tradities van Andalusië. In de kelder kunt u nagebouwde werkplaatsen zien voor leerbewerking, keramiek en kuiperij. Een informatieve opstelling vertelt de geschiedenis van de *azulejo*. Boven worden 19de-eeuwse kostuums, accessoires, meubels, muziekinstrumenten en landbouwgereedschappen tentoongesteld. Romantische prenten van flamenco, stierengevechten, Semana Santa en Feria de Abril *(blz. 38)* maken het cliché van Sevilla compleet.

Museo Arqueológico ❼

Plaza de América, Parque María Luisa. **Kaart** 4 D5. ***Tel.*** *95-4232401.* *di 15.00–20.00, wo–za 9.00–20.00, zo en feestdagen 9.00–14.00 uur.*

Het renaissancepaviljoen van de Ibero-Amerikaanse tentoonstelling van 1929 is nu het museum voor provinciale archeologie. In de kelder zijn vondsten van het paleolithicum tot de vroege Romeinse tijd uitgestald, zoals replica's van de Tartessische Caramboloschat *(blz. 43)*.
Boven zijn de belangrijkste zalen gewijd aan de Romeinse tijd, met beelden en fragmenten uit Itálica *(blz. 132)*. U vindt er een mozaïek uit Écija *(blz. 133)* uit de 3de eeuw v.C. en beelden van de hier geboren keizers Trajanus en Hadrianus. Andere zalen bevatten voorwerpen uit Moors Spanje, vroegchristelijke sarcofagen, Visigotische relikwieën en voorwerpen uit Medina Azahara *(blz. 138)*.

Museo de Artes y Costumbres Populares, het oude mudéjarpaviljoen

Parque María Luisa ❺

Beeld van María Luisa (1929)

Dit uitgestrekte park is genoemd naar prinses María Luisa de Orléans, die een deel van het terrein van het Palacio de San Telmo *(blz. 96)* in 1893 aan de stad schonk. De tuin is ontworpen door Jean-Claude Forestier, directeur van het Bois de Boulogne in Parijs, die een lommerrijk decor schiep voor de Ibero-Amerikaanse tentoonstelling van 1929 *(blz. 55)*. De indrukwekkendste herinneringen aan deze uitspatting zijn de Plaza de España en de Plaza de América, beide vormgegeven door Anibal González, die de theatrale sfeer van het park bepalen. Fonteinen, bloemen en koele lanen maken van dit park een verfrissende afwisseling voor de hitte van de stad.

★ Plaza de España
Dit halfronde plein was het middelpunt van de tentoonstelling van 1929.

Glorieta de la Infanta biedt plaats aan een bronzen beeld van prinses María Luisa de Orléans.

Vertrekpunt voor ritjes per koets

Glorieta de Bécquer
Allegorische figuren die de liefde uitbeelden, verlevendigen dit eerbetoon aan Gustavo Adolfo Bécquer (1836–1870), de Sevilliaanse dichter. Lorenzo Coullaut Valera maakte dit beeld in 1911.

Isleta de los Patos
In het midden van het park ligt een meertje vol eenden en zwanen. Een tuinhuisje op een eiland biedt een volmaakt rustpunt.

Fuente de los Leones
Keramische leeuwen bewaken deze achthoekige fontein, die wordt omringd door mirtebeggen. Hij is geïnspireerd op de fontein op de Patio de los Leones in het Alhambra (blz. 195).

TIPS VOOR DE TOERIST

Kaart 4 D4. *en Prado de San Sebastian.* *C1, C2, 31, 30, 33, 34, 70, 72.* **Museo de Artes y Costumbres Populares** *(blz. 97).* **Museo Arqueológico** *(blz. 97).*

★ Museo de Artes y Costumbres Populares
De paviljoens van de Plaza de América eren de mudéjarstijl, de gotiek en de renaissance. Het Pabellón Mudéjar is nu een museum van Andalusische volkskunsten ❻

De Monte Gurugú is een bergje met een waterpartij.

★ Museo Arqueológico
Het neorenaissancistische Pabellón de las Bellas Artes huisvest een regionaal archeologisch museum. Hier zijn veel vondsten uit het Romeinse Itálica (blz.132) *te zien* ❼

Keramiek
Helder gekleurd keramiek uit Triana siert het park in de vorm van bloemenvazen, banken en rond de fonteinen geplaatste kikkers en eenden.

STERATTRACTIES

- ★ Museo Arqueológico
- ★ Museo de Artes y Costumbres Populares
- ★ Plaza de España

DE RIVIER OVER

Aan de westoever van de Guadalquivir komt het oude deel van Sevilla samen met het nieuwe. Sinds Romeinse tijden wordt er aardewerk gemaakt in Triana, een buurt genoemd naar keizer Trajanus. Het is een oude arbeiderswijk, beroemd om de vele stierenvechters en flamenco-artiesten uit de grote zigeunergemeenschap. Klinkerstraatjes en winkels vol aardewerk bepalen de sfeer. De Iglesia de Santa Ana is een mooie mudéjar-gotische kerk. Vanuit de restaurants aan de rivier en de bars langs de Calle Betis hebt u uitzicht op de torens van Sevilla.

Tegels uit Triana, waar *azulejos* en keramiek worden gemaakt

In de 15de eeuw werd in het toen nog rustige gebied ten noorden van Triana een kartuizerklooster gebouwd; vandaar de naam Isla de la Cartuja. Later woonde Columbus hier en plande er zijn ontdekkingsreizen. Vooral hierom koos men La Cartuja als plaats voor de Expo '92 *(blz. 104–105)*. De kloostergebouwen werden gerestaureerd en verschillende zeer moderne paviljoens gebouwd. De meeste paviljoens huisvesten nu kantoren. Ook staat hier ook een dependance van de universiteit. Het terrein is heringericht om het themapark Isla Mágica *(blz. 104)* te huisvesten.

BEZIENSWAARDIGHEDEN IN HET KORT

Themaparken
Cartuja '93 ❷
Isla Mágica ❶
Vlooienmarkt van Charco de la Pava ❸

Traditionele buurt
Triana blz. 102–103 ❺

Kerken en kloosters
Iglesia de Nuestra Señora de la O ❻
Iglesia de Santa Ana ❼
Monasterio de Santa María de las Cuevas ❹

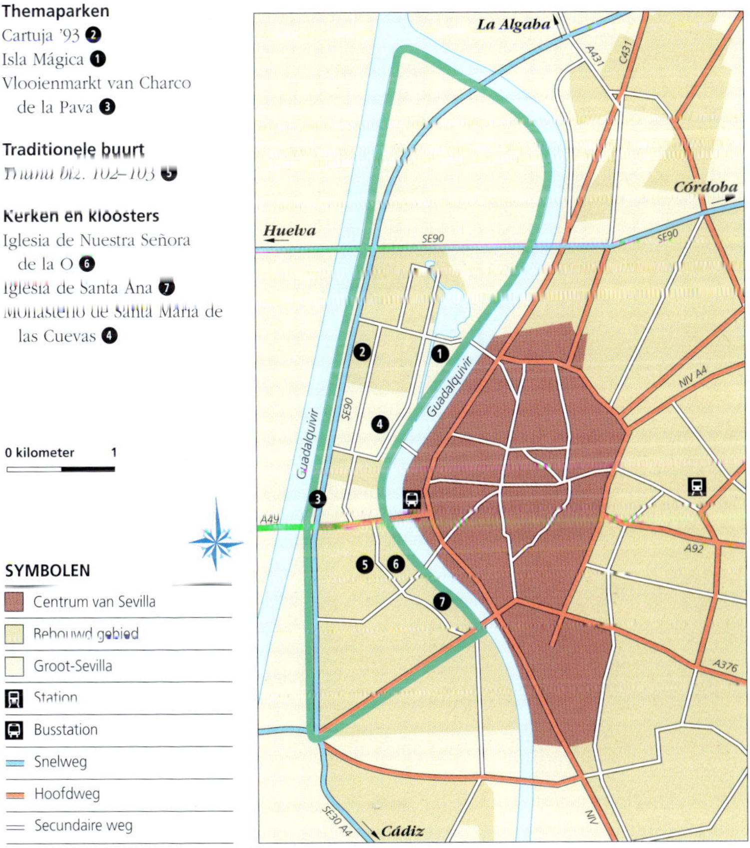

◁ **Pabellón de Andalucía, gebouwd voor de Expo '92 op Isla de la Cartuja**

Triana ⑤

Beeld, Plaza del Altozano

Deze naar de Romeinse keizer Trajanus genoemde wijk is van oudsher beroemd om zijn pottenbakkerijen. In veel werkplaatsen worden nog steeds tegels en keramiek geproduceerd en verkocht. Deze *barrio* was ooit de zigeunerwijk van Sevilla en er komen beroemde stierenvechters, zeelieden en flamencoartiesten vandaan. Het is nog altijd een arbeiderswijk, met smalle straten vol bloemen en een voelbaar onafhankelijke levensstijl. In Triana kunt u overdag tegels kopen en door de straten wandelen en 's avonds de drukke bars bezoeken en genieten van het uitzicht over de Guadalquivir.

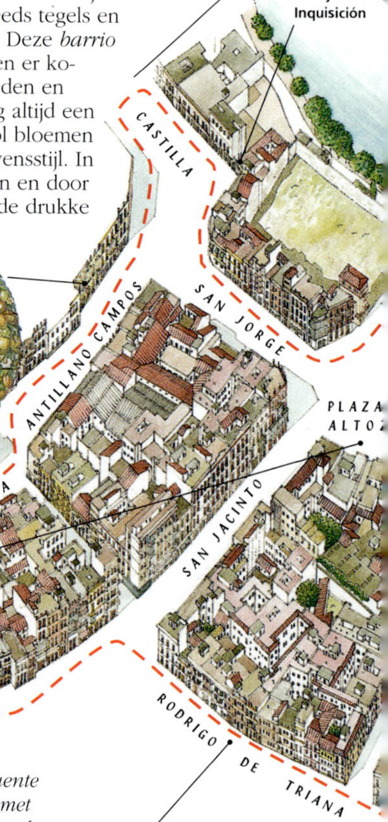

Naar Nuestra Señora de la O *(blz. 105)*

Callejón de la Inquisición

Cerámica Santa Ana
Deze tegelwinkel uit 1870 is een van de bekendste van Triana. Men verkoopt er alles, van replica's van oude tegels tot asbakken.

Plaza del Altozano
Aan de westkant van Puente de Isabel II ligt dit plein met zijn smeedijzeren, beglaasde balkons of miradores.

Santa Justa en Santa Rufina door Murillo *(ca. 1665)*

SANTA JUSTA EN SANTA RUFINA

Twee christenen die in de 3de eeuw in Triana werkten, zijn patroonheiligen van Sevilla geworden. De Romeinse bestuurders zouden deze vrouwen voor de leeuwen hebben gegooid nadat ze weigerden zich aan te sluiten bij een processie ter ere van Venus. Deze gebeurtenis heeft velen geïnspireerd, onder wie Murillo en Zurbarán *(blz. 66–67)*. De heiligen worden vaak afgebeeld met La Giralda, die ze bij de aardbeving van 1755 behoed zouden hebben.

Calle Rodrigo de Triana
Deze straat is genoemd naar de Sevilliaanse zeeman die op de reis van Columbus in 1492 als eerste de Nieuwe Wereld in het oog kreeg (blz. 51).

'uente de sabel II, of Puente de Triana, voert aar El Arenal.

Capillita del Carmen
Naast Puente de Isabel II, een ijzeren brug die in 1845 door Gustavo Steinacher en Fernando Bernadet is ontworpen, staat een door Anibal González in 1926 gebouwde kapel.

ORIËNTATIEKAART
Zie Stratengids, kaart 3

Calle Pelay Correa
Deze smalle straatjes vol bloemen en wasgoed roepen de sfeer van het oude Triana op.

Capilla de los Marineros, een kapel voor zeelieden, is tussen 1759 en 1815 gebouwd.

Bar el Puerto, met zijn terras op drie niveaus en uitzicht over de rivier, is beroemd om zijn gebakken vis en plaatselijke keuken.

Iglesia de Santa Ana
Deze in de 13de eeuw door Alfonso X gestichte kerk is de oudste parochiekerk van Sevilla. Hij is fraai gerestaureerd ❼

0 meter 75

SYMBOOL

Aanbevolen route

Een opwindende rit in themapark Isla Mágica

Isla Mágica ❶

Pabellón de España, Isla de la Cartuja. **Kaart** 1 B3. ***Tel.*** *902-161716 (informatie).* ◯ *april–mei: wo–zo 11.00–19.00 of 21.00; juni, juli, 1–15 sept.: di–zo 11.00–19.00 of 21.00; aug.: dag. 11.00–22.00 of 24.00; 15 sept.–okt.: za–zo 11.00–19.00 of 21.00 uur.* ● *nov.–maart.* **www**.islamagica.es

Het in 1997 geopende themapark Isla Mágica ligt op het deel van Isla de la Cartuja dat gebruikt is voor Expo '92 *(blz. 56–57)*, met ook het Pabellón de España en het hellende Pabellón de Andalucía. Het park verbeeldt de reizen en avonturen van de ontdekkingsreizigers die in de 16de eeuw uit Sevilla vertrokken. De acht zones in het park heten Sevilla, Haven van Indië, gevolgd door onder andere Quetzal, de Furie der Goden, de Poort naar de Amerika's, Amazonia, het Piratennest en El Dorado. De Jaguarachtbaan, die met een snelheid van 85 km per uur door zijn lussen ratelt, is het spannendst, maar vergeet ook niet de Anaconda, een waterbaan, en de Stroomversnellingen van de Orinoco waar kleine bootjes door het kolkende water worden gedreven. De Fontein van de Jeugd is bedoeld voor jonge kinderen met draaimolens en vechtende piraten. In het park zijn straatoptredens, dansvoorstellingen, en voorstellingen in de IMAX-bioscoop. De voorstellingen met speciale effecten en publieksdeelname geven de historische achtergrond. Elk seizoen zijn er nieuwe voorstellingen, sommige lopen enige weken, andere het hele seizoen. Kijk voor actuele gegevens op de website van Isla Mágica.

Cartuja '93 ❷

Paseo del Oeste (nieuwe naam Calle Leonardo da Vinci). **Kaart** 1 A3.

Dit nieuwe Park voor Wetenschap en Technologie beslaat de westkant van het Expo '92-terrein. Bezoekers kunnen de Calle Leonardo da Vinci of een van de daarop uitkomende straten doorwandelen om enkele van de spectaculairste paviljoens van Expo '92 te bekijken. Deze gebouwen maken nu deel uit van het Andalusische Wereldhandelscentrum en zijn voor publiek gesloten, maar er zijn plannen het gebied te ontwikkelen. Enkele gebouwen ten zuiden en oosten van het Parque Alamillo horen bij de universiteit van Sevilla. Ten zuiden daarvan liggen de tuinen van het oude Monasterio de Santa María de las Cuevas *(blz. 105)*.

Rondvaartboot in themapark Isla Mágica

Het Pabellón de Andalucía op Isla de la Cartuja

Vlooienmarkt van Charco de la Pava ❸

◯ *zo-morgen.*

De vlooienmarkt van Charco de la Pava ligt achter het Olympisch Stadion aan de rivier de Guadalquivir. De markt bevindt zich op een grote open ruimte aan het uiteinde van het Cartujapark en wordt gehouden op zondagmorgen. Het is een geliefde ontmoetingsplaats voor inwoners van Sevilla en toeristen die hier komen om ontspannen wat in de bric-a-brac te neuzen. Op de grond liggen allerlei soorten voorwerpen te koop, van roestige landbouwwerktuigen tot koperen ornamenten, schilderijen en oude foto's. Jarenlang werd de markt gehouden op de Alemeda de Hércules *(blz. 88)* in La Macarena in het noorden van de stad. Ondanks dat het centrum dichtbij is, zult u in Charco de la Pava en het omringende gebied weinig cafés en restaurants aantreffen, dus leg een goede bodem met een stevig ontbijt voor u op de markt op zoek gaat naar voordelige koopjes.

Voor hotels en restaurants in dit gebied zie blz. 212–214 en blz. 228–230

Hoofdingang van het kartuizer Monasterio de Santa María de las Cuevas, gesticht in 1400

Monasterio de Santa María de las Cuevas ❹

Calle Americo Vespucio 2, Isla de la Cartuja. **Kaart** 1 A4. ***Tel.*** *95-5037070.* **Klooster & Centro Andaluz de Arte Contemporaneo** ▢ *okt.–maart: di–vr 10.00–20.00 (toegang tot 19.30), za 11.00–20.00, zo 10.00–15.00 uur, april–sept.: di–vr 10.00–21.00 (toegang tot 20.30), za 11.00–21.00, zo 10.00–15.00 uur.* *(di gratis).* **www**.caac.es

Dit enorme kloostercomplex, dat in de 15de eeuw door de kartuizers is gebouwd, hangt nauw samen met de ontwikkeling van Sevilla. Columbus woonde en werkte hier en lag van 1507 tot 1542 zelfs begraven in de crypte van de kloosterkerk, de Capilla Santa Ana. Tot 1836 woonden er kartuizermonniken in het klooster. Zij gaven opdracht tot enkele van de mooiste werken van de School van Sevilla, waaronder meesterwerken van Zurbáran en Montañés, die nu in het Museo de Bellas Artes hangen *(blz. 66–67)*.

In 1841 bouwde Charles Pickman, een Britse industrieel, hier een keramiekfabriek. Na meer dan een eeuw stopte de productie in 1980 en het klooster werd gerestaureerd als middelpunt van Expo '92. Interessant zijn de Capilla de Afuera en het Casa Prioral met een tentoonstelling over de restauratie. Er is een mudéjarkloostergang van marmer en metselwerk. Het Centro Andaluz de Arte Contemporáneo stelt moderne kunst tentoon, als onderdeel van het Museo de Arte Contemporaneo.

De vaste collectie bestaat uit werk van 20ste-eeuwse Andalusische kunstenaars, op de tijdelijke tentoonstellingen zijn schilderijen, foto's, installaties en performances te zien door internationale kunstenaars. In het verleden was er van alles te zien van beelden tot internetkunst.

Triana ❺

Zie blz. 102–103.

Het kleurige klokkenhuis van Nuestra Señora de la O in Triana

Iglesia de Nuestra Señora de la O ❻

C/ Castilla. **Kaart** 3 A1. ***Tel.*** *95-4337539.* ▢ *dag. 10.00–13.00, 18.00–21.00 uur.*

Op de kerk van Onze-Lieve-Vrouwe van O, uit de tweede helft van de 17de eeuw, prijkt een fel gekleurd klokkenhuis, versierd met *azulejos*. Binnen ziet u barokke beelden, waaronder een Maria met Kind met zilveren halo's in de laatste kapel aan uw linkerhand. Aan de andere kant van het hoogaltaar staat een mooie groep van Pedro Roldán, die St. Anna, St. Joachim en de Maagd Maria verbeeldt. Deze kunstenaar maakte ook de Jezus die zijn Kruis draagt, die tegen de achtermuur te zien is. De kerk ligt in de Calle de Castilla, genoemd naar het beroemde kasteel waar de Inquisitie sinds de 16de eeuw zijn hoofdkwartier had. De Callejón de la Inquisición leidt naar de rivier.

Iglesia de Santa Ana ❼

C/ de la Pureza 80. **Kaart** 3 B2. ***Tel.*** *95-4270885.* ▢ *dag. 9.00–15.00, 19.00–21.00 uur.*

De Santa Ana werd in 1276 gesticht en is daarmee een van de eerste kerken in Sevilla die na de Reconquista *(blz. 48–49)* zijn gebouwd. Er is veel aan verbouwd. Het is nu een ontmoetingspunt voor de plaatselijke inwoners.

Het gewelf is gelijk aan het gewelf van de kathedraal van Burgos, wat dezelfde architect doet vermoeden. In het schip bevindt zich een 16de-eeuws *retablo*, fraai bewerkt door Alejo Fernández. De sacramentskapel tegen de noordmuur heeft een platereske ingang.

In het baptisterium staat de *Pila de los Gitanos*, of Zigeunerdoopvont, die de gave van het flamencolied zou doorgeven aan de gedoopte kinderen.

Een wandeling in Sevilla van anderhalf uur

Kruis, Plaza Santa Cruz

Deze wandeling begint in een van de elegantste parken van de stad en verkent een van de oudste *barrios* (buurten): de joodse wijk Santa Cruz. De kleine stegen en pleinen verbergen een museum met werk van een van de grootste schilders van de stad, Murillo, en vele kerken, galeries en restaurants. De wandeling brengt u dan over een van de grootste pleinen van Sevilla, om dan naar de Guadalquivirrivier te gaan, een historische brug en de Trianabuurt, beroemd om zijn keramiekdistrict en thuishaven van de flamencocultuur van Sevilla.

Zonovergoten steeg in de wijk Santa Cruz

Van Plaza Santa Cruz naar de Rio Guadalquivir

Dit kleine plein met zijn vogelkooi en tuin ligt dicht bij zowel de Jardines de Murillo ①, waar een monument voor Columbus staat, als de muren van Real Alcazar. Neem Calle Santa Teresa voorbij het museum en de geboorteplaats van schilder Bartolomé Esteban Murillo (1618–1682) ②; het werk dat hier hangt is minder belangrijk dan dat in het Museo des Bellas Artes *(blz. 66–68)*. Ertegenover ligt het 16de-eeuwse Convento San José del Carmen, ook bekend als Convento de las Teresas, een karmelietenorde. Sla rechtsaf bij de top van Calle de Mateos Gagos, en passeer de 17de-eeuwse Iglesia de Santa Cruz ③ met het drievoudige carillon. Ga links de Calle Guzman El Bueno ('Guzman de Goede') in, genoemd naar de verdediger van Tarifa tijdens de Moorse invasie. Guzman kent enkele klassieke landhuizen in de stad, gebouwd rond ruime binnenpatio's. Steek over en ga de Argote de Molina in en loop achter het Palacio Arcobispal ④ langs naar de poorten van de binnenplaats van de kathedraal, het belangrijkste overgebleven Moorse deel van dit gebouw; moskeegangers wasten zich hier voor ze naar binnen gingen. Maak een scherpe bocht naar rechts, de Calle Hernan Colon in, waar aparte winkels voor verzamelaars zich verdringen met souvenirshops. Colon leidt naar het Plaza de San Francisco en het Ayuntamiento ⑤ (stadhuis), in 1527 gebouwd door architect Diego de Riaño. Het is een van de mooiste voorbeelden van renaissancearchitectuur in Spanje. Steek het plein over naar Calle de Sierpes, een van de oudste winkelstraten van Sevilla. Sierpes is de plek voor waaiers, mantillasjaals en hoeden, vooral bij Maquedano (nr. 40) ⑥ dat altijd een prachtige etalage heeft. Op

Patio van een huis in de wijk Santa Cruz

De Giraldatoren, gezien vanaf Plaza de San Francisco

het kleine Plaza La Campana, slaat u linksaf op Calle Martin Villa naar Plaza del Duque de la Victoria met het beeld van Velazquez. Ga rechts Calle San Eloy in; aan het eind is de Iglesia de la Magdalena ⑦ uit 1709 op de resten van een Arabische moskee. Binnen vindt u werk van Zurbaran en Valdés, en de exquise Virgen del Amparo (bescherming) is een ster in de processies tijdens de Semana Santa. Men zegt dat zij het opnam voor de smekelingen tijdens de naschokken van de aardbeving van 1755, en in de 19de eeuw was het een wijkplaats voor dakloze kinderen. Loop eromheen naar de voorkant van de kerk en rechtsaf de Calle San Pablo in, dat Reyes Catolicos wordt, en leidt naar Puente de Isabel II ⑧. Het is in 1852 gebouwd op de fundering van een verdwenen 12de-eeuwse Arabische brug, en heet daarom ook wel Puente de Triana.

Puente de Isabel II, over de Guadalquivir ⑧

WANDELTIPS

Beginpunt: *Plaza Santa Cruz.*
Lengte: *3,5 km.*
Bereikbaarheid: *Plaza Santa Cruz ligt op loopafstand van Calle de Menéndez Pelayo, dicht bij het Real Alcazar en de Kathedraal.*
Stopplaatsen: *Kiosco de los Flores, calle Betis s/n, heeft een tuin die uitkijkt over de rivier en is een fantastische plek om iets te eten of te drinken.*

Van Puente de Isabel II naar Puente de San Telmo

De brug brengt u in de *barrio* Triana, voor altijd verbonden met de flamenco, stierenvech-

Trottoircafé in de wijk Triana, dicht bij de Guadalquivir

ten en keramiek *(azulejos)*. Houd voor ateliers en winkels rechts in Calles San Jorge en dan links in Antillano ⑨ en Alfareria. Dit leidt naar Calle Rodrigo de Triana. Ga linksaf de Calles Victoria in en rechts in Pelay Correa voor de oudste kerk van Sevilla, de 13de-eeuwse Iglesia Santa Ana ⑩. Binnen vindt u belangrijk werk van 16de-eeuwse beeldhouwers als Jurate en Ocampo. Achter de kerk gaat u rechts op de rivierkade vol bars, Calle del Betis ⑪, met uitzicht naar Plaza de Toros, de Torre del Oro en, links, het modernistische vredesmonument van Eduardo Chillida, *La Tolerancia* (Tolerantie). Betis gaat naar het 1931 Puente de Cristina, dat leidt naar de Jardines de Cristina ⑫, een groot busstation, en naar Calle San Fernando ⑬, dat langs de Universidad gaat naar de Jardines de Murillo.

Azulejos van de Santa Anakerk, Triana

Straatnamenregister

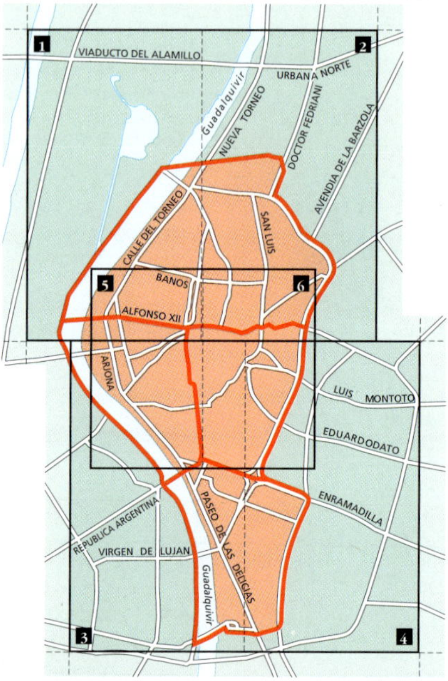

SYMBOLEN PLATTEGROND

- Bezienswaardigheid
- Interessante plek
- Ander gebouw
- Station
- Bushalte
- Streekbushalte
- Halte rivierboot
- Taxistandplaats
- Parkeerplaats
- Toeristenbureau
- Ziekenhuis
- Politiebureau
- Kerk
- Klooster
- Postkantoor
- Spoorlijn
- Voetgangerszone
- Metrostation (open in 2008)
- Metro-Centrostation

SCHAAL KAARTEN 1–2 EN 3–4

0 meter 250

1: 13.000

SCHAAL KAARTEN 5–6

0 meter 150

1: 8250

IN DE STRATENGIDS GEBRUIKTE AFKORTINGEN

Avda	Avenida	**d**	de, del, de la,	**Pl**	Plaza	**Sra**	Señora
C	Calle		de las, de los	**Po**	Paseo	**Sta**	Santa

A

B

1
A
B
C
Puente de la Corta
VIADUCTO DEL ALAMILLO
ISLA DE LA CARTUJA
PLAZA DE AMERICA
TOMAS ALBA EDISON
ISAAC NEWTON
AMERICO VESPUCIO
LEONARDO DA VINCI
CAMINO DE LOS DESCUBRIMIENTOS
LAGO DE ESPAÑA
AVENIDA DE CARLOS III
MARIE CURIE
CARTUJA '93
ISLA MAGICA
Puente de la Barqueta
PARQUE JARDIN DEL GUADALQUIVIR
ALBERT EINSTEIN
CHARLES DARWIN
PLAZA EXPO
Monasterio de San Clemente
JARDIN BOTANICO AMERICANO
Guadalquivir
Monasterio Santa María de las Cuevas
CALLE DEL TORNEO
PIZARRO
MENDIGORRIA
CALLE LUMBRERAS
CLAVIJO
SANTA CLARA
Convento Santa Cl
Torre de Don Fadrique
GUADALQUIVIR
VICENTE
NARCISO BONAPLATA
TEODOSIO
CALLE
HOMBRE DE PIEDRA
ROELAS
MEDINA
CALLE SANTA ANA
CURTIDURIAS
MARQUES DE LA MINA
ALCOY
JUAN RABADAN
H CORTES
CONDE DE BARAJAS
PODER
CASTILLO LASTRUCCI
PASCUAL
ZIE KAARTEN 5 EN 6 VOOR EEN UITVERGROTING
5
ESPACIO CULTURAL PUERTA TRIANA
GOLES
ZARUEN
MIGUEL
GAYANGOS
MARTINEZ MONTAÑEZ
CARDENAL SPINOLA
CANTABRIA
RUBENS
SAN F DE PAULA
GRAN PODER
TRAJANO
AMOR DE DIOS
Pabellón de la Navegación
PLAZA BLASCO DE GARAY
CALLE DE BAÑOS
PADRE TARIN
LAS CORTES
JESUS
MIGUEL
PL DE LA GAVIDIA
ALFAQUEQUE
RIOS
RAMOS
CALLE DE ABAD GORDILLO
JESUS DE LA VERA CRUZ
ANTOLINEZ
CALLE DARSENA
CALLE BAJELES
LIÑAN
PTA REAL
MENDOZA
GARCIA
REDES
A SALADO
CALLE MARQUES DE PARADAS
TENIENTE BORGES
APONTE
PL DEL DUQUE DE LA VICTORIA
STA VICENTA MARIA
Pabellón de los Descubriementos & Omnimax
ALFONSO XII
AGUIAR
CEPEDA
CALLE DE GRAVINA
CALLE DE BAILEN
Museo de Bellas Artes
Estación de Córdoba
PLAZA DE ARMAS
HERRERA EL VIEJO
CALLE MONSALVES
CALLE SAN ELOY
Casa de Condes Lebrija
2
3
4

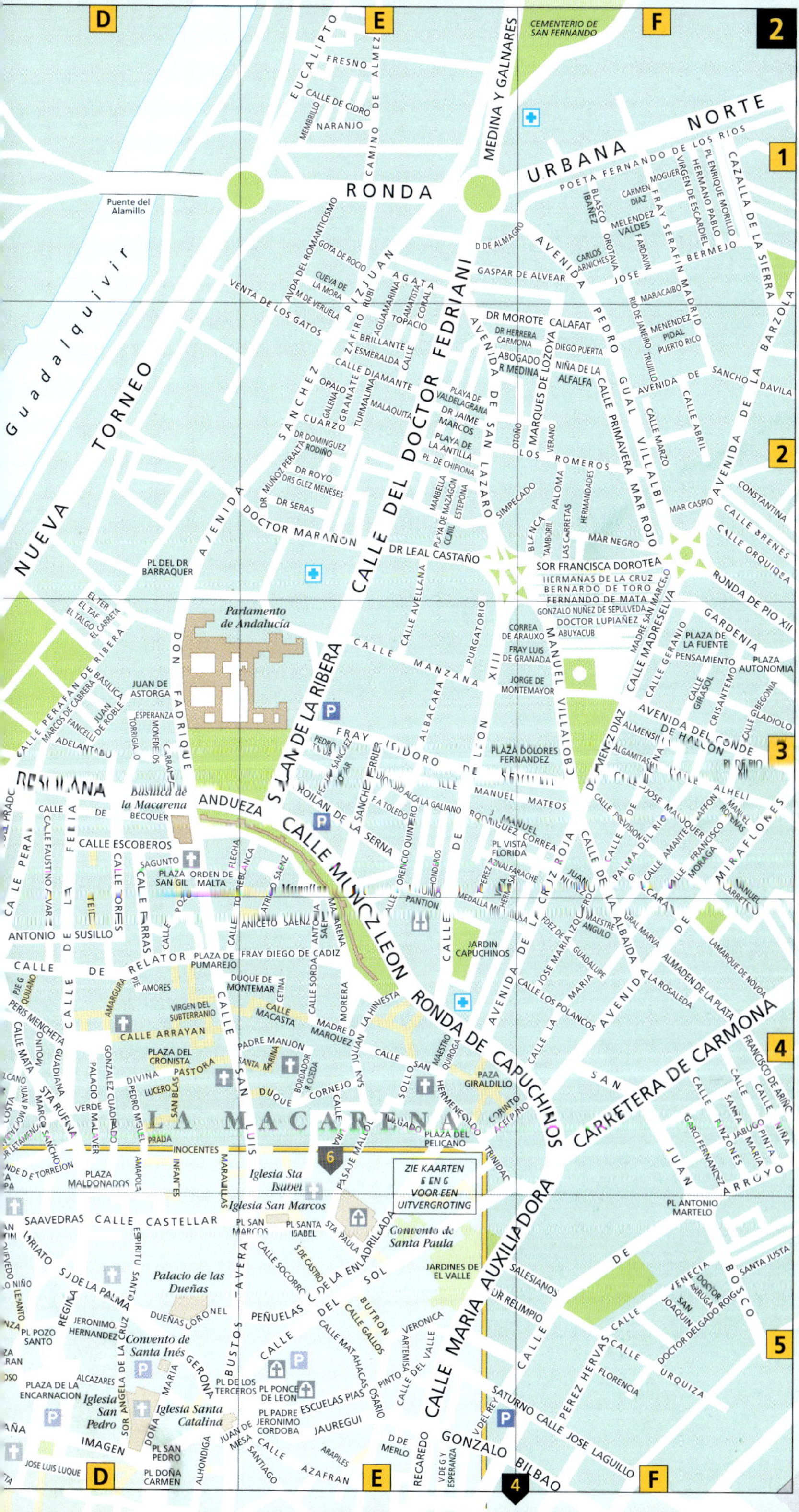
D
E
F
2
1
2
3
4
5
CEMENTERIO DE SAN FERNANDO
MEDINA Y GALNARES
RONDA URBANA NORTE
RONDA
EUCALIPTO
FRESNO
CALLE DE CIDRO
NARANJO
MEMBRILLO
CAMINO DE ALMEZ
Puente del Alamillo
Guadalquivir
NUEVA TORNEO
POETA FERNANDO DE LOS RIOS
CAZALLA DE LA SIERRA
PL ENRIQUE MORILLO
HERMANO PABLO
VIRGEN DE ESCARDIEL
MOGUER
CARMEN DIAZ
BLASCO IBAÑEZ
MELENDEZ VALDES
FRAY SERAFIN MADRID
BERMEJO
CARLOS ARNICHES
OROTAVA
FARDAVIN
JOSE
AVENIDA PEDRO GUAL VILLALBI
MARACAIBO
RIO DE JANEIRO
TRUJILLO
MENENDEZ PIDAL
PUERTO RICO
AVENIDA DE SANCHO DAVILA
LA BARZOLA
D DE ALMAGRO
GASPAR DE ALVEAR
AVDA DEL ROMANTICISMO
GOTA DE ROCIO
CUEVA DE LA MORA
M DE VERUELA
VENTA DE LOS GATOS
PIZJUAN
AGATA
RUBI
AGUAMARINA
AMATISTA
CORAL
TOPACIO
ZAFIRO
BRILLANTE
ESMERALDA
CALLE DIAMANTE
CALLE
OPALO
GALENA
GRANATE
TURMALINA
MALAQUITA
CUARZO
SANCHEZ
DR DOMINGUEZ RODIÑO
DR MUÑOZ PERALTA
DR ROYO
DRS GLEZ MENESES
DR SERAS
DOCTOR MARAÑON
AVENIDA
CALLE DEL DOCTOR FEDRIANI
AVENIDA DE SAN LAZARO
DR MOROTE
CALAFAT
DR HERRERA CARMONA
DIEGO PUERTA
ABOGADO R MEDINA
NIÑA DE LA ALFALFA
MARQUES DE LOZOYA
CALLE PRIMAVERA
MAR ROJO
CALLE MARZO
CALLE ABRIL
PLAYA DE VALDELAGRANA
DR JAIME MARCOS
PLAYA DE LA ANTILLA
PL DE CHIPIONA
OTOÑO
VERANO
LOS ROMEROS
MARBELLA
PLAYA DE MAZAGON
CONIL
ESTEPONA
SIMPECADO
PALOMA
BLANCA
TAMBORIL
LAS CARRETAS
HERMANDADES
MAR NEGRO
MAR CASPIO
CONSTANTINA
CALLE BRENES
CALLE ORQUIDEA
RONDA DE PIO XII
PL DEL DR BARRAQUER
DR LEAL CASTAÑO
SOR FRANCISCA DOROTEA
HERMANAS DE LA CRUZ
BERNARDO DE TORO
FERNANDO DE MATA
GONZALO NUÑEZ DE SEPULVEDA
DOCTOR LUPIAÑEZ
ABUYACUB
CORREA DE ARAUXO
FRAY LUIS DE GRANADA
JORGE DE MONTEMAYOR
MANUEL VILLALOBOS
MADRE SAN MARCELO
CALLE MADRESELVA
CALLE GERANIO
PLAZA DE LA FUENTE
GARDENIA
PENSAMIENTO
PLAZA AUTONOMIA
GIRASOL
CRISANTEMO
BEGONIA
GLADIOLO
Parlamento de Andalucía
DON FADRIQUE
CALLE AVELLANA
PURGATORIO
CALLE MANZANA
ALBACARA
XIII
LEON
SAN JUAN DE LA RIBERA
CALLE
FRAY ISIDORO DE SEVILLA
PLAZA DOLORES FERNANDEZ
AVENIDA DEL CONDE DE HALCON
ALMENSILLA
ALGAMITAS
DIAZ
JIMENEZ
PL DE RIO
ALHELI
EL TER
EL TAF
EL TALGO
EL CARRETA
RIBERA
PERAFAN DE RIBERA
BASILICA
MARCOS DE CABRERA
FANCELLI
JUAN DE ROBLE
JUAN DE ASTORGA
ESPERANZA
MONEDEROS
TORRIGIANO
ADELANTADO
Basílica de la Macarena
BECQUER
ANDUEZA
CALLE MUÑOZ LEON
FERIA
CALLE
PEREZ
SAN GIL
SAGUNTO
PLAZA SAN GIL
ORDEN DE MALTA
FLECHA
ZALLA
ESCOBEROS
PERAL
FAUSTINO ALVAREZ
ANTONIO SUSILLO
RELATOR
TERRAS
MANUEL MATEOS
MANUEL RODRIGUEZ CORREA
PL VISTA FLORIDA
ALFARACHE
RONDA DE CAPUCHINOS
ANICETO SAENZ
ATRIO
FRAY DIEGO DE CADIZ
PLAZA DE PUMAREJO
DUQUE DE MONTEMAR
CETINA
CALLE SORDA
MORERA
CALLE MACASTA
MADRE D MARQUEZ
LA HINIESTA
AMORES
VIRGEN DEL SUBTERRANEO
CALLE ARRAYAN
PLAZA DEL CRONISTA
PASTORA
SANTA MARINA
PADRE MANJON
BORDADOR R OZEDA
CORNEJO
DUQUE
SAN LUIS
LUCERO
DIVINA
PALACIO MALAVER
VERDE
PEDRO MIGUEL
GONZALEZ CUADRADO
AMARGURA
PERIS MENCHETA
CALLE MATA
GUADIANA
STA RUFINA
INOCENTES
PRADA
PLAZA MALDONADOS
INFANTES
LA MACARENA
Iglesia Sta Isabel
PASAJE MALLOL
Iglesia San Marcos
PL SAN MARCOS
PL SANTA ISABEL
SANTA PAULA
Convento de Santa Paula
ZIE KAARTEN 5 EN 6 VOOR EEN UITVERGROTING
PLAZA DEL PELICANO
TRINIDAD
HERMENEGILDO
SOL
CALLE
JARDIN CAPUCHINOS
AVENIDA DE LA CRUZ ROJA
CALLE DE LA ALBAIDA
JOSE MARIA IZQUIERDO
GUADALUPE
MAESTRE ANGULO
CALLE LOS POLANCOS
AVENIDA
ALMADEN DE LA PLATA
LA ROSALEDA
LAMARQUE DE NOVOA
MIRAFLORES
CALLE CARRETERA DE CARMONA
FRANCISCO DE ARIÑO
SAN JUAN
SANTA MARIA
JABUGO
PINTA
NIÑA
PINZONES
GARCI FERNANDEZ
JUAN
ARROYO
PL ANTONIO MARTELO
SOLLO
PAZA GIRALDILLO
CORINTO
CALLE MARIA AUXILIADORA
SAAVEDRAS
CALLE CASTELLAR
ESPIRITU SANTO
BUSTOS TAVERA
Palacio de las Dueñas
DUEÑAS
CORONEL
PEÑUELAS
CALLE SOCORRO
DE LA ENLADRILLADA
BUTRON
CALLE GALLOS
CALLE MATAHACAS
VERONICA
ARTEMISA
CALLE DEL VALLE
JARDINES DE EL VALLE
SALESIANOS
DR RELIMPIO
CALLE
PEREZ HERVAS
CALLE FLORENCIA
URQUIZA
DOCTOR DELGADO ROIG
SAN JOAQUIN
VENECIA
BOSCO
SANTA JUSTA
JERONIMO HERNANDEZ
PL POZO SANTO
Convento de Santa Inés
REGINA
PLAZA DE LA ENCARNACION
ALCAZARES
Iglesia San Pedro
Iglesia Santa Catalina
DOÑA MARIA
GERONA
PL DE LOS TERCEROS
PL PONCE DE LEON
PL PADRE JERONIMO CORDOBA
ESCUELAS PIAS
JAUREGUI
PINTO
OSARIO
IMAGEN
PL SAN PEDRO
PL DOÑA CARMEN
ALHONDIGA
JUAN DE MESA
SANTIAGO
AZAFRAN
ARAPILES
D DE MERLO
RECAREDO
V DE GY ESPERANZA
GONZALO BILBAO
SATURNO
CALLE JOSE LAGUILLO
JOSE LUIS LUQUE
6
4

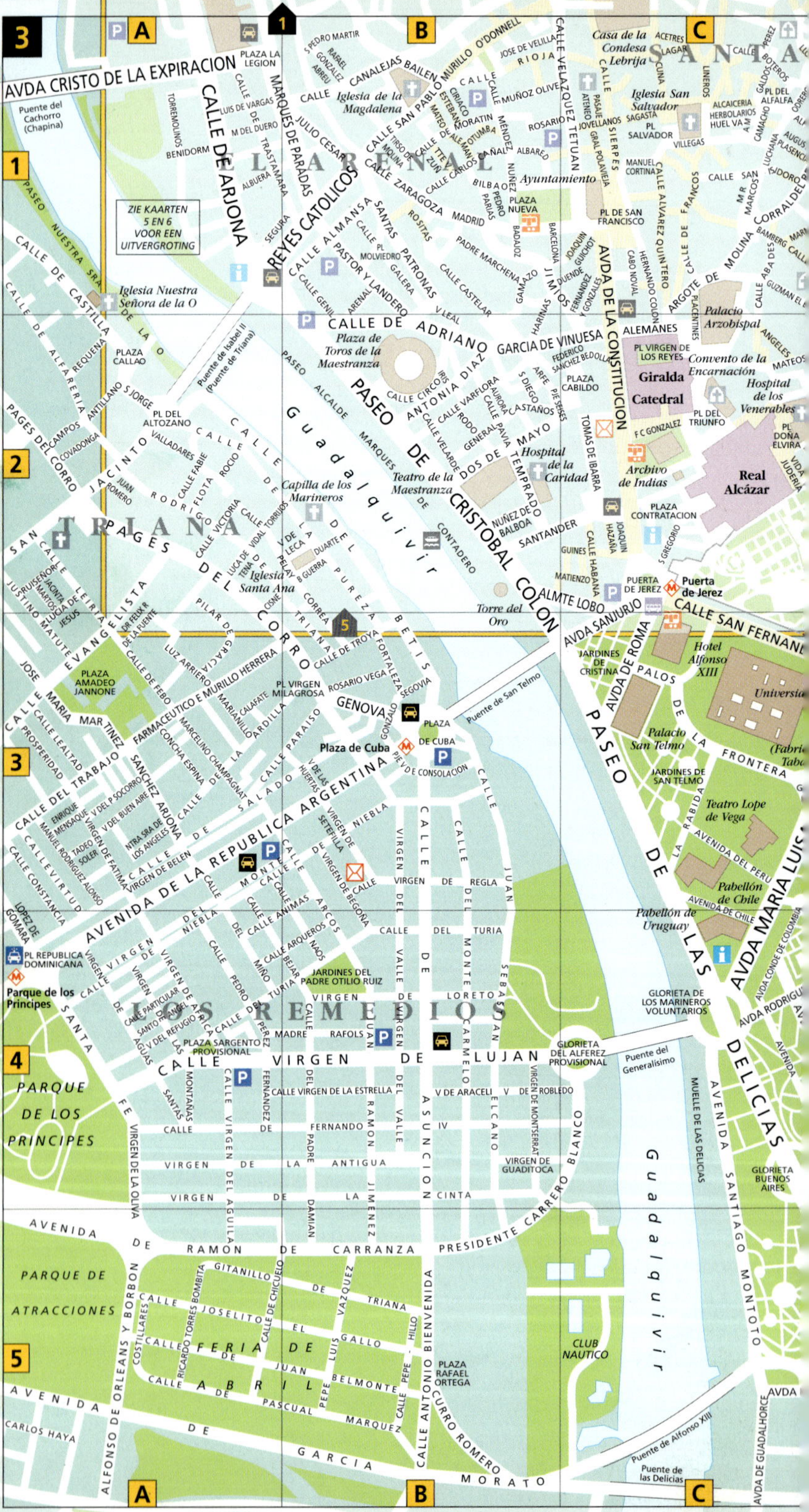
3
A
B
C
1
2
3
4
5
AVDA CRISTO DE LA EXPIRACION
Puente del Cachorro (Chapina)
PLAZA LA LEGION
CALLE DE ARJONA
MARQUES DE PARADAS
REYES CATOLICOS
EL ARENAL
ZIE KAARTEN 5 EN 6 VOOR EEN UITVERGROTING
Iglesia de la Magdalena
Casa de la Condesa Lebrija
Iglesia San Salvador
PL SALVADOR
SANTA
Ayuntamiento
PLAZA NUEVA
PL DE SAN FRANCISCO
AVDA DE LA CONSTITUCION
Iglesia Nuestra Señora de la O
PLAZA CALLAO
Puente de Isabel II (Puente de Triana)
CALLE DE ADRIANO
Plaza de Toros de la Maestranza
PASEO DE CRISTOBAL COLON
Guadalquivir
GARCIA DE VINUESA
ALEMANES
PL VIRGEN DE LOS REYES
Giralda
Catedral
Palacio Arzobispal
Convento de la Encarnación
Hospital de los Venerables
PL DEL TRIUNFO
PL DOÑA ELVIRA
Real Alcázar
Archivo de Indias
PLAZA CONTRATACION
Hospital de la Caridad
Teatro de la Maestranza
Capilla de los Marineros
TRIANA
PAGES DEL CORRO
PL DEL ALTOZANO
Iglesia Santa Ana
Torre del Oro
ALMTE LOBO
Puerta de Jerez
CALLE SAN FERNANDO
AVDA SANJURJO
Hotel Alfonso XIII
Universidad
JARDINES DE CRISTINA
AVDA DE ROMA
Palacio San Telmo
JARDINES DE SAN TELMO
Teatro Lope de Vega
PLAZA AMADEO JANNONE
PL VIRGEN MILAGROSA
GENOVA
Plaza de Cuba
PLAZA DE CUBA
Puente de San Telmo
AVENIDA DE LA REPUBLICA ARGENTINA
PASEO DE LAS DELICIAS
AVDA MARIA LUISA
Pabellón de Chile
Pabellón de Uruguay
GLORIETA DE LOS MARINEROS VOLUNTARIOS
PL REPUBLICA DOMINICANA
Parque de los Principes
JARDINES DEL PADRE OTILIO RUIZ
LOS REMEDIOS
PLAZA SARGENTO PROVISIONAL
CALLE VIRGEN DE LUJAN
GLORIETA DEL ALFEREZ PROVISIONAL
Puente del Generalisimo
PARQUE DE LOS PRINCIPES
AVENIDA DE RAMON DE CARRANZA
PRESIDENTE CARRERO BLANCO
MUELLE DE LAS DELICIAS
GLORIETA BUENOS AIRES
AVENIDA SANTIAGO MONTOTO
PARQUE DE ATRACCIONES
FERIA DE ABRIL
PLAZA RAFAEL ORTEGA
CLUB NAUTICO
AVENIDA DE GARCIA MORATO
CALLE ANTONIO BIENVENIDA
CURRO ROMERO
Puente de Alfonso XIII
Puente de las Delicias
AVDA DE GUADALHORCE

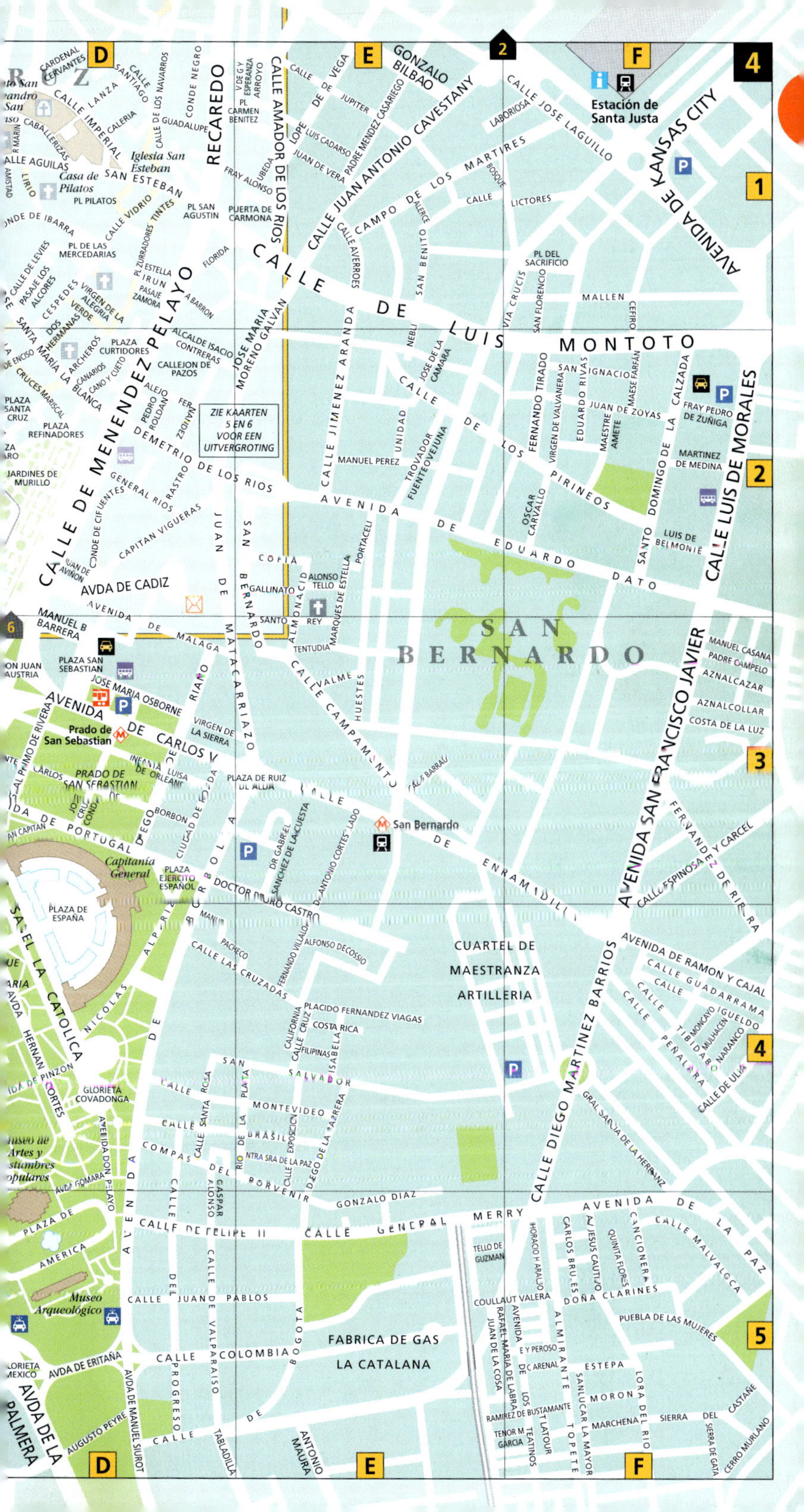
D
E
F
4
2
1
3
5
6
Estación de Santa Justa
Gonzalo Bilbao
Calle de Vega
Jupiter
Luis Cadarso
Padre Mendez Casariego
Juan de Vera
Calle Juan Antonio Cavestany
Calle José Laguillo
Laboriosa
Avenida de Kansas City
Campo de los Martires
Calle Lictores
Bosque
Alerce
San Benito
Calle Averroes
Pl del Sacrificio
Mallen
Cefiro
Via Crucis
San Florencio
Calle de Luis Montoto
Recaredo
Calle Amador de los Rios
Conde Negro
Calle de los Navarros
Calle Santiago
Calle Lanza
Calle Imperial
Cardenal Cervantes
Caballerizas
Guadalupe
Caleria
Iglesia San Esteban
San Esteban
Casa de Pilatos
Pl Pilatos
Calle Aguilas
Lirio
Amistad
Calle Vidrio
Pl San Agustin
Puerta de Carmona
Fray Alonso
Ubeda
Pl Carmen Benitez
Florida
Pl de las Mercedarias
Estella
Irun
Pasaje Zamora
A Barron
Pl Zurradores
Tintes
Calle de Levies
Pasaje Los Alcores
Cespedes
Virgen de la Alegria
Dos Hermanas
Verde
Santa Maria la Blanca
Plaza Curtidores
Archeros
Alcalde Isacio Contreras
Callejon de Pazos
Jose Maria Moreno Galvan
Canarios
Cano y Cueto
Cruces
Mariscal
Plaza Santa Cruz
Plaza Refinadores
Jardines de Murillo
Calle de Menendez Pelayo
Alejo
Pedro Roldan
Fernandez
Demetrio de los Rios
Zie kaarten 5 en 6 voor een uitvergroting
General Rios
Rastro
Capitan Vigueras
Conde de Cifuentes
Juan de Avinon
Avda de Cadiz
Avenida de Malaga
Manuel B Barrera
Juan de Mata Carriazo
San Bernardo
Coria
Gallinato
Alonso Tello
Almonacid
Santo Rey
Tentudia
Marques de Estella
Portaceli
Calle Jimenez Aranda
Manuel Perez
Unidad
Nebli
Jose de la Camara
Trovador
Fuenteovejuna
Calle de los Pirineos
Avenida de Eduardo Dato
Fernando Tirado
Virgen de Valvanera
Eduardo Rivas
San Ignacio
Juan de Zoyas
Maestre Amete
Maese Farfán
Santo Domingo de la Calzada
Fray Pedro de Zuñiga
Martinez de Medina
Luis de Belmonte
Calle Luis de Morales
Oscar Carvallo
San Bernardo
Manuel Casana
Padre Campelo
Aznalcazar
Aznalcollar
Costa de la Luz
Avenida San Francisco Javier
Fernandez y Carcel
Fernandez de Ribera
Calle Espinosa
Plaza San Sebastian
Juan de Austria
Jose Maria Osborne
Avenida de Carlos V
Prado de San Sebastian
Riano
Virgen de la Sierra
Matacarriazo
Calle Campamento
Valme
Huestes
Plaza de Ruiz de Alda
Calle de Enramadilla
San Bernardo
Diego
Borbon
Ciudad de
Avenida de Portugal
Capitania General
Plaza Ejercito Español
Borbolla
Doctor Pedro Castro
Dr Gabriel Sanchez de la Cuesta
Dr Antonio Cortes Lado
Plaza de España
Manuel
Pacheco
Calle las Cruzadas
Fernando Villalon
Alfonso de Cossio
Cuartel de Maestranza Artilleria
Avenida de Ramon y Cajal
Calle Guadarrama
Calle Igueldo
Calle Peñalara
Tibidabo
Moncayo
Mulhacen
Naranco
Calle de Ulia
Calle Diego Martinez Barrios
Gral Saravia de la Hermanz
Isabel la Catolica
Nicolas
Hernan Cortes
Glorieta Covadonga
Avenida Don Pelayo
Museo de Artes y Costumbres Populares
Placido Fernandez Viagas
California
Cruz
Costa Rica
Filipinas
Isabela
San Salvador
Calle Santa Rosa
Rio de la Plata
Montevideo
Brasil
Exposicion
Ntra Sra de la Paz
Diego de la Barrera
Compas del Porvenir
Gonzalo Diaz
Avda Gomara
Plaza de America
Museo Arqueológico
Calle de Felipe II
Calle General Merry
Calle Caspar Alonso
Avenida de la Paz
Calle Malvaloca
Cancionera
Jesus Cautivo
Quinita Flores
Carlos Brujes
Horacio Hermoso Araujo
Tello de Guzman
Coullaut Valera
Doña Clarines
Puebla de las Mujeres
Calle Juan Pablos
Calle de Valparaiso
Bogota
Calle Colombia
Fabrica de Gas La Catalana
Avenida de Rafael Maria de Labra
Juan de la Cosa
Almirante Topete
E y Peroso
Carenal
Estepa
Loja del Rio
Moron
Sanlucar la Mayor
Marchena
Sierra del Castañe
Ramirez de Bustamante
Tenor M Garcia
Teatinos
T Latour
Glorieta Mexico
Avda de Eritaña
Avda de la Palmera
Augusto Peyre
Avda de Manuel Siurot
Calle Progreso
Calle Tabladilla
Antonio Maura
Sierra de Gata
Cerro Murillano

5
A
B
C
1
2
3
4
5
Pasarela la Cartuja
CALLE DEL TORNEO
PLAZA BLASCO DE GARAY
CALLE BAJELES
CALLE DARSENA
CALLE MARQUES DE PARADAS
LIÑAN
PTA REAL
CALLE A SALADO
REDES
MENDOZA
GARCIA
DUQUE DE VERAGUA
RIOS
RAMOS
CALLE ALFAQUEQUE
CALLE DE SAN VICENTE
GOLES
PASCUAL DE GAYANGOS
CASTILLO LASTRUCCI
ZARUEN
CALLE MIGUEL CID
CALLE DE TEODOSIO
MONTAÑEZ
MARTINEZ
CALLE CARDENAL SPINOLA
CANTABRIA
CONDE DE BARAJAS
RUBENS
SAN F DE PAULA
PADRE CAÑETE
GRAN PODER
STA BARBARA
POTRO
DELGADO
CALLE TRAJANO
AMOR DE DIOS
CALLE DE BAÑOS
PADRE TARIN
CALLE DE JESUS DEL GRAN PODER
PLAZA DE LA GAVIDIA
ANTOLINEZ
SAN JUAN DE AVILA
LAS CORTES
PLAZA DE LA CONCORDIA
SAN MIGUEL
TARIFA
APONTE
CALLE JAVIER
TENIENTE BORGES
PLAZA DEL DUQUE DE LA VICTORIA
CALLE ABAD GORDILLO
CALLE CISNEROS
VERA CRUZ
JESUS DE LA VERA CRUZ
V DE LOS LIBROS
R DE CHECA
CALLE DE
STA VICENTA MARIA
ALFONSO XII
AGUIAR
CEPEDA
CALLE DE BAILEN
Museo de Bellas Artes
PLAZA DEL MUSEO
A ULLOA
CALLE MONSALVES
G MOSCARDO
SAUCEDA
MARTIN VILLA
PEDRO CARAVACA
AZOFAIFO
PLAZA DE ARMAS
Estación de Córdoba
F D DE DEZA
CALLE DE GRAVINA
PEDRO DEL TORO
HERRERA EL VIEJO
F CABALLERO
S ROQUE
CALLE SAN ELOY
O'DONNELL
CALLE VELAZQUEZ TETUAN
PEDRO MARTIR
RAFAEL GONZALEZ ABREU
PLAZA LA LEGION
AVDA CRISTO DE LA EXPIRACION
MURILLO
JOSE DE VELILLA
RIOJA
Iglesia de la Magdalena
CRISTO DEL CALVARIO
CALLE SAN PABLO
CALLE CANALEJAS
BOBBY DEGLANE
CIRIACO ESTEBAN
MATEO
CALLE
CALLE MUÑOZ OLIVE
SIERPES
PASAJE ATENEO
JOVELLANOS
GRAL POLAVIEJA
CALLE ROSARIO
TORREMOLINOS
BENIDORM
CALLE DE ARJONA
CALLE LUIS DE VARGAS
M DEL DUERO
S BARCARIZETGUI
TRASTAMARA
CALLE ALBUERA
MARQUES DE PARADAS
JULIO CESAR
TIRSO DE MOLINA
CALLE DE MORATIN
OTUMBA
ALEMAN
TTE VAZUN
CALLE CANAL
CALLE CARLOS
CALLE BILBAO
MENDEZ NUÑEZ
ALBAREDA
SEGUI
TTE C
EL ARENAL
GRANADA
Ayuntamiento PLAZA NUEVA
PEDRO PARIAS
CALLE ZARAGOZA
ROSITAS
MADRID
BADAJOZ
BARCELONA
PL DE SAN FRANCISCO
REYES CATOLICOS
SEGURA
CALLE ALMANSA
SANTAS PATRONAS
PLAZA MOLVIEDRO
PADRE MARCHENA
CALLE ZARAGOZA
JOAQUIN GUICHOT
AVENIDA DE LA CONSTITUCION
CALLE PASTOR Y LANDERO
CALLE GALERA
CALLE CASTELAR
CALLE GAMAZO
JIMIOS
DUENDE
HARINAS
FERNANDEZ Y GONZALES
CALLE GENIL
ARENAL
V LEAL
CALLE DE ADRIANO
GARCIA DE VINUESA
Plaza de Toros de la Maestranza
FEDERICO SANCHEZ BEDOLLA
CALLE ARFE
PLAZA CABILDO
S DIEGO
PIE SEISES
CALLE CIRCO
IRIS
DIAZ
ANTONIA
VARFLORA
AURORA
CALLE PAVIA
CASTAÑOS
MAYO
TOMAS DE IBARRA
PASEO ALCALDE MARQUES DE CONTADERO
PASEO DE CRISTOBAL COLON
CALLE VELARDE
RODO
GENERAL
DOS DE
Teatro de la Maestranza
TEMPRADO
Hospital de la Caridad
ADOLFO RODRIGUEZ JURADO
NUÑEZ DE BALBOA
CALLE SANTANDER
JOAQUIN HAZAÑA
CALLE HABANA
GUINES
MATIENZO
Torre del Oro
ALMTE LOBO
CALLEJON DE LA INQUISICION
PLAZA CALLAO
Puente de Isabel II (Puente de Triana)
S JORGE
PLAZA DEL ALTOZANO
SAN JACINTO
VALLADARES
CALLE
CALLE FABIE
FLOTA
ROCIO
CALLE DE LA PUREZA
JUAN ROMERO
RODRIGO
VICTORIA
CALLE
TORRIJOS
Capilla de los Marineros
CALLE DEL BETIS
Guadalquivir
TRIANA
PAGES DEL CORRO
B VIDAL
PELAY
CALLE LUCA DE TENA
DUARTE
V DE LECA
Iglesia Santa Ana
CORREA
B GUERRA
CALLE EVANGELISTA
PILAR DE GRACIA
CISNE
TRIANA

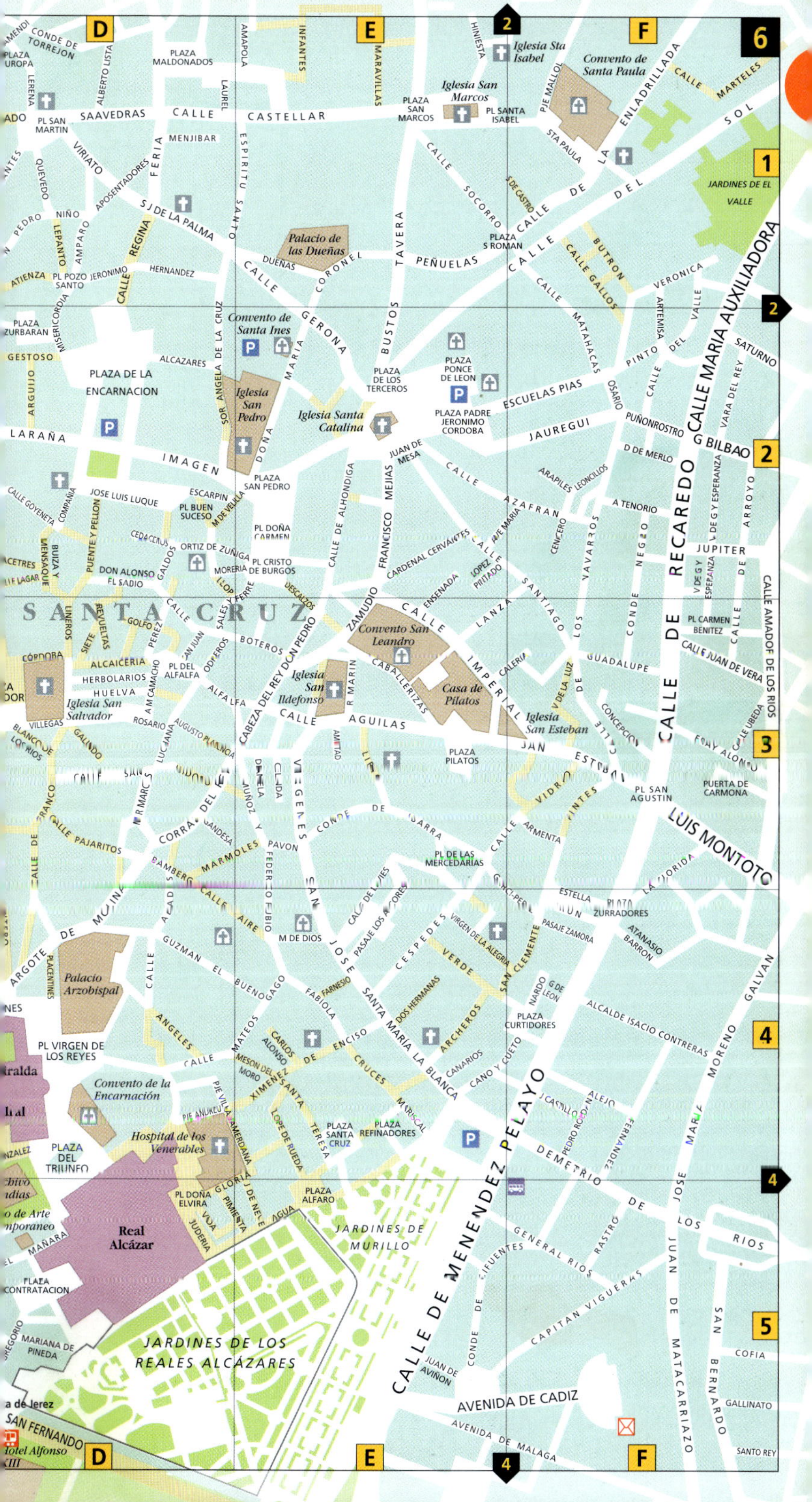
6
D
E
F
2
1
2
3
4
5
4
Iglesia Sta Isabel
Convento de Santa Paula
Iglesia San Marcos
PLAZA SAN MARCOS
PL SANTA ISABEL
JARDINES DE EL VALLE
CALLE MARIA AUXILIADORA
Palacio de las Dueñas
Convento de Santa Ines
Iglesia San Pedro
Iglesia Santa Catalina
PLAZA DE LA ENCARNACION
PLAZA PONCE DE LEON
PLAZA PADRE JERONIMO CORDOBA
PLAZA DE LOS TERCEROS
PLAZA SAN PEDRO
SANTA CRUZ
Convento San Leandro
Iglesia San Ildefonso
Casa de Pilatos
Iglesia San Esteban
Iglesia San Salvador
PLAZA PILATOS
PUERTA DE CARMONA
PL SAN AGUSTIN
LUIS MONTOTO
CALLE DE RECAREDO
PL DE LAS MERCEDARIAS
Palacio Arzobispal
PL VIRGEN DE LOS REYES
Convento de la Encarnación
Hospital de los Venerables
PLAZA DEL TRIUNFO
Real Alcázar
PLAZA SANTA CRUZ
PLAZA REFINADORES
PLAZA ALFARO
JARDINES DE MURILLO
JARDINES DE LOS REALES ALCÁZARES
CALLE DE MENENDEZ PELAYO
AVENIDA DE CADIZ
AVENIDA DE MALAGA
PLAZA CONTRATACION
SAN FERNANDO
PLAZA CURTIDORES
SAVEDRAS
CALLE CASTELLAR
LARAÑA
IMAGEN
JAUREGUI
ESCUELAS PIAS
PEÑUELAS
AGUILAS
SAN JOSE
SANTA MARIA LA BLANCA
DEMETRIO DE LOS RIOS
JUAN DE MATACARRIZO
CAPITAN VIGUERAS
GENERAL RIOS
SAN BERNARDO

ANDALUSIË VAN STREEK TOT STREEK

Andalusië in het kort

Andalusië is een gebied vol tegenstellingen; besneeuwde bergtoppen rijzen uit boven woestijnen en stranden, en Moorse paleizen staan zij aan zij met christelijke kathedralen. In de acht provincies, die in deze gids in vier gebieden zijn verdeeld, vindt u drukke steden als Granada en Córdoba met hun verbazingwekkende architectuur naast ingeslapen dorpjes, eindeloze olijfgaarden en indrukwekkende natuurgebieden.

Dak van de mihrab in de Mezquita in Córdoba *(blz. 144–145)*

Het amfitheater in de Romeinse stad Itálica *(blz. 44 en 132)*, even buiten Sevilla

Gouden kelk uit de rijke kerkschat van de kathedraal van Cádiz *(blz. 164)*

Arcos de la Frontera, een van de mooie *pueblos blancos* (witte dorpen, *blz. 174–175*) in Andalusië

De Puente Nuevo voert naar de oude stad Ronda *(blz. 176–177)*

◁ Zonsopgang in Montefrío in de provincie Granada

Barokke westgevel van de elegante kathedraal in Jaén *(blz. 148)*

Het bijzonder imposante Moorse kasteel Baños de la Encina *(blz. 151)* in de provincie Jaén

Het fraaie Alhambra boven de Albaicín, Granada *(blz. 190–196)*

Cabo de Gata, een reservaat met uitstekende stranden *(blz. 202)*

0 kilometer 50

CLIPPER
FLORES NATURALES
Cruzcampo

HUELVA EN SEVILLA

Het westen van Andalusië en de vlakten rond Sevilla worden meestal overgeslagen door mensen die Zuid-Spanje bezoeken. Langs de Atlantische kust van de provincie Huelva liggen verlaten stranden en in de noordelijke sierra's kunt u heerlijk wandelen. Het Parque Nacional de Doñana aan de delta van de Guadalquivir is het grootste natuurreservaat van Europa.

Toen de Romeinse legioenen in de 3de eeuw v.C. door Zuid-Spanje trokken op hun tocht naar het westen, onder leiding van hun veldheer Scipio Africanus, stichtten ze een kolossale metropool, Itálica. De ruïnes zijn nog altijd te bewonderen ten noorden van Sevilla. Later vormde het gebied een deel van het emiraat al-Andalus. De Moren bouwden er hun witgekalkte, versterkte plaatsen, waarvan Carmona, in de provincie Sevilla, een goed voorbeeld is. Na de christelijke Reconquista *(blz. 48–49)* bleven de Moorse tradities bestaan, doordat de mudéjararchitectuur *(blz. 24–25)* zich vermengde met de stijl van de barok en renaissance in steden als Osuna. De provincie Huelva is onlosmakelijk verbonden met een ander deel van de wereldgeschiedenis: in 1492 vertrok Columbus op zijn roemrijke reis vanuit Palos de la Frontera, toen een belangrijke havenstad. Hij verbleef in het franciscaner Monastero de la Rábida, dat eerder die eeuw was gebouwd. Langs de noordgrens van Huelva loopt een bergketen, waarvan de beboste Sierra de Aracena deel uitmaakt. Deze keten zet zich voort in de provincie Sevilla als de Sierra Norte de Sevilla. Dit is het domein van geiten en roofvogels. In het voorjaar wordt het landschap gekleurd door een massa wilde bloemen, waarna het in de hete zomer vergeelt. Het Parque Nacional de Doñana beschermt de duinen en moerassen bij de monding van de Guadalquivir in het zuiden. Hier wemelt het van de vogels.

Iglesia de Nuestra Señora del Rocío, waar met Pinksteren veel pelgrims samenkomen

◁ **De befaamde *jamón ibérico* (rauwe ham) in een bar in Jabugo, Sierra de Aracena**

Huelva en Sevilla verkennen

Het kosmopolitische Sevilla *(blz. 58–117)* is het beste uitgangspunt voor een tocht naar de verre uithoeken van de provincies Huelva en Sevilla, zoals de onbekende en ontzagwekkende Sierra de Aracena en de woeste Sierra Norte. De Atlantische kust biedt een vrijwel ononderbroken rij stranden en in het Parque Nacional de Doñana treft u een fascinerend moeraslandschap aan dat vol wild zit. Tussen de kust en de bergen liggen glooiende akkers, in het vruchtbare El Condado onderbroken door wijngaarden. Van de historische steden in dit gebied noemen we Écija en Osuna, terwijl de geschiedenis van Columbus kan worden gevolgd in de steden rond Huelva.

De mijnen van Riotinto, Sierra de Aracena

Vissersboten voor anker in de haven van Punta Umbría

Voor overige symbolen *zie achterflap*

RONDREIZEN

De drukke A4 tussen Córdoba en Sevilla loopt dwars door de oostelijke helft van de regio, voorbij Ecija en Carmona, en buigt dan af naar Jerez de la Frontera en Cádiz als de AP4. De A92 loopt van Málaga naar Granada. Ze komen uit op een ringweg rond Sevilla, terwijl de A49 doorloopt naar Huelva en Portugal. Deze steden zijn ook door spoorlijnen met elkaar verbonden. Via een ingewikkeld busnetwerk zijn de meeste steden te bereiken. Voor het verkennen van de meer afgelegen delen van het gebied hebt u privévervoer nodig.

Reclame voor een bekende *bodega* in de heuvels van de Sierra de Aracena

BEZIENSWAARDIGHEDEN IN HET KORT

Ayamonte 3
Carmona 18
Écija 19
El Condado 11
El Rocío 12
Estepa 21
Huelva 6
Isla Cristina 4
Itálica 16
Lebrija 15
Matalascañas 13
Mazagón 10
Minas de Ríotinto 2
Moguer 9
Monasterio de la Rábida 7
Osuna 20
Palos de la Frontera 8
Parque Nacional de Doñana blz. 130–131 14
Punta Umbría 5
Sierra de Aracena 1
Sierra Norte 17

Een hamwinkel in Jabugo, Sierra de Aracena

Sierra de Aracena ❶

Huelva. **Wegenkaart** A3. *El Repilado.* *Aracena.* *Plaza San Pedro, Aracena, 959-128206.* *za.* **www**.sierradearacena.net

Deze woeste bergketen in het noorden van de provincie Huelva is een van de meest afgelegen en bekende uithoeken van Andalusië. De met kurkeiken, eiken, kastanjebomen en wilde olijfbomen begroeide hellingen worden doorsneden door beken en kronkelige bergwegen.
De hoofdstad van het gebied, Aracena, ligt aan de voet van een vervallen Moors fort op een heuvel vol grotten. Een ervan, de **Gruta de las Maravillas** met zijn ondergrondse meer, is te bezoeken. Dicht bij het fort ligt de **Iglesia del Castillo**, die in de 13de eeuw door de tempeliers werd gebouwd en een mudéjartoren en -fundamenten heeft. Het dorp **Jabugo** ligt ook in deze bergen. Het is beroemd om zijn rauwe ham, *jamón ibérico* of *pata negra* *(blz. 223)*.

Gruta de las Maravillas
Pozo de la Nieve. ***Tel.*** *959-128355.* *dag. 10.00–13.30, 15.00–18.00.*

Minas de Riotinto ❷

Huelva. **Wegenkaart** B3. *Riotinto.* ***Tel.*** *959-590025.* *dag. 10.30–15.00, 16.00–19.00 uur.* *1 en 6 jan., 25 dec.* **www**. parquemineroderiotinto.sigadel.com

Een interessante omweg vanaf de N435 tussen Huelva en de Sierra de Aracena brengt u naar de mijnen in Riotinto. Deze zijn sinds de tijd van de Feniciërs geëxploiteerd; Grieken, Romeinen en Visigoten hebben allen geprofiteerd van de grote voorraden erts. Vanaf de rand van de krater ziet u rotswanden vol groene en donkerrode spleten. De vrachtauto's beneden lijken wel speelgoed. Het **Museo Minero** in het dorp vertelt de geschiedenis van de mijnen en de Riotintomaatschappij. In weekeinden en op feestdagen rijdt er een trein met wagons uit 1900.

Museo Minero
Plaza del Museo. ***Tel.*** *959-590025.* *dag.*

Ayamonte ❸

Huelva. **Wegenkaart** A4. *18.000.* *Avda Ramon y Cajal s/n, 959-470988.* *za-ochtend.*

Voordat de brug over de rivier de Guadiana in 1992 was voltooid, kwam iedereen die van Zuid-Andalusië naar de Algarve in Portugal reisde door Ayamonte. De kleine platbodemveerboot over de kwallenrijke monding van de Guadiana is nog steeds in de vaart en vormt een alternatief voor reizigers tussen Spanje en Portugal. U kunt de veerboot ook van bovenaf bekijken, vanuit de toren van de **Iglesia San Francisco**, die van binnen een mooi mudéjarplafond heeft.

Isla Cristina ❹

Huelva. **Wegenkaart** A4. *18.000.* *Av de Madrid s/n, 959-332694.* *do.* **www**.islacristina.org

Vroeger was Isla Cristina een eiland, nu wordt de plaats omringd door moerassen. Deze belangrijke vissershaven bij de Guadiana is de thuishaven van een vloot tonijn- en sardinetreilers. Door zijn witte zandstrand is de plaats in de afgelopen jaren ook een badplaats geworden. Aan de boulevard ligt een keur aan restaurants, die heerlijke verse vis en schaaldieren op het menu hebben staan.

Tonijn- en sardinetreilers liggen 's avonds afgemeerd in de haven van Isla Cristina

Voor hotels en restaurants in dit gebied zie blz. 214–215 en blz. 230–231

Fresco's over het leven van Columbus in het Monasterio de la Rábida

Punta Umbría ❺

Huelva. **Wegenkaart** A4. *14.000.* *Ciudad de Huelva s/n, 959-314619.* *ma.*

Punta Umbría is een van de belangrijkste badplaatsen in de provincie Huelva. Hij ligt aan het eind van een lange kaap, met aan de ene kant het moeras Marismas del Odiel en aan de andere het schitterende zandstrand langs de Golf van Cádiz. De Riotintomaatschappij ontwikkelde de badplaats aan het eind van de 19de eeuw voor zijn Britse werknemers. Tegenwoordig zitten er echter vooral Spaanse vakantiegangers. Een lange brug over de moerassen maakt het mogelijk hier vanuit Huelva met de auto te komen. Het is leuker om het pad te volgen dat door de Riotinto-emigranten is aangelegd en de veerboot te nemen.

Huelva ❻

Huelva. **Wegenkaart** A3. *130.000.* *Avenida Alemania 12, 959-257403.* *vr.*

Deze stad, als Onuba gesticht door de Feniciërs, beleefde zijn bloeitijd als Romeinse haven. In de begintijd van de handel met Amerika leefde de stad weer op, maar al gauw nam Sevilla de leiding. Het grootste verval kwam in 1755, toen de stad door de grote aardbeving bijna van de kaart werd geveegd. Nu liggen links en rechts van de Odielkade, vanwaar de Riotintomaatschappij zijn producten exporteerde, industriële voorsteden. De voornaamste aanspraak van Huelva op internationale faam ligt in het feit dat Columbus vanuit Palos de la Frontera, aan de overkant van de riviermonding, afvoer. Dit feit wordt herdacht in het **Museo Provincial**, waar ook verschillende tentoonstellingen te zien zijn over de geschiedenis van de mijnen in Riotinto. Archeologische vondsten uit de beginjaren van de mijnbouw zijn hier te zien. Ten oosten van het centrum ligt de Barrio Reina Victoria, een Engelse voorstad in het centrum van Andalusië, een wijk met namaak-Tudorbungalows, die in het begin van de 20ste eeuw door de Riotintomaatschappij werd gebouwd. Ten zuiden van de stad rijst bij Punta del Sebo het Monumento a Colón op, een somber beeld van Columbus.

Bronzen kan, Museo Provincial

Museo Provincial

Alameda Sundheim 13. ***Tel.*** *959-259300.* *di–za 9.00–20.00, zo en feestdagen 9.00–15.00 uur.*

Monasterio de la Rábida ❼

Huelva. **Wegenkaart** A4. *uit Huelva.* ***Tel.*** *959-350411.* *di–zo 10.00–13.00, 16.00–18.15 uur.* **www**.monasteriodelarabida.com

In 1491 vond een Genuese ontdekkingsreiziger asiel bij een franciscanenklooster in La Rábida, aan de monding van de Odiel tegenover Huelva. Koning Ferdinand en koningin Isabella weigerden steun voor zijn plan om westwaarts naar Oost-Indië te varen. De prior, Juan Pérez, biechtvader van de koningin, lukte het deze beslissing ongedaan te maken. Het volgende jaar werd deze zeeman, Columbus, de eerste Europeaan die na de Vikingen Amerika bereikte. Het klooster La Rábida is nu een gedenkplaats voor Columbus. Binnen hangen fresco's die Daniel Vásquez Díaz in 1930 schilderde over het leven van de ontdekkingsreiziger. De Sala de las Banderas bevat een kistje met grond uit alle Latijns-Amerikaanse landen. De mudéjarkloostergangen, de tuinen en de kapittelzaal zijn ook de moeite waard.

COLUMBUS IN ANDALUSIË

Cristóbal Colón – of Christophorus Columbus werd in Genua in Italië geboren, kreeg zijn opleiding als navigator in Portugal en vatte het idee op Indië te bereiken door in westelijke richting te varen. In 1492 vertrok hij vanuit Palos de la Frontera en in hetzelfde jaar nog bereikte hij Watling Island op de Bahama's. Hij dacht dat zijn onderneming was geslaagd. Columbus maakte nog drie reizen vanuit Andalusië en bereikte het vasteland van Zuid-Amerika en andere eilanden in wat West-Indië werd genoemd. Hij overleed in 1506 in Valladolid.

Columbus neemt afscheid voor hij afvaart

Oude kaart, Casa Museo de Martín Alonso Pinzón, Palos de la Frontera

Palos de la Frontera ❽

Huelva. **Wegenkaart** A4. *12.000.* *Parque Botánico José Celestino Mutis, Paraje de la Rábida, 959-530597.* *za.*

Palos is een onopvallend stadje aan de oostkant van de moerassige delta van de Río Odiel. Toch is het de belangrijkste bezienswaardigheid op de aan Columbus gewijde route.

Op 3 augustus 1492 voer Columbus vanuit Palos weg op zijn karveel, de *Santa María*, met in zijn kielzog de *Pinta* en de *Niña*, waarop Martín en Vicente Pinzón de kapiteins waren. Een standbeeld van Martín Pinzón staat op het plein in de stad en zijn huis is nu een museum, het **Casa Museo de Martín Alonso Pinzón**.

De mudéjargotische **Iglesia San Jorge** stamt uit de 15de eeuw. Na het bijwonen van de mis ging Columbus door het mooie portaal van deze kerk op weg voor zijn beroemde reis. Vervolgens ging hij vanaf een nu drooggevallen pier aan boord van de *Santa María*. Nu dankt Palos zijn welvaart aan de duizenden hectaren aardbeien die in de zon liggen te rijpen.

Casa Museo de Martín Alonso Pinzón
Calle Colón 24. ***Tel.*** *959-350199.* *ma–za.*

Moguer ❾

Huelva. **Wegenkaart** A3. *15.000.* *Calle Castillo s/n, 959-371898.* *do.*
www.aytomoguer.es

Moguer, een witgekalkt plaatsje, is een doolhof van besloten, schaduwrijke patio's en smalle straten vol bloembakken. Het is een genoegen hier rond te lopen en verrassingen tegen te komen als de 16de-eeuwse hermitage **Nuestra Señora de Montemayor** of de neoklassieke **Ayuntamiento**. Moguer is de geboorteplaats van de dichter en Nobelprijswinnaar (1956) Juan Ramón Jiménez. Het **Museo de Zenobia y Juan Ramón Jiménez**, waar zijn leven en werk zijn gedocumenteerd, is na een renovatie weer geopend.

De gekanteelde muren van het **Convento de Santa Clara** uit de 14de eeuw omringen enkele prachtige mudéjarkloostergangen. De slaapzaal, keuken en refter van de nonnen ademen de sfeer van het leven binnen de muren.

Het **Monasterio de San Francisco** is de moeite waard vanwege zijn kloostergangen en zijn kerk, die een prachtige witte toren heeft en barokke portalen.

De 16de-eeuwse Nuestra Señora de Montemayor in Moguer

Museo de Zenobia y Juan Ramón Jiménez
Calle Juan Ramón Jiménez 10. ***Tel.*** *959-372148.* *di–zo.* *zo-avond en feestdagen.*

Convento de Santa Clara
Plaza de las Monjas. ***Tel.*** *959-370107.* *di–za.* *feestdagen.*

Het zandstrand van Mazagón op de Costa de la Luz

Mazagón ❿

Huelva. **Wegenkaart** A4. *3500.* *Edificio Mancomunidad, Avda Descubridores, 959-376044.* *vr-avond.*

Mazagón, een van de meer afgelegen badplaatsen van de Costa de la Luz, ligt beschut tussen pijnbomen, 23 km ten zuidoosten van Huelva. In de winter is de plaats verlaten, maar 's zomers komt hij tot leven. Dan wordt hij bevolkt door een doorgewinterde groep vaste vakantiegangers, vooral Spanjaarden, die komen vissen, zeilen en van het grote, vaak winderige, strand genieten. U kunt hier urenlang wandelen langs de Atlantische kustlijn.

Voor hotels en restaurants in dit gebied zie blz. 214–215 en blz. 230–231

Moorse muren omringen Niebla in El Condado

El Condado ⓫

Huelva. **Wegenkaart** B3. Palma del Condado. Calle Campo Castillo s/n, Huelva, 959-362270. **www**.castillodeniebla.com

De glooiende, vruchtbare heuvels ten oosten van Huelva brengen de beste wijnen van Andalusië voort. El Condado, een vruchtbare streek, die grofweg Niebla, Palma del Condado en Rociana del Condado omvat, is het centrum van dit wijngebied. Niebla is oud. De brug is Romeins, maar de zware muren zijn Moors, evenals het geruïneerde, 12de-eeuwse **Castillo de los Guzmanes**.

Rond Niebla strekken de wijngaarden zich uit over het golvende landschap, dat is bezaaid met dorpen die rond de belangrijkste *bodegas* zijn ontstaan. Bijvoorbeeld Bollullos del Condado, waar de grootste coöperatieve wijnfabriek van Andalusië en het **Museo del Vino** staan. Hier leert u alles over wijnbouw en kunt u wijn proeven voor u een keuze maakt. Bollullos en Palma del Condado zijn goede voorbeelden van de witte streekwijnen. Palma del Condado moet u in september bezoeken, als de inwoners de jaarlijkse *vendimia* (druivenoogst) vieren.

Castillo de los Guzmanes
C/ Campo Castillo. **Tel.** 959-362270.
ma–zo.

Museo del Vino
Plaza Idelfonso Pinto s/n, Bollullos del Condado. **Tel.** 959-410513.
juni–sept.: dag. 9.00–14.30 uur; okt.–mei: 10.00–14.00, 16.00–19.00 uur. Bel voor afspraak in weekeinden en op feestdagen.

El Rocío ⓬

Huelva. **Wegenkaart** B4. *2500.* *Centro Doñana, Avda de la Canaliega, 959-443808.* *di.*

Aan de rand van het moeras van het Doñanagebied *(blz. 130–131)* ligt het dorp El Rocío, meestentijds een rustig, landelijk gehucht, waar weinig mensen komen.

Tijdens de Romería del Rocía *(blz. 38–39)* in mei echter stromen duizenden mensen naar dit dorp. Velen zijn pelgrims die uit heel Spanje aan komen reizen, per bus, auto, paard, versierde ossenwagen of te voet. Ze komen voor **Ermita de Nuestra Señora del Rocío**, bij wier standbeeld sinds 1280 veel wonderbaarlijke verschijningen zijn gezien. De pelgrims krijgen gezelschap van feestvierders, die op de wijn en de muziek af komen.

Matalascañas ⓭

Huelva. **Wegenkaart** B4. *1200.* *Avenida de las Adelfas, 959-430086.* *do.* **www**.aytoalmonte.es

Matalascañas is de grootste Andalusische badplaats ten westen van de Guadalquivir. Duizenden mensen vieren hier vakantie. Overdag liggen ze in de zon, gaan zeilen of waterskiën en 's avonds dansen ze op de allernieuwste muziek. Tijdens de Romería del Rocío zitten de hotels vol pelgrims en feestvierders. Matalascañas ligt volledig geïsoleerd. Aan de ene kant strekken zich duinen en bossen uit tot Mazagón en aan de andere kant heerst de rust van de Doñana *(blz. 130–131)*.

Iglesia de Nuestra Señora del Rocío in het dorp El Rocío

Parque Nacional de Doñana ⓮

Vogels kijken op de Guadalquivir

Het Nationale Park Doñana wordt tot de grootste moerassen van Europa gerekend. Samen met de aangrenzende natuurreservaten (Parque Natural de Doñana) bevat het park meer dan 50.000 ha moerassen en zandduinen. Het gebied was ooit jachtdomein (coto) van de hertogen van Medina Sidonia en is nooit geschikt geweest voor bewoning. Er kwam veel wild voor en in 1969 werd de streek officieel tot beschermd gebied verklaard. 's Winters strijken er duizenden trekvogels neer, als de moerassen, na maanden droogte, eindelijk weer onder water lopen.

Heestergewassen
Achter de duinen ligt een dicht tapijt van lavendel, zonneroosje en andere lage heesters.

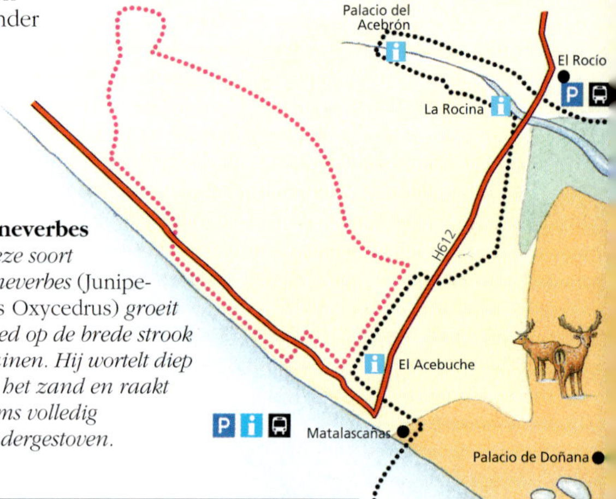

Jeneverbes
Deze soort jeneverbes (Juniperus Oxycedrus) *groeit goed op de brede strook duinen. Hij wortelt diep in het zand en raakt soms volledig ondergestoven.*

Duinen
Zacht glooiende, witte duinen, tot 30 m hoog, liggen langs de kust van het park. De wind van de Atlantische Oceaan doet ze voortdurend wandelen.

Monte de Doñana, het bos achter de duinen, biedt onderdak aan lynxen, herten en zwijnen.

Rondrit
Bezoekersaantallen worden streng aan banden gelegd. Op officiële rondleidingen wijzen ervaren gidsen de dieren aan, terwijl de schade voor het milieu beperkt blijft.

SYMBOLEN

- Moerassen
- Duinen
- Parque Nacional de Doñana
- Parque Natural de Doñana
- Weg
- Uitzichtpunt
- Bezoekerscentrum
- Parkeerplaats
- Busstation

Voor hotels en restaurants in dit gebied zie blz. 214–215 en blz. 230–231

Herten
Het damhert (Dama dama) *en het edelhert* (Cervus elaphus) *komen in het park voor. Bokken voeren een heftige strijd in de bronsttijd tegen de herfst.*

TIPS VOOR DE TOERIST

Wegenkaart B4. **Aangrenzende gebieden** ◯ *dag.* ● *25 dec., 1 en 6 jan., Pinksteren.* **i** ***La Rocina. Tel.*** *959-442340.* **i** ***Palacio del Acebrón****: expositie 'De mens en de Coto Doñana'.* ◯ *10.00–21.00 uur.* **i** ***El Acebuche****: receptie, expositie, café en winkel.* ◯ *8.00–21.00 uur.* ***Tel.*** *959-448711.* ***Voetpaden****: La Rocina en Charco de la Boca; El Acebrón vanaf Palacio del Acebrón; Laguna del Acebuche vanaf Acebuche.* **Het park zelf** ◯ *'s zomers: ma–za; 's winters: di–zo. Alleen o.l.v. gids. Jeeps vertrekken vanaf El Acebuche 8.30 en 15.00 uur. Bespreken verplicht.* ***Tel.*** *959-443808.* ◯ *Eerst bellen.*
www.parquenacionaldonana.com

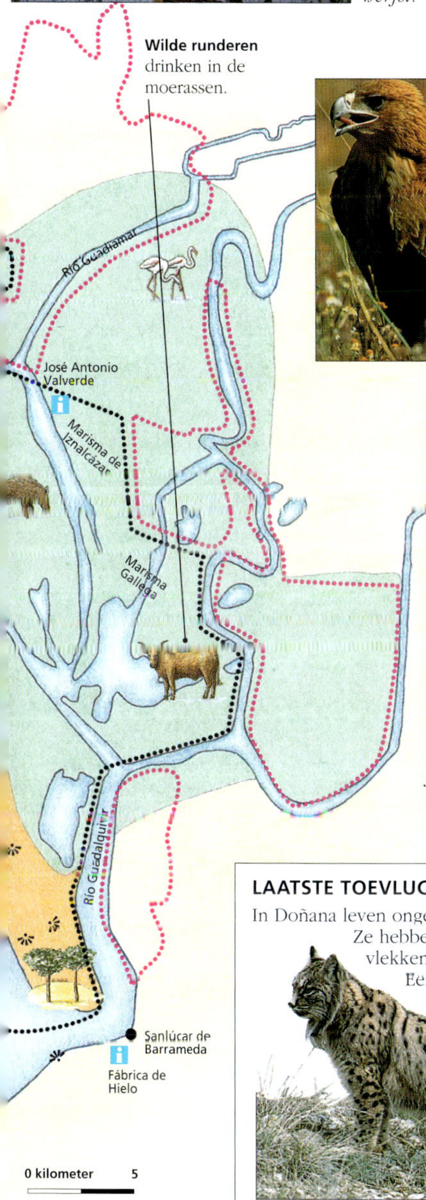

Wilde runderen drinken in de moerassen.

Spaanse keizerarend
De zeldzame keizerarend (Aquila adalberti) *jaagt op kleine zoogdieren.*

Flamingo
In de wintermaanden vindt de mooie, roze flamingo (Phoenicopterus ruber) *in de zilte meren en moerassen volop schaaldieren.*

LAATSTE TOEVLUCHTSOORD VAN DE LYNX

In Doñana leven ongeveer 30 Spaanse lynxen (Lynx pardinus). Ze hebben een geelbruine vacht met donkerbruine vlekken en puntige oren met zwarte pluimpjes. Een onderzoeksprogramma bestudeert dit schuwe dier, dat zich in de struiken schuilhoudt.

De lynx eet voornamelijk konijnen en eenden, maar verschalkt ook wel eens een hertenjong.

De schuwe lynx ziet u alleen als u geduld hebt

Mooi uitzicht over de daken van Lebrija met hun rode dakpannen

Lebrija ⓯

Sevilla. **Wegenkaart** B4. *24.000.* *Casa de Cultura, Calle Tetuán 15, 95-5974068.* *di.*

Vanaf het ommuurde stadje Lebrija hebt u een schitterend uitzicht over de omringende wijngaarden van het Jerezgebied *(blz. 226).*
Smalle klinkerstraatjes leiden naar de **Iglesia de Santa María de la Oliva**, een 12de-eeuwse moskee met veel islamitische details, die onder Alfonso X tot kerk is gewijd *(blz. 48).*

Itálica ⓰

Sevilla. **Wegenkaart** B3. *vanaf Plaza de Armas, Sevilla.* ***Tel.*** *95-5997376.* *april–sept.: di–za 8.30–20.30, zo en feestdagen 9.00–15.00 uur; okt.–maart: di–za 9.00–17.30, zo 10.00–16.00 uur.*

In 206 v.C. stichtte Scipio Africanus Itálica als een van de eerste Romeinse steden in Hispania. Later ontwikkelde de stad zich tot militair hoofdkwartier en cultureel centrum met enige duizenden inwoners. De keizers Trajanus en Hadrianus zijn beiden in Itálica geboren. De laatste liet tijdens zijn regering in de 2de eeuw tempels en andere fraaie gebouwen neerzetten. Archeologen veronderstellen dat de veranderde loop van de Guadalquivir tot het verval van Itálica heeft geleid. Het ging na de val van het Romeinse rijk bergafwaarts met de stad, in tegenstelling tot Sevilla.
In het stadscentrum kunt u de ruïnes van een enorm amfitheater bekijken, waar ooit 25.000 mensen konden zitten. Ernaast worden vondsten tentoongesteld, er zijn ook veel voorwerpen te zien in het Museo Arqueológico in Sevilla *(blz. 97).* U kunt door de restanten van de straten en over de mozaïekvloeren van de villa's lopen. Er is weinig over van de tempels en de baden van de stad, omdat in de loop van de eeuwen steen en marmer voor andere gebouwen zijn gebruikt.
Het dorp **Santiponce** ligt even buiten Itálica. Hier zijn enkele beter bewaard gebleven Romeinse ruïnes blootgelegd.

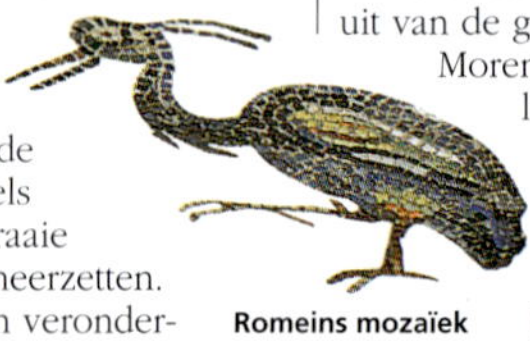

Romeins mozaïek uit Itálica

Sierra Norte ⓱

Sevilla. **Wegenkaart** B3. *Estación de Cazalla y Constantina.* *Constantina; Cazalla.* *El Robledo, 95-5881597.*

Langs de noordgrens van de provincie Sevilla loopt een kale bergketen. Deze Sierra Norte de Sevilla maakt deel uit van de grotere Sierra Morena, die een natuurlijke grens vormt tussen Andalusië en de vlakten van La Mancha en Extremadura. Het gebied wordt doorsneden door snelstromende beken, is schaars bevolkt en biedt, omdat het er 's zomers betrekkelijk koel is, een ontsnappingsmogelijkheid voor de genadeloze hitte van Sevilla. In de winter komt u er wel eens een jager tegen met een patrijs of een haas over zijn schouder.
Cazalla de la Sierra, de grootste stad in het gebied, is verrassend kosmopolitisch en in de weekeinden erg populair bij de jeugd van Sevilla. Hier komt een unieke bijdrage aan de wereld van de drank vandaan: Liquor de Guindas, een mengsel van kersenlikeur en anijszaad.
Constantina, in het oosten, is rustiger en biedt een prachtig uitzicht over het landschap. Boven de stad staat een vervallen kasteel.

Grazende koe in de leegte van de Sierra Norte de Sevilla

Carmona ⓲

Sevilla. **Wegenkaart** B3. *25.000.* *Alcázar de la Puerta de Sevilla s/n, 95-4190955.* *ma en do.* **www**.turismo.carmona.org

Als u vanuit Sevilla naar het oosten rijdt over de NIV E5 is Carmona de eerste grote stad die u tegenkomt. Ze kijkt uit over uitgestrekte akkers.
Voorsteden liggen verspreid buiten de Moorse muren, die u binnenkomt via de imposante **Puerta de Sevilla**. Binnen de muren vindt u huizen, mudéjarkerken, pleinen en kronkelige klinkerstraatjes.
De grootsheid van de Plaza de San Fernando wordt gekenmerkt door de strenge renaissancegevel van het oude **Ayuntamiento**. Het tegenwoordige stadhuis, net achter het plein, is 18de-

Voor hotels en restaurants in dit gebied zie blz. 214–215 en blz. 230–231

Graf in Servilia, Necrópolis Romana, Carmona

eeuws. Op de binnenplaats liggen mozaïeken. Dichtbij ligt de **Iglesia de Santa María la Mayor**, die in de 15de eeuw werd gebouwd op de plaats van een moskee, de patio ervan is overgebleven. Boven de stad uit rijzen de indrukwekkende ruïnes van het **Alcázar del Rey Pedro**, ooit het paleis van Pedro I, ook wel Pedro el Cruel (de Wrede) genoemd *(blz. 48)*. Delen ervan vormen nu een parador *(blz. 210)*.
Net buiten Carmona ligt de *Necrópolis Romana*, de uitgestrekte resten van een Romeinse begraafplaats. Een museum toont naast urnen ook grafgiften, waaronder beeldjes en juwelen.

Ayuntamiento
Calle Salvador 2. ***Tel.*** *95-4140011.*
ma–vr 8.00–15.00 uur.
feestdagen.

Necrópolis Romana
Avenida Jorge Bonsor 9. ***Tel.*** *95-4140811.* *di–za.* *feestdagen.*

Écija 19

Sevilla. **Wegenkaart** C3. *40.000.* *Plaza de España 1, Ayuntamiento, 95-5902933.* *do.* **www**.turismoecija.com

Écija wordt wel 'de braadpan van Andalusië' genoemd, vanwege het verzengende klimaat. In de brandende hitte bieden de palmbomen op de Plaza de España wat verkoeling. Dit is een goede plek om het dagelijks leven aan u voorbij te zien trekken. Avondlijke wandelaars gaan hiernaartoe voor een kopje koffie.
In Écija zijn elf barokke torenspitsen te vinden. De meeste zijn versierd met glimmende *azulejos (blz. 76)* en samen bieden ze een prachtige aanblik. De mooiste is die van de **Iglesia de Santa María** aan de Plaza de España, al doet hij niet veel onder voor de **Iglesia de San Juan**, met zijn verfijnde klokkentoren.
De gevel van het **Palacio de Peñaflor** is ook in barokstijl opgetrokken. De roze-marmeren deur is voorzien van gedraaide zuilen.

Palacio de Peñaflor
C/ Caballeros 32. ***Tel.*** *95-4830273.* *dag. (alleen binnenplaats).*

Osuna 20

Sevilla. **Wegenkaart** C4. *17.500.* *Plaza Major, 95-4815732.* *ma.*

Beeld in de Iglesia del Carmen

Osuna was vroeger een belangrijke Romeinse garnizoensstad, maar raakte in de Moorse tijd in verval. De hertogen van Osuna, die veel macht hadden, brachten de stad in de 16de eeuw weer in een vooraanstaande positie. Rond 1530 stichtten ze de grote collegiale kerk **Colegiata de Santa María**.
Binnen ziet u een barokke *retablo* en schilderijen van José de Ribera. De hertogen stichtten ook de **Universidad** van de stad, een gebouw met een mooie patio.
Enkele fraaie huizen, waaronder het barokke **Palacio del Marqués de la Gomera**, herinneren aan de voormalige roem van deze stad.

Estepa 21

Sevilla. **Wegenkaart** C4. *12.000.* *Plaza Carmen 1, 95-5914088.* *ma, wo en vr.* **www**.estepa.com

De legende wil dat toen het Romeinse leger Estepa in 207 v.C. omsingelde, de stadsbevolking liever zelfmoord pleegde dan zich overgaf. Tegenwoordig gaat het er hier in de zuidoosthoek van de provincie Sevilla wat rustiger aan toe. Nu is de stad beroemd om zijn heerlijke koekjes – *mantecados* en *polvorones (blz. 213)*. Wandel door de smalle straatjes met huizen met smeedijzeren hekken en rust uit op het centrale plein. Van hieruit hebt u een mooi uitzicht op de zwart-witte gevel van de barokkerk, de **Iglesia del Carmen**, die aan dit plein staat.

Muurschildering op de barokgevel van het Palacio de Peñaflor, Écija

CÓRDOBA EN JAÉN

Córdoba, met zijn magnifieke moskee en charmante Moorse patio's, is de topattractie van Noord-Andalusië. In de provincie Córdoba liggen de wijnsteden Montilla en Moriles, maar ook barokke stadjes als Priego de Córdoba. Over de bergpassen van Jaén bereikt u de mooie renaissancesteden Úbeda en Baeza en de grote natuurreservaten in de bergen.

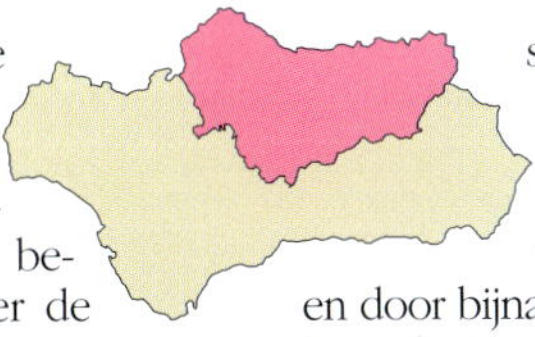

Córdoba, gelegen aan de Guadalquivir, was 2000 jaar geleden een Romeinse provinciehoofdstad, maar haar bloeitijd beleefde de stad pas onder de Moren. In de 10de eeuw was Córdoba de westelijke hoofdstad van het islamitische rijk en stak zij Bagdad naar de kroon. Tegenwoordig is het een sfeervolle stad met oude buurten en gebouwen die herinneren aan een lange en roemrijke geschiedenis.

Het omringende land is bezaaid met monumenten uit het Moorse verleden – zoals het paleis van de kalief, Medina Azahara. Ten zuiden van de stad ligt de Campiña, een glooiend landschap bedekt met olijf- en wijngaarden en goudgele velden met zonnebloemen en graan. Hier en daar liggen witgekalkte dorpen tegen de hellingen, of staat een eenzaam kasteel op een heuveltop.

De Sierra Morena loopt dwars door het noorden van de provincie Córdoba en door bijna geheel Jaén. In de bergen leven herten en zwijnen. De imposante Río Guadalquivir ontspringt als een sprankelend zalmriviertje in de Sierra de Cazorla, een woeste wildernis aan de oostgrens. Door de eeuwen heen maakten ezelkaravanen, struikrovers en legers gebruik van een kloof in de Sierra Morena om van La Mancha en Castilië naar Andalusië door te steken. Oude kastelen op hoge uitkijkpunten waren vroeger strategische locaties op de grens tussen moslims en christenen. Nu kijken ze uit over vreedzame olijfgaarden, bezaaid met oude stadjes vol juweeltjes van architectuur uit de tijd na de Reconquista.

De stad Jaén met de kathedraal op de voorgrond, gezien vanaf Castillo de Santa Catalina

◁ Mooie stenen reliëfs en islamitische inscripties op de mihrab van de Mezquita in Córdoba

Córdoba en Jaén verkennen

Deze streek vol glooiende velden en onherbergzame hoogten wordt in tweeën gedeeld door het vruchtbare dal van de Guadalquivir. Aan deze rivier ligt Córdoba met zijn befaamde Mezquita. De woeste Sierra Morena ligt noordelijk en zuidelijk van een vruchtbaar landbouwgebied dat is bezaaid met oude stadjes, zoals Priego de Córdoba. Meer naar het oosten liggen de renaissancesteden Baeza en Úbeda. Vanuit deze steden kunt u excursies maken naar het natuurreservaat Cazorla, waar u een prachtig landschap aantreft.

Hoofdstraat in Cabra tijdens siësta

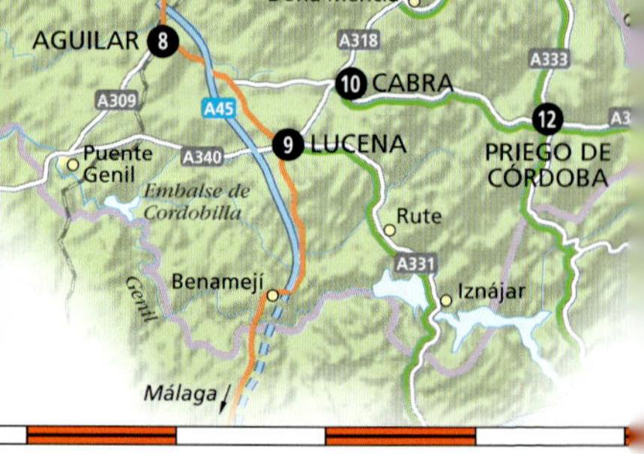

De eindeloze olijfgaarden

Voor overige symbolen *zie achterflap*

BEZIENSWAARDIGHEDEN IN HET KORT

De stad Cazorla op de rand van het natuurreservaat

RONDREIZEN

U hebt een auto nodig om deze streek te verkennen. De Autovía de Andalucía NIV (A4) volgt het dal van de Guadalquivir. In het noorden is weinig openbaar vervoer, maar er is wel een regelmatige busverbinding met het zuiden. Córdoba is goed bereikbaar per trein, waaronder de AVE-hogesnelheidstrein met snelle verbindingen naar Sevilla, Madrid en naar Lleida. Er rijdt echter maar één rechtstreekse trein per dag tussen Jaén en Córdoba.

SYMBOLEN

- Snelweg
- In aanleg
- Hoofdweg
- Secundaire weg
- Schilderachtige route
- Belangrijke spoorlijn
- Provinciale grens
- Bergtop

Palma del Río ❷

Córdoba. **Wegenkaart** C3.
19.500. Cardenal Portocarrero, 957-644370. di.
www.palmadelrio.es

Restanten van de muren die door de Almohaden in de 12de eeuw zijn gebouwd, herinneren aan de tijd dat dit landelijke plaatsje een grensplaats was. De Romeinen stichtten hier ongeveer 2000 jaar geleden een nederzetting langs de weg van Córdoba naar Itálica *(blz. 132)*. De barokke **Iglesia de la Asunción** stamt uit de 18de eeuw. Het klooster van San Francisco is nu een comfortabel hotel *(blz. 216)*, waar de gasten eten in de 15de-eeuwse refter van de franciscaner monniken. In Palma woont El Cordobés, een van de beroemdste stierenvechters van Spanje. Als jongen trok hij de velden rond het stadje in om met de stieren te oefenen. Zijn biografie geeft een levendig beeld van Palma en de armoede die er heerste na de Spaanse Burgeroorlog.

Klokkentoren La Asunción

Castillo de Almodóvar del Río ❸

Córdoba. **Wegenkaart** C3. ***Tel.*** *957-635116. mei–half sept.: dag. 11.00–14.30, 16.00–20.00 uur (half sept.–april: 19.00 uur).*
www.castillodealmodovar.com

Een van de imposantste silhouetten van Andalusië verrijst voor het oog van de reiziger die Almodóvar del Río nadert. Het Moorse kasteel kijkt neer op het witgepleisterde dorp en de omringende velden.

Houtsnijwerk in de centrale hal van Medina Azahara

Medina Azahara ❹

Ctra. Palma del Rio, km 8, Córdoba. **Wegenkaart** C3. ***Tel.*** *957-355506. di–za 10.00–18.30 (mei–sept.: 20.30), zo en feestdagen 10.00–14.00 uur. (ingezetenen EU gratis).*

Ten noordwesten van Palma del Río liggen de resten van dit Moorse paleis, dat in de 10de eeuw gebouwd

Rondrit Sierra Morena ❶

De onherbergzame Sierra Morena loopt dwars door Noord-Andalusië. Deze rondrit door de provincie Córdoba voert door een streek van begroeide heuvels, waar jagers op herten en zwijnen loeren. U komt ook door de vlakte van de Valle de los Pedroches, waar ooievaars hun nesten maken op de kerktorens. Deze dunbevolkte streek wordt weinig bezocht. De sfeer is er soberder dan men gewoonlijk in Andalusië aantreft. Vanuit Córdoba is deze rondrit gemakkelijk te maken.

Hinojosa del Duque ④
De 'Catedral de la Sierra', deze 15de-eeuwse Iglesia San Juan Bautista in gotisch-renaissancistische stijl, domineert de stad. Zij bevat een churrigiereske *retablo*.

OPSTAND IN FUENTE OBEJUNA

Lope de Vega (1562–1635)

Op 23 april 1476 bestormden stedelingen het paleis van hun gehate heer Don Fernando Gómez de Guzmán. Hij werd uit het raam gesmeten en op het plein in stukken gehakt. Toen een rechter vroeg wie deze misdaad had begaan, antwoordden de mannen en vrouwen: 'Fuente Obejuna, señor!' Niemand werd gestraft, tenminste niet in het toneelstuk van Lope de Vega.

Peñarroya-Pueblonuevo ②
Dit was ooit een belangrijk centrum van koper- en ijzermijnen.

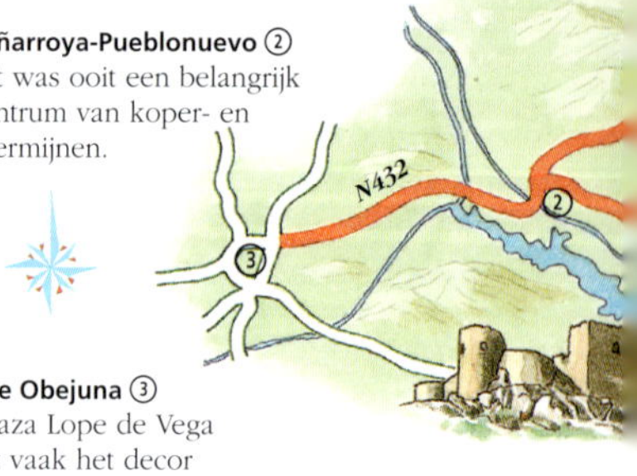

Fuente Obejuna ③
De Plaza Lope de Vega vormt vaak het decor voor het toneelstuk van Lope de Vega. De parochiekerk, Nuestra Señora del Castillo, stamt uit de 15de eeuw.

Bélmez ①
Op een heuvel met prachtig uitzicht liggen resten van een Romeins kasteel.

werd voor kalief Abd-al-Rahman III, die het noemde naar zijn favoriete vrouw. Hij liet door meer dan 15.000 muildieren en 10.000 sjouwers bouwmaterialen uit Andalusië en Noord-Afrika brengen. Het paleis is gebouwd op drie niveaus met een moskee, het woonhuis van de kalief en mooie tuinen. Albasten, ivoren, jaspis en marmeren versieringen verfraaiden de zalen en er wordt gezegd dat glinsterende vijvers van kwik de wanden deden oplichten. De glorie was van korte duur: het paleis werd in 1010 geplunderd door Berbers en later roofde men bouwmaterialen. Nu zijn de ruïnes nog een vage afspiegeling van de oude luister – een Moorse hal, versierd met marmeren reliëfs en een mooi houten plafond.

Córdoba ❺

Zie blz. 140–146.

Montoro ❻

Córdoba. **Wegenkaart** D3. *9600.*
Plaza de España 8, 957-160089.
di. **www**.pagina.de/montoro

Montoro, dat verspreid ligt over vijf heuvels in een bocht van de Guadalquivir, stamt uit de tijd van de Grieken en de Feniciërs. Tegenwoordig is de economie van dit nogal lethargische stadje afhankelijk van zijn olijfgaarden. De brug is ontworpen door Enrique de Egas en werd gebouwd in de tijd van de Katholieke Koningen *(blz. 48–49)*. Het duurde meer dan vijftig jaar voor hij klaar was. De vrouwen verkochten hun juwelen om de brug te bekostigen, vandaar de naam **Puente de las Donadas** (brug van de giften). Steile, bochtige straatjes geven het stadje zijn charme. Aan de Plaza de España staan twee indrukwekkende gebouwen, het **Ayuntamiento**, voormalige residentie van de hertogen, met een platereske gevel, en de mudéjar-gotische **Iglesia de San Bartolomé**. Montoro staat bekend om zijn leerbewerking.

De 16de-eeuwse brug over de Guadalquivir bij Montoro

Belalcázar ⑤
Een immense toren, deel van een verwoest kasteel, is al van verre zichtbaar. Rond 1480 is Sebastián de Belalcázar, veroveraar van Nicaragua, hier geboren.

Añora ⑥
In dit stadje houdt men zijn tradities hoog, zoals de *Cruces de Mayo (blz. 38)*.

Pozoblanco ⑧
Pozoblanco werd beroemd op 26 september 1984, toen de matador Paquirri er door een stier werd gedood.

TIPS VOOR ONDERWEG

Afstand: *190 km.*
Halteplaatsen onderweg: *Er zijn veel schaduwrijke plekjes langs de route om te picknicken. In dorpen langs de route, zoals Fuente Obejuna, zijn restaurants en bars.*

Pedroche ⑦
Een 56 m hoge kerktoren, met een verontrustende scheur erin, torent boven dit dorp uit.

SYMBOLEN

- Rondrit
- Andere wegen
- ▲ Bergtop

Onder de loep: Córdoba ❺

Beeld van Maimonides

Het hart van Córdoba wordt gevormd door de oude joodse wijk bij de Mezquita, de Judería. Een wandeling door deze buurt geeft u het gevoel alsof er weinig is veranderd sinds de tijd dat dit een van de grootste steden in de westerse wereld was. Smalle klinkerstraatjes, waar auto's geen toegang hebben, geheime nisjes, werkplaatsjes waar zilversmeden mooie sieraden maken, alles lijkt hetzelfde als 1000 jaar geleden. Langs de rivieroever raast het verkeer, voorbij het nagebouwde Moorse waterrad en de muren van de Grote Moskee. In deze wijk liggen de meeste bezienswaardigheden, het moderne stadsleven speelt zich af rond de Plaza de las Tendillas.

Sinagoga
Hebreeuws schrift bedekt de binnenmuren van deze middeleeuwse synagoge, de enige die in Andalusië nog over is.

Musea Taurino
Een replica van de graftombe van de torero *Manolete en de huid van de stier die hem doodde* (blz. 27) *zijn in dit museum te zien.*

Capilla de San Bartolomé, in mudéjarstijl, bezit mooi stucwerk.

★ Alcázar de los Reyes Cristianos
Waterpartijen en fonteinen dragen bij aan de rust die heerst in de tuinen van het 14de-eeuwse paleis-fort van de Katholieke Koningen.

SYMBOOL

Aanbevolen route

STERATTRACTIES

- ★ Alcázar de los Reyes Cristianos
- ★ Mezquita

Voor hotels en restaurants in dit gebied zie blz. 215–216 en blz. 231–232

Callejón de las Flores
Kleurige geraniums steken af tegen de witte muren van dit nauwe steegje dat naar een pleintje voert.

TIPS VOOR DE TOERIST

Córdoba. **Wegenkaart** C3. 330.000. Glorieta de las Tres Culturas, 957-400202 en 902-240202. Glorieta de las Tres Culturas, 957-404040. Palacio de Congresos y Exposiciones, Calle Torrijos 10, 957-471235. di, vr en zo. Carnaval (feb.); Semana Santa (Pasen); Cruces de Mayo, Festival de los Patios, Feria (mei).

★ Mezquita
Achter de muren van de Grote Moskee gaan bogen, zuilen en een oogverblindende mihrab schuil.

Triunfo de San Rafael
Dit 18de-eeuwse beeld eert St.-Rafael, de patroonheilige van de stad. De Puerta del Puente maakte ooit deel uit van de stadsmuren.

In het **Palacio Episcopal**, nu het Palacio de Congresos y Exposiciones, vindt u het toeristenbureau.

Puente Romano
De Romeinen bouwden als eersten een brug over de Río Guadalquivir. Deze brug is vaak herbouwd, maar rust nog steeds op de Romeinse fundamenten.

Córdoba verkennen

Beeld van Mateo Inurria

De oude stad van Córdoba ligt rond de Mezquita aan de oevers van de Guadalquivir. De stad is oorspronkelijk Carthaags, de naam komt van Kartuba, Fenicisch voor 'rijke en welvarende stad'. Onder de Romeinen was Córdoba een provinciehoofdstad. De filosoof Seneca is er geboren. Haar bloeitijd beleefde de stad echter in de 10de eeuw toen Abd al-Rahman III een onafhankelijk kalifaat vormde met Córdoba als hoofdstad. Córdoba was een centrum van handel, industrie en wetenschap, waar joden en christenen naast moslims leefden. Een burgeroorlog *(blz. 46–47)* maakte een eind aan het kalifaat en de stad werd geplunderd. Nadat zij in 1236 in handen van Ferdinand III was gevallen, raakte de stad in verval, al zijn ook daarna nog mooie gebouwen neergezet.

***Naranjas y Limones* in het Museo Julio Romero de Torres**

Mezquita

Zie blz. 144–145.

Alcázar de los Reyes Cristianos

C/ Caballerizas Reales. ***Tel.*** *957-420151.* *16 okt.–30 april: di–za 10.00–14.00, 16.30–18.30; 1 mei–15 juni en 16 sept.–15 okt.: di–zo 10.00–14.00, 17.30–19.30; 16 juni–15 sept.: di–za 8.30–14.30, 20.00–24.00, zo 9.30–14.30 uur.* *(vr gratis).*

Dit paleis-fort werd in 1328 gebouwd voor Alfonso XI. Ferdinand II en Isabella verbleven er tijdens hun veldtocht tegen de Moren *(blz. 48)*. Later werd het door de Inquisitie gebruikt *(blz. 51)* en weer later diende het als gevangenis.

U kunt wandelen in de mooie tuinen met visvijvers en fonteinen; deze zijn in juli en augustus 's avonds geopend. Achter de muren bevinden zich Romeinse mozaïeken.

Sinagoga

Calle Judíos 20. ***Tel.*** *957-202928.* *di–za 10.00–14.00, 15.30–17.30 uur, zo 10.00–13.30 uur.*

De kleine mudéjarsynagoge, die rond 1315 is gebouwd, is een van de drie in Spanje die uit deze periode zijn overgebleven. De andere twee staan in Toledo, even ten zuiden van Madrid. De vrouwengalerij en het decoratieve stucwerk, met Hebreeuwse letters, zijn bijzonder interessant. De synagoge ligt in de Judería, de joodse wijk, die sinds de Moorse tijd nauwelijks is veranderd: een labyrint van nauwe straatjes, met witgepleisterde huizen en patio's. Op een plein staat een beeld van Maimonides, de 12de-eeuwse joodse arts en filosoof.

Museo Taurino

Plaza Maimónides 1. ***Tel.*** *957-201056.* *gesloten wegens herinrichting.*

Affiches, stierenkoppen en andere memorabilia van de *corrida (blz. 26–27)*. Er zijn zalen gewijd aan plaatselijke idolen, matadors Lagartijo, Manolete en Machaquito. Manolete werd in 1947 in Linares gedood door de stier Islero.

Museo Julio Romero de Torres

Plaza del Potro 1. ***Tel.*** *957-491909.* *di–za 10.00–14.00, 17.30–19.30 (okt.–mei: 16.30–18.30), zo 9.00–14.30 uur.* *(vr gratis).*

Julio Romero de Torres (1874–1930), die hier werd geboren, trof de Córdobaanse sfeer in zijn schilderijen. Er staan welgeschapen naakten op, andere zijn erg sentimenteel, zoals de sterfscène *Kijk hoe mooi ze was* (1895). Zijn onvoorspelbare stijl gaat van het macabere *Cante Hondo* (1930) tot de humoristische naaktstudie *Naranjas y Limones* (sinaasappels en citroenen; 1928).

Museo de Bellas Artes

Plaza del Potro 1. ***Tel.*** *957-471314.* *di 14.30–20.30, wo–za 9.00–20.30, zo 9.00–14.30 uur.*

Dit museum ligt tegenover het Museo Julio Romero de Torres. Hier staan beelden van de plaatselijke kunstenaar Mateo Inurria (1867–1924) en werken van Murillo, Valdés Leal en Zurbarán van de School van Sevilla *(blz. 66)*.

Plaza de la Corredera

Dit mooie plein met arcaden rondom is in de 17de eeuw in Castiliaanse stijl gebouwd

Markt op de door bogen omringde Plaza de la Corredera

en vormde het decor voor stierengevechten en andere evenementen. De cafés onder de arcaden ademen een ouderwetse sfeer. Elke dag is er markt.

Palacio de Viana

Plaza Don Gome 2. ***Tel.*** 957-496741. *okt.–mei: ma–vr 10.00–13.00, 16.00–18.00, za 10.00–13.00; juni–sept.: ma–za 9.00–14.00 uur.* *zo en feestdagen, 1–15 juni.* In dit 17de-eeuwse huis zijn wandkleden, meubels, schilderijen en porselein te zien. Het voormalige huis van de familie Viana verkeert nog in de oude staat. Er zijn veertien prachtige patio's en een heerlijke tuin met citrusbomen, dadelpalmen en rozenstruiken.

Fontein in de tuin van het 17de-eeuwse Palacio de Viana

Museo Arqueológico

Plaza Jerónimo Páez 7. ***Tel.*** 957-474011. *di 14.30–20.30, wo–za 9.00–20.30, zo en feestdagen 9.00–14.30 uur.* Romeinse mozaïeken en aardewerk worden tentoongesteld in dit renaissancehuis. Ook ziet u er vondsten uit de Moorse tijd, zoals een bronzen hert uit de 10de eeuw uit Medina Azahara *(blz. 138)*.

Puente Romano

Deze boogbrug ligt op Romeinse fundamenten, maar is herbouwd door de Moren. Vlakbij staat de Puerta del Puente, in 1571 ontworpen door Hernán Ruiz.

Moors bronzen hert in het Museo Arqueológico

Torre de la Calahorra

Tel. *957-293929.* *okt.–april: dag. 10.00–18.00 uur; mei–sept.: dag. 10.00–14.00, 16.30–20.30 uur.* Deze verdedigingstoren bij de Puente Romano werd in de 14de eeuw gebouwd. Hij bevat een museum over het leven, de cultuur en de filosofie van het 10de-eeuwse Córdoba.

CENTRUM VAN CORDOBA

Alcázar de los Reyes Cristianos ③
Mezquita ⑥
Museo Arqueológico ⑦
Museo Julio Romero de Torres en Museo Provincial de Bellas Artes ⑧
Museo Taurino ②
Plaza de la Corredera ⑨
Puente Romano ④
Sinagoga ①
Torre de la Calahorra ⑤

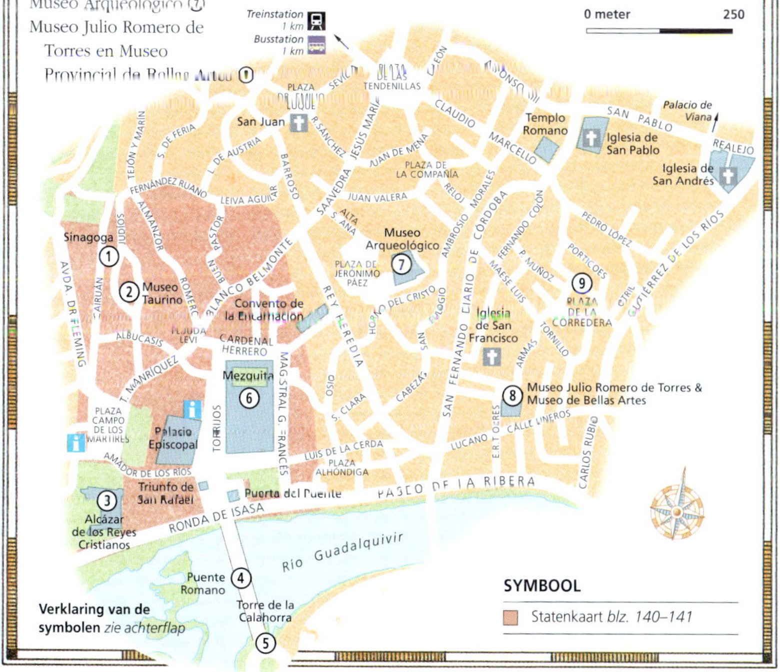

Verklaring van de symbolen *zie achterflap*

SYMBOOL

Statenkaart *blz. 140–141*

Córdoba: de Mezquita

De Grote Moskee van Córdoba belichaamde de macht van de Islam op het Iberisch Schiereiland. Abd al-Rahman I *(blz. 46)* liet de oorspronkelijke moskee bouwen tussen 785 en 787. Het gebouw ontwikkelde zich door de eeuwen heen en vertoont een mengeling van stijlen. De prachtige *mihrab* (gebedsnis) en de *maqsura* (afgescheiden gedeelte voor de kalief) zijn 10de-eeuwse toevoegingen van al-Hakam II *(blz. 46)*. In de 16de eeuw is in het centrum van de moskee, die voor een deel werd verwoest, een kathedraal gebouwd.

Patio de los Naranjos
Op de binnenplaats, waar de gelovigen zich wasten, groeien sinaasappelbomen.

Torre del Alminar
Deze 93 m hoge klokkentoren staat op de plaats van de minaret. Een steile trap leidt naar boven, waar u over de stad kunt uitkijken.

De Puerte del Perdón werd in 1377 door de christenen gebouwd in mudéjarstijl. Hier werden boetelingen hun zonden vergeven.

Puerta de San Esteban ligt in een muur die tot een Visigotische kerk behoorde.

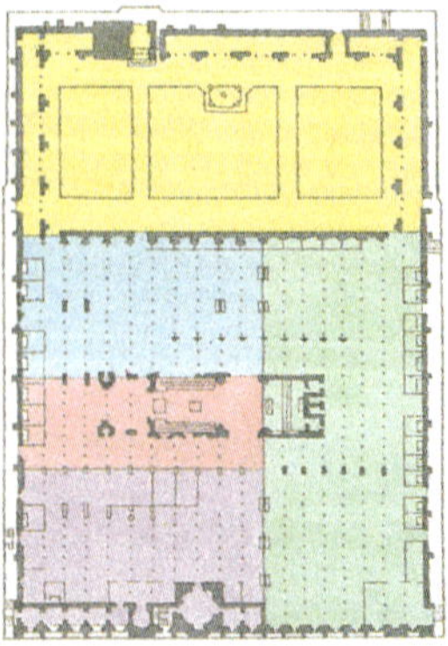

UITBREIDING VAN DE MEZQUITA

Abd al-Rahman I bouwde de eerste moskee. Abd al-Rahman II, al-Hakam II en al-Mansoer breidden deze uit.

SYMBOLEN

- Moskee van Abd al-Rahman I
- Uitbreiding van Abd al-Rahman II
- Uitbreiding van al-Hakam II
- Uitbreiding van al-Mansoer
- Patio de los Naranjos

STERATTRACTIES

- ★ Bogen en zuilen
- ★ Capilla de Villaviciosa
- ★ Mihrab

Voor hotels en restaurants in dit gebied zie blz. 215–216 en blz. 231–232

Kathedraal
Een deel van de moskee werd verwoest om plaats te maken voor een kathedraal. De bouw begon in 1523, voornamelijk naar ontwerpen van leden van de familie Hernán Ruiz.

TIPS VOOR DE TOERIST

Calle Torrijos s/n. **Tel.** *957-470512.* *april–juni: ma–za 10.00–19.30; juli–okt.: ma–za 10.00–19.00, zo 9.00–10.45, 14.00–18.30 uur (nov.–maart: 10.00–17.30).* *ma–za 9.30 uur, zo en feestdagen 11.00, 12.00, 13.00 uur.*

Het koor in de kathedraal bezit koorstoelen met houtsnijwerk van Pedro Duque Cornejo uit 1758.

Capilla Mayor

Capilla Real

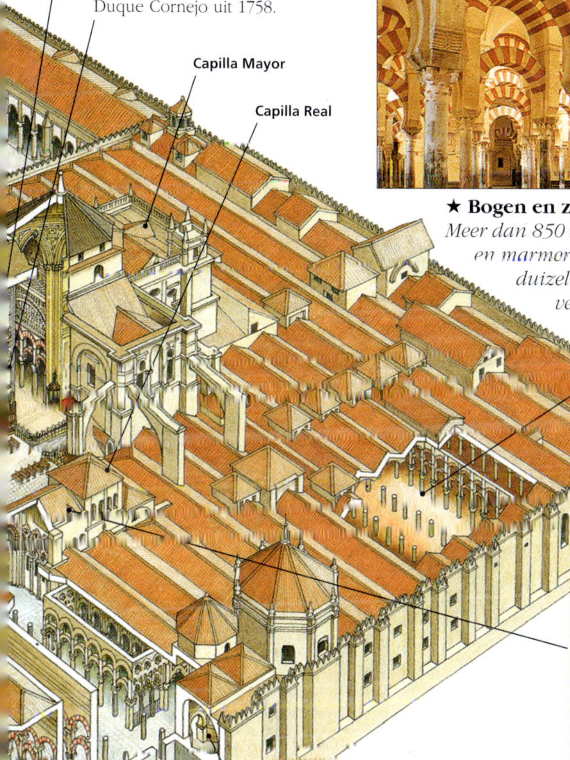

★ Bogen en zuilen
Meer dan 850 zuilen van graniet, jaspis en marmer dragen het dak, wat een duizelingwekkende aanblik oplevert. Vele komen uit Romeinse en Visigotische gebouwen.

★ Capilla de Villaviciosa
De eerste christelijke kapel die in 1371 in de moskee werd gebouwd vertoont magnifieke bogen met meervoudige glopen.

★ Mihrab
In deze rijk versierde gebedsnis lag een vergulde kopie van de Koran. Aan de uitgesleten tegels is te zien waar de pelgrims er zevenmaal omheen kropen.

De patio's van Córdoba

Van oudsher speelt het sociale leven in Andalusië zich af rond de binnenplaats of patio in het midden van het klassieke mediterrane huis. De slaap- en woonkamers werden rond deze ruimte aangelegd, waardoor licht en lucht het huis binnenstroomden. Stenen bogen, kleurige tegels, smeedijzer, sinaasappel- en citroenbomen en potten vol bloeiende planten maken samen de charme uit van deze koele, rustige plekken. Córdoba is trots op al zijn patiotuinen, of ze nu deel uitmaken van grote paleizen of eenvoudige woonhuizen. Er zijn traditionele patio's te vinden in de wijken San Lorenzo en Judería en in de Barrio San Basilio, ten westen van de Mezquita.

Regionaal aardewerk als ornament

Festival de los Patios, *waarop vele patio's worden opengesteld voor het publiek, wordt begin mei gehouden* (blz. 38–39). *De mooiste patio krijgt een prijs.*

ANDALUSISCHE PATIO

Dit schilderij van García Rodríguez (1863–1925) toont een patiostijl die nog veel voorkomt in Andalusië. De muren zijn meestal spierwit en contrasteren met de kleurige geraniums en tuinanjers in hun terracotta potten. Geurige jasmijnbloesems maken het geheel compleet.

Lampen in Moorse stijl, *nu weliswaar met een gloeilamp erin, verlichten de patio bij avond.*

Azulejos, *een herinnering aan het Moorse verleden, sieren vele patio's en dragen bij aan hun pracht.*

Cancelas *zijn mooie smeedijzeren hekken die de patio van de openbare weg afscheiden.*

Een centrale fontein *of bron levert van oudsher het water en kenmerkt nog steeds veel moderne patio's.*

Montilla 7

Córdoba. **Wegenkaart** C3. *23.000.* *Calle Capitan Alonso de Vargas 3, 957-652462.* *vr.*

Montilla is het centrum van een wijngebied, dat uit de schaduw van een beroemdere concurrent probeert te komen. De uitstekende witte wijn wordt op dezelfde manier gemaakt als sherry *(blz. 30–31)* en smaakt ook eender, maar hij heeft geen versterking met alcohol nodig. Sommige *bodega's*, waaronder **Alvear** en **Pérez Barquero**, kunt u bezoeken. Het **Convento de Santa Clara** in mudéjarstijl stamt uit 1512 en het **kasteel** is 18de-eeuws. De stadsbibliotheek is gevestigd in het **Casa del Inca**, genoemd naar Garcilaso de la Vega, die over de Inca's schreef en er in de 16de eeuw woonde.

Het oude wapenschild van de bodega Pérez Barquero

Bodega Alvear
Avenida María Auxiliadora 1. ***Tel.*** *957-664014.* *dag. (op afspraak).* *zo en feestdagen.*

Bodega Pérez Barquero
Avenida de Andalucía 27. ***Tel.*** *957-650500.* *ma–do 8.30–14.00, 15.30–18.30, vr 8.30–14.30 uur.*

Aguilar 0

Córdoba. **Wegenkaart** C3. *13.500.* *Cuesta de Jesús 2, Edificio Antiguo Posito, 957-661567.* *di, do en vr.*

Keramiek, wijn en olijfolie zijn belangrijke producten van Aguilar, dat zijn oorsprong had als Romeinse nederzetting. Er staan verschillende herenhuizen, maar interessanter is de ongewone, achthoekige **Plaza de San José** uit 1810, waaraan het stadhuis ligt.

Lucena 9

Córdoba. **Wegenkaart** D3. *40.000.* *Castillo del Moral, 957-513282.* *wo.* **www**.turlucena.com

In Lucena zijn goedlopende meubelmakerijen en koperwerkplaatsen gevestigd. Daarnaast wordt er fraai keramiek gemaakt. Onder de kaliefen van Córdoba *(blz. 46)* was Lucena een belangrijk handels- en cultuurcentrum met een dynamische, onafhankelijke joodse gemeenschap.
De **Iglesia de Santiago**, met zijn baroktoren, werd in 1503 gebouwd op de plaats van een synagoge. De **Torre del Moral** is het enige wat nog rest van een Moors kasteel. Granada's laatste sultan, Boabdil, werd in 1483 hier opgesloten. Vlakbij ligt de 15de-eeuwse **Iglesia de San Mateo** met een flamboyant-barokke sacristie. Op de eerste zondag van mei viert Lucena een uitvoerige ceremonie ter ere van de Virgen de Araceli.

Cabra 10

Córdoba. **Wegenkaart** D3. *21.000.* *Calle Santa Rosalia 2, 957-520110.* *ma.* **www**.cabra.net

Cabra, dat te midden van vruchtbare akkers en uitgestrekte olijfgaarden ligt, was in de 3de eeuw een bisschopsstad. Op een verhoging staat het voormalige kasteel. Er zijn ook enkele herenhuizen en de **Iglesia Santo Domingo**, met een barokgevel.
Net buiten de stad ligt de **Fuente del Río**, de bron van de Río Cabra, een heerlijk lommerrijk plekje om te picknicken.

Beeld van Santo Domingo, Iglesia Santo Domingo in Cabra

Baena 11

Córdoba. **Wegenkaart** D3. *20.000.* *Virrey del Pino 5, 957-671757.* *do.* **www**.baena.es

De olijfolie van Baena was al in de Romeinse tijd beroemd. Boven het witgepleisterde stadje rijst de **Iglesia Santa María la Mayor** uit. Aan de Plaza de la Constitución staat het fraaie, moderne stadhuis, geflankeerd door het **Casa del Monte**, een 18de-eeuws herenhuis. In de Paasweek komen duizenden trommelaars de straat op *(blz. 34)*.

De gevel van het 18de-eeuwse Casa del Monte, Baena

Voor hotels en restaurants in dit gebied zie blz. 215–216 en blz. 231–232

Jaén ⓮

Bamboe kruisbeeld, Santa Clara

De Moren noemden Jaén *geen*, een 'halteplaats van karavanen'. Hun torenhoge fort, het latere Castillo de Santa Catalina, is een symbool van het strategische belang van Jaén op de route naar Andalusië vanuit Castilië. Eeuwenlang vormde dit gebied een slagveld van de Moren en de christenen *(blz. 48–49)*. Het oudste, hoger gelegen deel van de stad is het interessantst. Rond de kathedraal en bij de Barrio San Juan staan talloze herenhuizen lange bochtige, steile straatjes. Het stadscentrum zit vol winkels en 's avonds wemelt het rond Plaza de la Constitucíon van de mensen die van de *tapeo* in de vele bars genieten.

Borstwering van het Castillo de Santa Catalina

Castillo de Santa Catalina

Carretera al Castillo. ***Tel.*** *953-120733 (toeristenbureau), 953-230000 (parador).* ◯ *di–zo.* ● *feestdagen.*

Hannibal zou op deze rotspunt al een toren hebben opgericht. Later bouwden de Moren er een fort dat ze in 1246 moesten afstaan aan koning Ferdinand III. Daarna werd een groter kasteel gebouwd, met zware borstweringen. Dit is nu gerestaureerd en er is een *parador* (herberg) in middeleeuwse stijl naast gezet *(blz. 210–211)*. U kunt de slingerweg naar de Torre del Homenaje en de kasteelkapel nemen. Vandaar hebt u uitzicht op de stad, de bergen en het met olijfbomen begroeide landschap.

OLIJFOLIE

Olijfolie vormt het levenssap van Jaén en de gelijknamige provincie. Sinds de Feniciërs de olijfboom in Spanje introduceerden, groeide hij goed in Andalusië en vooral in Jaén, dat tegenwoordig een jaarlijkse productie heeft van meer dan 200.000 ton olie. De oogst vindt na december plaats. De kwaliteit wordt gecontroleerd door een systeem dat *Denominación de Origen Controlada* wordt genoemd. Het beste product, maagdenolie, wordt gemaakt tijdens de eerste koude persing. Deze olie is zeer rijk van smaak.

Oogst in een van de vele olijfgaarden in Andalusië

Catedral

Plaza de Santa Maria. ◯ *dag.*

Andrés de Vandelvira, die vele mooie gebouwen in Úbeda ontwierp *(blz. 154–155)*, tekende in de 16de eeuw ook voor deze kathedraal. Tot de latere toevoegingen behoren twee mooie 17de-eeuwse torens die de westgevel flankeren. Binnen treft u koorstoelen met prachtig houtsnijwerk aan. Ook is er een museum. Op vrijdag tussen 11.30 en 12.45 uur kunnen de gelovigen de Llienzo del Santo Rostro zien. Men zegt dat de H. Veronica dit stukje stof gebruikte om het gezicht van Christus schoon te vegen, dat er een blijvende indruk op achterliet.

Beeld aan de ge[vel] van de kathedr[aal]

Baños Arabes

Palacio Villardompardo, Plaza Santa Luisa de Marillac. ***Tel.*** *953-248068.* ◯ *di–vr 9.00–20.00, za en zo 9.30–14.30 uur.* ● *feestdagen.*

Deze 11de-eeuwse baden staan bekend als de baden van Ali, een Moorse hoofdman. Ze zijn in 1980–1990 gerestaureerd. Het interieur heeft hoefijzervormige bogen, plafonds versierd met kleine stervormige ramen, een halfronde koepel en twee aardewerken vaten, waarin baders zich vroeger onderdompelden. U betreedt de baden via het Palacio Villardompardo, waarin ook een museum is gevestigd.

Hoefijzervormige bogen dragen de koepel in de Baños Arabes

Voor hotels en restaurants in dit gebied zie blz. 215–216 en blz. 231–232

Schrijn van de Virgen de la Capilla in Iglesia San Ildefonso

Capilla de San Andrés

Deze mudéjarkapel ligt verscholen in een smal steegje naast een school. Hij werd in de 16de eeuw gesticht, mogelijk op de plaats van een synagoge, door Gutiérrez González, schatbewaarder van paus Leo X, die over vér strekkende privileges beschikte. Een scherm van Maestro Bartolomé de Jaén is het hoogtepunt van de kapel.

Iglesia San Ildefonso

De gevels van deze gotische kerk vertonen drie stijlen. De eerste is gotisch en omvat een mozaïek van Maria die naar Jaén afdaalt tijdens een Moors beleg. De tweede is voor een deel plateresk *(blz. 25)* en de derde, eind-18de-eeuwse stijl van Ventura Rodríguez, is neoklassiek. Het hoogaltaar is van de hand van Pedro en José Roldán. Een kapel bevat de schrijn van de Virgen de la Capilla, de patroonheilige van Jaén. Het naburige museum is aan deze heilige gewijd.

Real Monasterio de Santa Clara

Dit klooster is in de 13de eeuw gesticht, kort nadat de stad door christelijke troepen was heroverd. Het is een van de oudste kloosters van Jaén en heeft een charmante kloostergang uit ongeveer 1581. In de kerk ziet u een *artesonado*-plafond en een curieus bamboe Christusbeeld dat uit Ecuador afkomstig is. De nonnen uit het klooster bieden taartjes te koop aan.

TIPS VOOR DE TOERIST

Jaén. **Wegenkaart** D3.
115.000. Paseo de la Estación (902-240202). Plaza Coca de la Piñera s/n, 953-250106. Calle Maestra 13, 953-242624. do. Semana Santa (Pasen); Festividad de Nuestra Señora de la Capilla (11 juni); Feria de San Lucas (18 okt.); Romería de Santa Catalina (25 nov.).

Museo Provincial

Paseo de la Estación 29.
***Tel.** 953-250320. di 15.00–20.00, wo–za 9.00–20.00, zo 9.00–15.00 uur. feestdagen.*

In dit gebouw zijn delen van de Iglesia de San Miguel en de gevel van een 16de-eeuwse graanschuur opgenomen. Er zijn een vroegchristelijke sarcofaag, Romeinse mozaïeken en beelden, en Grieks en Romeins keramiek te zien. Op de Plaza de las Batallas in de buurt, staat een gedenkteken van de overwinning op de Moren bij Las Navas de Tolosa *(blz. 53)* en op het leger van Napoleon bij Bailén *(blz. 48)*.

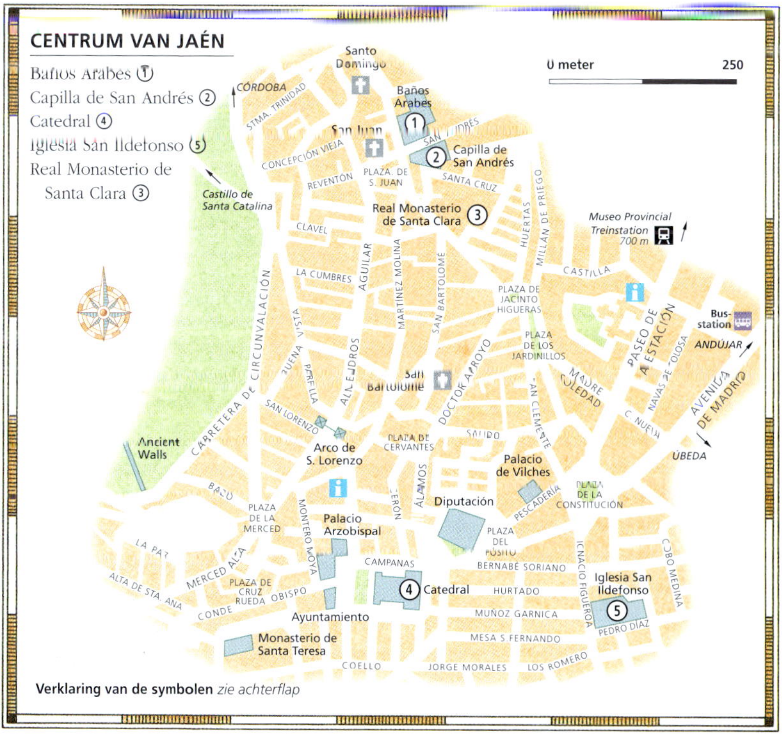

Het Moorse Castillo de la Mota en de vervallen kerk op de top van de heuvel boven Alcalá la Real

Priego de Córdoba ⓬

Córdoba. **Wegenkaart** D3. *23.000.* *Calle del Río 33, 957-700625.* *za.* **www**.ayto priegodecordoba.es.

Priego de Córdoba ligt in een vruchtbare vlakte aan de voet van La Tiñosa, de hoogste berg in de provincie Córdoba. Er heerst een pretentieloze sfeer, maar toch maakt het aanspraak op de titel hoofdstad van de Córdobaanse barok. Het oogverblindende werk van de plaatselijke steenhouwers, vergulders en smeden verklaart waarom dat is.

De doolhofachtige oude wijk was ooit de plaats van een echt Arabische nederzetting. De bloeitijd van Priego viel echter in de 18de eeuw, toen de zijde-industrie hoogtij vierde. Toen werden mooie huizen gebouwd en werd er geld besteed aan de prachtige barokke architectuur, met name van de kerken. Via een onlangs gerestaureerd Moors fort, dat op Romeinse fundamenten staat, bereikt u de mooie middeleeuwse wijk **Barrio de la Villa**. Langs de smalle straten en rijkelijk met bloemen getooide pleinen staan witte huizen. Paseo Colombia leidt naar de Adarve, een lange promenade met een uitzicht.

De nabijgelegen **Iglesia de la Asunción** is een opvallend gebouw. Het is oorspronkelijk gotisch van stijl, maar werd in de 18de eeuw door Jerónimo Sánchez de Rueda verbouwd tot een barokkerk. Het *pièce de résistance* is de sacristiekapel, in 1784 vormgegeven door de plaatselijke kunstenaar Francisco Javier Pedrajas. De versiering in de vorm van gebeeldhouwde figuren en voluten en kroonlijsten van stucwerk is overweldigend. Het hoofdaltaar is plateresk *(blz. 25)*.

Ook de **Iglesia de la Aurora** is een prachtig barokgebouw. Elke zaterdag om middernacht trekt de in capes gehulde broederschap Nuestra Señora de la Aurora door de straten. De broeders zingen liederen en halen aalmoezen op. Zijdekooplieden lieten de meeste gebouwen in de bocht van Calle del Río optrekken. Niceto Alcalá Zamora werd hier in 1877 op nr. 33 geboren. Hij werd in 1931 president van Spanje, maar moest tijdens de Burgeroorlog de wijk nemen. Nu zit het toeristenbureau hier.

Mooi beeldhouwwerk van de 16de-eeuwse Fuenta del Rey in Priego de Córdoba

Aan het eind van de straat ligt de **Fuente del Rey**, of de fontein van de koning. Dit kunstwerk bestaat uit drie vijvers, 139 watersproeiers en weelderig beeldhouwwerk.

Mei is een van de beste maanden om Priego te bezoeken. Elke zondag wordt dan met een processie herdacht dat de stad gevrijwaard bleef van een epidemie die eeuwen geleden woedde.

Alcalá la Real ⓭

Jaén. **Wegenkaart** D3. *22.000.* *Fortaleza de la Mota, 639-647796.* *di.* **www**.alcalareal.com

Alcalá was een strategisch punt dat bezet werd gehouden tijdens de Reconquista *(blz. 48–49)*. Op de heuveltop La Mota liggen de restanten van het Moorse **Fortaleza de la Mota**, dat in de 14de eeuw door de bestuurders van Granada is gebouwd. Vlakbij liggen de ruïnes van de grootste kerk van de stad. U hebt hier een schitterend uitzicht over het land en de oude stad, met zijn allure van oude roem. Het renaissancistische **Palacio Abacial** en de **Fuente de Carlos V** zijn de voornaamste bezienswaardigheden rond het plein.

Voor hotels en restaurants in dit gebied zie blz. 215–216 en blz. 231–232

Jaén ⓮

Zie blz. 148–149.

Andújar ⓯

Jaén. **Wegenkaart** D3. *40.000.* *Torre del Reloj Plaza de Santa Maria, 953-504959.* *di.*

Op de plaats van deze strategisch gelegen stad lag ooit Iliturgi, een Iberische stad die werd verwoest in de Punische Oorlogen *(blz. 44)*. Een brug met vijftien bogen die door de Romeinse overwinnaars is gebouwd, verbindt nog steeds de oevers van de Guadalquivir.

Aan het hoofdplein ligt de gotische **Iglesia San Miguel**, die schilderijen herbergt van Alonso Cano. De **Iglesia Santa María la Mayor** heeft een renaissancegevel en een mudéjartoren. Binnen ziet u *Christus in de olijfgaard* (circa 1605) van El Greco.

De stad staat bekend om zijn pottenbakkers. Olijfolie *(blz. 148)* uit Andújar is erg geliefd.

Romeinse brug over de Guadalquivir bij Andújar

Santuario Virgen de la Cabeza ⓰

Padres Trinitarios. **Wegenkaart** D2. ***Tel.*** *953-549015.* *dag. 10.00–20.00 uur.* www.santuariovirgencabeza.org

Ten noorden van Andújar, tussen de eikenbomen en stierenfokkerijen van de Sierra Morena, staat het Santuario Virgen de la Cabeza. In deze sobere 13de-eeuwse stenen kapel staat een veel vereerd Mariabeeld. Het verhaal wil dat het oorspronkelijke beeld door St.-Petrus naar Spanje is gezonden. De oorspronkelijke kapel en het beeld hebben in 1937 veel te lijden gehad van de Burgeroorlog *(blz. 54–55)*. Negen maanden lang vochten 230 leden van de Guardia Civil hier tegen de Republikeinse troepen. Ongeveer 20.000 man vielen het heiligdom aan tot het afbrandde.

Elk jaar op de laatste zondag van april trekken duizenden pelgrims naar het heiligdom om Maria te eren *(blz. 39)*.

Replica van het beeld van de Maagd Maria, Sanctuario de la Cabeza

Baños de la Encina ⓱

Jaén. **Wegenkaart** D2. *uit Linares en Jaén.* ***Tel.*** *Callejon del Castillo 1, 953-613004 (Ayuntamiento).* *wo–zo.* **www**.bdelaencina.com

Kalief al-Hakam II *(blz. 46)* gaf in 967 opdracht voor de bouw van dit machtige fort in de uitlopers van de Sierra Morena. Het torent boven het dorp uit en biedt een vreeswekkende aanblik met zijn vijftien torens en hoge borstweringen. Het uitzicht over de omringende velden en olijfgaarden is ronduit schitterend.

In de lente vindt er een *romería (blz. 38)* plaats naar de stadsschrijn van de Virgen de la Encina. Volgens overlevering is Maria ooit verschenen in een *encina* (steeneik).

La Carolina ⓲

Jaén. **Wegenkaart** E2. *15.500.* *Carretera Madrid-Cádiz, km 269, 953-680882.* *di en vr.*

La Carolina is in 1767 gesticht voor Duitse en Vlaamse kolonisten. De stichting maakte deel uit van een mislukt plan om het gebied te ontwikkelen en veiliger te maken. De man achter het project liet een paleis bouwen aan het plein. Net buiten de stad staat een monument ter herinnering aan de slag bij Las Navas de Tolosa in 1212. Alfonso VIII, koning van Castilië, werd door een herder over de heuvels van Las Navas geleid, waar hij de Moren versloeg. Met deze overwinning begon de herovering van Andalusië *(blz. 48–49)*.

Gevel van het paleis van Pablo de Olavide

Desfiladero de Despeñaperros ⓳

Jaén. **Wegenkaart** E2. *Autovía de Andalucía (A4), km 257 Santa Elena, Jaén, 953-664307.*

Deze pas in de Sierra Morena vormt de toegang tot Andalusië. Legers, postkoetsen, karavanen en rovers gebruikten de pas en hinderlagen waren aan de orde van de dag. Nu lopen de Autovía de Andalucía en een spoorlijn door de kloof, met rotsformaties als *Los Organos* (de orgelpijpen) en de *Salto del Fraile* (sprong van de monnik).

Onder de loep: Baeza ⓴

Wapen, Casa del Pópulo

Tussen de olijfgaarden ligt het mooie Baeza, een klein stadje dat opmerkelijk veel renaissancearchitectuur in zich bergt. In 2003 is het door Unesco uitgeroepen tot Werelderfgoed. De Romeinen noemden het Baetia en later was het de hoofdstad van een Moors leengoed. Op haar wapen wordt Baeza afgebeeld als een 'koninklijk haviksnest'. In 1226 werd de stad veroverd door Ferdinand III – de eerste in Andalusië die definitief op de Moren werd herwonnen. Hierop volgde een periode van middeleeuwse pracht, die zijn hoogtepunt bereikte in de 16de eeuw, toen Andrés de Vandelvira er schitterende gebouwen neerzette. In het begin van de 20ste eeuw woonde Antonio Machado, een groot dichter, hier enige jaren.

★ Palacio de Jabalquinto
Dit gotische paleis heeft een gevel in Isabellastijl (blz. 24), *geflankeerd door bewerkte ronde steunberen.*

Antigua Universidad
Tussen 1542 en 1825 zat in dit renaissance- en barokgebouw een van de eerste universiteiten van Spanje.

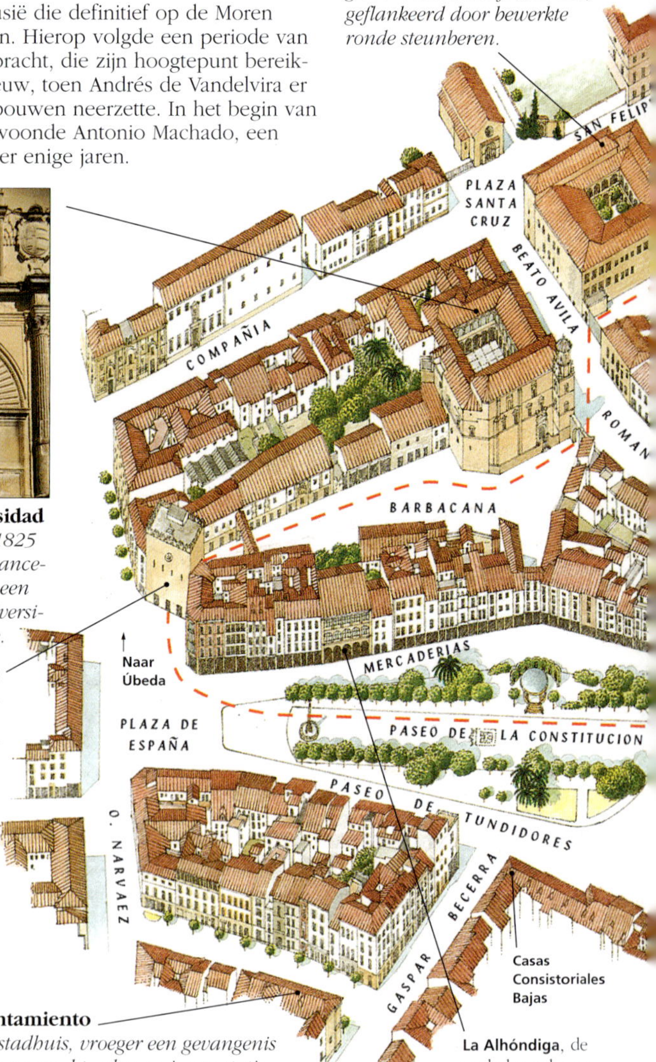

Torre de los Aliatares is een 1000 jaar oude, door de Moren gebouwde toren.

Ayuntamiento
Het stadhuis, vroeger een gevangenis en een gerechtsgebouw, is een statig plateresk (blz. 25) *gebouw. Enkele wapens sieren de gevel.*

Casas Consistoriales Bajas

La Alhóndiga, de oude korenbeurs, heeft een gevel met driedubbele bogen.

Voor hotels en restaurants in dit gebied zie blz. 215–216 en blz. 231–232

TIPS VOOR DE TOERIST

Jaén. **Wegenkaart** E3. *18.000. Linares-Baeza, 15 km. 953-650202. Avda Alcalde Puche Pardo, 953-740468. Plaza del Pópulo, 953-740444. di. Semana Santa (Pasen); Feria (half aug.); Romería de la Yedra (begin sept.).* **www**.andalucia.org

★ Kathedraal
De kathedraal werd in 1567 herbouwd door Andrés de Vandelvira. In de Capilla Sagrario staat een mooi koorscherm van Bartolomé de Jaén.

Fuente de Santa María
Architect-beeldhouwer Ginés Martínez uit Baeza ontwierp deze fontein in de vorm van een triomfboog. Hij werd in 1564 voltooid.

Antigua Carnicería
is nu een gerechtskantoor.

Puerta de Jaén y Arco de Villalar
Naast deze poort in de stadsmuren is in 1521 een boog opgericht om Carlos I (blz. 50) *na een opstand tevreden te stellen.*

0 meter 75

SYMBOLEN

Toeristenbureau

Aanbevolen route

★ Plaza del Pópulo
Het Casa del Pópulo, een plateresk paleis waarin nu het toeristenbureau zit, kijkt uit op dit plein. De Fuente de los Leones is een fontein met een Ibero-Romeins beeld, geflankeerd door leeuwen.

STERATTRACTIES

- ★ Kathedraal
- ★ Palacio de Jabalquinto
- ★ Plaza del Pópulo

Úbeda ㉑

Hospital de Santiago, detail

Het op de top van een bergkam gelegen Úbeda is een toonbeeld van renaissancearchitectuur. Dankzij enkele van de invloedrijkste mannen in het 16de-eeuwse Spanje, zoals de minister Francisco de los Cobos en zijn achterneef Juan Vázquez de Molina ligt een aantal adellijke huizen verspreid over de stad. De Plaza de Vázquez de Molina, omringd door elegante paleizen en kerken, is de parel in de kroon. De smalle straatjes van de oude buurt contrasteren scherp met het moderne Úbeda, dat ten noorden van de Plaza de Andalucía ligt. Úbeda kwam in 2003 op de Werelderfgoedlijst van de Unesco.

Koorscherm van Maestro Bartolomé, Capilla del Salvador

Capilla del Salvador

Drie architecten, Andrés de Vandelvira, Diego de Siloé en Esteban Jamete, werkten aan dit 16de-eeuwse monument. Het is gebouwd als privékapel van Francisco de los Cobos, wiens tombe in de crypte staat.

De kerk werd tijdens de Burgeroorlog *(blz. 54–55)* geplunderd, maar bezit nog steeds enkele schatten, waaronder een uit hout gesneden Christus, overgebleven van een altaarstuk door Alonso de Berruguete, een koorscherm van Maestro Bartolomé de Jaén en een sacristie door Vandelvira.

Achter de kerk liggen twee andere gebouwen uit de 16de eeuw: het paleis van Los Cobos, gesierd door een renaissancegevel, en het Hospital de los Honrados Viejos (eerwaarde ouderen). Aan het eind van Baja del Salvador ligt de Plaza de Santa Lucía. Vanaf de promenade, die van hier over de Redonda de Miradores voert langs de oude stadsmuren, hebt u een mooi uitzicht op het land.

Palacio de las Cadenas

Pl de Vázquez de Molina. ***Tel.*** *953-750440.* *ma–vr 10.00–14.00, 17.00–21.00, za–zo en feestd. 10.00–14.00 uur.* **www**.ubedainteresa.com

Het stadhuis van Úbeda is halverwege de 16de eeuw door Vandelvira gebouwd voor Vázquez de Molina. Het gebouw is genoemd naar de kettingen *(cadenas)* die vroeger aan de zuilen vastzaten waardoor de ingangspartij werd gedragen. Bewerkte stenen lantaarns sieren de hoeken van de klassieke gevel. In de kelder zit een aardewerkmuseum en het gebouw heeft een mooie patio. Ook het toeristenbureau is hier gevestigd.

Parador de Úbeda

Plaza de Vázquez de Molina. ***Tel.*** *953-750345.* **Patio** *dag. voor niet-gasten. Zie blz. 211.*

Deze residentie van Fernando Ortega Salido, deken van Málaga en kapelaan van El Salvador, werd in de 16de eeuw gebouwd, maar in de 17de ingrijpend gewijzigd. Het sobere paleis is verbouwd tot een hotel dat ook bekendstaat als Parador del Condestable Dávalos, de militair die tijdens de Reconquista *(blz. 48–49)* roem vergaarde. Een heerlijke plaats om wat te drinken.

Santa María de los Reales Alcázares

Op de plaats van een vroegere moskee ligt nu een kerk die voor het grootste deel uit de 13de eeuw stamt. Hij wordt momenteel gerestaureerd. Binnen treft u fraai smeedijzer aan van de hand van Maestro Bartolomé. Let ook op de gotische kloostergang met spitsbogen en gewelfribben, en op de romaanske ingang. Dicht bij de kerk ligt de Cárcel del Obispo (gevangenis van de bisschop), waar door de bisschop gestrafte nonnen werden opgesloten.

Stenen leeuwen bewaken het Palacio de las Cadenas

Voor hotels en restaurants in dit gebied zie blz. 215–216 en blz. 231–232

Beeld bij de hoofdingang van Iglesia de San Pablo

Iglesia de San Pablo

De drie deuren komen uit verschillende perioden. De hoofdingang is in laatgotische stijl, terwijl de andere een romaneske en een Isabellastijl vertonen. Binnen ziet u een 13de-eeuwse apsis en een stemmige 16de-eeuwse, door Vandelvira ontworpen kapel. De toren uit 1537 is plateresk. Op de nabijgelegen Plaza de Vázquez de Molina staat een monument ter ere van de dichter San Juan de la Cruz (1549–1591).

Museo Arqueológico

Casa Mudéjar, C/ Cervantes 6. ***Tel.*** *953-779432.* *di 14.30–20.30, wo–za 9.00–20.00, zo 9.00–14.30 uur.* *feestdagen.*

Het archeologisch museum toont voorwerpen uit het neolithicum tot de Moorse periode, waaronder grafstenen uit de 1ste eeuw n.C. en Moorse en mudéjarkunstwerken. Het is gehuisvest in het 15de-eeuwse Casa Mudéjar, tussen de vele paleizen en kerken die de bochtige straatjes sieren.

Hospital de Santiago

Calle Obispo Cobos s/n. ***Tel.*** *953-750842.* *ma–vr 8.00–15.00, 16.00–22.00, za en zo 11.00–15.00, 18.00–21.30 uur.*

Dit voormalige gasthuis is rond 1562 gesticht in opdracht van de bisschop van Jaén en werd ontworpen door Vandelvira. Aan weerszijden van de gevel staan vierkante torens, waarvan één een blauw-wit betegelde spits heeft. Boven de ingang ziet u een afbeelding van Santiago (St.-Jakob). De patio heeft een fontein en marmeren zuilen. Een trap voert naar de galerij, die overdekt is door een hoog, met fresco's beschilderd plafond. Nu is hier het Palacio de Congresos y Exposiciones gehuisvest. Bij de ingang is een informatiebalie. Vlakbij, aan Avenida de la Constitución, ligt de arena van Úbeda, geopend tijdens de *fiesta*.

TIPS VOOR DE TOERIST

Jaén. **Wegenkaart** D3. *35.000.* *naar Linares-Baeza, 953-620062 en 902-240202.* *C/ San José 6, 953-752157.* *Palacio Marques de Contadero, Calle Baja del Marques 4, 953-750897.* *vr.* *Semana Santa (Pasen).* **www**.ubedainteresa.com

Een blik op het Hospital de Santiago

Verklaring van de symbolen *zie achterflap*

Ruïnes van La Iruela, spectaculair gelegen boven de weg naar Cazorla

Cazorla 22

Jaén. **Wegenkaart** E3. 8500.
Paseo del Santo Cristo 17, 953-710102. ma en za.

Cazorla was in de oudheid welvarend, toen de Romeinen in de omringende bergen zilver wonnen. Nu is het vertrekpunt voor een bezoek aan het Parque Natural de Cazorla, Segura y Las Villas.
Er staan veel moderne gebouwen, maar een wandeling door de bochtige straten tussen de Plaza de Corredera en de aardige Plaza Santa María is heel aangenaam. De vervallen Iglesia de Santa María vormt een schilderachtige achtergrond voor dit veelbezochte plein. Hogerop ligt het imposante Moorse **Castillo de la Yedra**, dat een folkloremuseum huisvest.
Aan de weg naar het park ziet u de restanten van **La Iruela**, een fotogeniek fort boven op een rotspunt.
Op 14 mei vereren de inwoners een voormalige plaatsgenoot, San Isicio, een van de zeven apostelen die het christelijk geloof in Spanje predikten voordat de Moren kwamen.

Castillo de la Yedra
Tel. *953-710039.* *wo–za 9.00–20.00, di 15.00–20.00, zo en feestdagen 9.00–15.00 uur.*

Parque Natural de Cazorla, Segura y Las Villas 23

Jaén. **Wegenkaart** E3. *Cazorla.*
Paseo del Santo Christo 17, Cazorla, 953-720102.

Mensen die hier voor het eerst komen, staan versteld van het spectaculaire natuurschoon in dit 214.336 ha grote natuurreservaat met zijn dichte bossen, woeste beken en vele wilde dieren. Steile bergwanden rijzen meer dan 2000 m hoog op boven de bron van de Guadalquivir, die door een prachtig dal stroomt en na de Tranco de Beasdam afbuigt naar de Oceaan.
Auto's mogen alleen op de hoofdweg rijden. Veel bezoekers gaan wandelen, maar u kunt in het **Centro de Recepción e Interpretación de la Naturaleza** ook fietsen en paarden huren. Hier geeft men informatie over flora en fauna. Er zijn ook mogelijkheden om te jagen en te vissen.

Centro de Recepción e Interpretación de la Naturaleza
Carretera del Tranco, km 49, Torre del Vinagre. ***Tel.*** *953-720115.* *dag.*

Segura de la Sierra 24

Jaén. **Wegenkaart** E2. *2200.*
Ayuntamiento, Calle Regidor Juan de Isla 1, 953-480280.

Dit dorpje wordt beheerst door het gerestaureerde Moorse **castillo** (vraag de sleutels in het dorp). Vanaf de borstwering hebt u een adembenemend uitzicht op de woeste bergketens. Beneden ligt een curieuze arena, die voor een deel uit de rotsen is gehakt. Deze wordt vooral gebruikt tijdens het *fiesta* in de eerste week van oktober. Olijfolie uit deze streek draagt als een van de weinige het etiket *Denominación de Origen Controlada (blz. 148).*

Het Moorse castillo in Segura de la Sierra, omringd door olijfgaarden

Voor hotels en restaurants in dit gebied zie blz. 215–216 en blz. 231–232

Wild in Cazorla, Segura en Las Villas

Het natuurreservaat Sierra de Cazorla, Segura en Las Villas beschermt een groot aantal wilde dieren. De meeste zijn inheems, maar sommige soorten zijn in een recent verleden geïntroduceerd voor de jacht. In Cazorla leven meer dan 100 vogelsoorten, waaronder zeer zeldzame. Behalve in de Pyreneeën kan alleen hier in Spanje de lammergier worden waargenomen. In de plantenrijkdom van de uitgestrekte bossen groeien veel planten, waaronder de inheemse *Viola cazorlensis* (blz. 21).

Moeflon
(Ovis musimon)

De steenarend (Aquila chrysaetos), *een volmaakte vlieger, jaagt op kleine zoogdieren in het reservaat.*

Vale gieren (Gyps fulvus) *cirkelen hoog boven het reservaat om snel te dalen als ze een prooi zien.*

De lammergier (Gypaetus barbatus) *laat hoog uit de lucht botten op de rotsen vallen om ze te breken.*

LANDSCHAP

De kalkstenen hoogvlakten en de weiden aan de rivieroevers maken de schoonheid van het gebied uit. Water stroomt van de bergen af en vult de meren en beekjes in het dal. In dit rijke landschap leven allerlei soorten dieren.

Edelherten (Cervus elaphus) *zijn in 1952 geherintroduceerd. Ze zijn in de herfst het meest te zien.*

De Iberische steenbok (Capra pyrenaica) *is ongelooflijk tredzeker. De paar dieren die nog over zijn, komen alleen in de schemering tevoorschijn om te eten.*

Otters (Lutra lutra) *leven in en bij water, en zijn bij zonsopgang en -ondergang actief.*

Everzwijnen (Sus scrofa) *verbergen zich overdag in het bos en voeden zich 's nachts met eikels, wortels, eieren en kleine zoogdieren.*

CÁDIZ EN MÁLAGA

De zuidelijke provincies van Andalusië zijn erg contrastrijk. Achter de voorsteden van Málaga liggen bergen met een ontzagwekkende natuur, zoals de Garganta del Chorro. Achter de toeristische Costa del Sol ligt de Serranía de Ronda, een leefgebied van schuw wild. Witte Moorse stadjes tronen er strategisch op de heuveltoppen. Ten oosten van Gibraltar liggen de sherrysteden van de provincie Cádiz en de stranden van de Costa de la Luz.

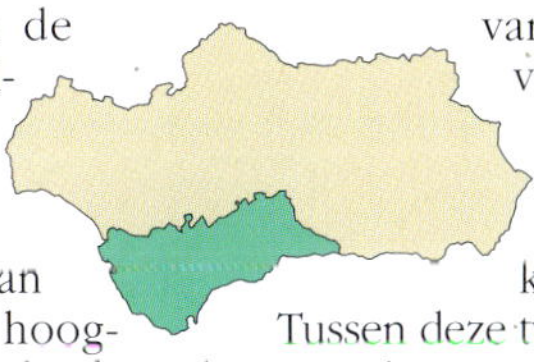

In de jaren zestig van de 20ste eeuw werd de smalle kuststrook ten oosten en westen van de stad opgeëist door de groeiende toeristenindustrie van de 'Costa del Sol'. De hoogbouw schoot uit de grond achter de grijze zandstranden en dat maakte de naam 'Torremolinos' al gauw synoniem aan de excessen van goedkope chartervakanties. In de tussentijd ontwikkelde zich in Marbella, meer naar het zuidwesten, een exclusief vakantieoord voor internationale filmsterren en Arabische oliesjeiks.

Gibraltar, een geografisch en historisch curiosum, vormt een doodlopend punt aan het eind van de Costa del Sol. De bergen van Noord-Afrika zijn vaag zichtbaar aan de overkant van de Straat van Gibraltar en de geest van de Moren is voelbaar in Tarifa en Cádiz – de stad die volgens Laurie Lee 'sprankelt van Afrikaans licht'.

Tussen deze twee steden ligt de strook van de Costa de la Luz ('lichtkust') *(blz. 32)*, die onder de provincie Cádiz valt. Dit is een weinig toeristisch gebied dat zich kenmerkt door brede winderige zandstranden, die graag door de Spanjaarden worden bezocht. Ten noorden van Cádiz ligt het sherryland met zijn heuvels en uitgestrekte wijngaarden. Als u sherry wilt proeven, moet u Jerez de la Frontera bezoeken – een schakel in de ketting van steden langs de grens *(frontera)* tussen de christenen en de moslims ten tijde van de Reconquista.

Ronda met zijn 18de-eeuwse brug over de rivier de Guadalevín

◁ **Strandvermaak in Nerja, ten oosten van Málaga, een van de drukke vakantieoorden aan de Costa del Sol**

Cádiz en Málaga verkennen

De bergen van het binnenland van de provincie Málaga zijn uitstekend toegankelijk vanuit de Costa del Sol dankzij een nieuw netwerk van goede wegen. Vanuit Marbella of Torremolinos kunt u dagtochten maken naar de schitterende Montes de Málaga en de natuurreservaten van Grazalema of naar de Serranía de Ronda, en onderweg lunchen in een klassiek *pueblo blanco*. In het hart van dit karakteristieke Andalusische landschap ligt de interessante stad Ronda, waar een Moorse sfeer heerst. Meer naar het westen vindt u dezelfde sfeer aan de Atlantische kust voorbij Tarifa, een gebied dat nog niet door het massatoerisme is ontdekt. Cádiz, dat ooit een grote stad was, en de kleine havens El Puerto de Santa María, Chipiona en Sanlúcar de Barrameda zijn uitstekende uitvalsbases voor tochtjes het sherryland in.

Buiten eten voor een restaurant bij de kathedraal in Málaga

BEZIENSWAARDIGHEDEN IN HET KORT

Álora 23
Antequera 26
Archidona 28
Arcos de la Frontera 19
Baelo Claudia 9
Barbate 8
Benalmádena 34
Cádiz blz. 164–167 5
Chipiona 2
Ceuta 13
El Puerto de Santa María 4
El Torcal 27
Estepona 37
Fuengirola 35
Fuente de Piedra 25
Garganta del Chorro 24
Gibraltar blz. 172–173 15
Jerez de la Frontera 3
La Axarquia 30
La Línea de la Concepción 16
Málaga 32
Marbella 36
Medina Sidonia 6
Melilla 14
Montes de Málaga 31
Nerja 29
Parque Natural de Los Alcornocales 11
Parque Natural Sierra de las Nieves 22
Ronda blz. 176–177 21
Ronda la Vieja 20
Sanlúcar de Barrameda 1
Sotogrande 17
Tanger blz. 170–171 12
Tarifa 10
Torremolinos 33
Vejer de la Frontera 7

Rondrit
Pueblos Blancos 18

RONDREIZEN

De luchthaven van Málaga *(blz. 264)* is het drukste vliegveld van Andalusië. Van daaruit loopt de nieuwe vierbaansweg N340 langs de kustlijn tot aan Algeciras, maar hij gaat aan Torremolinos, Fuengirola en Marbella voorbij. Na Algeciras loopt de weg in versmalde vorm door naar Cádiz. De nieuwe snelweg A376, van San Pedro de Alcánta ra naar Ronda is prachtig. De A382 en A385 doorsnijden het noorden van Jerez naar Antequera. Daar gaan ze als vierbaansweg (ook wel met A92 aangeduid) verder naar Granada. Een spoorlijn langs de Costa del Sol verbindt Málaga, Torremolinos en Fuengirola met elkaar. Een andere gaat vanuit Málaga naar het noorden, met haltes in Álora, El Chorro en Fuente de Piedra. Het is mogelijk de afgelegen gedeelten van de provincies Cádiz en Málaga met het ingewikkelde busnetwerk te bereiken, maar dit vraagt om geduld.

Het strand van Nerja, aan de voet van de Sierra de Almijara aan de Costa del Sol

Ingang van de Bodegas Barbadillo in Sanlúcar de Barrameda

Sanlúcar de Barrameda ❶

Cádiz. **Wegenkaart** B4. 62.000. Calzada del Ejército s/n, 956-366110. wo.

Het Moorse **Castillo de Santiago** kijkt uit over deze vissershaven aan de monding van de Guadalquivir. Het aan de overkant gelegen Parque Nacional de Coto Doñana *(blz. 130–131)* is per boot bereikbaar. Hier vertrok Columbus in 1498 op zijn derde reis naar Amerika en in 1519 voer Fernão de Magalhães hier uit om de aarde rond te zeilen. Tegenwoordig staat Sanlúcar bekend om zijn *manzanilla (blz. 30)*, een lichte, droge sherry van onder andere de **Bodegas Barbadillo**.

Toeristen en wijnliefhebbers komen hier om de zon onder te zien gaan, een *copita* (glaasje) *manzanilla* te drinken en te genieten van de plaatselijke schaaldieren, de *langostinos*. Een van de bezienswaardigheden in de stad is de **Iglesia de Nuestra Señora de la O** *(blz. 24)*.

Bodegas Barbadillo
C/ Luis de Eguilaz 11. ***Tel.*** *956-385500.*
di–za 12.00 en 13.00 uur.

Chipiona ❷

Cádiz. **Wegenkaart** B4. 17.000. Calle Larga 74, Edificio San Luis 956-377263. ma.
www.chipiona.org

Chipiona is een druk vakantieplaatsje, dat u bereikt via sherrywijngaarden. U vindt er een prachtig strand en in de zomer, als de Spanjaarden hier vakantie vieren, de sfeer van een echte badplaats. Een dag op het strand wordt gevolgd door een *paseo* over de boulevard of de hoofdstraat van deze oude Moorse stad, waar veel cafés en ijssalons *(heladerías)* tot na middernacht open blijven. De fontein bij de **Iglesia de Nuestra Señora de Regla** wordt door een natuurlijke bron gevoed. Een aangrenzende kloostergang is met 17de-eeuwse *azulejos* versierd.

Jerez de la Frontera ❸

Cádiz. **Wegenkaart** B4. 186.000. Plaza del Arenal s/n, Edificio los Arcos 956-324747. ma.

Jerez, de hoofdstad van de sherryproductie, wordt omringd door kalkhoudend land. Britse kooplieden zijn eeuwenlang betrokken geweest bij de productie en het vervoer van de sherry en dat is terug te vinden in de Anglo-Andalusische dynastieën als Sandeman en John Harvey, waarvan de emblemen boven de ingangen van de *bodegas* hangen. Een rondleiding door een *bodega*, waar in de donkere kelders de *soleras (blz. 31)* hoog liggen opgetast, kan u het verschil leren tussen *fino, amontillado* en *oloroso (blz. 30)*. Jerez is ook beroemd om zijn **Real Escuela Andaluza de Arte Ecuestra** – de rijschool. Op bepaalde dagen zijn er dressuurdemonstraties en kunt u de paarden op muziek zien dansen. Op andere dagen zijn er trainingen bij te wonen. Vlakbij ligt het **Themacentrum La Atalaya** met twee musea: het **Palacio del Tiempo**, met de indrukwekkendste uurwerken van Europa, en **El Misterio de Jerez**, over de geschiedenis van de sherry.

De oude stadsmuren staan tegen de Barrio de Santiago aan. Op de Plaza de San Juan ligt het 18de-eeuwse **Palacio de Pemartín** met het Centro Andaluz de Flamenco, dat met tentoonstellingen en audiovisuele shows een introductie geeft op deze traditie van muziek en dans *(blz. 28–29)*.

De 16de-eeuwse gotische **Iglesia de San Mateo** is slechts één van de vele interessante kerken in de buurt.

Het gedeeltelijk gerestaureerde 11de-eeuwse **Alcázar** bevat een goed geconserveerde moskee, nu een kerk. Even ten noorden van het Alcázar staat de **Catedral del Salvador**, met in de sacristie de interessantste bezienswaardigheid, *Het slapende meisje* van Zurbarán.

Real Escuela Andaluza de Arte Ecuestre
Avenida Duque de Abrantes s/n.
Tel. *956-319635 (informatie). Bel om een bezoek af te spreken.*
www.realescuela.org

Alcázar
Alameda Vieja s/n. ***Tel.*** *956-319798.*
dag. *1, 6 jan., 25 dec.*

Themacentrum La Atalaya
Calle Cervantes 3. ***Tel.*** *902-182100.*
di–zo.

Palacio de Pemartín
Centro Andaluz de Flamenco, Plaza de San Juan 1. ***Tel.*** *956-349265.*
ma–vr. *feestdagen.*

Antieke klok in het Palacio del Tiempo, Jerez de la Frontera

Voor hotels en restaurants in dit gebied zie blz. 216–218 en blz. 233–236

El Puerto de Santa María ❹

Cádiz. **Wegenkaart** B4. 76.000. Calle Luna 22 956-542413). di. **www**.elpuertosm.es

Beschut tegen de Atlantische wind en de golven uit de Baai van Cádiz ligt El Puerto de Santa María, een rustige stad die groot is geworden als een van de belangrijkste exporthavens van sherry in Andalusië. Een aantal sherrybedrijven, zoals **Terry** en **Osborne**, heeft hier voor publiek toegankelijke *bodegas*. Tot de bezienswaardigheden van deze stad behoren het 13de-eeuwse **Castillo San Marcos** en de **Plaza de Toros**, een van de grootste en beroemdste arena's in Spanje. De Plaza Mayor wordt overschaduwd door de 13de-eeuwse gotische **Iglesia Mayor Prioral** met een ongebruikelijk koor. Her en der in de stad liggen mooie oude *palacios* of herenhuizen, uitgerust met de wapens van rijke families, die hun bloeitijd beleefden in de koloniale periode.

Langs het waterfront liggen verschillende heel goede visrestaurants, waaronder La Resaca (de kater), waar 's avonds zigeuners flamenco spelen.

Het 13de-eeuwse Castillo San Marcos in El Puerto de Santa María

Castillo San Marcos
Plaza Alfonso X, El Sabio. ***Tel.*** *956-851751.* *okt.–mei: di, do, za; juni–sept.: di–zo.*

Plaza de Toros
Plaza Elias Ahuja s/n. ***Tel.*** *956-541578.* *di–zo.*

Bodegas Osborne
Calle de los Moros. ***Tel.*** *956-869100.* *ma–vr (bel voor afspraak).* *feestdagen.*

Bodegas Terry
Calle Toneleros s/n. ***Tel.*** *956-857700.* *ma–vr (bel voor afspraak).* *feestdagen.*

BODEGA'S VAN JEREZ

De belangrijkste reden om Jerez te bezoeken zijn de bodegas en de mogelijkheid er sherry te proeven. Bij het toeristenbureau kunt u een lijst krijgen. De beste rondleidingen worden aangeboden door González Byass, Pedro Domecq en Sandeman.

SYMBOOL

Bodega

Verklaring van de symbolen *zie achterflap*

Cádiz ❺

Egyptisch masker, Museo de Cádiz

Deze bijna volledig door water omgeven stad kan aanspraak maken op de titel oudste stad van Europa. Legenden noemen Hercules als de stichter, maar het is historisch correcter om aan te nemen dat de Feniciërs in 1100 v.C. de stad Gadir hebben gesticht. De stad werd achtereenvolgens door de Carthagers, Romeinen en Moren bezet en beleefde na de Reconquista *(blz. 48–49)* een bloeitijd door de rijkdommen uit de Nieuwe Wereld. In 1587 plunderde sir Francis Drake de haven. In 1812 was Cádiz korte tijd hoofdstad van Spanje, toen hier de eerste grondwet werd afgekondigd *(blz. 52)*.

De Heilige Bruno in extase **van Zurbarán, Museo de Cádiz**

Cádiz verkennen

Eeuwenlang is er lyrisch over Cádiz geschreven: '... de mooiste stad die ik ooit zag ... en vol met de mooiste vrouwen van Spanje', dweepte Lord Byron in 1809. Het moderne Cádiz is een drukke havenstad. Het centrum ligt op een schiereiland dat in zee uitsteekt en bestaat uit kriskras door elkaar liggende huizen in Moorse stijl. Een bezoek aan Cádiz is niet compleet zonder een wandeling langs de havenkade, met zijn goed onderhouden tuinen en open pleinen *(blz. 166–167)*. De oude stad is vol smalle, vervallen steegjes, waar bloemen bloeien in roestige blikjes op muurtjes naast religieuze tegeltableaus. Op kleine pleintjes worden markten gehouden en straatverkopers bieden roze, gekookte garnalen aan uit een oude krant.

De trots van Cádiz is Los Carnavales *(blz. 39)*, een opeenvolging van feesten. Onder Franco was Cádiz de enige stad waar het de overheid niet lukte de anarchie van het carnaval aan banden te leggen.

Kathedraal

wo, vr en zo.

De Catedral Nueva (Nieuwe Kathedraal) wordt zo genoemd omdat ze op de plaats van een oudere staat. Deze barokke en neoklassieke kerk is een van de grootste van Spanje. De gele tegels van de koepel lijken van een afstand wel van goud. De houten koorstoelen zijn afkomstig uit een kartuizenklooster. In de crypte liggen de graven van componist Manuel de Falla (1876–1946) en schrijver José Maria Pemán (1897–1981). De kathedraalschatten worden bewaard in een museum aan de Plaza Fray Félix. Ze bestaan uit met juwelen bezette monstransen, beschilderde houten panelen en schilderijen.

Museo de Cádiz

Plaza de Mina s/n. ***Tel.*** *956-212281.* *di–za 9.30–20.00, zo 9.30–14.30 uur.* *feestdagen.*

Op de begane grond brengen archeologische tentoonstellingen de geschiedenis van Cádiz in kaart, met onder meer beelden van Romeinse vorsten, zoals keizer Trajanus, en Fenicische stenen sarcofagen. Boven is een van Andalusië's

KATHEDRAAL VAN CÁDIZ

grootste galeries, met werk van Rubens, Murillo en Zurbarán, en beroemde hedendaagse Spaanse kunstenaars. Op de tweede verdieping vindt u een collectie poppen gemaakt voor dorps-*fiestas*, en enkele recente satirische van lokale politici.

Oratorio de San Felipe Neri

Calle Santa Inés s/n. ***Tel.*** *956-211 612.* *ma–za 10.00–13.00 uur.*

Op 19 maart 1812 vond in deze 18de-eeuwse barokkerk een belangrijke gebeurtenis plaats: de afkondiging van een liberale Spaanse grondwet *(blz. 52)*. Toen de troepen van Napoleon Cádiz belegerden tijdens de Onafhankelijkheidsoorlog *(blz. 50)*, kwamen de leden van het voorlopige parlement hier samen om een document op te stellen dat radicalen door heel Europa zou inspireren. In de beperking van de macht van de vorst en de ongekende burgerrechten was de grondwet zijn tijd ver vooruit, en gedoemd te mislukken.

Gedenkstenen op het Oratorio de San Felipe Neri

De barokke Torre Tavira, de hoogste wachttoren in Cádiz

Zodra de Fransen in 1814 uit Spanje verdreven waren, trok Fernando VII de wet weer in.

Torre Tavira

Calle Marqués del Real Tesoro 10. ***Tel.*** *956-212910.* *dag.*

In het midden van de 18de eeuw, toen veel Spaanse handel met Amerika via de haven van Cádiz verliep, bouwden de kooplieden wachttorens van waaraf ze het komen en gaan van schepen konden zien, uit commerciële belangstelling voor de lading of gewoon ter vermaak. Meer dan 100 van zulke torens maken nog deel uit van de skyline van Cádiz, maar alleen de Torre Tavira is open voor publiek.

De toren in barokke stijl rijst uit boven wat ooit het huis was van de Marqués de Ricaño (nu een muziekschool); hij staat in het centrum van de Oude Stad en haalt op het hoogste punt 45 m boven de zeespiegel. De voorlaatste verdieping bevat de eerste Spaanse camera obscura, maar is ook de moeite van een bezoek waard om het plezier van het uitzicht over de daken en de zee vanaf de balkons.

TIPS VOOR DE TOERIST

Cádiz. **Wegenkaart** B4.
150.000. *Plaza de Sevilla s/n, 902-240202.* *Plaza de la Hispanidad s/n, 902-199208.*
Calle Nueva 6, 956-258646.
ma. *Los Carnavales (feb.); Semana Santa (Pasen).*
www.cadizturismo.com

Omgeving

Aan de noordkant van de Baai van Cádiz ligt Rota, een stad die bekend is om zijn Spaans-Amerikaanse marinebasis, maar die ook zegt het grootste aantal kameleons in Spanje te hebben.

De zuidkant van de baai wordt gemarkeerd door het kleine eiland Sancti Petri waarvan de archeologen denken dat hier de Tempel van Hercules is gebouwd door de Feniciërs in de 12de eeuw v.C., op de mythische begraafplaats van de held die god werd. Een groot deel van de baai tussen deze twee punten vormt het natuurreservaat Bahia de Cádiz; een wisselende populatie trekvogels gebruikt dit als halteplaats tussen de Straat van Gibraltar en het Nationaal Park Doñana *(blz. 130–131)*.

DE BOOT EL VAPOR

In plaats van per auto de landengte van Cádiz op te rijden, kunt u ook per veerboot de baai oversteken vanuit El Puerto de Santa Maria *(blz. 163)*. Een snelle catamaran biedt een regelmatige dienst, maar een charmantere reis maakt u aan boord van de houten dubbeldekker-*vaporcito* ('kleine stoomboot'), die in 40 minuten de baai oversteekt. Er zijn vijf retours (in de zomer zes). Neem de eerste heen en de laatste terug voor een hele dag sightseeing. Tel.: 629-468 014; www.vapordeelpuerto.com

El Vapor, een stoomboot die de baai van Cádiz oversteekt

Een wandeling door historisch Cádiz

Deze wandeling begint bij het Ayuntamiento (stadhuis) en omvat 3000 jaar geschiedenis van Cádiz, waarvan veel is bepaald door de omringende zee. De route begint aan de oostflank van de Baai van Cádiz. Hij leidt naar het hart van het doolhof van kleine stegen en pleinen voordat de vormsnoeituinen van de universiteit worden aangedaan. U verliest zelden de zee uit het oog langs de vismarkt van Cádiz, het beroemdste visrestaurant, het strandkuuroord en de Atlantische walkant. De wandeling eindigt bij de monumentale kathedraal, met goudkleurige koepel, die uitkijkt op de oceaan.

De Murallas de San Carlos, uitkijkend op de Baai van Cádiz ⑤

Laan met cafés bij het centraalgelegen Plaza San Juan de Dios

Van Plaza San Juan de Dios naar Parque Genovés

Het Plaza San Juan met zijn palmenrijen biedt veel cafés en winkels. Het neoklassieke Ayuntamiento ①, uit 1799, is vooral het werk van architect Torcuato Benjumeda. Ga noordwaarts op het plein de Calle Nuevo ② in, onderdeel van de drukke winkelbuurt. Nuevo loopt uit op Calle San Francisco naar Plaza de San Francisco ③, een van de vele buurtpleinen. Ga rechts de Isabel La Catolica in, die Calle Rafael de la Viesca wordt, en ga via Doctor Zurita het Plaza de España op. Het militaristische Monumento a las Cortes ④, gebouwd in 1912, heeft een bijzondere betekenis voor de inwoners van Cádiz en Spanje als geheel. In 1812 was Cádiz korte tijd de plaats van een alternatief parlement tegenover Madrid, maar de poging tot democratisering werd door de monarchie tenietgedaan. Aan de overkant van de plaza gaat u links de Fernando El Catolico in. Deze leidt naar de Murallas (muren) de San Carlos ⑤ aan het water, uitkijkend op de Baai van Cádiz en Puerto de Santa Maria aan de overkant – op zichzelf een boeiende bestemming. Volg op de Murallas Calle Honduras ⑥ naar links. U komt langs de Alameda Apodaca ⑦, een van de vele tuinen met grote drakenbloedbomen en de Baluarte (kantelen) de la Candelaria ⑧, nu een centrum voor eigentijdse kunst. Ga links de Avenida Carlos III op, voorbij de Universidad en het mooie Parque Genovés ⑨, met de laan van symmetrische vormsnoeibomen, openluchttheater en café.

Wandelen in lommerrijk Parque Genovés ⑨

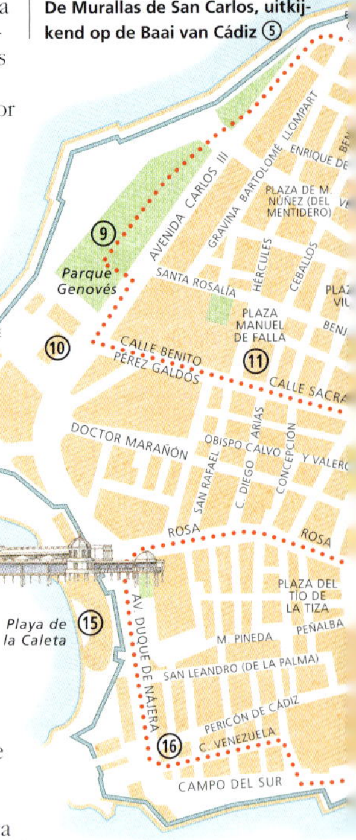

WANDELTIPS

Startpunt: *Plaza San Juan de Dios.*
Lengte: *4 km.*
Bereikbaarheid: *Plaza San Juan de Dios is naast de haven en een paar minuten lopen van trein- en busstations.*
Stopplaatsen: *De familiezaak Terraza op het Plaza de la Catedral s/n heeft een terras buiten met prachtig uitzicht op de kathedraal.*

Van Parador naar Playa de la Caleta

Aan het einde van het Parque staat het onaantrekkelijke, moderne paradorhotel ⑩ van Cádiz. Van hieraf kunt u het hart van de Oude Stad in. Sla linksaf de Calle Benito Perez Galdos in, langs Plaza de Falla en het opgesmukte, roze Gran Teatro Falla ⑪. Deze zijn beide genoemd naar de lokale componist Manuel de Falla die begraven ligt in de kathedraal. Het neomudéjartheater werd voltooid in 1919, na 30 jaar bouwen en is het drukst tijdens

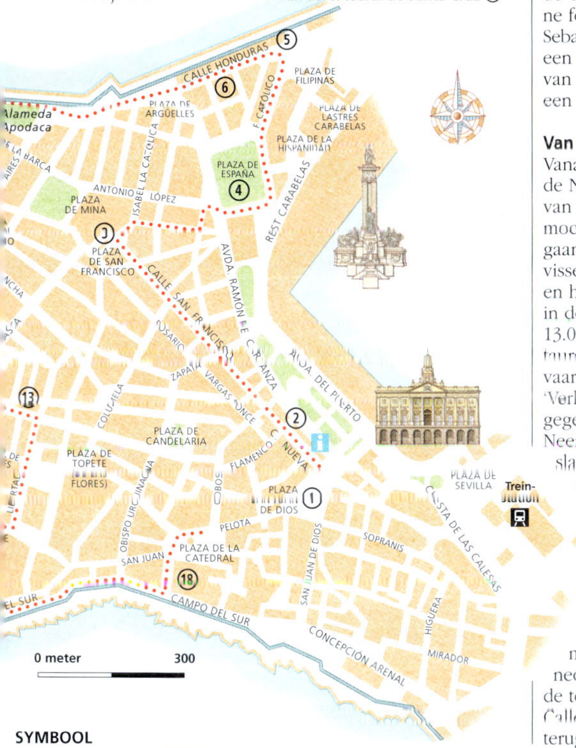

SYMBOOL

••• Wandelroute

het wilde Februaricarnaval *(blz. 39)*. Calle Galdos verandert hier in Calle Sacramento, de drukste winkelstraat. U komt langs Oratorio de San Felipe Neri ⑫ en de ongewone 18de-eeuwse Torre Tavira ⑬, genoemd naar de eerste poortwachter, Antonio Tavira. Op 45 m boven zeeniveau is deze uitkijkpost en camera obscura het hoogste uitkijk-

Uitzicht vanaf een klokkentoren van de Catedral de Santa Cruz ⑱

punt van de stad. In Calle Alcala Sacramento gaat u rechts de Plaza Topete op, de levendige markt, vol kraampjes met snacks van heerlijk vers zeebanket. Steek het plein over naar Calle Libertad en ga Desamparados in. Sla dan rechtsaf het lommerrijke Plaza de la Cruz Verde ⑭ op. Deze leidt via Calle Maria Arteaga en Calle Rosa naar het bekendste strand van de stad: Playa de la Caleta, een 19de-eeuws baadstation ⑮ (nu regeringskantoor) en een zeevaartschool. Het strand kijkt uit op de oude haven en twee kleine forten. Een daarvan, San Sebastián, was ooit in 1100 v.C. een Fenicische nederzetting van Gadir en de locatie van een tempel voor Kronos.

Van Caleta naar kathedraal

Vanaf Caleta voegt de Calle de Nájera zich bij de kade van Campo del Sur. Het is de moeite waard om rechtsaf te gaan naar Calle Venezuela, de visserswijk in naar San Felix en het bekendste visrestaurant in de regio, El Faro (open: 13.00 uur) ⑯. Zowel het restaurant als de tapasbar rechtvaardigen wat men hier zegt: 'Verlaat Cádiz niet voor u gegeten hebt bij El Faro.' Neem Felix naar de kade en sla linksaf Campo del Sur ⑰ in. Hier strekken pastelkleurige huizen zich uit tot aan de Catedral de Santa Cruz ⑱, begonnen in 1722 en pas in 1838 voltooid. Diverse architecten droegen bij aan de mix van barok, rococo en neoklassiek. Het uitzicht van de toren vergoedt de klim. Calle Pelota, ertegenover, leidt terug naar Plaza San Juan.

Uitzicht op de kathedraal vanaf de Torre Tavira ⑬

Gesneden *retablo*, Iglesia de Santa María la Coronada, Medina Sidonia

Medina Sidonia ❻

Cádiz. **Wegenkaart** B5. *11.500.* *Plaza Iglesia Mayor s/n, 956-412404.* *ma.*

Als u op de N440 rijdt, tussen Algeciras en Jerez, verschijnt Medina Sidonia verblindend wit op de top van een kegelvormige heuvel. De stad werd in 1264 veroverd op de Moren door Alfonso X, en tijdens de 15de eeuw werd het geslacht Guzmán gevestigd als de Hertogen van Medina Sidonia om het gebied tussen hier en de Baai van Cádiz te verdedigen. Na de reconquista *(blz. 48–49)* vergaarde de familie fortuin met investeringen in Amerika en werd Medina Sidonia een van de belangrijkste hertogelijke zetels in Spanje. Er staan nog grote stukken van de middeleeuwse muren, en stegen met kasseien liggen aan de voet daarvan. De **Iglesia de Santa María la Coronada** is het belangrijkste gebouw van de stad. Het is gebouwd op de fundering van een kasteel in de 15de eeuw, na de reconquista, en een mooi voorbeeld van Andalusische gotiek. Binnen bevindt zich een collectie religieuze kunst uit de renaissance, waaronder schilderijen en een charmante *retablo* met mooi houtsnijwerk.

Vejer de la Frontera ❼

Cádiz. **Wegenkaart** B5. *13.000.* *Avenida de los Remedios 2, 956-451736.* **www**.turismovejer.com

Vejer de la Frontera is aantrekkelijk gelegen op een heuveltop boven Barbate. Het was een van de eerste plaatsen die werd bezet door de moslims in 711, kort nadat zij de Visigoten hadden verslagen in de slag dichtbij (de exacte locatie is niet bekend).
Het oudste deel van de stad wordt omsloten door een onregelmatige muur, die vier poorten heeft en wordt beschermd door drie torens. Binnen het ommuurde deel staan een Arabisch kasteel en de parochiekerk, de Iglesia Parroquial del Divino Salvador. Deze is gebouwd op de plek van een moskee tussen de 14de en de 16de eeuw, in een mix van gotische en mudéjararchitectuur. Buiten de muur staat nog een later gebouw: het Palacio del Marqués de Tamaron, een statig 17de–18de-eeuws huis.

De vuurtoren op Cabo de Trafalgar, Costa de la Luz

Barbate ❽

Cádiz. **Wegenkaart** B5. *22.000.* *Avenida José Antonio 23, 956-433962.* **www**.barbate.es

Barbate is de grootste nederzetting aan de kust tussen Cádiz en Tarifa, en ligt bij de monding van de rivier met dezelfde naam, in een gebied van vennen en zoutvlakten. In de stad zelf is weinig van belang te zien, maar twee kleine naburige toeristenresorts zijn een bezoek waard. Iets verder naar het zuiden langs de kust ligt **Zahara de los Atunes**, dat is uitgegroeid langs een van de beste stranden van de kust. De naam 'van de tonijn' herinnert aan een belangrijke industrie in deze wateren. De culinaire specialiteit van Barbate is *mojama*, tonijn die gedroogd is op dezelfde manier als *jamón serrano*. In het binnenland bij Zahara liggen langs de kusthoofdweg N340 lange rijen windturbines die zorgen voor stroom in het landelijke netwerk.

De gefortificeerde muren rond de Oude Stad van Vejer de la Frontera

Kenmerkende turbines voor windenergie, ten noorden van Tarifa

WINDMOLENPARKEN

Ten noorden van Tarifa waait de wind met zo'n betrouwbare kracht dat er windturbines zijn geplaatst om energie op te wekken. Spanje heeft na Duitsland de grootste capaciteit voor windenergie ter wereld, en het land wil in 2010 12 procent van de energiebehoefte duurzaam opwekken. Critici menen dat windenergie alleen werkt als de wind hard genoeg is en dat de turbines lelijk zijn. Een ander bezwaar, dat de wieken van de turbines een gevaar voor vogels zouden zijn, is niet bewezen.

De weg naar het noorden vanuit Barbate (voorbij de vissershaven) klimt over een voorgebergte dat wordt omzoomd door kliffen en is beplant met pijnbomen, en daalt dan naar het kleine vakantieresort **Los Caños de Meca**. Dit begon als een hippie-schuilplaats in de jaren zeventig van de vorige eeuw, en heeft nog altijd een zorgeloze sfeer. Op een klein stukje zand vlakbij markeert een vuurtoren **Cabo de Trafalgar** (Kaap Trafalgar), waarnaar de zeeslag van 21 oktober 1805 is genoemd. Op de ochtend van die dag besloot de Britse admiraal Nelson de gecombineerde vloot van Spaanse en Franse schepen aan te vallen, die twee dagen eerder Cádiz was uitgevaren. De Britten hadden minder mensen en kanonnen, maar wonnen zonder een schip te verliezen. Nelson werd echter geraakt door een musket en stierf kort daarop.

Baelo Claudia ❾

Bolonia, Cádiz. **Wegenkaart** B5. ***Tel.*** *956-688530.* *juni–sept.: di–za 10.00–20.00, zo 10.00–14.00 uur; okt., maart–mei: di–za 10.00–19.00, zo 10.00–14.00 uur; nov.–feb.: di–za 10.00–18.00, zo 10.00–14.00 uur.* *(ingezetenen EU gratis).*
www.mundocultural.net/baelo.htm

De Romeinse nederzetting van Baelo Claudia werd gevestigd aan de kust in de 2de eeuw v.C. en nam geleidelijk in belang toe door de handel met Noord-Afrika en haar viskaken en zoetzuur. Keizer Claudius (41–54 n.C.) gaf Baelo Claudia stadsrechten, maar de roem was van korte duur, want de stad werd volledig verwoest door een aardbeving in de 2de eeuw en verlaten in de 6de eeuw. De ruïnes, waaronder een theater, een necropolis en diverse staande zuilen, liggen op een pittoreske plek aan een mooi strand in de buurt van de kleine nederzetting van Bolonia.

Beeld van Traianus in Baelo Claudia

Tarifa ❿

Cádiz. **Wegenkaart** B5. *16.000.* *Paseo de la Alameda s/n, 956-680993.* *di.* **www**.tarifaweb.com

Tarifa, de windsurfhoofdstad van Europa *(blz. 32)*, ontleent haar naam aan Tarif ben Maluk, een 8ste-eeuwse Moorse legerleider. Het 10de-eeuwse **Castillo de Guzmán el Bueno** is de plaats van een legende. In 1292 kreeg Guzmán, die Tarifa verdedigde tegen de Moren, te horen dat zijn gegijzelde zoon zou sterven als hij niet opgaf. In plaats daarvan gooide Guzmán zijn dolk naar de gijzelnemers om te gebruiken.

Castillo de Guzmán el Bueno
Calle Guzmán el Bueno.
Tel. *956-680993.* *di–zo.*

Parque Natural de Los Alcornocales ⓫

Cádiz en Málaga. **Wegenkaart** B5.
Plaza San Jorge 1, Alcala de los Gazules, 956-413307.
www.alcornocales.org

Dit natuurreservaat is genoemd naar de *alcornocales*, kurkeiken die hier veel voorkomen. U ziet ze meteen, want ze zijn aan de onderkant ontdaan van hun bast, en alleen het levendige rood van het hout is zichtbaar.

Kurkeiken in het Parque Natural de Los Alcornocales

Het zuiden van het natuurpark is doorkruist met diepe valleien, *canuto's*, met zeldzame restanten van de ooit varenrijke Europese oerbossen. Behalve de natuur heeft het gebied een paar mooie steden, waaronder Jimena de la Frontera, Castellar de la Frontera en Medina Sidonia *(blz. 168)*, en enkele grotten met prehistorische tekeningen.

Tanger ⓬

Waterverkoper, Grand Socco

Tanger ligt per veerboot op maar 45 minuten van Tarifa, en is een perfecte dagtocht. Desalniettemin vormt deze oude havenstad, gesticht door de Berbers vóór 1000 v.C., een cultuurshock voor Europeanen. Tanger is levendig met oosterse kleur, en de enorme labyrintische Medina, de marktwijk, dreunt van het lawaai. In hun ateliers in achterafstraten maken ambachtslieden traditionele goederen voor drukke winkels en kraampjes in de overvolle straten. Maar achter smeedijzeren hekken ziet de bezoeker rustige binnenplaatsen met mozaïeken, koele fonteinen en moskeeën.

Uitzicht op de labyrintische Medina vanaf het Grand Socco

BEZIENS-WAARDIGHEDEN

Dar El Makhzen ①
Grand Socco ⑥
Grote Moskee ④
Hôtel Continental ③
Kasbah ②
Legatie VS ⑦
Rue es Siaghin ⑤

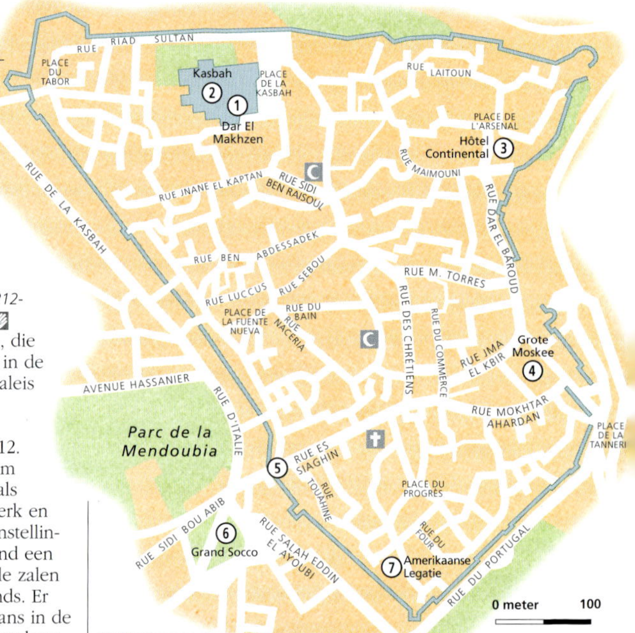

Verklaring van de symbolen *zie achterflap*

Dar El Makhzen

Place de la Kasbah. ***Tel.*** *212-39932097.* wo–ma.

Sultan Moulay Ismail, die Marokko eenmaakte in de 17de eeuw, liet dit paleis bouwen binnen de Kasbah. De sultans woonden hier tot 1912. Het is nu een museum van kunstnijverheid als keramiek, borduurwerk en ijzerwerk. De tentoonstellingen vinden plaats rond een binnenhof en in koele zalen met betegelde plafonds. Er zijn verluchtigde korans in de Fezzaal en een binnenplaats in Andalusisch-Moorse stijl.

Kasbah

De Kasbah of citadel, waar de sultans ooit hofhielden, is op het hoogste punt van de Medina. Het is gescheiden van de stegen door stevige muren en vier grote stenen poorten. Vanaf de kantelen kijkt u uit op de Straat van Gibraltar. De Kasbah omvat de Dar El Makhzen, de schatkamer, de oude gevangenis en de gerechtshoven. Villa's die ooit van beroemde Amerikanen en Europeanen waren, zoals van Paul Bowles, auteur van *The sheltering sky*, liggen ook binnen de Kasbahmuren.

Façade van het Dar El Makhzen, het museum voor Marokkaanse kunsten

Grote Moskee

Groene en witte minaretten torenen uit boven dit enorme bouwwerk, in de 17de eeuw neergezet door sultan Moulay Ismail. Een mooi gesneden poort wijst op meer schatten binnen, maar moskees zijn verboden voor niet-moslims.

Grand Socco

Handelaren uit het Rifgebergte bieden hun goederen aan op dit drukke centrale plein in het hart van Tanger. De officiële naam, Place du 9 Avril 1947, gedenkt een bezoek van sultan Mohammed V.

Voor hotels en restaurants in deze regio zie blz. 216–218 en blz. 233–236

TIPS VOOR DE TOERIST

Marokko. **Wegenkaart** B5. *315.000. uit Tarifa met FRS, 956-681830/***www***.frs.es (snelle veerboot); uit Algeciras met Trasmediterranea, 956-665200 (veerboot); uit Gibraltar met Tour Africa, 350-77666. Zie blz. 245 voor informatie over reizen naar Noord-Afrika. Blvd Pasteur 29, 212-39948050.* **Talen:** *Arabisch, Frans.* **Valuta:** *dirham.* **Visa:** *bezoekers uit Europa hebben geen visum nodig voor een bezoek van maximaal 90 dagen.*

Façade van de Grote Moskee in Tanger

Amerikaanse legatie

Rue du Portugal. ***Tel.*** *212-399353 17. ma, wo en do of op afspraak.*

Dit voormalige paleis was de eerste diplomatieke missie en bleef de Amerikaanse ambassade tot 1961. Het is nu een kunstmuseum en houdt regelmatig tentoonstellingen.

Hôtel Continental

Rue Dar El Baroud. ***Tel.*** *212-39931024. dag.*

In dit hotel, dat uitkijkt op de haven, speelden zich talrijke intriges af. Nu is het een fraaie plek om thee te drinken.

Rue es Siaghin

De 'Zilversmidstraat' van Medina was Tangers hoofdstraat in de jaren dertig van de vorige eeuw en biedt nog steeds een duizelingwekkende reeks koopwaar; winkeliers schenken muntthee om u tot kopen aan te zetten.

Ceuta ⓭

Wegenkaart C5. *76.000. uit Algeciras. Calle Edrissis, Baluarte de los Mallorquines, 856-200560.* **www**.ceuta.es

De dichtstbijzijnde van de twee Noord-Afrikaanse enclaves in Spanje is een bezoek waard als u Noord Afrika wilt proeven zonder Europa te verlaten (hoewel u wel een identiteitsbewijs of paspoort moet tonen), of als u op weg bent naar Marokko. Ceuta ligt maar 18 km uit de kust van Spanje. Ceuta wordt gedomineerd door de heuvel Monte Hacho, waarop een fort staat dat wordt gebruikt door het Spaanse leger. De stad heeft Fenicische en Arabische resten, kerken uit de 17de tot de 19de eeuw en verschillende musea, waarop der **Museo de la Legion**, gewijd aan het Spaanse Vreemdelingenlegioen.

De winkels zijn taxfree. Zowel Ceuta als Melilla zijn omringd door hoge hekken, want ze vormen een toegangsmogelijkheid voor illegale immigranten uit delen van Afrika.

Europese invloeden in de Noord-Afrikaanse enclave Ceuta

Museo de la Legión

Paseo de Colon. ***Tel.*** *699-879646. ma–za 10.00–13.30, 16.00–18.00.*

Melilla ⓮

69.000. uit Málaga of Almería. Zie blz. 265 voor reisinfo. Palacio de Exposiciones y Congresos, Calle Fortuny 3, 952-673444. **www**.melillaturismo.com

De tweede Noord-Afrikaanse enclave, bezet door Spanje in 1497, ligt 150 km ten zuiden van Adra (in Almería), aan de overkant van de zee, aan de Marokkaanse kust. Het kost weinig moeite om er te komen. Melilla ligt op zes uur varen van het vasteland van Spanje. Maar het is het waard want er is veel te zien, waaronder de enige gotische architectuur in Afrika, en modernisme, de Catalaanse versie van art nouveau. Het tegenwoordige Melilla beroemt zich erop de plaats van vreedzame co-existentie te zijn van vier culturen: christelijk, moslim, joods en hindoe. Alle belangrijke bezienswaardigheden liggen in **Melilla La Vieja** (Oud Melilla), een cluster van vier gefortificeerde gebieden, gescheiden door grachten of muren, dat is gebouwd op een hamervormige kaap die in zee uitsteekt.

De 19de- en 20ste-eeuwse delen van de stad zijn echter ook een wandeling waard, omdat er een overvloed aan mooie art-nouveau- en art-décogebouwen staat. Er zijn ongeveer 900 stijlbouwwerken in Melilla.

HET INTERNATIONALE TIJDPERK

Van 1932 tot de inlijving bij Marokko in 1956 was Tanger een internationale enclave, taxfree en onder beheer van een comité namens 30 staten. Dit was een tijd van financiële fraude, spionage, grootscheepse smokkel, buitensporige seksuele vrijheid en losbandigheid door rijke belastingontwijkers zoals erfgename Barbara Hutton. Beroemdheden als Henri Matisse, Jack Kerouac en Orson Welles gaven het geheel kleur.

Orson Welles, ooit een vertrouwde verschijning in Tanger

Gibraltar ⓯

De staartloze magot

De inwoners van Gibraltar stammen af van Engelsen, joden, Portugezen en Spanjaarden die na de Vrede van Utrecht *(blz. 52)* zijn gebleven. De Engelsen bezetten Gibraltar in 1704 tijdens de Spaanse Successieoorlog. Negen jaar later kreeg het de rots 'voor altijd' toegewezen. In de koloniale periode was *The Rock* van levensbelang voor de Engelsen, als bewaking van de toegang tot de Middellandse Zee. De spanningen over Gibraltar zijn de laatste jaren afgenomen er en wordt meer samenwerking verwacht tussen Spanje en Groot-Brittannië. Elk jaar passeren zo'n vier miljoen mensen de grens bij La Línea om dit stukje Engeland dat tegen Andalusië zit aangeplakt te bezoeken. U vindt er pubs, ale, fish and chips, pounds sterling en bobby's.

The Keep
Het onderstuk van dit Moorse kasteel uit de 8ste eeuw wordt nog altijd als gevangenis gebruikt.

Siege Tunnels
Soldatenbarakken en voorraadkamers beslaan 50 km tunnel.

Spaanse grens en douane

Kabelbaan
Een kabelbaan gaat van het stadscentrum naar de Top of the Rock, *het hoogste punt van Gibraltar (450 m), dat vaak in nevelen gehuld is.*

De landingsbaan van het vliegveld kruist de autoweg van La Línea naar Gibraltar.

St. Michael's Cave
Deze grotten dienden in de Tweede Wereldoorlog als militair hospitaal. Tegenwoordig worden er klassieke concerten uitgevoerd.

TIPS VOOR DE TOERIST

Verenigd Koninkrijk. **Wegenkaart** C5. 35.000. *Gibraltar.* *busstation Waterport.* *Cathedral Square, Duke of Kent House, 9567-74950.* *wo, za.* *nationale feestdag (10 sept.).*
Gibraltar Museum *ma–za.* *feestdagen.* *The Keep, Siege Tunnels, St. Michael's Cave, Apes' Den.* *dag.* *Eerste Kerstdag, Nieuwjaarsdag.*
Munteenheid: *Gibraltar pound, pound sterling.* **Visa:** *niet nodig voor inwoners van de EU.*

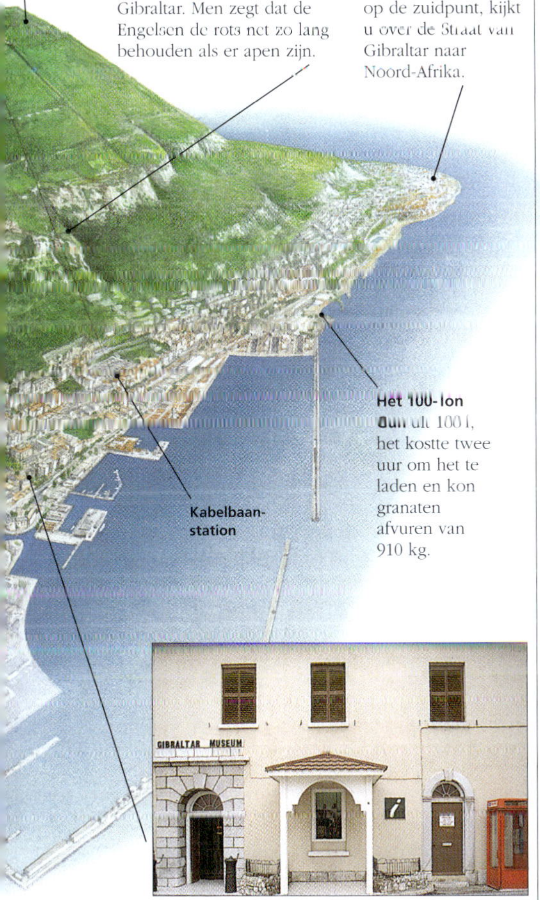

Apes' Den is het domein van de staartloze apen van Gibraltar. Men zegt dat de Engelsen de rots net zo lang behouden als er apen zijn.

Vanaf Europa Point, op de zuidpunt, kijkt u over de Straat van Gibraltar naar Noord-Afrika.

Het 100-ton Gun uit 188[illegible], het kostte twee uur om het te laden en kon granaten afvuren van 910 kg.

Kabelbaanstation

Gibraltar Museum
In dit museum, gebouwd op de fundamenten van Moorse baden, wordt de geschiedenis van Gibraltar toegelicht.

La Línea de la Concepción, met Gibraltar op de achtergrond

La Línea de la Concepción ⓰

Cádiz. **Wegenkaart** C5. *60.000.* *Avenida de 20 Abril, 956-769950.* *wo.*

De stad La Línea ligt aan de Spaanse kant van de grens met Gibraltar. De naam, 'de lijn', verwijst naar de muren die vroeger de grens vormden, maar tijdens de Napoleontische Oorlogen werden gesloopt om te voorkomen dat de Fransen ze als verdediging zouden gebruiken. Nu is La Línea een drukke handelsstad met hotels, die veel goedkoper zijn dan die in Gibraltar.

De elegante marina van Sotogrande

Sotogrande ⓱

Cádiz. **Wegenkaart** C5. *2000.* *San Roque.* *C/San Felipe s/n, 956-694005.* *zo.*

Even ten noorden van Gibraltar ligt Sotogrande, een exclusief vakantieoord. Hier vieren rijke inwoners van Gibraltar, die voortdurend met *The Rock* contact houden, vakantie in chique villa's. De marina ligt vol dure jachten en wordt omzoomd door uitstekende visrestaurants. Vlakbij liggen pijnlijk netjes onderhouden golfbanen *(blz. 32)*.

Een rondrit langs de Pueblos Blancos ⓲

Sommige Andalusiërs woonden liever op heuveltoppen in versterkte plaatsen dan zich op de vlakten te vestigen, waar ze het slachtoffer konden worden van rovers. Het leven in de *pueblos blancos* – ze heetten zo omdat ze in Moorse stijl waren witgekalkt – is door de eeuwen heen nauwelijks veranderd. Toeristen zien op hun rondrit langs de *pueblos blancos* steeds weer verwijzingen naar het verleden. Het zijn echter niet alleen toeristische attracties, maar landbouwsteden in vol bedrijf.

Zahara de la Sierra ③
Dit mooie *pueblo blanco*, dat ligt aan de voet van een kasteelruïne, is tot nationaal monument uitgeroepen.

Ubrique ②
In deze plaats aan de voet van de Sierra de Ubrique produceert men lederwaren.

Grazalema ④
Midden in het Parque Natural de la Sierra de Grazalema ligt dit dorp met de meeste neerslag van Spanje. Het park bezit een rijke vegetatie.

Arcos de la Frontera ①
Deze strategisch gelegen plaats is al eeuwenlang versterkt. Vanaf de muren hebt u een adembenemend uitzicht over het Guadaletedal.

Jimena de la Frontera ⑧
Kurkeiken en olijfbomen bedekken de heuvels langs de weg naar dit dorp. Een verwoest Moors kasteel, dat kan worden bezichtigd, ziet uit over de velden waar wilde stieren rustig grazen.

Gaucín ⑦
Hiervandaan hebt u een ongeëvenaard uitzicht op de Middellandse Zee, de Atlantische Oceaan, de rots van Gibraltar en het Rifgebergte in Noord-Afrika.

Setenil ⑤
De straten van dit witte stadje liggen aan de rand van een kloof, gevormd door de rivier de Trejo.

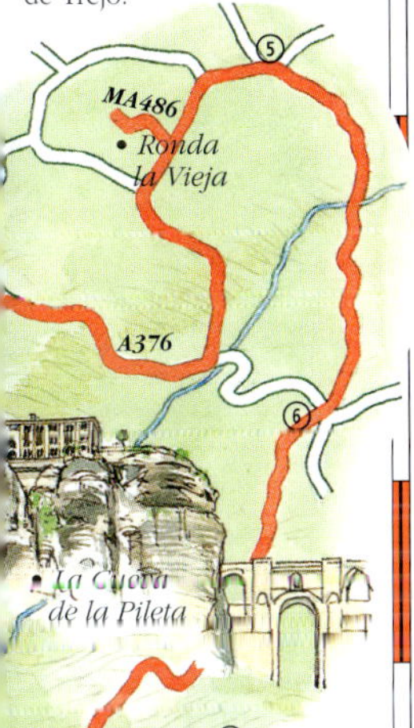

Ronda ⑥
Ronda, dat de Tajokloof als verdediging kon gebruiken, was een van de laatste steden die op de Moren werden heroverd. De bakermat van het stierenvechten *(blz. 176–177)*.

SYMBOLEN

- Rondrit
- Andere wegen

TIPS VOOR ONDERWEG

Afstand: *205 km.*
Halteplaatsen onderweg: *In Ronda zijn verscheidene hotels (blz. 218) en restaurants (blz 235). In Arcos de la Frontera vindt u een parador (blz. 216), hotels en restaurants. Gaucín, Jimena de la Frontera en Zahara de la Sierra bieden ook enige mogelijkheden om te overnachten en te eten. In Grazalema en Setenil zijn enkele bars en een hotel.*

Arcos de la Frontera ⑲

Cádiz. **Wegenkaart** B4. *30.000.*
Plaza del Cabildo, 956-702264.
vr. **www**.ayuntamientoarcos.org

Arcos wordt al erg lang bewoond. De strategische ligging moedigde mensen aan zich er te vestigen. De Romeinen noemden de stad Arcobriga en onder het kalifaat van Córdoba *(blz. 46)* heette het bolwerk Medina Arkosh. De christelijke troepen van Alfonso X *(blz. 48)* namen het in 1264 in.
De Moorse wijk in dit karakteristieke witte stadje lijkt een labyrint, dat omhoog kronkelt naar het vervallen kasteel. In het midden ligt de Plaza de España, vanwaar u over de door de zon geschroeide vlakten kunt kijken. Voor het plein staat de prachtige **Parador de Arcos de la Frontera** *(blz. 216)* en de **Iglesia de Santa María de la Asunción**, een mudéjar-gotisch gebouw met extravagante koorstoelen en een interessant altaarstuk. In een klein museum zijn de kerkschatten te zien. Opvallender is de compacte, gotische **Parroquia de San Pedro**, die op het randje van de kloof balanceert. Vanaf de toren kijkt u steil omlaag op de rivier de Guadalete. Vlakbij staat het **Palacio del Mayorazgo** met een weelderige gevel. Het **Ayuntamiento** heeft een mooi plafond.

Palacio del Mayorazgo
Calle San Pedro 2. ***Tel.*** *956-703013 (Casa de Cultura).*
dag.

Ayuntamiento
Plaza del Cabildo 1. ***Tel.*** *956-700002.* *ma–vr.*
feestdagen.

Romeins theater te midden van de ruïnes van Acinipo (Ronda la Vieja)

Ronda la Vieja ⑳

Málaga. **Wegenkaart** C4.
Ronda. ***Tel.*** *952-213640 en 630-429949.* *Plaza España 9, 952-871272.* *wo–za 9.00–15.30, zo 10.00–15.00 uur.* **Cuevas de la Pileta** *alleen rondleidingen (dag. 2maal).* **www**.turismoderonda.es

Ronda la Vieja is de moderne naam van de Romeinse stad Acinipo *(blz. 176–177)*. Deze stad, die in de 1ste eeuw nog van belang was, raakte later in verval, anders dan Ronda, dat de Romeinen Arunda noemden.
De ruïnes liggen tegen de helling, verspreid over een groot gebied, waarvan slechts een klein gedeelte is opgegraven. De belangrijkste bezienswaardigheid is het theater, maar stenen markeringen geven ook de fundamenten van huizen, het forum en andere openbare gebouwen aan. Langs de C339, 22 km van Ronda la Vieja, liggen de Cuevas de la Pileta, waar prehistorische rotstekeningen van ongeveer 25.000 v.C. zijn gevonden *(blz. 43)*.

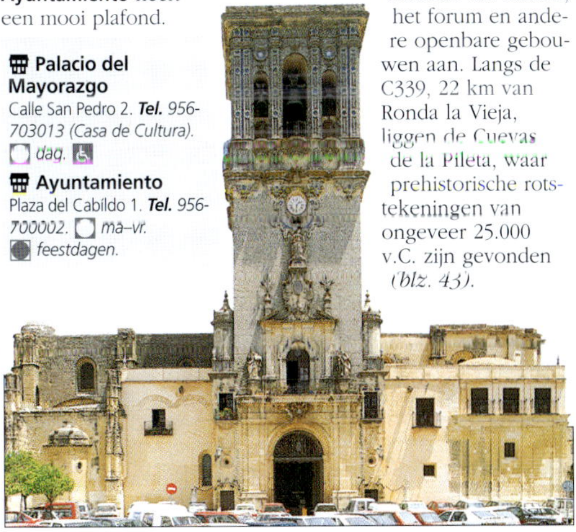

De mudéjar-gotische Iglesia de Santa María de la Asunción

Onder de loep: Ronda ㉑

Handbeschilderd bord uit Ronda

Ronda is een van de spectaculairst gelegen steden van Spanje. Vanwege zijn onneembare ligging was deze stad een van de laatste Moorse bastions, die ten slotte in 1485 in handen van de christenen viel. Het zuidelijke deel is een klassiek Moors *pueblo blanco (blz. 174)* met klinkerstraatjes, hekjes voor de ramen en verblindend witte muren – de meeste bezienswaardigheden zijn hier te vinden. In El Mercadillo, de nieuwere stad, aan de overzijde van de kloof, ligt een van de oudste arena's van Spanje.

★ **Puente Nuevo**
Het bouwen van de 'nieuwe brug' over de bijna 100 m diepe kloof van de Tajo was een knap staaltje 18de-eeuwse techniek.

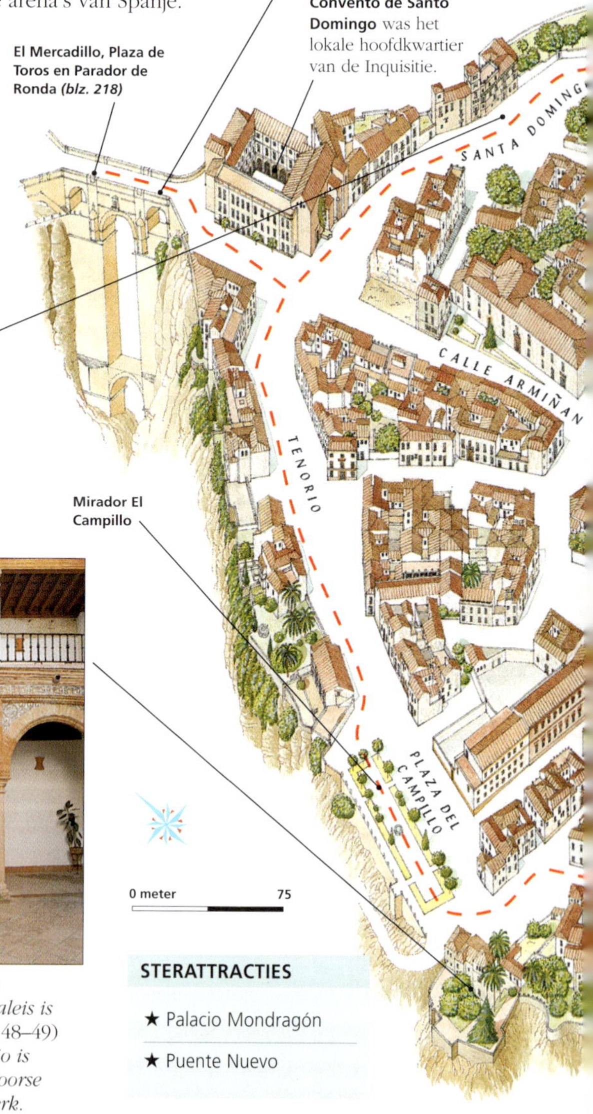

El Mercadillo, Plaza de Toros en Parador de Ronda ***(blz. 218)***

Convento de Santo Domingo was het lokale hoofdkwartier van de Inquisitie.

Mirador El Campillo

Casa del Rey Moro
Van dit 18de-eeuwse herenhuis, dat op de fundamenten van een Moors paleis staat, leidt een trap naar de rivier.

★ **Palacio Mondragón**
Een groot deel van dit paleis is na de Reconquista (blz. 48–49) *herbouwd, maar de patio is versierd met originele Moorse mozaïeken en pleisterwerk.*

STERATTRACTIES

- ★ Palacio Mondragón
- ★ Puente Nuevo

Voor hotels en restaurants in dit gebied zie blz. 216–218 en blz. 233–236

Palacio del Marqués de Salvatierra
Vreemde beelden van bijbelscènes en Zuid-Amerikaanse Indianen sieren de gevel van dit paleis, dat in de 18de eeuw in renaissancestijl is gebouwd.

Santa María la Mayor
Een minaret en een gebedsnis zijn nog over uit de 13de-eeuwse moskee die ooit op de plaats van deze kerk stond.

Naar Puente Viejo, Baños Arabes

Minarete San Sebastián is een restant van een 14de-eeuwse moskee.

TIPS VOOR DE TOERIST

Málaga. **Wegenkaart** C4. 34.000. Avda Andalucía. 902-240202. Pl Concepción García Redondo s/n, 952-872262. Plaza de España 1, 95-2871272. **www**.andalucia.org zo. Fiesta Romeria Virgen de la Cabeza (mei); Feria de Málaga (aug.); Feria de Pedro Romero (sept.). **Casa del Rey Moro** alleen de tuin. **Palacio del Marqués de Salvatierra** gesloten voor publiek. **Palacio Mondragón** dag. **Plaza de Toros en Museo Taurino** dag. **Baños Arabes** dag.

Ayuntamiento
Het stadhuis is in de 20ste eeuw verbouwd rond delen van oudere gebouwen. Het heeft een bijzondere bogengevel en een mudéjarplafond.

SYMBOOL

— — — Aanbevolen route

STIERENVECHTEN IN RONDA

De Plaza de Toros in Ronda is de bakermat van het stierenvechten. Hij werd in 1785 ingewijd en is een van de oudste arena's van Spanje. Liefhebbers uit het hele land komen af op de bijzondere sfeer van de Corrida Goyesca *(blz. 36)*; miljoenen kijken ernaar op televisie. Elke zichzelf respecterende matador wil in Ronda vechten. De klassieke stijl van Ronda (strenger dan de School van Sevilla) werd ontwikkeld door de in 1754 geboren Pedro Romero, die beschouwd wordt als de vader van het moderne stierenvechten.

Romero, die zo'n 6000 stieren doodde

Parque Natural Sierra de las Nieves ㉒

Wegenkaart C4. *Palacio de Mondragón, Plaza de Mondragón, Ronda, 95-2871171.*

Dit natuurreservaat van de Unesco, ten zuidoosten van Ronda, is een van de ontoegankelijkste gebieden van Andalusië. Het strekt zich uit van Parauta (naar het oosten), Tolox (westen), El burgo (noorden) en Istán (zuiden). Het heeft bijzonder hoge toppen en diepe dalen, van de top van de Torrecilla (1919 m) tot een van de diepste erosiepijpen ter wereld, GESM (1100 m diep). De sierra is populair vanwege de speleologie en het bergbeklimmen, en er zijn ook enkele gemiddelde tot zware bewegwijzerde wandelroutes.
Iets zuidelijker, bij Ojén, ligt de prachtige plek Refugio de Juanar, waar u heerlijk kunt wandelen door de bossen naar een uitkijkpunt over de kust.

Olijfgaarden tussen de dorpen Álora en Antequera

Álora ㉓

Málaga. **Wegenkaart** C4. 13.000. *Avenida Constitución, 95-2495577.* *ma.*

Álora is een belangrijk landbouwcentrum in het dal van de Guadalhorce. Het is een wit dorp *(pueblo blanco, blz. 174–175)*, dat tegen een helling ligt en uitziet over tarwevelden, citrusboomgaarden en olijfgaarden. De klinkerstraatjes komen uit bij de 18de-eeuwse **Iglesia de la Encarnación**. Tijdens de wekelijkse markt vullen kraampjes de straten.
Op de hoogste van de beide heuvels van Álora ligt het **Castillo**, waar een begraafplaats bij hoort met tomben in keurig naast elkaar geplaatste nissen.

Castillo Árabe
Calle Ancha. ***Tel.*** *95-2498380 (toeristenbureau).* *dag.*

De Garganta del Chorro rijst hoog op boven de rivier de Guadalhorce

Garganta del Chorro ㉔

Málaga. **Wegenkaart** C4. *El Chorro.* *Parque Ardales.* *Avenida Constitución s/n, 95-2498380.*

In het vruchtbare dal van de Guadalhorce, 12 km van Álora, ligt een van de geografische wonderen van Spanje. De Garganta del Chorro is een reusachtig, 180 m diep ravijn, dat een kalkstenen berg doorsnijdt. Op sommige plaatsen, waar de Guadalhorce erdoorheen stroomt, is het slechts 10 m breed. Aan de voet van het ravijn bevindt zich een waterkrachtcentrale, die wat afdoet aan de schoonheid en de woestheid van het landschap.
In het nabijgelegen dorp **El Chorro** is van alles te doen.

Fuente de Piedra ㉕

Málaga. **Wegenkaart** C4. *C/Castillo 1, 95-2735453.*

Het grootste van een aantal meren in een uitgebreid moerasgebied ten noorden van Antequera, de Laguna de la Fuente de Piedra, zit vol vogels, waaronder grote zwermen flamingo's. Elk jaar, in maart, strijken hier zo'n 25.000 exemplaren neer om te broeden, voor ze naar West-Afrika terugkeren. Bezoekers moeten zich ervan bewust zijn dat als er

Voor hotels en restaurants in dit gebied zie blz. 216–218 en blz. 233–236

droogte in het gebied heerst, er minder vogels broeden. Behalve flamingo's kunt u hier ook kraanvogels, reigers, bijeneters en hagelwitte zilverreigers bewonderen, naast vele soorten eenden en ganzen. Ze nemen in aantal toe sinds ze worden beschermd, het jagen werd verboden en het gebied tot natuurgebied is uitgeroepen.
Een afslag van de N334 voert naar de rand van het meer, waar u de vogels kunt bekijken. Het is verboden het water in te gaan. Inlichtingen kunt u verkrijgen bij het bezoekerscentrum vlak bij het dorp Fuente de Piedra.

De 16de-eeuwse triomfboog Arco de los Gigantes, Antequera

Antequera 26

Málaga. **Wegenkaart** D4. *42.000.* *Plaza San Sebastián 7, 95-2702505.*
www.aytoantequera.com

Deze drukke handelsstad is lang van strategische betekenis geweest, eerst als het Romeinse Anticaria en later als een Moors grensfort ter verdediging van Granada.
De **Iglesia de Nuestra Señora del Carmen**, met zijn enorme, weelderige barokke altaarstuk, mag u niet missen. Ten westen, aan de andere kant van de stad, ligt de 19de-eeuwse **Plaza de Toros**, waar een stierenvechtmuseum staat. Boven de stad ligt hoog op een heuvel het **Castillo Arabe**, een 13de-eeuws Moors kasteel. Het is niet toegankelijk, maar het is wel mogelijk langs de kasteelmuren te wandelen – u komt er via de 16de-eeuwse **Arco de los Gigantes**. Vanaf de **Torre del Papabellotas**, op het best bewaard gebleven deel van de muur, hebt u een prachtig uitzicht. In de stad herbergt het 18de-eeuwse **Palacio de Nájera** het gemeentemuseum, dat als sterattractie een 2000 jaar oud bronzen beeld van een Romeinse jongen tentoonstelt.
In de buitenwijken van de stad staan drie grote prehistorische **dolmens** die mogelijk de grafkamers zijn geweest van stamhoofden. Viera en Menga staan bij elkaar; laatstgenoemde is de oudste en indrukwekkendste, en is tussen de 4000 en 4500 jaar oud. Vlakbij staat de Dolmen de Romeral, met een lange gang naar een gewelfde centrale kamer.

Plaza de Toros
Crta de Sevilla. ***Tel.*** *95-2708142.* *di–zo.* **Museo Taurino** *za, zo, feestdagen.*

Palacio de Nájera
Coso Viejo. ***Tel.*** *95-2704021.* *di–zo.* *Dolmens.* *di–za 9.00–18.00, zo 9.30–14.30 uur.* *di.*

Kalksteenformaties in het Parque Natural del Torcal

El Torcal 27

Málaga. **Wegenkaart** D4. *Antequera.* *Antequera, 95-2702505.*

Het bij wandelaars zeer in trek zijnde **Parque Natural del Torcal** bestaat uit een enorme brok kalksteen, dat door de wind en de regen de bizarste vormen heeft aangenomen. De voetpaden beginnen bij het bezoekerscentrum. Korte wandelingen worden met gele pijlen aangegeven, langere wandelingen met rode pijlen. U passeert ravijnen, grotten, paddenstoelvormige rotsen en andere geologische curiositeiten. Het park is een paradijs voor biologen; er zijn vossen en wezels, arenden, haviken en gieren. Er worden in het park ook zeldzame planten en bloemen beschermd, waaronder wilde orchideeënsoorten.

Archidona 28

Málaga. **Wegenkaart** D4. *8200.* *Plaza Ochavada 2, 95-2716479.* *ma.*

Dit stadje is een bezoek waard vanwege de **Plaza Ochavada**, een achthoekig plein dat in de 18de eeuw in Franse stijl werd aangelegd, maar traditionele Andalusische details in zich bergt. Van de **Ermita Virgen de Gracia**, op een heuveltop boven de stad, is het uitzicht adembenemend.

De 18de-eeuwse, achthoekige Plaza Ochevada in Archidona

Nerja ㉙

Málaga. **Wegenkaart** D4. *18.000.* *Calle Puerta del Mar 2, (95) 2521531.* *di.*
www.nerja.org

Dit modieuze vakantieoord in het uiterste oosten van de Costa del Sol ligt aan de voet van de bergen van de Sierra de Almijara en is gebouwd op een klip boven enige baaien. De toeristen concentreren zich in de omgeving van de promenade. Deze loopt over een rotsig voorgebergte, dat **El Balcón de Europa** wordt genoemd. Erlangs liggen cafés en restaurants met terrassen en overal hebt u een mooi uitzicht over de kust. Aan de stadsrand verrijzen vakantiehuisjes, vele met eigen zwembad en sappige gazons, alsmede nieuwe appartementencomplexen. Ten oosten van de stad liggen de **Cuevas de Nerja**, een reeks diepe grotten die van groot archeologisch belang zijn. De erin gevonden wandschilderingen *(blz. 42)* zijn vermoedelijk ongeveer 20.000 jaar oud, maar ze zijn niet te bezichtigen. Slechts enkele van de vele kolossale ruimten zijn voor publiek geopend. Van een ervan is een indrukwekkend ondergronds auditorium gemaakt, waarin een publiek van enkele honderden mensen past. Hier worden in de zomer concerten gegeven.

De stad Nerja kijkt vanaf El Balcón de Europa uit over zee

Cuevas de Nerja
Carretera de las Cuevas de Nerja.
Tel. *95-2529520.* *dag.*

Málaga ㉜

Málaga. **Wegenkaart** D4. *650.000.* *Pasaje de Chinitas 4, (95) 2213445.* *zo.*
www.malagaturismo.com

De bruisende havenstad Málaga is de op een na grootste stad van Andalusië. De Fenicische *(blz. 42–43)* stad Malaca was een zeer belangrijke handelshaven op het Iberisch Schiereiland. Na de overwinning van de Romeinen op de Carthagers in 206 v.C. *(blz. 44)* werd de stad een belangrijke schakel in de handel tussen Rome en Byzantium. Zijn bloeitijd beleefde Málaga in de jaren na 711, nadat de stad in handen van de Moren was gevallen en hun belangrijkste haven werd voor de handel op Granada. In 1487 kwam de stad, na een bloedig beleg, weer aan de christenen. De Moren die achterbleven, werden na een opstand verbannen *(blz. 50–51)*. Na een lange periode van verval bloeide de stad weer op in de 19de eeuw, toen wijn uit Málaga een van de populairste dranken in Europa werd. Phylloxera, de ziekte die de wijngaarden van Europa verwoestte, bereikte ook Málaga en richtte de welvaart van zijn wijngaarden te gronde. Niet lang daarna begonnen toeristen – vooral Britten – er te overwinteren.

Geveldetail, kathedraal Málaga

De oude stad in het centrum van Málaga ligt rond de **catedral**. Deze werd gebouwd vanaf 1528 door Diego de Siloé, maar vormt uiteindelijk een bizarre mengelmoes van stijlen. De bouw werd in 1680 door een aardbeving onderbroken. De half voltooide tweede toren, waarvan de bouw in 1765 werd stilgelegd wegens geldgebrek, is de reden voor de bijnaam van de kathedraal: La Manquita (de éénarmige).
Het voormalige Museo de Bellas Artes van Malaga gaat het nieuwe **Museo de Picasso** huisvesten, met werk van de hier geboren kunstenaar *(blz. 54)*.
Het **Casa Natal de Picasso**, waar de schilder zijn eerste levens-

Voor hotels en restaurants in dit gebied zie blz. 216–218 en blz. 233–236

La Axarquia ㉚

Málaga. **Wegenkaart** D4. *Avda de la Constitución, Cómpeta, 952-553685.* **www**.competa.es

De heuvels achter Torre del Mar en Nerja vormen de mooie hooglandregio van Axarquia, waarvan de hoofdstad, **Vélez-Málaga**, een paar oude straten heeft en de restanten van een kasteel. Een betere uitvalsbasis voor excursies is de aantrekkelijke wijnproducerende stad **Cómpeta**, 20 km van de kust en bereikbaar via kronkelige bergwegen. Vervolgens is er de interessante 'Mudéjarroute' naar beneden en door het dal naar **Archez** en **Salares**, dorpen wier kerktorens stenen minaretten zijn uit respectievelijk de 15de en de 13de eeuw.
Twee andere dorpen die een bezoek waard zijn, zijn **Frigiliana**, dicht bij de kust en gemakkelijk te bereiken vanuit Nerja, en **Comares** (ten noordoosten van Vélez-Málaga), op de top van een uitloper van de bergen met een prachtig uitzicht.

Smalle straat in de Barrio de San Sebastián, Vélez Málaga

Montes de Málaga ㉛

Málaga. **Wegenkaart** D4. *naar Colmenar.* *Lagar de Torrijos, aan de C345 bij km 544,3, 95-1045100.*

Ten noorden en oosten van Málaga liggen de prachtige heuvels Montes de Málaga. Een uitgestrekt gebied wordt herbebost en vormt het **Parque Natural de Montes de Málaga**. In de sterk geurende vegetatie van lavendel en wilde kruiden komt veel wild voor. Soms ziet men een glimp van een wilde kat, een steenmarter, een everzwijn of een roofvogel.
Wandelaars kunnen de gemarkeerde paden volgen. Een boerderij is gerestaureerd en ingericht als etnologisch museum. Langs de C345 tussen Málaga en het park hebt u een sensationeel uitzicht op de zee.

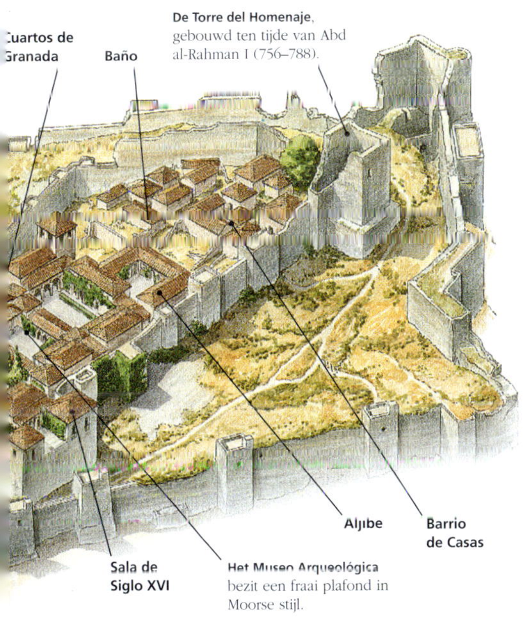

De Alcazaba van Málaga
De uitgestrekte Alcazaba van Málaga is tussen de 8ste en de 11de eeuw gebouwd op de plaats van een Romeinse stad. De twee liggen wonderlijk naast elkaar; het Romeinse amfitheater, in 1951 ontdekt en pas gedeeltelijk opgegraven, ligt net buiten de ingang. U ziet hier restanten van Moorse muren, maar het interessantst is het Museo Arqueológico, dat Fenicische, Romeinse en Moorse voorwerpen herbergt.

jaren doorbracht, is nu het hoofdkantoor van de Picasso Stichting.
Op een heuvel direct achter het Alcazaba liggen de ruïnes van het **Castillo de Gibralfaro**, een 14de-eeuws Moors kasteel. Het is met enkele parallel lopende muren met het fort verbonden en te bereiken via prachtige tuinen. U hebt uitzicht over de oude stad, de haven en de arena van Málaga. De weg naar de Parador de Málaga voert eveneens naar de top van deze heuvel. Ook hier is het uitzicht de moeite waard.
Ten oosten van Málaga, op de weg naar Vélez Málaga, ligt het rustige familiestrand Rincón de la Victoria (*blz. 33*).

Museo de Picasso
Calle San Agustín 8. ***Tel.*** *95-2602731.*
di–zo 10.00–20.00 uur.

Casa Natal de Picasso
Plaza de la Merced 15. ***Tel.*** *95-2060215.*
ma–za 10.00–14.00, 17.00–20.00, zo en feestdagen 10.00–14.00 uur.

Castillo de Gibralfaro
di–zo 9.00–18.00 uur.

Alcazaba
Calle Alcazabilla. ***Tel.*** *95-2216005.*
di–zo 8.30–19.00 uur.

Museo Arqueológico
Calle Alcazabilla. ***Tel.*** *95-2216005.*
di–zo 9.30–19.00 uur.

Torremolinos, de schreeuwerige hoofdstad van de toeristenindustrie

Torremolinos ㉝

Málaga. **Wegenkaart** D4. *50.000. Plaza Blas Infante 1, 95-2379512. do.*
www.ayto.torremolinos.org

In de jaren vijftig van de vorige eeuw lag hier slechts een dorpje, maar nu is Torremolinos een van de drukste vakantiebestemmingen aan de Costa del Sol, waar Engelse, Duitse, Nederlandse, Belgische en Scandinavische vakantiegangers massaal naartoe trekken. Matrozen van de Amerikaanse marine, die in Málaga voor anker gaan, komen hier af op de rosse buurt en het liederlijke nachtleven. Kort geleden heeft de stad een opknapbeurt gekregen. Er werd geïnvesteerd in nieuwe pleinen, een promenade, parken en de verbreding van het strand met fijn, goudgeel zand. Natuurlijk zijn er nog wel tentjes waar u patat of gehaktballen van tante Marie kunt krijgen, maar de sfeer is rustiger geworden. Dit is met name zo op het Carihuelastrand, vlak bij de naburige vakantieplaats Benalmádena. Het Bajondillostrand ligt dichter bij het drukke centrum.

Benalmádena ㉞

Málaga. **Wegenkaart** D4. ***Tel.*** *95-2569662. di–vr 10.30–14.00, 16.00–20.00, za–zo 10.30–20.00 uur.*
www.stupabenalmadena.org

De Costa del Sol is wellicht niet de meest voor de hand liggende locatie voor het grootste boeddhistische monument van Europa. Deze stoepa is een oase van rust te midden van de wildgroei aan appartementen. De stoepa, in 2003 ingewijd, werd gebouwd door de lokale boeddhistische gemeenschap van Lopon Tsechu Rinpoche, samen met de gemeenteraad van Benalmádena. De gouden spits steekt 33 m boven het terras uit en bevat diverse heilige voorwerpen.

Fuengirola ㉟

Málaga. **Wegenkaart** C4. *53.000. Avda Jesús Santos Rein 6, 95-2467457. di, za en zo.*
www.fuengirola.org

Fuengirola is een van dé bestemmingen voor massatoerisme. In de afgelopen jaren hebben gezinnen de plaats ingenomen van wildere toeristen. In de zachte wintermaanden arriveren vliegtuigen vol gepensioneerden uit noordelijke Europese landen om hier te overwinteren. Ze wandelen langs de promenade en bezoeken bars in de stijl van hun land van herkomst.

Kratten verse vis, Fuengirola

Marbella ㊱

Málaga. **Wegenkaart** C4. *120.000. Glorieta de la Fontanilla, Paseo Maritimo, 95-2771442. ma en za (Puerto Banús).*
www.marbella.es

Marbella staat in scherp contrast met Torremolinos en Fuengirola; het is een van de exclusiefste vakantieoorden in

Jachten en motorboten in de marina van Marbella – het zomerverblijf van de internationale jetset

Voor hotels en restaurants in dit gebied zie blz. 216–218 en blz. 233–236

19de-eeuwse litho van de haven van Málaga

EEN LEVEN IN DE ZON

Het geïdealiseerde beeld van de Costa del Sol vóór de komst van het toerisme is dat van idyllische visserdorpjes, waar het leven altijd rustig verliep. Nu worden visserij en landbouw verwaarloosd en is de natuurlijke schoonheid van de kust geschaad. Critici moeten toch maar eens nadenken over wat de auteur Laurie Lee in 1936 schreef: '… dorpjes waar men op zee vist, mager, de zee hatend, hun plaats in de zon vervloekend'. Er zijn maar weinig Andalusiërs die hun welvaart vervloeken.

Europa. Filmsterren en andere jetsetters brengen hier de zomer door in een luxueuze villa of in een van Marbella's weelderige hotels. In de winter vormt golf *(blz. 32–33)* de grootste attractie.

Marbella heeft niet alleen moderne bouwprojecten, maar ook een charmant, fraai behouden oud centrum.

Vanaf de hoofdstraat, de Avenida Ramón y Cajal, leiden verschillende straten naar de Plaza de los Naranjos, het hoofdplein, omzoomd door sinaasappelbomen (vandaar de naam). De resten van de Arabische muren staan aan de Calle Carmen, die voert naar de 17de-eeuwse **Iglesia de Nuestra Señora de la Encarnación**. Vlakbij ligt het **Museo del Grabado Español Contemporáneo** (museum voor moderne grafische kunst), met werken van Miró en Picasso. Aan de andere kant van de Avenida Ramón y Cajal ligt de **Paseo de la Alameda**, een park met banken die versierd zijn met kleurrijke tegels. Van hieruit loopt de Avenida del Mar, met beelden van Salvador Dalí, naar de zee.

Naar het westen gaat de Avenida Ramón y Cajal over in de N340. Het eerste deel heet de Gouden Mijl vanwege de vele dure huizen. Aan de andere kant van de Gouden Mijl ligt Puerto Banús, een exclusieve jachthaven.

Na Puerto Banús komt u in **San Pedro de Alcantara** dat apart ligt, maar deel uitmaakt van Marbella: een rustig stadje, vooral bij Plaza del Iglesia.

Aan de rand van het stadje liggen de grote vakantieresorts te midden van diverse golfbanen.

Museo del Grabado Español Contemporáneo
C/ Hospital Bazan. ***Tel.*** *952-765741.*
di–za. *feestdagen.*

Estepona ❸❼

Málaga. **Wegenkaart** C5.
16.000. *Avda San Lorenzo 1. 952-800913.* *wo en za.*
www.infoestepona.com

Dit vissersdorp, halverwege Marbella en Gibraltar, is wel veranderd, maar niet totaal overweldigd door het toerisme. Het is op het eerste gezicht niet erg aantrekkelijk, met zijn grote hotels en appartementenblokken. Als u de moeite neemt om ernaar op zoek te gaan, vindt u daarachter echter nog restanten van alles wat Spanje Spaans maakt: sinaasappelbomen langs de straten en de fraaie **Plaza Arce** en **Plaza de las Flores**, vredige pleintjes waar oude mannen de krant lezen en kinderen een balletje trappen.

De groene Plaza de las Flores in het rustige deel van Estepona

U vindt in Estepona ook een paar goede, relatief goedkope visrestaurants en tapasbars. Het strand is heel prettig en de avonden zijn in dit stadje rustig, wat het tot een ideaal vakantieoord voor gezinnen met kleine kinderen maakt. Niet ver van Estepona ligt een populair nudistenstrand: de Costa Natura *(blz. 32–33)*.

Even bijpraten in San Pedro de Alcántara

GRANADA EN ALMERÍA

Oost-Andalusië wordt gedomineerd door de Sierra Nevada, de hoogste bergketen van Iberië en een van de belangrijkste wintersportgebieden in Spanje. Aan de voet ligt Granada, vroeger een Moors koninkrijk met een koninklijk paleis, het sprookjesachtige Alhambra. Verwoeste forten bepalen de sfeer in de steden in de provincie Granada. In het dorre binnenland van Almería nemen filmregisseurs films op die spelen in Arabië of het Wilde Westen.

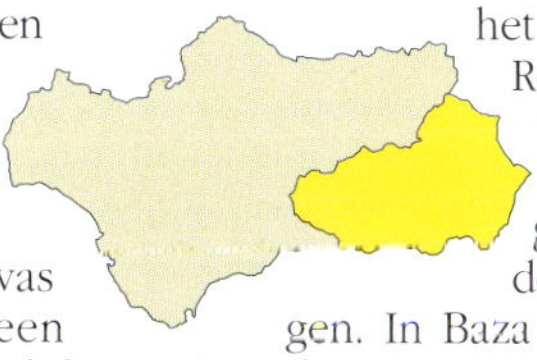

Op het punt waar de bergen van de Sierra Nevada in de vlakte overgaan ligt de oude, door de Iberiers gestichte stad Granada. Zo'n 250 jaar lang was dit de hoofdstad van een Moors koninkrijk, dat zowel de provincie Alméria als de provincie Málaga omvatte. Op een bergkam boven de stad verrijst het Alhambra, een complex van paleizen en watertuinen.

Het bergachtige terrein van de provincie Granada is zeer imposant. Te midden van de ravijnen, rotspunten en terrasvormige velden van Las Alpujarras aan de zuidflank van de Sierra Nevada, lijkt het of de dorpjes tegen de steile hellingen kleven.

Hotels, villa's en appartementenblokken zijn hier ook in overvloed aanwezig. Ten oosten van Granada wordt het landschap nog droger. Rond de stad Guadix, die in de Romeinse en Fenicische periode is gesticht, wonen duizenden mensen in rotswoningen. In Baza werd een beeld gevonden van een Iberische godin uit de pre-Romeinse tijd en in Los Millares, bij Almería, trof men sporen aan van een 4000 jaar oude nederzetting.

Almería, dat in de Moorse periode een bloeiende havenstad was, kreeg weer leven ingeblazen door een nieuwe vorm van landbouw. In plastic kassen, die grote delen van het omringende land bedekken, worden het hele jaar door fruit en groenten geproduceerd.

Langs de dunbevolkte kust van Cabo de Gata dommelen nog onontdekte dorpjes en baaien in de zon.

Het renaissancekasteel La Calahorra aan de voet van de Sierra Nevada

◁ **Patio de los Leones, Alhambra, Granada: een fontein op de rug van twaalf leeuwen**

Granada en Almería ontdekken

Granada en het Alhambra vormen de hoogtepunten van dit gebied, maar er zijn meer bezienswaardigheden. Door de verbeterde wegen zijn de meeste plaatsen binnen een paar uur te bereiken en vanuit Granada kunt u de Sierra Nevada verkennen, het heldere water van de Costa Tropical induiken of door mooie, spectaculair gelegen oude steden als Montefrío en Alhama de Granada wandelen. Vanuit Almería is het een klein stukje rijden naar het op Arizona lijkende gebied rond Tabernas, waar veel spaghettiwesterns werden opgenomen, of naar de afgelegen stranden in het Parque Natural de Cabo de Gata.

Het Alhambra, met de met sneeuw bedekte toppen van de Sierra Nevada op de achtergrond

BEZIENSWAARDIGHEDEN

- Alhama de Granada 3
- *Almería blz. 200–201* 18
- Almuñécar 6
- Baza 14
- *Granada blz. 190–196* 5
- Guadix 13
- La Calahorra 12
- Lanjarón 8
- Loja 2
- Mojácar 23
- Montefrío 1
- Níjar 21
- Parque Natural de Cabo de Gata 19
- Poqueiradal 10
- Roquetas de Mar 17
- Salobreña 7
- San José 20
- Santa Fé 4
- Sierra Nevada 11
- Sorbas 22
- Tabernas 16
- Vélez Blanco 15

Rondrit

- Las Alpujarras 9

SYMBOLEN

- Snelweg
- In aanleg
- Hoofdweg
- Secundaire weg
- Schilderachtige route
- Belangrijke spoorlijn
- Spoorlijn
- Provinciale grens
- Bergtop

Voor overige symbolen *zie achterflap*

Avenida de Andalucía, de hoofdstraat in Lanjarón

Landschap als in een spaghettiwestern bij Tabernas

RONDREIZEN

De A92 loopt westwaarts naar Guadix en buigt dan af naar het zuiden naar Almería. De A92N gaat van Guadix westwaarts naar Lorca. De N340 (E15) volgt de kust via Almería en de Costa Tropical. De N323 (E902) verbindt Granada met de kust en de A348 verbindt de plaatsen in de Alpujarras. Er rijden drie treinen per dag tussen Granada en Almería, maar aan de kust rijden geen treinen. Er rijden regelmatig bussen van beide steden naar plaatsen aan de hoofdwegen.

Witgepleisterde huizen aan de rand van het ravijn in Alhama de Granada, omringd door olijfgaarden

Montefrío ❶

Granada. **Wegenkaart** D3. *7050.* *Plaza de España 1, 958-336004.* *ma.*

Montefrío is een echt Andalusische plaats die, als u over de weg aan komt rijden, een prachtige aanblik biedt van pannendaken en witgekalkte huizen. Boven het dorp liggen de restanten van Moorse versterkingen en de 16de-eeuwse **Iglesia de la Villa**, die wordt toegeschreven aan Diego de Siloé. Midden in de stad staat de **Iglesia de la Encarnación**, een neoklassiek ontwerp dat waarschijnlijk van de hand van de architect Ventura Rodríguez (1717–1785) is. Montefrío staat ook bekend om zijn varkensvleesproducten.

Klokkentoren, Templo de San Gabriel, Loja

Loja ❷

Granada. **Wegenkaart** D4. *21.000.* *Calle las Tiendas 1, 958-323949.* *ma.* **www**.aytoloja.org

Een vervallen Moors fort rijst uit boven Loja op zijn strategische plek aan de Río Genil. De door Diego de Siloé ontworpen gevel van de renaissancistische **Templo de San Gabriel** (1566) is heel bijzonder. Loja wordt de 'stad van het water' genoemd om zijn fonteinen. Ten oosten van de stad stroomt de Río Genil door het **Los Infiernosravijn**. Ten westen ligt *Riofrío*, waar in enkele restaurants de plaatselijke specialiteit zalm wordt geserveerd.

Alhama de Granada ❸

Granada. **Wegenkaart** D4. *6000.* *Paseo Montes Jovellar s/n, 958-360686.* *vr.* **www**.turismodealhama.org

Alhama is een aardig stadje dat boven een ravijn balanceert. De Arabieren kenden het als Al-hamma (hete bronnen). Hun baden zijn nog te zien in het **Hotel Balneario** aan de rand van de stad. Alhama viel in 1482 in handen van de christenen. Het was de aanzet tot de uiteindelijke val van het Nasridenrijk bij Granada in 1492 *(blz. 48)*. De 16de-eeuwse **Iglesia de Carmen** bezit een aantal fraaie schilderingen op zijn koepel, die na de Spaanse Burgeroorlog *(blz. 54–55)* moest worden gerestaureerd. Smalle, helderwitte straten voeren naar de **Iglesia de la Encarnación**, die in de 16de eeuw door de Katholieke Koningen *(blz. 48–49)* is gesticht. Enkele van de gewaden die de priesters nu nog dragen, zouden door koningin Isabella zelf zijn geborduurd. De kerk bezit een opmerkelijke renaissanceklokkentoren, ontworpen door Diego de Siloé. Vlakbij ligt het 16de-eeuwse **Hospital de la Reina**, nu een bibliotheek.

Hotel Balneario
Calle Balneario. ***Tel.*** *958-350011.* *april–nov.*

Hospital de la Reina
Calle Vendederas s/n. ***Tel.*** *958-360643.* *di–vr 11.00–13.30, 16.00–20.00, za 10.00–13.00 uur.*

Santa Fé ❹

Granada. **Wegenkaart** D4. *12.500.* *Arco de Sevilla, Calle Isabel la Católica 7, 958-441258.* *do.*

De troepen van de Katholieke Koningen verbleven hier toen ze Granada belegerden *(blz. 48)*. De stad ging naar verluidt in vlammen op nadat een meid een kaars te dicht bij een gordijn had gezet, waarna Ferdinand een nieuwe stad liet bouwen. De naam, 'heilig geloof', was door de vrome Isabella gekozen. In 1492 gaven de Moren zich formeel over bij Santa Fé en in hetzelfde jaar steunden de Katholieke Koningen hier Columbus *(blz. 127)*. In 1806 verwoestte een aardbeving een deel van de stad. Op de spits van de parochiekerk staat een stenen afgehakt hoofd van een Moor.

Torenspits in Santa Fé

Granada 5

Zie blz. 190–196.

Almuñécar 6

Granada. **Wegenkaart** D4. *22.000.* *Avenida Europa, 958-631125.* *vr.* **www**.almunecar.info

Almuñécar ligt aan de **Costa Tropical** *(blz. 32)*, waar bergen tot 2000 m boven de kust van de Middellandse Zee uitrijzen. De Feniciërs stichtten de eerste nederzetting, die ze Sexi noemden, en de Romeinen bouwden er een aquaduct, dat nu nog in gebruik is. Toen de Engelse schrijver Laurie Lee in 1936 door Spanje trok, beschreef hij Almuñécar als 'een bouwvallig dorpje … aan een strook grijs zand, waarvan sommigen hoopten dat het een toeristische attractie zou worden'. Toen hij in de jaren vijftig terugkwam, trof Lee een dorp aan dat nog worstelde met de gevolgen van de Spaanse Burgeroorlog *(blz. 54–55)*. Hij beschrijft het in zijn roman *A rose for winter*. Almuñécar is nu een vakantieoord met appartementenblokken. Boven de oude stad rijst het **Castillo de San Miguel** uit, met in zijn schaduw de botanische tuinen, het **Parque Ornitológico** en een Romeinse fabriek waar vis werd gezouten. In het **Museo Arqueológico** zijn Fenicische voorwerpen te zien.

Castillo de San Miguel boven het dorp Almuñécar

Castillo de San Miguel
di–zo.

Parque Ornitológico
Plaza de Abderraman.
Tel. *958-631125.* *dag.*

Museo Arqueológico Cueva de Siete Palacios
Casco Antiguo. *di–zo.*

Salobreña 7

Granada. **Wegenkaart** E4. *10.500.* *Plaza de Goya, 958-610314.* *di en vr.*

Van over de kustvlakte gezien lijkt Salobreña op een wit schip dat door een zee van wuivend suikerriet vaart. Smalle straten kronkelen een heuvel op die door de Feniciërs voor het eerst werd versterkt. Later verrees hier het gerestaureerde **Castillo Arabe**, vanwaar het uitzicht op de Sierra Nevada *(blz. 197)* overweldigend is. Langs het strand vindt u alle moderne voorzieningen, bars en restaurants.

Castillo Arabe
Falda del Castillo, Calle Andrés Segovia.
Tel. *958-610314.* *di–zo.*

Het dorp Salobreña, gezien over een veld suikerriet

Lanjarón 8

Granada. **Wegenkaart** E4. *24.000.* *Ayuntamiento, Plaza de la Constitución 29, 958-770002.* *di en vr.*

Rijen door de sneeuw gevoede bronnen borrelen op de hellingen onder de Sierra Nevada. Lanjáron, op de drempel van Las Alpujarras *(blz. 198–199)*, heeft een lange geschiedenis als kuuroord. Van juni tot oktober stromen de mensen naar deze plaats om het water te drinken en verschillende behandelingen te ondergaan voor artritis, vetzucht, nerveuze spanningen en andere kwalen. In heel Spanje wordt het water uit Lanjáron in flessen verkocht. De stad ligt op een mooi plekje, maar lijkt soms wat somber, behalve tijdens het festival ter ere van San Juan *(blz. 35)*, als er een watergevecht plaatsvindt. Iedereen die zich op straat waagt, komt uiteindelijk druipnat thuis.

Balneario
Balneario de Lanjarón. ***Tel.*** *958-770137.* *dag.* *half dec.–half feb.*

Granada ❺

Reliëf in het Museo Arqueológico

De gitarist Andrés Segovia (1893–1987) beschreef Granada als 'een stad van dromen, waar de Heer het zaad van de muziek in mijn ziel plantte'. De stad behoorde tot het Nasridenrijk *(blz. 48–49)* van 1238 tot 1492, toen ze in handen kwam van de Katholieke Koningen. Voordat de Moren werden verdreven, droegen ambachtslieden, kooplieden en geleerden in gelijke mate bij tot de roem van de stad als centrum van cultuur. Onder christelijke heerschappij werd de stad een middelpunt van de renaissance. Na een periode van verval in de 19de eeuw staat Granada opnieuw in de belangstelling.

Alhambra en Generalife

Zie blz. 194–196.

Gevel, kathedraal van Granada

Catedral

C/ Gran Via 5. ***Tel.*** *958-222959.*

In opdracht van de Katholieke Koningen begon het werk aan de kathedraal in 1523, naar een ontwerp in gotische stijl van Enrique de Egas. Diego de Siloé, die ook de gevel ontwierp, zette het werk voort. Korinthische zuilen steunen zijn ronde Capilla Mayor. Onder de koepel verbeelden ramen van 16de-eeuws glas *De passie* van Juan del Campo. De westgevel is ontworpen door de lokale barokkunstenaar Alonso Cano. In de kathedraal ziet u zijn graf en veel van zijn werk. In de ingangspartij ziet u houten beelden van de Katholieke Koningen (1677).

Capilla Real

C/ Oficios 3. ***Tel.*** *958-229239.*

De koninklijke kapel werd tussen 1505 en 1507 door Enrique de Egas gebouwd voor de Katholieke Koningen. Een schitterend *reja* (hek) van Maestro Bartolomé de Jaén omringt de mausolea en het hoogaltaar. Reliëfs op de *retablo* van de beeldhouwer Felipe de Vigarney verbeelden de val van Granada *(blz. 48–49)*. Marmeren beelden van Ferdinand en Isabella rusten naast die van hun dochter Juana la Loca (Johanna de Waanzinnige) en haar man Felipe el Hermoso (Filips de Schone), beide van de beeldhouwer Bartolomé Ordóñez. Een trap voert naar de crypte, waar de lichamen in loden kisten rusten. In de sacristie ziet u meer beelden van de twee vorsten en vele kunstschatten, waaronder schilderijen van Van der Weijden en Botticelli. Glazen kistjes beschermen Isabella's kroon en Ferdinands zwaard.

Palacio de la Madraza

Calle Oficios 14. ***Tel.*** *958-243484.* *ma–vr.*

Dit gebouw, van oorsprong een Arabische universiteit, werd later het stadhuis. De gevel stamt uit de 18de eeuw. Binnen ziet u een Moorse hal met een versierde mihrab. Nu behoort het tot de universiteit.

Toegang tot de Moorse mihrab in het Palacio de la Madraza

Corral del Carbón

Calle Mariana Pineda. ***Tel.*** *958-225990. ma–vr 10.30–13.00, 17.00–20.00, za 10.30–13.00 uur.*

De met galerijen omringde binnenplaats, vroeger een opslagplaats en herberg, is een uniek overblijfsel uit de Moorse periode. In de tijd van de christenen werden er theatervoorstellingen gehouden; tegenwoordig vindt u er winkeltjes en een cultureel centrum.

Casa de los Tiros

Calle Pavaneras 19. ***Tel.*** *958-221072. ma–vr 14.30–20.00 uur. feestdagen.*

Dit versterkte paleis werd in de 16de eeuw in renaissancestijl gebouwd. Ooit was het eigendom van een familie die na de val van Granada de Generalife kreeg toegewezen *(blz. 48–49)*. Een zwaard van Boabdil *(blz. 49)* uit hun bezit staat afgebeeld op de gevel, samen met beelden van mythologische helden. Het gebouw is genoemd naar de musketten in de kantelen: *tiros* is Spaans voor schoten.

Reja door Maestro Bartolomé de Jaén bij het altaar van de Capilla Real

Voor hotels en restaurants in dit gebied zie blz. 218–219 en blz. 236–237

Mirador de San Nicolás

Op dit plein kunt u genieten van schitterende zonsondergangen. Met pannen gedekte daken lopen omlaag naar de Darro, met aan de overkant het Alhambra. In de verte ziet u de Sierra Nevada liggen.

El Bañuelo

Carrera del Darro 31. **Tel.** *958-229738.* *di–za 10.00–14.00 uur.* *feestd.*

Deze Arabische baden, vlak bij de Darro, werden in de 11de eeuw gebouwd. Voor de zuilen van het bad werden Romeinse, Visigotische en Arabische kapitelen gebruikt.

Museo Arqueológico

Carrera del Darro 43. **Tel.** *958-225640.* *di 15.00–20.00, wo–za 9.00–20.00, zo 9.00–14.30 uur.* *feestdagen.*

Het Casa de Castril, een fraai renaissancehuis met een plateresk portaal, huisvest dit museum met Iberische, Fenicische en Romeinse oudheden uit de provincie Granada.

Koepel in het Monasterio de la Cartuja

Palacio Carlos V

Alhambra. **Tel.** *958-027900.* *di–za 9.00–14.00 uur.* *feestdagen.*

Dit paleis in het Alhambra huisvest het Museo Hispano-Musulmán en het Museo de Bellas Artes. Het hoogtepunt van de islamitische kunstverzameling is een verfijnde 15de-eeuwse vaas uit het Alhambra met prachtige blauwe en gouden patronen.

Monasterio de la Cartuja

Tel. *958-161932.* *dag.*

Een christelijk krijger, El Gran Capitán, schonk het land waarop dit klooster in 1516 werd gebouwd. Het heiligdom wordt bekroond door een koepel van Antonio Palomino. De opmerkelijk churrigueres-ke sacristie *(blz. 25)* zijn van metselaar Luís de Arévalo en beeldhouwer Luís Cabello.

CENTRUM VAN GRANADA

Alhambra ④
Capilla Real ⑦
Casa de los Tiros ⑩
Catedral ⑥
Corral del Carbón ⑨
El Bañuelo ③
Mirador de San Nicolás ①
Museo Arqueológico ②
Palacio Carlos V ⑤
Palacio de la Madraza ⑧

SYMBOOL

Stratenkaart *blz. 192–193*

Verklaring van de symbolen *zie achterflap*

Onder de loep: de Albaicín

Naamplaat op een huis in de Albaicín

In dit deel van de stad, op een helling tegenover het Alhambra, is het Moorse verleden het meest voelbaar. In de 13de eeuw werd hier een fort gebouwd en ooit stonden er meer dan 30 moskeeën; enkele zijn nog terug te vinden. Langs smalle klinkerstraatjes staan *cármenes*, villa's met Moorse versieringen en tuinen, van de wereld afgesloten door hun hoge muren. Wandel 's avonds, als de geur van jasmijn de lucht bezwangert, naar de Mirador de San Nicolás. Van hieruit is het uitzicht over de daken, met het Alhambra in de zonsondergang op de achtergrond, betoverend.

Straat in Albaicín
De steile straten in de Albaicín vormen een waar labyrint. Veel straatnamen beginnen met Cuesta, *wat helling betekent.*

Real Chancillería
De kanselarij werd gebouwd in opdracht van de Katholieke Koningen. De patio wordt toegeschreven aan De Siloé.

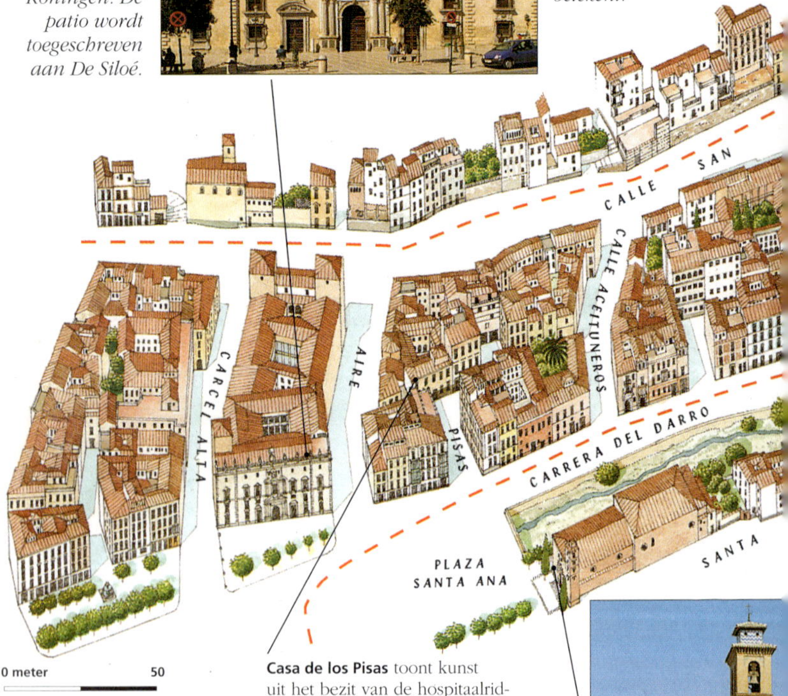

Casa de los Pisas toont kunst uit het bezit van de hospitaalridders, een orde gesticht door Juan de Dios in de 16de eeuw.

STERATTRACTIES

- ★ El Bañuelo
- ★ Iglesia de Santa Ana
- ★ Museo Arqueológico

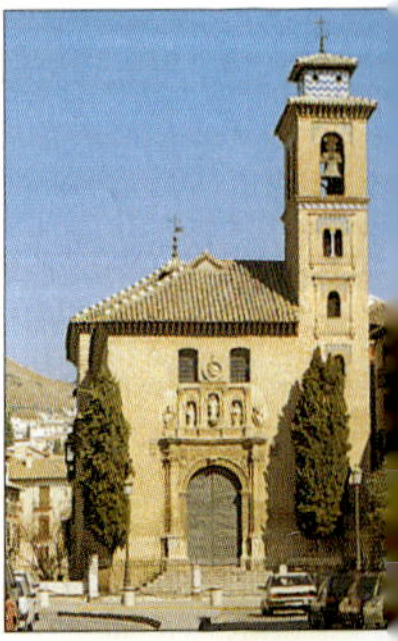

★ Iglesia de Santa Ana
Aan het eind van de Plaza Nueva staat deze 16de-eeuwse bakstenen kerk in mudéjarstijl. Ze bezit een elegant plateresk portaal en een cassettenplafond.

Voor hotels en restaurants in dit gebied zie blz. 218–219 en blz. 236–237

Carrera del Darro
De weg langs de Río Darro voert over vervallen bruggen. Als u boven bent aangekomen, kunt u op een terras van het uitzicht over het Alhambra genieten.

TIPS VOOR DE TOERIST

Granada. **Wegenkaart** D4. 250.000. 12 km ten z-o van de stad. Avenida de Andalucia, 902-240202. Carretera de Jaén, 958-185480. Plaza de Mariana Pineda 12, 958-247128. C/ Virgen Blanca 9, 902-405045. za en zo. Semana Santa (Pasen); Día de la Cruz (3 mei); Corpus Christi (mei/juni). **www**.granadatur.com

★ Museo Arqueológico
De gevel is versierd met plateresk beeldhouwwerk, waaronder reliëfs van mythologische figuren.

SYMBOOL

Aanbevolen route

Naar Mirador de San Nicolás

Convento de Santa Catalina de Zafra werd in 1521 gesticht.

Naar Sacromonte

★ El Bañuelo
Door stervormige gaten in de gewelven stroomt licht in deze goed geconserveerde Moorse baden uit de 11de eeuw.

SACROMONTE

De zigeuners van Granada woonden vroeger in grotten. Reizigers als Washington Irving *(blz. 53)* maakten daar spontane uitbarstingen van flamenco mee. Tegenwoordig zijn vrijwel alle zigeuners verdwenen, maar er worden 's avonds voor de toeristen nog flamencoshows gegeven van wisselende kwaliteit *(blz. 244)*. Een benedictijnenklooster, de Abadía del Sacromonte, ligt boven op de top van de heuvel. Binnen wordt de as van San Cecilio, de patroonheilige van Granada, bewaard.

Dansende zigeuners, 19de eeuw

Granada: Alhambra

Inventief gebruik van ruimte, licht, water en versieringen karakteriseert dit sprekende stuk architectuur. Het werd gebouwd onder de kaliefen tijdens de heerschappij van de Nasriden *(blz. 48)* in Granada. Ze wilden het beeld van tanende macht verhullen en bouwden hun idee van het paradijs op aarde. Eenvoudige materialen werden op briljante wijze verwerkt. Het Alhambra heeft veel te lijden gehad, onder meer van een poging van Napoleon het op te blazen, maar in de moderne tijd is het gerestaureerd. Het vakmanschap van de bouwers is nog steeds overweldigend.

★ Salón de Embajadores
Op het plafond van deze tussen 1334 en 1354 gebouwde troonzaal prijken de zeven hemels van de islamitische kosmos.

★ Patio de Arrayanes
Deze vijver tussen hagen en sierlijke arcaden reflecteert het licht de omringende zalen in.

Patio del Mexuar
In deze in 1365 voltooide raadkamer luisterde de sultan naar de verzoeken van zijn onderdanen en vergaderde hij met zijn ministers.

PLATTEGROND: ALHAMBRA

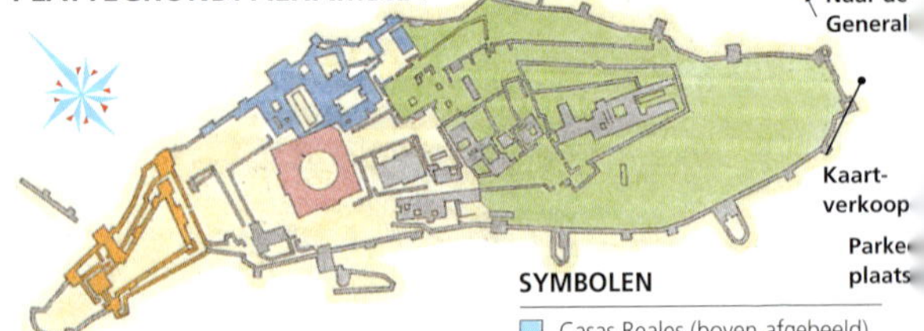

Het Alhambracomplex omvat de Casas Reales, het 13de-eeuwse Alcazaba, het Palacio Carlos V *(blz. 50)* en de Generalife *(blz. 196)*, die net buiten de kaart ligt.

SYMBOLEN

- Casas Reales (boven afgebeeld)
- Palacio Carlos V
- Alcazaba
- Toegangspoort en medina
- Andere gebouwen

Palacio del Partal
Een toren met zijn paviljoen en een portico met vijf bogen zijn alles wat rest van het Palacio del Partal, het oudste paleis.

TIPS VOOR DE TOERIST

Granada. ***Tel.*** *902-441221. Reserveer telefonisch (vanuit Spanje: 902-224460, vanuit het buitenland: 0034 915-379178, of via internet.* 2. *dag. 8.30–20.00 uur ('s winters: 18.00).* **Avondopenstelling:** *zomer: di–za 22.00–23.30; winter: vr en za 20.00–21.30 uur.* **www**.alhambra-patronato.es **www**.alhambratickets.com *(kaarten reserveren).*

De Sala de las Dos Hermanas, met zijn honingraatvormige koepel, geldt als het toonbeeld van Spaanse islamitische architectuur.

Sala de los Reyes
Deze grote eetzaal werd gebruikt voor enorme feesten en partijen. Prachtige plafondschilderingen op leer uit de 14de eeuw verbeelden jachttaferelen en ridders.

★ Sala de los Abencerrajes
Deze zaal is genoemd naar een adellijke familie, rivalen van Boabdil (blz. 48–49). *Volgens de legende liet hij hen vermoorden terwijl ze hier aan een banket aanzaten. Het patroon van het plafond gaat terug op de stelling van Pythagoras.*

Het Palacio Carlos V *(blz. 50)*, een fraai renaissancegebouw, werd in 1526 toegevoegd.

★ Patio de los Leones
Deze door Muhammad V aangelegde patio wordt omringd door arcaden. De fontein rust op twaalf marmeren leeuwen.

STERATTRACTIES

- ★ Patio de Arrayanes
- ★ Patio de los Leones
- ★ Sala de los Abencerrajes
- ★ Salón de Embajadores

Granada: Generalife

De Generalife, gelegen ten noorden van het Alhambra, was het buitenverblijf van de Nasridenkoningen. Hier konden ze zich terugtrekken uit het gekonkel aan het hof en van hun rust genieten. De naam Generalife, of Yannat al-Arif, kan op veel manieren worden geduid, maar de leukste vertaling is wel: 'de tuin van het hemelse paradijs'. De in de 13de eeuw aangelegde tuinen zijn door de eeuwen heen erg veranderd. Vroeger omvatten ze boomgaarden en weilanden voor dieren. Jaarlijks wordt hier het Internationale Muziek- en Dansfestival *(blz. 35)* gehouden.

Patio de la Acequia
Deze besloten Oosterse tuin ligt rond een lange centrale vijver. Rijen fonteinen spuiten er sierlijke bogen over uit.

De Escalera ·
Agua is een t·
waar zachtjes wa·
overheen stroo·

De Patio de los Cipreses, ook wel de Patio de la Sultana genoemd, was de geheime ontmoetingsplaats voor Soraya, vrouw van sultan Aboe l Hasan, en haar minnaar, aanvoerder van de Abencerrajes.

Op de **Patio de Polo** lieten bezoekers die te paard kwamen hun rijdier achter.

Patio del Generalife
Tussen het Alhambra en de Generalife liggen de Jardines Bajos (Onderste Tuinen). Erboven, vlak voor het erf, ligt de Patio del Generalife.

De majestueuze toppen van de Sierra Nevada zijn op sommige plaatsen meer dan 3000 m hoog

Las Alpujarras ❾

Zie blz. 198–199.

Poquieradal ❿

Barranco de Poquiera, Granada. **Wegenkaart** E4. *Plaza de la Libertad 7, Pampaneira.*

Veel bezoekers aan Las Alpujarras komen niet verder dan dit diepe dal boven Orgiva, en het is zeker de beste plek voor een kort bezoek. Tijdens de wandeling in de heuvels komt u langs drie charmante dorpen: **Pampaneira**, **Bubion** en **Capileira**. Hier ziet u perfecte voorbeelden van de karakteristieke architectuur van de Alpujarras, die doet denken aan gebouwen in het Atlasgebergte in Marokko.
De witgekalkte huizen lijken willekeurig te zijn neergezet ('een verwarrende conglomeratie van dozen', schreef Gerald Brenan), met grijze daken waaruit excentrieke, lange schoorstenen steken.
De straten tussen de huizen lopen vrijwel nooit recht; soms gaan ze ineens over in trappen of verdwijnen ze in kleine tunnels.
Rondom de dorpen kunt u heerlijk wandelen of paardrijden. De hellingen zijn verdeeld door natuurstenen muren in terrassen die door middel van een ingenieus irrigatiesysteem worden bevloeid met smeltwater uit de hogergelegen bergen.
Vervallen molens en oude halfvergane dorsvloeren zijn overblijfselen uit een wereld die langzaam aan het verdwijnen is.

Sierra Nevada ⓫

Granada. **Wegenkaart** E4. *vanuit Granada.* *Parque Nacional Sierra Nevada Centro de Visitantes 'El Dornajo', Carretera de Sierra Nevada, km 23, Güéjar Sierra 95-8340625.* **www**.reddeparquesnacionales.mma.es/parques/sierra/index.htm

Veertien bergtoppen van meer dan 3000 m hoogte rijzen boven de Sierra Nevada uit. De sneeuw blijft tot in juli liggen en begint in de late herfst alweer te vallen. De hoogste weg van Europa (2100 m; gesloten voor verkeer) loopt langs de wintersportplaats Solynieve, voorbij de twee hoogste pieken, **Pico Veleta** (3398 m) en **Mulhacén** (3482 m). De hoogte en nabijheid tot de Middellandse Zee verklaren de verscheidenheid aan fauna en flora. U ziet hier steenarenden, zeldzame vlinders en meer dan 60 soorten bloemen.
De Sierra Nevada werd in 1999 uitgeroepen tot nationaal park en de toegang is sindsdien beperkt. De beheerders van het park organiseren begeleide excursies in een minibus naar de hogergelegen delen, vanuit de twee controleposten aan beide kanten van de Sierra Nevada: Hoya de la Mora (boven het skistation in Granada) en Hoya del Portillo (boven Capileira in de Alpujarras. Op 2800 m bevindt zich op de noordelijke hellingen een observatorium.

La Calahorra ⓬

Granada. **Wegenkaart** E4. *Guadix.* *stadhuis, Plaza Ayuntamiento 1, 958-8677132.* *wo 10.00–13.00, 16.00–18.00 uur.*

Afschrikwekkende muren met ronde torens omringen La Calahorra, een kasteel op een heuveltje boven het dorp. Rodrigo de Mendoza, zoon van kardinaal Mendoza, liet dit kasteel voor zijn bruid bouwen, hetgeen tussen 1509 en 1512 geschiedde. Hij maakte gebruik van architecten en ambachtslieden uit Italië. Binnen de muren ligt een fraai versierde renaissancebinnenplaats.

Het kasteel La Calahorra boven het gelijknamige dorp

Witgekalkte rotswoningen in de holbewonersbuurt in Guadix

Guadix ⓭

Granada. **Wegenkaart** E4. *20.100.* *Avenida Mariana Pineda s/n, 958-662665.* *za.* **www**.guadixymarquesado.org

De holbewonerswijk, met 2000 bewoonde grotten, is de grootste bezienswaardigheid van de stad. De holbewoners zeggen het leven in de grotten zo prettig te vinden omdat de temperatuur het gehele jaar gelijk blijft. Het **Cueva-Museo Al Fareria** en **Municipal Etnologica** toont hoe ze er leven. Zo'n 2000 jaar geleden had Guadix ijzer-, koper- en zilvermijnen. De stad bloeide onder de Moren en na de Reconquista *(blz. 48–49)*, maar raakte in de 18de eeuw in verval. Relieken van San Torcuato, die het eerste christelijke bisdom in Spanje stichtte, worden in het kathedraalmuseum bewaard. De **Catedral**, vanaf 1594 gebouwd door Diego de Siloé, werd later voltooid door Gaspar Cayón en Vicente de Acero. De **Iglesia de Santiago**, vlak bij het 9de-eeuwse **Alcazaba**, bezit een mooi cassettenplafond. Het 16de-eeuwse **Palacio de Peñaflor** is volledig gerestaureerd.

Cueva-Museo Al Fareria
C/ San Miguel 46. *dag.*

Municipal Etnologica
Ermita Nueva s/n. *dag.*

Baza ⓮

Granada. **Wegenkaart** E3. *20.000.* *Plaza Mayor s/n, 958-861325.* *wo.* **www**.altipla.com/baza

In 1971 werd een indrukwekkende getuigenis van oeroude culturen aangetroffen bij Baza, in de vorm van een

Rondrit door Las Alpujarras ❾

Las Alpujarras liggen op de zuidelijke uitlopers van de Sierra Nevada. De dorpen kleven aan met eiken en walnootbomen bezaaide hellingen. De huizen met hun platte daken zijn uniek voor Andalusië. Het eten is hier eenvoudig. Een specialiteit is *plato alpujarreño*, varkensfilet, ham, worst en bloedworst met een lichtrode wijn uit de Contraviesobergen. Met de hand geweven kleden *(blz. 242)* en gordijnen met Moorse patronen behoren tot de plaatselijke kunstnijverheid.

Trevélez ④
Trevélez, in de schaduw van Mulhacén toont de stijl van Alpujarras en is beroemd om zijn rauwe ham.

Orgiva ①
De grootste stad in deze streek, met een barokkerk in de hoofdstraat en een drukke markt op donderdag.

Poqueiradal ②
Drie karakteristieke dorpen in dit mooie dal zijn Capileira, Bubión en Pampaneira *(blz. 197)*.

Fuente Agria ③
De mensen komen van heinde en verre om het ijzer- en koolzuurhoudende water te drinken.

grote, zittende vrouwenfiguur, die op een begraafplaats werd opgegraven. Deze Dama de Baza *(blz. 43)* stelt waarschijnlijk een Iberische godin voor en wordt 2400 jaar oud geschat. Ze werd naar het Museo Arqueológico in Madrid overgebracht, maar een replica is te zien in het **Museo Arqueológico** in Baza. De **Colegiata de Santa María**, uit de renaissance, bezit een plętereske ingang en een 18de-eeuwse toren.
Een woest *fiesta* kleurt de eerste dagen van september *(blz. 36)*. Een afgezant uit de naburige stad Guadix, El Cascamorras, probeert een Mariabeeld terug te brengen uit het **Convento de la Merced** in Baza. Hij wordt met olie overgoten en teruggejaagd naar Guadix door eveneens met olie besmeurde jongeren.

Museo Arqueológico
Plaza Mayor. ***Tel.*** *958-861947.* *dag. 10.00–14.00, 16.00–18.30 uur.*

Vélez Blanco ⓯

Almería. **Wegenkaart** F3. *2200.* *Vélez Rubio.* *Centro de Visitantes Almacén del Trigo, Avenida Marqués de los Vélez s/n, 950-415354.* *wo.*

Het machtige **Castillo de Vélez Blanco** domineert dit aardige dorpje. Het werd tussen 1506 en 1513 gebouwd door de eerste Marquis de los Vélez en van binnen werd het rijk

Het dorp Vélez Blanco, waarover het 16de-eeuwse kasteel uitkijkt

versierd door Italiaanse ambachtslieden. Deze pracht en praal is jammer genoeg grotendeels verwijderd en naar het Metropolitan Museum in New York overgebracht. In een van de patio's is een reconstructie te zien. De **Iglesia de Santiago** in de hoofdstraat is een toonbeeld van gotiek-, renaissance- en mudéjarstijlen *(blz. 24–25)*. Even buiten Vélez Blanco ligt de **Cueva de los Letreros**, die schilderingen uit ongeveer 4000 v.C. bevat. Op een ervan ziet u een gehoornde man met een sikkel in zijn hand, op een andere de Indalo, een godheid met magische krachten, die nog steeds als symbool van Almería wordt gebruikt.

Castillo de Vélez Blanco
Tel. *607-415055.* *do–di.*

Cueva de los Letreros
Camino de la Cueva de los Letreros.
Tel. *617-882808.*
dag. 12.00–16.00 uur.

Yegen ⑥
Een plaquette geeft het huis aan waar Gerald Brenan, schrijver van *South from Granada*, ooit woonde.

Puerto de la Ragua ⑧
Deze bergpas naar Guadix is bijna 2000 m hoog en 's winters vaak ingesneeuwd.

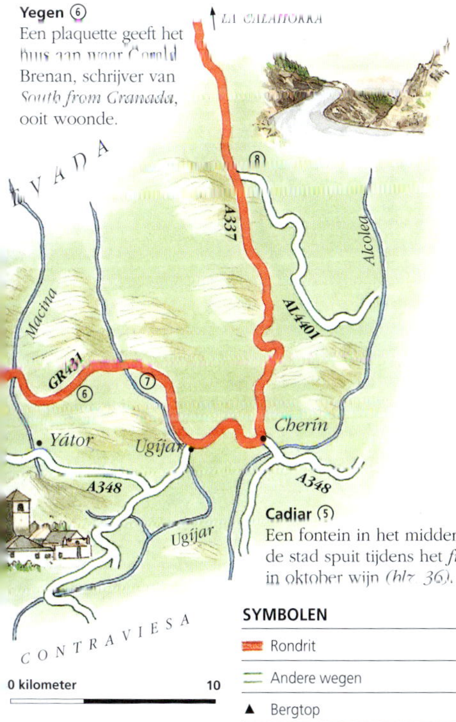

Válor ⑦
Abén Humeya, Moors rebellenleider *(blz. 50)*, werd in dit dorp geboren. Een veldslag tussen Moren en christenen herdenkt dit feit hier elk jaar half september *(blz. 36)*.

Cadiar ⑤
Een fontein in het midden van de stad spuit tijdens het *fiesta* in oktober wijn *(blz. 36)*.

SYMBOLEN
- Rondrit
- Andere wegen
- ▲ Bergtop

TIPS VOOR ONDERWEG

Afstand: *85 km.*
Halteplaatsen: *In Orgiva en Trélez zijn cafés, restaurants en hotels* (blz. 219). *Bubión biedt hotels en één goed restaurant* (blz. 237). *In Orgiva staat de laatste benzinepomp voor Cadiar.*

Almería ⑱

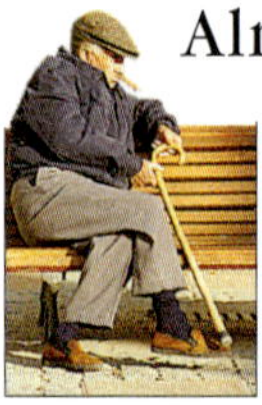

Even bijkomen op de Plaza Vieja

Het fort aan de kust herinnert aan de gouden eeuw van Almería als belangrijke havenstad voor het kalifaat van Córdoba. De stad, die toen al-Mariyat (spiegel van de zee) heette, was een centrum van handel en textielindustrie, die zijde, katoen en brokaat exporteerde. Nadat zij in 1489 in handen was gevallen van de Katholieke Koningen *(blz. 48–49)*, ging het de daaropvolgende 300 jaar bergafwaarts. In de 19de en vroege 20ste eeuw leefde de stad weer op door mijnbouw en een nieuwe haven, maar de Burgeroorlog *(blz. 54–55)* maakte hieraan een einde. Er heerst een Noord-Afrikaanse sfeer in de stad, met zijn huizen met platte daken, woestijnachtige omgeving en palmbomen.

Detail van het renaissanceportaal van de kathedraal van Almería

De 10de-eeuwse Alcazaba boven de oude stad van Almería

Alcazaba

C/ Almanzor. ***Tel.*** *950-271617.*
di–zo. *25 dec., 1 jan.*

Vanaf dit 1000 jaar oude Moorse fort hebt u een schitterend uitzicht over de stad. Binnen de muren vindt u heerlijke tuinen en een mudéjarkapel. Het was het grootste door de Moren gebouwde fort en besloeg een oppervlakte van 25.000 m². De muren zijn samen 430 m lang. Abd al-Rahman III begon in 955 met de bouw, maar later zijn nog grote delen toegevoegd. Het fort doorstond twee zware belegeringen, maar viel in 1489 voor de Katholieke Koningen *(blz. 48–49)*. Hun wapen is te zien op de Torre del Homenaje, die onder hun bewind is gebouwd.

Vroeger werd in het Alcazaba een klok geluid om de boeren in de omgeving te laten weten wanneer irrigatie was toegestaan. Dat gebeurde ook om de burgers van Almería te waarschuwen als er piraten voor de kust verschenen.

Ga niet alleen of na zonsondergang in het gebied rond het Alcazaba wandelen.

Catedral

Vanuit Noord-Afrika plunderden Berberse piraten Almería regelmatig. Daarom ziet de kathedraal er eerder uit als een fort dan als een godshuis, met zijn vier torens, dikke muren en kleine raampjes. Vroeger stond op deze plaats een moskee. Later werd hij veranderd in een christelijk bedehuis, maar dat werd in 1522 door een aardbeving verwoest. De werkzaamheden aan het huidige gebouw begonnen in 1524. Juan de Orea ontwierp de renaissancegevel en de prachtig bewerkte walnoten koorstoelen.

Templo San Juan

Hier ziet u nog restanten van de belangrijkste moskee van Almería – één muur in deze kerk is Moors. Binnen bevindt zich een 12de-eeuwse mihrab, een gebedsnis met koepel. De kerk werd in de Spaanse Burgeroorlog verwoest. Na 1979 is hij gerestaureerd.

Plaza Vieja

Dit 17de-eeuwse door arcaden omringde plein wordt ook Plaza de la Constitución genoemd. Aan een kant van het plein staat het Ayuntamiento, een neogotisch gebouw met een roze gevel uit 1899.

De 17de-eeuwse Plaza Vieja is voetgangersgebied

Voor hotels en restaurants in dit gebied zie blz. 218–219 en blz. 236–237

Puerta de Purchena

In het centrum van de stad staat de Puerta de Purchena, ooit een van de toegangspoorten in de stadsmuren. Er komt een aantal winkelstraten op uit, waaronder de brede Paseo de Almería. Deze met bomen omzoomde doorgangsweg is het kloppend hart van de stad.

Centro Rescate de la Fauna Sahariana

C/ General Segura 1. ***Tel.*** *950-281045.* *ma–vr 8.00–15.00 uur.*

Achter het Alcazaba worden in dit opvangcentrum bedreigde diersoorten uit de Sahara beschermd, met name verschillende soorten gazellen. De dieren gedijen goed in het droge klimaat en sommige zijn naar Afrikaanse natuurreservaten overgebracht.

Museo de Almería

Carretera de Ronda 91. ***Tel.*** *950-175510* *di 14.30–20.30, wo–za 9.00–20.30, zo 9.00–14.30 uur.* *(ingezetenen EU gratis).*

Fel beschilderde ingang van een grotwoning in de wijk La Chanca

www.juntadeandalucia.es/cultura/museos/MAL/

De twee belangrijkste prehistorische beschavingen van Almería, Los Millares en El Algar, worden belicht in dit archeologische museum dat 900 voorwerpen toont.

Dorcasgazelle

Omgeving: Een van de belangrijkste voorbeelden van nederzettingen uit de kopertijd, **Los Millares**, ligt 17 km ten noorden van Almería. Zo'n 2000 mensen leefden hier van ongeveer 2700 tot 1800 v.C. *(blz. 42–43)*. De nederzetting werd in 1891 ontdekt en sindsdien zijn restanten van huizen, muren en een begraafplaats met meer dan 100 graven blootgelegd. De mensen leefden van landbouw, maar bezaten ook de kennis om gereedschappen, wapens en sieraden van koper te maken. Koper haalden ze uit de Sierra de Gador.

TIPS VOOR DE TOERIST

Almería. **Wegenkaart** 4F. *170.000.* *Plaza de la Estación, 902-240202.* *Plaza de la Estación, 950-273706.* *Parque Nicolás Salmerón, 950-274355.* *di, vr en za.* *Semana Santa (Pasen); Feria de Almería (laatste week aug.).* **www**.andalucia.org

Los Millares

Santa Fé de Mondújar. ***Tel.*** *677-903404.* *wo–zo 10.00–14.00 uur.*

Beeld uit *For a few dollars more* van Sergio Leone

SPAGHETTIWESTERNS

Langs de N340 ten westen van Tabernas liggen twee wildweststadjes. Hier kan men filmscènes naspelen of stuntmannen roofovervallen zien uitvoeren. Deze Poblados del Oeste werden in de jaren zestig en zeventig van de vorige eeuw gebouwd, toen de lage kosten en voortdurende zonneschijn van Almería de ideale locatie maakten voor spaghettiwesterns. Sergio Leone, regisseur van *The good, the bad and the ugly*, bouwde hier een ranch en overal ontstonden filmdecors. Plaatselijke zigeuners speelden Indianen en Mexicanen. Er worden hier nog steeds televisiereclames en series opgenomen, maar ook Steven Spielberg filmt hier nog.

Tabernas ⓰

Almería. **Wegenkaart** F4. *3000.* *aan de hoofdweg, 950-525030.* *wo.*

Een Moors fort op een heuvel kijkt neer op Tabernas en het omringende, stoffige, met cactussen bezaaide landschap van geërodeerde heuvels en rivierbeddingen. Het kale, weerbarstige land vormt de achtergrond van vele zogenaamde spaghettiwesterns. Niet ver van Tabernas ligt een onderzoekscentrum voor zonne-energie, waar honderden zonnepanelen staan.

Roquetas de Mar ⓱

Almería. **Wegenkaart** F4. *34.000.* *Avenida Mediterraneo 2, 950-333203.*

De kustvlakte van Almería wordt grotendeels in beslag genomen door grote plastic kassen waarin groenten en bloemen voor de export worden gekweekt.
Het kassengebied wordt onderbroken door het resort Roquetas de Mar, dat een 17de-eeuws kasteel en een vuurtoren heeft. Ook staat er een aquarium met tropische en mediterrane vissoorten.

Aquarium
Avda Reino de España.
Tel. *950-090203.* *dag.*
www.aquariumroquetas.com

Almería ⓲

Zie blz. 200–201.

Parque Natural de Cabo de Gata ⓳

Almería. **Wegenkaart** F4. *naar San José.* *Centro de Visitantes de las Amoladeras, 6 km van Carretera Cabo de Gata, 950-160435.*
Park *dag. 10.00–15.00 uur.*

In het 29.000 ha grote Parque Natural de Cabo de Gata vindt u reusachtige klippen van vulkanisch gesteente, zandduinen, zoutvlakten, besloten inhammen en een paar vissersdorpjes. Op de kaap, bij de Arrecife de las Sirenas (rif van de sirenen), staat een vuurtoren. Tot het park behoort ook een ongeveer 2 km brede strook zeebedding, waar de flora en fauna van de zee kan worden beschermd; het heldere water trekt duikers en snorkelaars aan.
In het gebied van de duinen en de zoutvlakten tussen de kaap en het Playa de San Miguel groeien veel stekelige jujubebomen. Duizenden trekvogels rusten hier op hun tocht van en naar Afrika. Tot de ongeveer 170 vogelsoorten in het park behoren flamingo's, kluten, duponts leeuweriken en vale gieren. Men probeert de rond 1970 uitgestorven monniksrob te herintroduceren. In het noorden van het park, in het visgebied van de aalscholvers, ligt de Punta de los Muertos (dodemanspunt), genoemd naar de lijken van zeelieden die hier zouden zijn aangespoeld.

San José ⓴

Almería. **Wegenkaart** F4. *1000.* *Calle Correos s/n, 950-380299.* *zo (Pasen en 's zomers).*

Aan een mooie, zandige baai ligt San José, een kleine, zich snel ontwikkelende badplaats. Erachter rijst de dorre **Sierra de Cabo de Gata** op, een bergketen met een kale schoonheid. Vlakbij liggen

Vuurtoren in het Parque Natural de Cabo de Gata

Voor hotels en restaurants in dit gebied zie blz. 218–219 en blz. 236–237

De haven van het traditionele vissersdorp La Isleta

mooie stranden, waaronder het Playa de los Genoveses *(blz. 33)*. Aan de kust vindt u **Rodalquilar**, een stad waar ooit goudmijnen waren, en het vissersdorpje **La Isleta**.

Níjar ㉑

Almería. **Wegenkaart** F4. *3000.* *Plaza García Blanes, Bajo 950-360123.* *wo.*

Te midden van een weelderige oase van citrusbomen aan de rand van de Sierra Alhamilla ligt Níjar, beroemd om zijn kleurige aardewerk en zijn *jarapas*, met de hand geweven kleden en dekens. De historische wijk van deze stad is kenmerkend voor Andalusië, met zijn smalle straten en smeedijzeren balkons.
De **Iglesia de Nuestra Señora de la Anunciación** bezit een fijn ingelegd cassettenplafond in mudéjarstijl.
De kale vlakte tussen Níjar en de zee raakt langzamerhand begroeid, dankzij irrigatie. Voor Spanjaarden is de naam Nijar verbonden met een gewelddadige gebeurtenis die hier in 1928 plaatsvond en later door Federico García Lorca in een toneelstuk is verwerkt.

Sorbas ㉒

Almería. **Wegenkaart** F4. *3000.* *Centro de Visitantes los Yesares, Calle Terraplen 9, 950-364476.* *do.*

In een wankel evenwicht boven een diepe spleet kijkt Sorbas uit over de Río de Aguas, die in de diepte stroomt. In dit dorp zijn twee gebouwen een bezoek waard: de 16de-eeuwse **Iglesia de Santa María** en een 17de-eeuws herenhuis dat ooit een zomerverblijf van de hertog van Alva zou zijn geweest. Bezoekers komen ook af op het traditionele boerenaardewerk dat door plaatselijke pottenbakkers wordt gemaakt. Dicht bij Sorbas ligt het merkwaardige natuurreservaat **Yesos de Sorbas**, een karstgebied, waar door het water honderden onderaardse galerijen en kamers zijn uitgesleten in de kalksteen- en gipslagen. Speleologen mogen de grotten onderzoeken, maar alleen na toestemming van het departement van Milieu van Andalusië. Bovengronds doorsnijdt het groene, vruchtbare dal van de Río de Aguas de droge geërodeerde heuvels. In dit gebied komen schildpadden en slechtvalken voor.

Mojácar ㉓

Almería. **Wegenkaart** F4. *7000.* *Calle Glorieta 1, 950-615025.* *wo en zo.*

Van een afstand doemt Mojácar op als de luchtspiegeling van een Moorse citadel, met zijn witte huizen boven op een hoge bergkam bij de zee. In de jaren na de Spaanse Burgeroorlog *(blz. 54–55)* raakte het dorp in verval en een groot deel van de bevolking trok weg. Na 1960 werd Mojácar door toeristen ontdekt en er volgde een nieuwe periode van welvaart. De oude poort in de stadsmuur is nog authentiek, maar voor de rest is het dorp volledig herbouwd.

Gevel van een pensión in het pas herbouwde dorp Mojácar

BLOEDBRUILOFT IN NIJAR

Bodas de sangre (Bloedbruiloft), een toneelstuk van Federico García Lorca *(blz. 55)*, is gebaseerd op een tragisch voorval dat in 1928 plaatsvond bij de stad Níjar. Paquita la Coja stemde, onder druk van haar zuster, toe te trouwen met ene Casimiro. Kort voor de plechtigheid vluchtte zij met haar neef. Casimiro voelde zich vernederd en Paquita's zuster, die de bruidschat aan haar neus voorbij zag gaan, was woedend. Later werd de neef doodgeschoten teruggevonden en Paquita was bijna gewurgd. Paquita's zuster en haar man, de broer van Casimiro, werden schuldig bevonden. Paquita leefde sindsdien teruggetrokken tot haar dood in 1987.

Toneelschrijver Federico García Lorca (1899–1936)

LLEVE 3
Y PAGUE 2
Cruzcampo

TIPS VOOR DE REIZIGER

ACCOMMODATIE

In Andalusië vindt u enkele van de meest sfeervolle adressen om te overnachten van heel Spanje. De entourage is hier en daar werkelijk uniek. Er zijn vele aantrekkelijke overnachtingsmogelijkheden, variërend van gerestaureerde kastelen tot familiepensions, en van luxueuze hotels tot ecologische boerderijtjes op het platteland. Goedkoop zijn de pensions en jeugdherbergen. Voor bergwandelaars zijn er de *refugios*. Op het platteland worden B&B's populair. In de hele streek kunt u appartementen en vakantiehuisjes huren. Het klimaat van Andalusië is ideaal voor kampeerders (behalve nov.–maart). Op bladzijde 212–219 vindt u de beste hotels van de streek, variërend van heel eenvoudig tot zeer luxueus.

Portier van Hotel Alfonso XIII

Het Hospedería de San Francisco in Palma del Río *(blz. 216)*

WAAR MOET U ZOEKEN?

Vooral in het centrum van Sevilla kunt u uitstekend overnachten. Met name in de wijk Santa Cruz *(blz. 70–83)* staan veel hotels. Net als in de meeste andere grote steden vindt u de goedkoopste, door families gerunde, hotels in achterafstraatjes.

Parkeren in het centrum is altijd een probleem, dus als automobilist kunt u het best een hotel met veilige parkeergelegenheid nemen, of een hotel in de voorsteden zoeken. In het hotel kan men u de weg wijzen naar een bewaakte parkeergelegenheid in de stad. Een goed alternatief is een plaats in de buurt van Sevilla, zoals het plaatsje Carmona *(blz. 132–133)*.

In Granada staan de hotels voornamelijk in twee gebieden rond het Alhambra *(blz. 194–195)* en in het centrum. De hotels in het centrum zijn een goed uitgangspunt voor een avondje stappen.

In Córdoba is een hotel in de Judería *(blz. 140–141)* de beste keuze als u geen auto hebt, als u rijdt kiest u misschien liever een hotel in de buitenwijken.

Aan de kust van Andalusië zijn veelal hotels van de bekende hotelketens te vinden, maar ook kleine familiehotels aan de kust worden door zowel de Spanjaarden als de bezoekers op prijs gesteld.

Wanneer u meer prijs stelt op een rustig hotelletje kunt u beter een stukje landinwaarts zoeken in stadjes tussen Arcos de la Frontera *(blz. 175)* en Ronda *(blz. 176–177)*, en in Cazorla *(blz. 156)*.

Twee kleine privéketens hebben steeds meer hotels in West-Andalusië: de luxueuze Fuertegroep en de budgethotels van de Tugasaketen.

HOTELCLASSIFICATIES

De categorieën waarin de hotels in Andalusië door de regionale autoriteiten verdeeld worden, variëren van één tot twee sterren voor de pensions (afgekort met P) en één tot vijf sterren voor de hotels (H).

Deze sterren zeggen meer iets over de faciliteiten die in een hotel aanwezig zijn, zoals een lift of airconditioning, dan over de kwaliteit van de bediening. De meeste hotels hebben restaurants die ook geopend zijn voor niet-gasten.

Uitzicht op het heuvellandschap van Granada, Alhambra Palace Hotel *(blz. 218)*

◁ Café in de Calle Gerona te Sevilla

De Hotel-Residencias (HR) hebben geen eetzaal, maar serveren wel ontbijt.

PARADORES

Paradores zijn staatshotels die doorgaans drie tot vijf sterren hebben. De beste bevinden zich in een historisch monument, zoals een kasteel, klooster, paleis of oud jachtslot, maar er zijn ook veel nieuwe *paradores* die vanwege het mooie landschap neergezet zijn. Hoewel de *paradores* niet altijd tot de beste hotels van de stad gerekend worden, serveren ze steevast plaatselijke gerechten en zijn de kamers ruim en comfortabel. Als u tijdens het hoogseizoen van *parador* naar *parador* reist, of als u van plan bent in de kleinere *paradores* te overnachten, is het raadzaam om van tevoren een kamer te reserveren *(blz. 209)*.

Het zwembad van het hotel Maciá Alfaros te Córdoba ***(blz. 215)***

PRIJZEN

In elk hotel is bij de receptie en op de kamers een prijslijst aanwezig. Gewoonlijk geldt: hoe meer sterren een hotel heeft, hoe meer u betaalt voor een kamer. De prijzen voor een tweepersoonskamer variëren van 30 euro in een goedkoop pension met één ster tot 250 euro in een chic hotel met vijf sterren.

Hotel-restaurant met vijf sterren

De diverse prijzen hangen af van de kamer, de streek en het seizoen. Landelijk gelegen hotels zijn gewoonlijk goedkoper dan hotels in de stad. Alle prijzen die op blz. 212–219 genoemd worden, zijn gebaseerd op de tarieven in midden- en hoogseizoen. Gewoonlijk loopt het hoogseizoen van juli t/m augustus, soms echter van april t/m oktober. Tijdens de belangrijkste *fiestas*, zoals de Semana Santa in Sevilla *(blz. 38)*, worden in de stadshotels verhoogde prijzen gerekend. Met de paasdagen trekken veel Spanjaarden erop uit en deze periode valt daarom in de hoogseizoenprijzen. Vraag voor deze periode van tevoren naar de beschikbaarheid en prijzen.
Let erop dat in de meeste hotels de prijzen voor kamers en maaltijden zonder btw vermeld worden

RESERVEREN, AANKOMST EN VERTREK

Behalve als u uw zinnen hebt gezet op een bepaald hotel, hoeft u buiten het hoogseizoen niet te reserveren. In het hoogseizoen is een reservering wel noodzakelijk.
Ook als u bijzondere wensen hebt, zoals een kamer met mooi uitzicht, een tweepersoonsbed (gewoonlijk hebben de kamers lits-jumeaux), is het raadzaam eerst even te bellen. Langs de kust zijn veel hotels in de winter gesloten. Controleer van tevoren of het hotel van uw keuze geopend is.
In drukke perioden wordt in sommige hotels een aanbetaling van 20–25% verlangd. Dit kan telefonisch met een creditcard, zelfs in de kleinere hotels. Mocht u onverhoopt moeten annuleren, doe dit dan ten minste een week van tevoren, anders bent u uw aanbetaling kwijt. Een gereserveerde kamer wordt tot acht uur 's avonds voor u vrijgehouden, tenzij u doorgeeft dat u later komt.
Bij aankomst wordt er over het algemeen naar uw paspoort gevraagd; u krijgt het terug nadat er de benodigde gegevens uit zijn overgeschreven.
Op de dag van vertrek moet u vóór twaalf uur 's middags de kamer hebben verlaten. In de meeste hotels is het geen bezwaar als u uw bagage laat staan om het later op de dag te komen ophalen.

De indrukwekkende entree van een voormalig Sevilliaans herenhuis

Tegelmozaïek, binnenplaats van een hostel

BETALEN

Tegenwoordig accepteren de meeste hotels creditcards, uitgezonderd de meest eenvoudige bed-and-breakfasts. In sommige grote hotels kan u gevraagd worden om bij aankomst een blanco creditcardbon te tekenen. Op grond van de Spaanse wet is dit niet toegestaan, en u wordt geadviseerd dit te weigeren. Geen enkel hotel in Andalusië neemt cheques aan, zelfs niet met garantiekaart of van een Spaanse bank. In Spanje is het gebruikelijk de portier en het kamermeisje in een hotel 1 of 2 euro fooi te geven. In hotel-restaurants is dat 5 tot 10 procent van de rekening, hoewel sommige restaurants de service al bij de prijs hebben inbegrepen.

APPARTEMENTEN

Langs de kusten van Granada en Alméria en aan de Costa del Sol vindt u een keur aan vakantiehuizen en appartementen. In de meeste steden wordt ook accommodatie verhuurd in centraalgelegen, goedingerichte appartementen, die goedkoper zijn dan een vergelijkbaar hotel. Bij het lokale toeristenbureau krijgt u meer informatie over verhuurkantoren. Ook landinwaarts kunt u steeds meer huisjes en boerderijtjes huren. Voor deze vorm van accommodatie kunt u boeken via de Spaanse organisatie **RAAR** (Red Andaluza de Alojamientos Rurales). De prijzen van deze accommodaties verschillen nogal van elkaar; ze hangen af van het seizoen en de ligging. Een vakantiehuis met zwembad voor vier personen kan 240 euro per week kosten als het op het platteland is gelegen. Voor hetzelfde huis aan de kust betaalt u 950 euro of meer. Een kamer in een *villa turística* (toeristisch dorp) is hotelkamer en appartement tegelijk: u hebt kookgelegenheid op de kamer, maar u kunt ook op uw gemak in het restaurant van het complex dineren.

KAMERS MET ONTBIJT

In Andalusië zijn er zo'n 500 *casas rurales* die kamers met ontbijt bieden. Ze verschillen onderling sterk: u kunt in een imposant herenhuis *(cortijo)* terechtkomen, maar ook op een ecologische boerderij. Reken in ieder geval niet op de normale hotelaccommodatie. Daartegenover staat dat u een vriendelijk welkom zult krijgen en wellicht verwend

ADRESSEN

HOTELS

Asociación de Hoteles de Sevilla
Calle San Pablo 1, Casa A Bajo, 41001 Sevilla. ***Tel.*** *95-4221538.* **www**.hotelesdesevilla.com

Asociación de Hoteles Rurales de Andalucía (AHRA)
Avda Niceto Alcalá Zamora 12, 14800 Priego de Córdoba. ***Tel.*** *95-7540801.* **www**.ahra.es

Fuerte Hotels
www.fuerteshoteles.com

Tugasa Hotels
www.tugasa.com

PARADORES

Central de Reservas
Calle Requena 3, 28013 Madrid. ***Tel.*** *90-2547979.* **www**.parador.es

Spaans Nationaal Bureau voor Vreemdelingenverkeer
Laan van Meerdervoort 8a, 2517 AJ Den Haag. ***Tel.*** *070-3465900.* **www**.spaansverkeersbureau.nl

KAMERS MET ONTBIJT

RAAR
Sagunto 8-10-3, 04004 Almería. ***Tel.*** *950-280093.* **www**.raar.es

JEUGDHERBERGEN

Central de Reservas de Inturjoven
Calle Miño 24, 41011 Sevilla. **Kaart** 3 A4. ***Tel.*** *90-2510000.* ***Fax*** *95-5035840.* **www**.inturjoven.com

BERGHUTTEN

Federación Andaluza de Montañismo
Camino de Ronda 101, Edificio Atalaya 1a planta, Oficina 7G, 18003 Granada. ***Tel.*** *95-8291340 (ma–do 10.00–14.00, 17.00–19.00, vr 9.00–13.00 uur).* **www**.fedamon.com

KAMPEREN

Club de Camping y Caravanning de Andalucía
Calle Francisco Carrión Mejias 13, 41003 Sevilla. ***Tel.*** *95-4227766.*

ANWB-kampeerreizen
Tel. *0800-0503.* **www**.anwb.nl

GEHANDICAPTEN

IHD
EURL, Boîte Postale 62, 83480 Puget-sur-Argens, Frankrijk. ***Tel.*** *0494-816151.* ***Fax*** *0494-816143.*

Viajes 2000
Paseo de la Castellana 228–230, 28046 Madrid. ***Tel.*** *91-3231029.* ***Fax*** *91-3147307.* **www**.viajes2000.com

ALGEMENE INFO

Dirección General de Turismo, Junta de Andalucía
Torneo, 26, 41071 Sevilla. ***Tel.*** *95-5030700.* ***Fax*** *95-4464744.* **www**.juntadeandalusia.es

Sommige jeugdherbergen hebben een rustieke charme

wordt met de specialiteiten van het huis.
Een *casa rurale* kunt u eveneens boeken via **RAAR**. Voor boekingen vanuit het buitenland vraagt men soms een aanbetaling van 10 procent en geldt een minimumverblijf van twee nachten.

JEUGDHERBERGEN EN BERGHUTTEN

Om gebruik te maken van het uitgebreide Andalusische netwerk van *albergues juveniles* (jeugdherbergen), moet u een internationale YHA-kaart kopen bij een herberg of een kaart uit eigen land tonen. Een bed met ontbijt kost 10–15 euro per persoon.
U kunt een bed of kamer rechtstreeks boeken of via het centrale kantoor van Interjoven, **Central de Reservas de Inturjoven**.
Als u met rugzak door de afgelegen berggebieden trekt, kunt u verblijven in *refugio's*, hutten met eenvoudige keukens en slaapzalen. De *refugio's* staan op alle goede kaarten aangegeven. Zij worden verstrekt door de **Federación Andaluza de Montañismo**.

KAMPEREN

Er zijn meer dan 110 campings verspreid door Andalusië, waarvan vele langs de kust, maar ook enkele bij de grote steden en in de populaire plattelandsgebieden. De meeste hebben elektriciteit en kraanwater, sommige hebben ook wasserettes, restaurants, winkels, speeltuinen voor kinderen en zwembaden.
Het is verstandig om een kampeercarnet mee te nemen. U kunt dat gebruiken bij het inchecken en het biedt ook garantie voor derden. Carnets worden verstrekt door de AA, de RAC, en door kampeer- en caravanverenigingen.
Een kaart met alle campings, getiteld *Campings en Andalucía*, wordt uitgegeven door de regionale toeristenautoriteit, de **Dirección General de Turismo, Junta de Andalucía**.

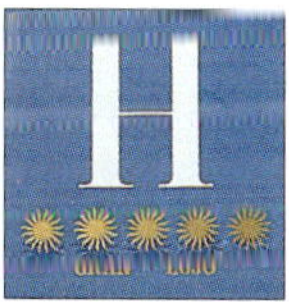

Logo van een vijfsterrenhotel

GEHANDICAPTE REIZIGERS

Hotelmanagers adviseren over toegankelijkheid, en het personeel zal altijd helpen, maar er zijn maar weinig hotels geschikt voor gehandicapte reizigers. Sommige jeugdherbergen beschikken echter wel over speciale voorzieningen. In Spanje kunnen de Confederación Coordinadora Estatal de Minusválidos Fisicos de España, de **Servi-COCEMFE** *(blz.257)* en **Viajes 2000** u voorzien van informatie over hotels met speciale voorzieningen in Andalusië. De **IHD** (International Help for the Disabled) regelt toegankelijke accommodatie, verzorging, vervoer en andere hulp aan toeristen aan de Costa del Sol. In Nederland kunt u bijvoorbeeld informatie opvragen bij de ANWB of Handicap Travel (www.handicap-travel.com).

OVERIGE INFORMATIE

De **Dirección General de Turismo** in Andalusië publiceert ieder jaar de *Guía de Hoteles, Pensiones, Apartamentos, Campings y Agencias de Viajes*. Deze geeft sterrenwaarderingen en een overzicht van de faciliteiten van alle hotels, pensions, campings en jeugdherbergen in het gebied.
Als u hebt bepaald in welk type accommodatie en waar u wilt verblijven, is het verstandig om rechtstreeks te bellen of te faxen om de meest actuele informatie te krijgen over prijzen en faciliteiten. In de lijst met hotels *(blz.212–219)*, staan de hotels met het hoogseizoenstarief. Dat betekent dat prijzen voor bepaalde kamers op bepaalde dagen, of voor een appartement of pension, buiten het seizoen lager kunnen zijn.

Leuke kamer in een bed-and-breakfasthotel

Hoogtepunten: paradores

Oorspronkelijk werd met het woord *parador* een soort herberg voor welgestelden aangeduid. In de jaren twintig van de vorige eeuw werd door de regering een heel netwerk van *paradores* gevormd. Veel van deze *paradores* zijn voormalige kastelen, paleizen of kloosters. Een aantal *paradores* is echter nieuw, speciaal in de meer toeristische gebieden. U kunt de *paradores* door de uitstekende bewegwijzering gemakkelijk vinden. Ze bieden alle een maximum aan comfort en service. In hun restaurants worden lokale gerechten geserveerd.

Parador de Ronda
Parador aan de rand van de oude binnenstad op de steile kloof van de Tajo. Sommige kamers hebben een fantastisch uitzicht (blz. 218).

Parador de Carmona
Dit in Moorse stijl gebouwde paleis van Peter de Wrede, is een goede basis voor uitstapjes naar Sevilla (blz. 214).

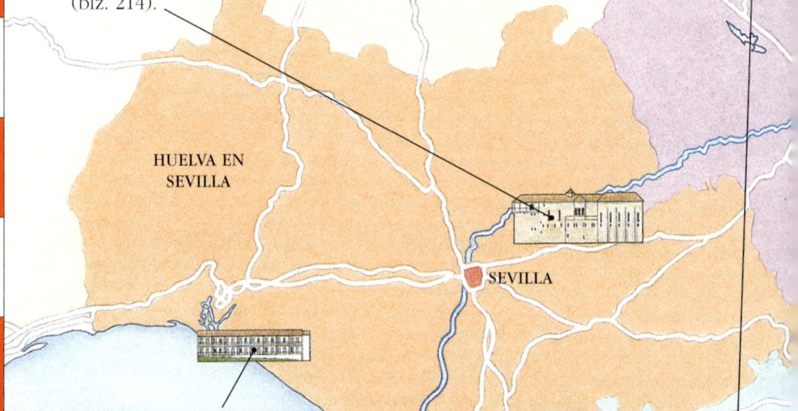

Parador de Mazagón
Een moderne parador, gebouwd vlak bij een uitgestrekt zandstrand. Een comfortabele thuishaven voor het verkennen van de Coto Doñana (blz. 215).

Parador de Arcos de la Frontera
Met zijn ligging in een van de typische pueblos blancos (witte dorpen) biedt deze parador u een panoramisch uitzicht over de rivier de Guadalete (blz. 216).

Parador de Jaén
Een verbouwd fort, compleet met boogvenstertjes en gewelfde kamers, boven de stad op de top van een heuvel (blz. 216).

Parador de Cazorla
Een afgelegen herberg te midden van de wouden van een van de voornaamste natuurreservaten in Andalusië, bij de bron van de Guadalquivir (blz. 215).

Parador de Úbeda
Een van de vele mooie renaissancegebouwen die Úbeda rijk is. De patio is omringd door prachtige zuilen (blz. 216).

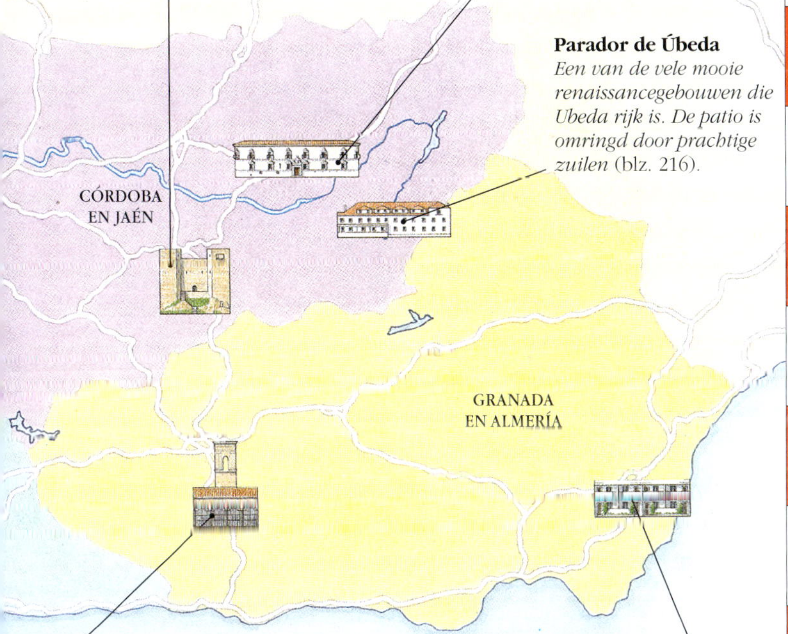

Parador de Granada
Als u in dit sfeervolle 15de-eeuwse klooster in de tuinen van het Alhambra wilt overnachten, moet u ruim van tevoren een kamer reserveren (blz. 219).

Parador de Mojácar
Een modern wit gebouw, in de kubistische stijl die in Mojácar gebruikelijk is. Vlak bij het strand en met zonneterras (blz. 219).

Een hotel kiezen

De hotels uit verschillende prijsklassen zijn uitgekozen om hun faciliteiten, kwaliteit en locatie. Alle kamers hebben badkamer, tv en airconditioning, en zijn toegankelijk voor rolstoelen, tenzij anders aangegeven. De meeste hebben internet; fitnessfaciliteiten zijn soms elders. Ze worden opgesomd per gebied. Voor kaartnummers zie *blz.112–117*.

PRIJSKLASSEN
De onderstaande prijzen zijn voor een standaardtweepersoonskamer per nacht in het hoogseizoen, inclusief belasting en service.
€ tot 75 euro
€€ 75–125 euro
€€€ 125–175 euro
€€€€ 175–225 euro
€€€€€ vanaf 225 euro

SEVILLA

EL ARENAL Taberna del Alabardero €€€

C/ Zaragoza 20, 41001 **Tel.** *954-502721* **Fax** *954-563666* **Kamers** *7* **Kaart** *3 B1 (5 B3)*

Dit kleine hotel in een landhuis, boven een van de beste restaurants van de stad *(blz. 228)*, is het voormalige huis van de Sevillaanse dichter J. Antonio Castevany. Elke apart ingerichte kamer is gemeubileerd met prachtig antiek en stijlvolle stoffen. De binnenplaats wordt verlicht door een gebrandschilderd glazen dak. **www.tabernadelalabardero.com**

EL ARENAL Vincci la Rabida €€€

C/ Casterlar 24, 41001 **Tel.** *954-501280* **Fax** *954-216600* **Kamers** *81* **Kaart** *3 B1 (5 C4)*

Dit 18de-eeuwse paleis werd gerestaureerd en heropend als een viersterrenhotel in 2003. Het ligt dicht bij winkels, restaurants en de arena. De kamers combineren warme, aardse kleuren met donker meubilair en comfortabele smeedijzeren bedden. Sommige kamers kijken uit op de mooie binnenplaats. **www.vinccihoteles.com**

EL ARENAL Hotel Melia Colon €€€€

Canalejos 1, 41001 **Tel.** *954-505599* **Fax** *595-220938* **Kamers** *217* **Kaart** *3 B1 (5 B3)*

Een luxueus hotel in de oude wijk. Het Melia Colon is een traditie in de wereld van het stierenvechten, vooral dankzij de locatie tussen het Giralda, de kathedraal, de Torre del Oro en de arena, omringd door restaurants en bars. Het is de ideale plek om de Spaanse 'mooie mensen' te observeren tijdens de Semana Santa. **www.solmelia.com**

EL ARENAL Hotel Montecarlo €€€€

Gravina 51, 41007 **Tel.** *954-217503* **Fax** *954-216825* **Kamers** *51* **Kaart** *1 B5 (5 B2)*

Dit mooie 18de-eeuwse herenhuis heeft twee binnenplaatsen versierd met smeedijzeren poorten en hekken, en prachtig tegelwerk. Het ligt in het beste deel van de stad, dicht bij de historische bezienswaardigheden, de Guadalquivir en de zakelijke wijk. Het restaurantpersoneel is buitengewoon vriendelijk. **www.hotelmontecarlosevilla.com**

LA CAMPANA Hotel Cervantes €€€€

C/ Cervantes, 10, 41004 **Tel.** *954-900280* **Fax** *954-900536* **Kamers** *46* **Kaart** *6 D1*

Dit Best Westernhotel is gerenoveerd in 2003. Het ligt in het levendige gebied van La Campana, dicht bij de belangrijke bezienswaardigheden en 20 minuten lopen van het themapark Isla Magica. Twee geweldige glazen plafonds maken het tot een lichte en elegante zaak, met een typisch Sevilliaanse binnenplaats. **www.hotel-cervantes.com**

LA CARTUJA Barcelo Renacimiento €€€€

Isla de la Cartuja, 41092 **Tel.** *954-462222* **Fax** *954-460428* **Kamers** *295* **Kaart** *1 B2*

Een avant-gardistisch, modern tophotel op het eiland La Cartuja, 20 minuten lopen van de historische wijk. Het Barcelo Renacimiento wordt beschouwd als het beste hotel in de stad voor congressen, conferenties en andere zakelijke bijeenkomsten. Wifi en een congrescentrum dragen bij aan de zakelijke aantrekkelijkheid. **www.barcelo.com**

LA MACARENA Patio de la Cartuja €€

C/ Lumbreras 8 en 10, 41002 **Tel.** *954-900200* **Fax** *954-902056* **Kamers** *56* **Kaart** *1 C4*

Een groep oude landhuizen met grote patio's is verbouwd tot dit ongewone hotel. Het ligt in de bohemienbuurt La Macarena en de appartementen zijn eenvoudig, maar goed toegerust. Het hotel ligt op loopafstand van de kathedraal en Santa Cruz. Het heeft ook een parkeerplaats, een zeldzaamheid in Sevilla. **www.patiosdesevilla.com**

LA MACARENA Alcoba del Rey de Sevilla €€€

C/ Bécquer 9, 41002 **Tel.** *954-915800* **Fax** *954-915675* **Kamers** *15* **Kaart** *2 D3*

Dit is een stijlvol klein hotel, vol subtiele details die een romantische sfeer scheppen. Tot de inrichting behoren prachtig glaswerk, *azulejos* (tegels), zijden kussens en objets d'art, die ook allemaal te koop zijn. Elke kamer is genoemd naar een personage uit de Moorse tijd en elegant versierd. **www.alcobadelrey.com**

LA MACARENA Baco €€€

Plaza Ponce de León 15, 41003 **Tel.** *954-565050* **Fax** *954-563654* **Kamers** *25* **Kaart** *2 E5 (6 E2)*

Dit historische landhuis in het centrum van de Oude Stad is in 2003 volledig gerenoveerd tot een modern hotel in echte Sevilliaanse stijl. Een wenteltrap begint bij de receptie en de rustiger achterkamers kijken uit op betegelde patio's met potten met palmen. Alle kamers zijn eenvoudig, maar comfortabel versierd in traditionele stijl. **www.hotelbaco.es**

Verklaring van de symbolen *zie achterflap*

LA MACARENA Casa Romana Hotel Boutique €€€

C/ Trajano 15, 41003 **Tel.** *954-915170* **Fax** *954-373191* **Kamers** *26* **Kaart** *1 C5 (5 C1)*

Kamers in het Casa Romana liggen rond een pittoreske centrale binnenplaats. Het heeft alle comfort van een viersterrenhotel en de kamers zijn smaakvol versierd met ingehouden elegantie, terwijl sommige jacuzzi's hebben. Op de website vindt u aanbiedingen zoals flamencokaarten bij de reservering. **www.hotelcasaromana.com**

LA MACARENA Hotel Tryp Macarena €€€

San Juan de Ribera, 2, 41009 **Tel.** *954-375800* **Fax** *954-381803* **Kamers** *331* **Kaart** *2 E3*

Hoewel het wat verder weg ligt van het historische centrum, blijft het Tryp Macarena een aantrekkelijke optie, dankzij de nabijheid van een bushalte. Het dakzwembad is zeer welkom na een dag sightseeing. Het is soms wat luidruchtig, maar de locatie aan de Guadalquivir is goed. **www.solmelia.com**

MAESTRANZA Picasso €

Calle San Gregorio 1, 41004 **Tel.** *954-210864* **Fax** *954-210864* **Kamers** *15* **Kaart** *3 C2 (6 D5)*

Het Picasso ligt in het hart van Sevilla, op de route van de Semana Santaprocessie, die vanaf het balkon van de kamer kan worden bekeken. Dit maakt het tot een populaire optie tijdens de paasperiode, dus boek van tevoren. Dicht bij alle belangrijke bezienswaardigheden en tien minuten lopen van het Sevillafestival. **www.grupo-piramide.com**

SANTA CRUZ Hosteria del Laurel €€

Plaza de los Venerables 5, 41004 **Tel.** *954-220295* **Fax** *954-210450* **Kamers** *20* **Kaart** *4 D2 (6 E4)*

Dit hotel zit in een historisch gebouw in het hart van Santa Cruz, en bar en restaurant (*blz. 229*) trekken lokale clientèle. Hosteria del Laurel ligt dicht bij winkels en historische plekken als het Real Alcazar, de kathedraal en de arena. Dit is een prettig gebied om een wandeling te maken. **www.hosteriadellaurel.com**

SANTA CRUZ Hotel Alcántara €€

C/ Ximenez de Enciso 28, 41004 **Tel.** *954-500595* **Fax** *954-500604* **Kamers** *21* **Kaart** *4 D2 (6 E4)*

Dit 18de-eeuwse landhuis gaat u binnen door de oude koetsingang, die de gasten in een modern, gastvrij hotel brengt. De kamers zijn eenvoudig, met pijnhouten vloeren en beschilderde planken aan het hoofdeinde, maar het is comfortabel en schoon. Ze variëren in grootte en sommige zijn geschikt voor gezinnen. **www.hotelalcantara.net**

SANTA CRUZ Hotel Casa de los Mercaderes €€€

C/ Alvarez Quintero 9–13, 41003 **Tel.** *954-225858* **Fax** *954-229884* **Kamers** *47* **Kaart** *3 C1 (6 D3)*

Dit heerlijke hotel in het centrum van de stad is genoemd naar de kooplieden die in dit gebied woonden in de 18de eeuw. De binnenplaats (waar u kunt genieten van een drankje of een hapje) heeft veel van de oude glorie behouden. Het hotel organiseert ook tochten naar steden of attracties in de omgeving. **www.casasypalacios.com**

SANTA CRUZ La Casa del Maestro €€€

C/ Almudena 5, 41002 **Tel.** *954-500007* **Fax** *954-500006* **Kamers** *11* **Kaart** *6 E2*

In dit charmante geel en okeren huis woonde ooit de gevierde flamencogitarist Niño Ricardo. Het is gebouwd rond een patio vol planten en bloemen. De kamers zijn aan de kleine kant, maar vol attente details, zoals een kan ijswater en chocolaatjes bij het bed. **www.lacasadelmaestro.com**

SANTA CRUZ Casa Numero Siete €€€€

C/ Virgenes 7, 41004 **Tel.** *954-221581* **Fax** *954-214527* **Kamers** *7* **Kaart** *3 D1 (6 E3)*

Dit elegante pension is een van de mooiste en meest romantische hotels in Sevilla. Het zit in een landhuis en heeft maar een paar kamers. De inrichting omvat onder meer antiek en erfgoed van de familie. Casa Numero Siete heeft ook een weelderige salon met een bar. Het ontbijt is er verrukkelijk. **www.casanumero7.com**

SANTA CRUZ Hotel Inglaterra €€€€

Plaza Nueva 7, 41001 **Tel.** *954-224970* **Fax** *954-561336* **Kamers** *90* **Kaart** *3 B1 (5 C3)*

Het huidige gebouw is van 1967, maar het hotel gaat terug tot 1857, toen het de trots van Sevilla was. Het is ingericht met exquise Sevillategels, antiek meubilair en schilderijen, en kijkt uit over Plaza Nueva en het stadhuis in het historische centrum. Het is maar twee minuten lopen van de kathedraal en de Giralda. **www.hotelinglaterra.es**

SANTA CRUZ Las Casas del Rey de Baeza €€€€

Plaza Jesus de la Redencion 2, 41003 **Tel.** *954-561496* **Fax** *954-561441* **Kamers** *41* **Kaart** *4 D1 (6 E4)*

Dit hotel ligt in een mooie, unieke omgeving en mengt heden en verleden. Lichte, witgekalkte muren gaan samen met het oker en rood van de binnenplaats, die beschaduwd wordt door gewelfde gangen. Binnen leiden koele stenen vloeren in natuurlijke tinten naar de kamers, waar chique interieurs eer bewijzen aan de moderniteit. **www.hospes.es**

SANTA CRUZ Los Seises €€€€

C/ Segovia 6, 41004 **Tel.** *954-229495* **Fax** *954-224334* **Kamers** *42* **Kaart** *6 D4*

Dit 16de-eeuwse paleis, perfect gelegen in Barrio Santa Cruz, werd begin jaren negentig van de vorige eeuw gerestaureerd, toen Romeins mozaïek, renaissancelambrizering en Arabische tegels werden ontdekt. Het meeste is te zien. Het goedingerichte hotel is architectonisch charmant, al mogen de kamers wel eens worden opgeknapt. **www.husa.es**

SANTA CRUZ Petit Palace Santa Cruz €€€€

C/ Muñoz y Pavón 18, 41004 **Tel.** *954-221032* **Fax** *954-225039* **Kamers** *46* **Kaart** *6 E3*

Dit boetiekhotel in een typisch Andalusisch gebouw ging open in 2006 en kent een modern, state-of-the-artdesigninterieur. De kamers zijn ruim en goed voorzien, met onder andere wifitoegang, flat-screen-tv's en donzige badjassen. **www.hthoteles.com**

SANTA CRUZ Alfonso XIII €€€€€

C/ San Fernando 2, 41004 **Tel.** *954-917000* **Fax** *954-917099* **Kamers** *147* **Kaart** *3 C3*

Het legendarische grand hotel van Sevilla, gebouwd in neomudéjarstijl als een koninklijk gastenverblijf, is nog altijd geschikt voor koningen. Elegante en formele service, en kamers met weelderig meubilair. Kristallen kroonluchters, marmeren pilaren en palmbomen verfraaien de publieke ruimten. Er is ook een chique cocktailbar. **www.alfonsoxiii.com**

TRIANA Abba Triana Hotel €€

Plaza Chapina, 41010 **Tel.** *954-268000* **Kamers** *137* **Kaart** *3 A1 (5 A3)*

Geniet van een spectaculair uitzicht op de Guadalquivir in dit nieuwe hotel, met de laatste technologische snufjes en moderne inrichting. Ga zwemmen in het dakzwembad of verken de directe omgeving: het Abba Triana ligt op korte en prettige loopafstand van alle attracties van de stad. **www.abbatrianahotel.com**

HUELVA EN SEVILLA

ALCALÁ DE GUADAIRA Hotel Oromana €€

Av de Portugal, 41500 **Tel.** *955-686400* **Fax** *955-686408* **Kamers** *31*

Aan de rand van de historische stad Alcalá, maar 15 km van Sevilla, ligt dit plattelandshotel in een mooi landhuis uit de jaren twintig van de vorige eeuw. Het wordt omringd door grote tuinen met een buitenbad. Gastvrij, behulpzaam personeel en een goed restaurant met lokale specialiteiten dragen bij aan de bekoring. **www.hoteloromana.com**

ARACENA Sierra de Aracena €

Gran Via 21, 21200 **Tel.** *959-126175* **Fax** *959-126218* **Kamers** *43*

Dit rustige hotel ligt in het centrum van het aantrekkelijke Aracena. Hoewel het een modern gebouw is, integreert het ontwerp mooie Arabische details. De kamers zijn eenvoudig ingericht, soms met zicht op het kasteel. Het personeel organiseert buitenactiviteiten zoals wandelen, raften, mountainbiken en paardrijden. **www.htsierradearacena.com**

ARACENA Finca Buen Vino €€

Los Marines, 21293 **Tel.** *959-124034* **Fax** *959-501029* **Kamers** *4*

Een prachtig pension in een elegante villa op een heuveltop, omringd met olijf- en citrusgaarden. De eigenaren verbouwen hun eigen biologische groente en fruit, dat ze gebruiken voor ontbijt, middagthee en cordon-bleudiners (alleen voor gasten). U kunt terecht in een villa of een huisje op het terrein. **www.fincabuenvino.com**

AYAMONTE Riu Atlantico €€€€

Punta del Moral, 21470 **Tel.** *959-621000* **Fax** *959-621003* **Kamers** *359*

Het Riu Atlantico, aan het strand, ligt bij de Portugese grens en dicht bij de beroemde golfbaan van Isla Canela. Het is een oase van rust met eersterangs service, omringd door zwembaden en een tropisch landschap. Gasten hebben toegang tot een full-service kuuroord, sportzaal en sauna. Kamerprijzen zijn inclusief ontbijt en diner. **www.riu.com**

CARMONA Casa de Carmona €€€

Plaza de Lasso 1, 41410 **Tel.** *954-191000* **Fax** *954-190189* **Kamers** *34*

Dit 16de-eeuwse paleis, versierd met een mix van eigentijdse en periodestijlen, is verbouwd tot een hotel dat in vele modebladen heeft gestaan. De luxekamers en -suites zijn vol kunst en weelderig meubilair, en er is een uitstekend restaurant. Een goede uitvalsbasis voor het ontdekken van de provincie Sevilla. **www.casadecarmona.com**

CARMONA Parador de Carmona €€€

C/ Alcázar, 41410 **Tel.** *954-141010* **Fax** *954-141712* **Kamers** *63*

Dit geweldige parador op een kliftop werd gebouwd als een fort door de Moren en werd later het paleis van de christelijke koning Pedro de Wrede. Het hangt vol tapijten en is bezaaid met antiek, en de pluchen kamers hebben schitterend uitzicht op het platteland. Er is een enorm buitenbad en een van de beste restaurants in de regio. **www.parador.es**

CASTILLEJA DE LA CUESTA Hacienda de San Ignacio €€€

C/ Real 190, 41950 **Tel.** *954-169290* **Fax** *954-161437* **Kamers** *13*

Dit was ooit een jezuïetenklooster, toen een Andalusische hacienda, en nu is het een relaxed landgoed binnen witgekalkte muren. Palmen torenen uit boven de gracieuze patio en het goede restaurant ligt in de voormalige olijfmolen. De kamers bieden weinig comfort, maar de publieke ruimten zijn schitterend. **www.haciendasanignacio.com**

CAZALLA DE LA SIERRA Las Navezuelas €

Ctra Cazella–Ed Pedroso, 41370 **Tel.** *954-884764* **Fax** *954-884594* **Kamers** *10*

De ruime kamers in deze familieboerderij zijn ingericht met handgemaakte stoffen. U hebt hier de zeldzame gelegenheid om het leven op een authentieke Andalusische *cortijo* (boerenhoeve) te ervaren. De kamers kijken uit over olijfgaarden en kurkeiken, en het restaurant serveert de huiselijke keuken. **www.lasnavezuelas.com**

CAZALLA DE LA SIERRA Hospederia La Cartuja €€

Ctra Cazella–Constantina, km 2,5, 41370 **Tel.** *954-884516* **Fax** *954-884707* **Kamers** *12*

Dit oude klooster is omgebouwd tot een charmante wijkplaats voor kunstenaars door de eigenaar met een missie. Schilders, beeldhouwers en musici bieden hun kunst soms aan in ruil voor het verblijf, en er is een galerie met werk van de inwonende kunstenaars, dat allemaal te koop is. Kies een kamer, een suite of een huisje. **www.cartujadecazalla.com**

Verklaring van de prijsklassen *zie blz. 212* **Verklaring van de symbolen** *zie achterflap*

EL ROCÍO Hotel Toruño €€

Plaza Acebuchal 22, 21750 ***Tel.*** *959-442323* ***Fax*** *959-442338* ***Kamers*** *30*

Een charmante witgekalkte villa, vlak bij de hermitage waar de Maagd van El Rocío zich bevindt. Het Toruño ligt aan de rand van het Parque Nacional de Doñana, een van de belangrijkste moerasgebieden en natuurreservaten van Europa, en is populair bij vogelspotters. De prijzen zijn twee keer zo hoog tijdens de El Rocíopelgrimage. **www.toruno.es**

MAZAGÓN Parador de Mazagón €€€

Ctra San Juan de Puerto-Matalascañas, km 30, 21130 ***Tel.*** *959-536300* ***Fax*** *959-536228* ***Kamers*** *63*

Dit moderne parador aan de kust van Huelva ligt tussen een zandstrand een een pijnbos, met prachtig uitzicht op de omgeving. Het is een goede uitvalsbasis voor een bezoek aan het Parque Nacional de Doñana, maar er zijn ook veel activiteiten op het terrein zelf, zoals een zwembad en een ontspannende jacuzzi. **www.parador.es**

CÓRDOBA EN JAÉN

BAEZA Hotel Fuentenueva €€

Calle del Carmen 15, 23440 ***Tel.*** *953-743100* ***Fax*** *953-743200* ***Kamers*** *13*

Dit hotel, in een 19de-eeuws huis dat voorheen een vrouwengevangenis was, biedt alle moderne gemakken, met een paar bijzondere extra's. Daaronder zijn een bibliotheek, cafetaria, conferentiezaal, een Japanse tuin en draadloos internet. De kamers gaan prat op hydromassagebaden en gladde, moderne inrichting. **www.fuentenueva.com**

CAZORLA Molino de la Farraga €

Camino de la Hoz, 23470 ***Tel.*** *953-721249* ***Fax*** *953-721249* ***Kamers*** *9*

Het Molino, in een onlangs gerenoveerde 200 jaar oude molen, aan de rand van het mooie dorp Cazorla, is perfect voor rustzoekers. Het witgekalkte gebouw is verborgen in overvloedig groen en wordt omringd door verspreide tuinen. De kamers zijn eenvoudig maar heel leuk. Er is ook een dependance voor nog meer privacy. **www.molinofarraga.com**

CAZORLA Parador de Cazorla €€€

Sierra de Cazorla, 23470 ***Tel.*** *953-727075* ***Fax*** *953-727077* ***Kamers*** *34*

De bossen en bergen van de Sierra de Cazorla, een groot Andalusisch natuurreservaat, zijn de schitterende setting voor dit moderne parador, ontworpen met de landelijke ligging in het achterhoofd. Gebouwd tegen de heuvel biedt het hotel mooi uitzicht vanuit de goedingerichte kamers. Het restaurant serveert wild in het seizoen. **www.parador.es**

CÓRDOBA Maestre €

C/ Romero Barros 4–6, 14003 ***Tel.*** *957-472410* ***Fax*** *957-475395* ***Kamers*** *26*

Dicht bij het Mezquita, in het centrum van Córdoba, ligt dit hotel met eenvoudige voorzieningen. Het is gebouwd rond mooie Andalusische patio's, met kleurrijke tegels, fonteinen en kruipplanten, en perfect gelegen voor sightseeing. Het biedt zowel kamers als appartementen. Ondergrondse privéparkeerplaats. **www.hotelmaestre.com**

CÓRDOBA Casa de los Azulejos €€

C/ Fernando Colón 5, 14002 ***Tel.*** *957-470000* ***Fax*** *957-475496* ***Kamers*** *8*

Het 'Huis van de tegels' is een betoverend 17de-eeuws landhuis, rond een patio met exquise lokale tegels, mooi smeedijzeren hekwerk en groen. De kamers zijn koel en modern, met extra's zoals een internetverbinding. Een prima restaurant biedt een fusie van de Andalusische en Zuid-Amerikaanse keuken. **www.casadelosazulejos.com**

CÓRDOBA Hotel Eurostar Las Adelfas €€€

Avenida de la Arruzafa, 14012 ***Tel.*** *957-277720* ***Fax*** *957-272794* ***Kamers*** *128*

Een van de rustigste verblijven in de stad, dankzij de ligging in het exclusieve El Brillante, op maar tien minuten van het stadscentrum. Het hotel staat bekend om zijn keuken, en het tuinterras is de favoriete dineerplek. Het heeft een groot zwembad omringd met een grasterras en genoeg ligstoelen. **www.eurostarslasadelfas.com**

CÓRDOBA Hotel Hesperia €€€

Avenida Fray Albino, 1, 14009 ***Tel.*** *957-421042* ***Fax*** *957-299997* ***Kamers*** *108*

Het Hesperia ligt aan de Guadalquivir, met mooi uitzicht op de stad, en heeft een spectaculair zwembad in het midden van een traditionele Andalusische binnenplaats. Café-bar La Azotea op het dakterras is een zeer bijzondere plek in het midden van de stad. De kamers zijn modern in ontwerp, met gratis wifi. **www.hesperia-cordoba.com**

CÓRDOBA Maciá Alfaros €€€

C/ Alfaros 18, 14001 ***Tel.*** *957-491920* ***Fax*** *957-492210* ***Kamers*** *133*

Het Alfaros is een glad eigentijds hotel in een drukke straat, maar geluidswerend gebouwd. Het is gebouwd rond drie binnenplaatsen in neomudéjarstijl. Een van de marmeren binnenplaatsen bevat een elegant zwembad. Het hotel is gericht op zakenreizigers en biedt voorzieningen als wifi. De kamers zijn comfortabel. **www.maciahoteles.com**

CÓRDOBA Occidental €€€

C/ Poeta Alonso Bonilla 3, 14012 ***Tel.*** *957-767476* ***Fax*** *957-400439* ***Kamers*** *153*

Het moderne Occidental wordt omringd door uitgebreide eigen tuinen. Het is weelderig ingericht met marmeren vloeren, cassettenplafonds en chique bronzen lantaarns. De kamers zijn smaakvol gemeubileerd, met houten accenten en frisse stoffen. De restaurants kijken uit op de tuin of het grote zwembad. **www.occidental-hoteles.com**

CÓRDOBA Eurostar Ciudad de Córdoba €€€€

Avenida de Cadiz, 14003 **Tel.** *957-103600* **Fax** *957-103601* **Kamers** *90*

Een nieuw hotel met een warm binnenhuisdesign in het historische en culturele hart van de stad, op tien minuten per taxi van de winkel- en financiële buurt. Het hotel staat bekend om zijn uitstekende zakencentrum, maar het houdt ook regelmatig tentoonstellingen van schilderijen, fotografie en andere kunst. **www.eurostarsciudaddecordoba.com**

JAÉN Hotel Husa Europa €€

Plaza de Belen 1, 23001 **Tel.** *953-222704* **Fax** *953-222692* **Kamers** *38*

Dit vredige hotel ligt aan het Andalusische renaissancetraject (Jaén-Baeza-Ubeda), in het midden van het restaurant- en tapasgebied van de stad. Het is opgeknapt in 1999 en ideaal voor zowel zakenreizigers als vakantiegangers. Het nabije sportcentrum heeft een groot verwarmd zwembad. Alleen continentaal ontbijt. **www.husa.es**

JAÉN Parador de Jaén €€€

Castillo de Santa Catalina, CP, 23009 **Tel.** *953-230000* **Fax** *953-230930* **Kamers** *71*

Op een hoger gelegen positie op de Santa Catalinaheuvel biedt dit parador adembenemend uitzicht over Jaén. Het interieur is in echte Arabische stijl, met gekruiste stenen bogen in de publieke ruimten. Alle kamers hebben panoramische uitzichten. Het restaurant biedt regionale specialiteiten zoals knoflooksoep en patrijssalade. **www.parador.es**

PALMA DEL RÍO Hospedería de San Francisco €€

Av de Pio XII 35, 14700 **Tel.** *957-710183* **Fax** *957-710236* **Kamers** *35*

Dit hotel werd in de 15de eeuw gebouwd als een franciscanenklooster en sommige kamers zijn voormalige monnikencellen, gemeubileerd met handbeschilderde wastafels en door nonnen geweven spreien. De keuken gebruikt biologisch groente en fruit uit eigen tuin, en de maaltijden worden geserveerd in de oude refter. **www.casasypalacios.com**

ÚBEDA María de Molina €€

Plaza del Ayuntamiento, 23400 **Tel.** *953-795356* **Fax** *953-793694* **Kamers** *27*

Dit hotel is gehuisvest in een 16de-eeuws paleis in het historische centrum van Úbeda, naast het stadhuis. De kamers liggen rond de binnenplaats met een marmeren fontein en zijn in renaissancestijl ingericht, maar bieden moderne voorzieningen. Het cafetaria serveert de streekgerechten. **www.hotel-maria-de-molina.com**

ÚBEDA Parador de Úbeda €€€

Plaza Vàzquez de Molina 1, 23400 **Tel.** *953-750345* **Fax** *953-751259* **Kamers** *36*

Dit parador, in een voormalig 16de-eeuws aristocratisch paleis, beheerst het centrale plein van Úbeda. Blauwe en witte tegels verfraaien de façade, en het huis omringt een renaissancepatio van twee verdiepingen. De ruime kamers met hoge plafonds zijn ingericht met traditioneel meubilair en het restaurant serveert streekgerechten. **www.parador.es**

ZUHEROS Zuhayra €

C/ Mirador 10, 14870 **Tel.** *957-694693* **Fax** *957-694702* **Kamers** *18*

De voornaamste charme van dit eenvoudige landelijke hotel is de locatie, in een witte stad aan de voet van heuvels. Het gebouw is modern, maar in de stijl van een adellijk landhuis. Het is een perfecte uitvalsbasis voor wandelen in de Sierra Subbética, en het hotel verhuurt mountainbikes. Het restaurant serveert lokale specialiteiten. **www.zercahoteles.com**

CÁDIZ EN MÁLAGA

ARCOS DE LA FRONTERA Casa Grande €€

C/ Maldonado 10, 11630 **Tel.** *956-703930* **Fax** *956-717095* **Kamers** *7*

Een charmant familiehotel in een witgekalkt 18de-eeuws landhuis dat nog altijd het wapenschild van de oorspronkelijke bewoner draagt. Elke origineel ingerichte kamer heeft veel karakter. Het hotel is warm, intiem en vol persoonlijke attenties, zoals huisgemaakte marmelade bij het ontbijt. Schitterend uitzicht vanaf het dakterras. **www.lacasagrande.net**

ARCOS DE LA FRONTERA Parador de Arcos de la Frontera €€€

Plaza del Cabildo, 11630 **Tel.** *956-700500* **Fax** *956-701116* **Kamers** *24*

Dit landhuis was vroeger een magistratuur en staat op een klif boven de Oude Stad. Het is een chic parador met een groot terras met mooi uitzicht op de oude spitsen en daken beneden. De kamers liggen rond een reeks prachtig betegelde patio's met putten en fonteinen. De kamers zijn chic en comfortabel, sommige met jacuzzi. **www.parador.es**

CÁDIZ Hotel Fuerte Grazalema €€

Baldio de los Alamillos Carretera A-372, 11610 **Tel.** *956-133000* **Fax** *956-133001* **Kamers** *77*

Het hotel ligt in het hart van het natuurreservaat van Grazalema, dicht bij het witte dorp Grazalema en even rijden van Ronda, en is perfect voor natuurliefhebbers. Het werd geopend in 2002 en biedt fiets- en paardverhuur, en georganiseerde trektochten. De regionale keuken is een specialiteit. Er is ook een internetruimte. **www.fuertehoteles.com**

CÁDIZ Pension Centro-Sol €€

Manzanares, 7, 11010 **Tel.** *956-283103* **Fax** *956-283103* **Kamers** *19*

Een charmant, vriendelijk klein pension in een pittoresk deel van de stad. Het neoklassieke gebouw is onlangs gerenoveerd en heeft een schitterende betegelde entree, en ligt in een van de charmante stegen van Cádiz. Het ligt dicht bij bus en trein, en maar 15 minuten van het strand van Santa Maria del Mar. **www.hostalcentrosolcadiz.com**

Verklaring van de prijsklassen *zie blz. 212* **Verklaring van de symbolen** *zie achterflap*

CÁDIZ Hotel Playa Victoria €€€€

Glorieta Ingenerio La Cierva, 4, 11010 **Tel.** *956-205100* **Fax** *956-263300* **Kamers** *188*

Het ecovriendelijke Playa Victoria ligt aan zee en is trots op zijn recyclingbeleid. Het is gebouwd in een intrigerende combinatie van lokale oestersteen en blauw glas, met binnenin traditioneel marmer en hout. Designmeubilair domineert in de publieke ruimten en er hangt een spectaculaire sculptuur aan het plafond. **www.palafoxhoteles.com**

CAÑOS DE MECA La Breña €€

Av Trafalgar 4, 11160 (Cádiz) **Tel.** *956-437368* **Fax** *956-437368* **Kamers** *7*

De stranden van Costa de la Luz behoren tot de beste en ongereptste van Spanje. Dit charmante strandhotel is fris blauw en wit geschilderd, en de kamers en suites zijn eenvoudig en ruim. De meeste bieden mooi zeezicht. La Breña omvat een uitstekend restaurant met een moderne Andalusische kaart. Gesloten nov.–jan. **www.hotelbrena.com**

CASTELLAR DE LA FRONTERA Casa Convento La Almoraima €

Finca La Almoraima, 11350 **Tel.** *956-693002* **Fax** *956-693214* **Kamers** *23*

Dit schitterende landhuis en voormalig klooster wordt omringd door een beschermd bos van mediterrane kurkbomen. Er is een rustig hotel van gemaakt, met kloostergangen die nu een bloemrijke patio vormen, en publieke ruimten met antiek. De kamers zijn eenvoudig en het hotel kan tochten in de regio organiseren. **www.la-almoraima.com**

CORTÉS DE LA FRONTERA Casa Rural Ahora €

C/ Lepanto 40, Bda El Colmenar, 29013 **Tel.** *en* **Fax** *952-153046* **Kamers** *7*

Een landelijk verblijf met een ecologisch restaurant en diverse behandelmogelijkheden, gelegen in een pittoreske vallei met een klaterende beek erdoorheen. Het strand is maar een halfuur weg. Maar u kunt uw tijd ook vullen met de Turkse baden of massages en kleibehandelingen. De perfecte plek voor ontspanning en verjonging. **www.ahoraya.es**

EL PUERTO DE SANTA MARÍA Monasterio de San Miguel €€€€

C/ Virgen de los Milagros 27, 11500 **Tel.** *956-540440* **Fax** *956-540525* **Kamers** *150*

Dit hotel, in een 18de-eeuws barok klooster, ligt gunstig voor een bezoek aan Cádiz, de *bodegas* van Jerez en de tapasbars en het nachtleven van Puerto de Santa Maria. De kamers zijn veel minder weelderig dan de publieke ruimten, maar er zijn uitgebreide tuinen en uitstekende faciliteiten. Het hotel regelt gratis vervoer naar het strand. **www.jale.com**

GIBRALTAR The Rock €€€€€

3 Europa Road, Gibraltar **Tel.** *956-773000* **Fax** *956-773513* **Kamers** *104*

Dit vijfsterrenhotel werd gebouwd in 1932 door de markies van Bute en het heeft nog dezelfde ouderwetse koloniale stijl en service. Het ligt tegen een klif, hoog boven de stad en haven, en biedt alle denkbare voorzieningen, van een kap- en schoonheidssalon tot een casino. Populair bij zakenmensen én bij vakantiegangers. **www.rockhotelgibraltar.com**

MÁLAGA Don Curro €€

C/ Sancha de Lara 7, 29015 **Tel.** *952-227200* **Fax** *952-215946* **Kamers** *118*

De buitenkant is niet aantrekkelijk, maar van binnen is dit hotel charmant en comfortabel, met een gastvrije sfeer. De kamers zijn smaakvol ingericht met donker hout en marmer, en de staf biedt attente extra's, zoals parkeerservice. Het eenvoudige bar-restaurant is populair bij zakenreizigers. **www.hoteldoncurro.com**

MARBELLA El Fuerte €€€

Av El Fuerte, 29602 **Tel.** *952-920000* **Fax** *952-824411* **Kamers** *263*

Het El Fuerte was het eerste als zodanig gebouwde hotel in Marbella en is nog altijd een van de beste. U kunt het niet missen: een groot roze gebouw met tropische tuinen. Sommige kamers hebben bergzicht, maar de beste kijken uit op zee. Het hotel heeft een zwembad en een gezondheids- en schoonheidscentrum. **www.fuertehoteles.com**

MARBELLA Marbella Club Hotel €€€€€

Blvd Principe von Hohenlohe, 29600 **Tel.** *952-822211* **Fax** *952-829884* **Kamers** *137*

Dit hotel, gebouwd voor een prins in de jaren vijftig van de vorige eeuw, is nu een ultraluxueus strandcomplex met twee zwembaden (een binnen) en tropische tuinen. Het ligt in de Gouden Mijl (tussen Marbella en Puerto Banus), en heeft een wereldklassegolfbaan en een kuuroord. De kamers, suites en villa's hebben eigen baden. **www.marbellaclub.com**

MIJAS Club Puerta del Sol €€

Ctra Fuengirola–Mijas, km 4, 29650 **Tel.** *952-486400* **Fax** *952-485462* **Kamers** *130*

Dit witgekalkte moderne hotelcomplex in de uitlopers van de Sierra de Mijas biedt ruime kamers. Er is mooi uitzicht op Fuengirola en de kust. Tot de voorzieningen behoren tennisbanen, een sportzaal, binnen- en buitenbaden en vele andere sportfaciliteiten. Het is kindvriendelijk en het strand is dichtbij. **www.hotelclubpuertadelsol.com**

NERJA Hostal Miguel €

C/ Almirante Ferrádiz 31, 29780 **Tel.** *en* **Fax** *952-521523* **Kamers** *9*

Deze vriendelijke, eclectische herberg met Marokkaanse accenten werd geopend in de jaren zestig van de vorige eeuw en opgeknapt in 2004. De kamers zijn ingehouden ingericht en hebben allemaal een plafondventilator, minikoelkast en balkon. Ontbijten kan op het dakterras en in de lounge zijn boeken en tijdschriften. **www.hostalmiguel.com**

OJÉN La Posada del Ángel €€

C/ Mesones 21, 29610 **Tel.** *952-881808* **Kamers** *17*

Dit hotel uit 2001 biedt zeventien zorgvuldig ingerichte kamers, elk met een eigen sfeer, maar allemaal met veel Andalusische charme. Het ligt op 15 minuten van Marbella, in de witgekalkte stad Ojén, in de Sierra de las Nieves. Er zijn speciale activiteiten, zoals schildervakanties. **www.laposadadelangel.com**

RINCÓN DE LA VICTORIA Molino de Santillán €€

Ctra de Macharaviaya, km 3, 29730 ***Tel.*** *952-400949* ***Fax*** *952-400950* ***Kamers*** *22*

Dit charmante hotel, hoog op een bosrijke heuveltop, is gehuisvest in een traditionele Andalusische finca. De kamers zijn in warme kleuren geschilderd en bieden een gedenkwaardig uitzicht. Het hotel biedt allerlei buitenactiviteiten en ligt dicht bij het strand. Het restaurant serveert biologische producten van eigen grond. **www.molinodesantillan.es**

RONDA Parador de Ronda €€€

Plaza España, 29400 ***Tel.*** *952-877500* ***Fax*** *952-878188* ***Kamers*** *78*

Dit moderne, voor dit doel gebouwde parador, dicht bij de beroemde klif van Ronda maar ook bij het stadscentrum, biedt schitterend uitzicht over de kloof, vooral vanuit de suites bovenin. De kamers zijn vol licht en stijlvol ingericht. Het parador wordt omringd door grote tuinen, met een buitenbad precies op de rand van het klif. **www.parador.es**

SANLÚCAR DE BARRAMEDA Los Helechos €

Plaza Madre de Dios 9, 11540 ***Tel.*** *956-361349* ***Fax*** *956-369650* ***Kamers*** *54*

Dit heerlijke, ontspannende kusthotel is versierd met tegels en planten in potten. De kamers zijn licht, ruim en leuk, maar eenvoudig ingericht, rond een binnenplaats vol planten. Het vriendelijke personeel weet veel te vertellen en kan een bezoek organiseren aan het nabije Parque Nacional de Doñana. **www.hotelloshelechos.com**

TARIFA Hurricane €€€

Ctra N340, km 77, 11380 ***Tel.*** *956-684919* ***Fax*** *956-680329* ***Kamers*** *33*

Tarifa is een mekka voor windsurfers, en het Hurricane is een tempel voor de sport. Het is een creatief, open gebouw, gelegen in tropische tuinen die leiden naar het strand. De kamers zijn ingericht in echt Andalusische stijl. Het is een van de minst drukke delen van de Spaanse kust, met mooi uitzicht over zee naar Afrika. **www.hotelhurricane.com**

TOLOX Cerro de Hijar €€

Cerro de Hijar, 29019 ***Tel.*** *952-112111* ***Fax*** *952-119745* ***Kamers*** *18*

Dit hotel, met schitterend uitzicht op het omringende natuurschoon en het mooie witte dorp Tolox, is in Andalusische stijl, met een centrale patio en ruime kamers. Voor alle soorten buitenactiviteiten kan worden gezorgd, waaronder paardrijden en excursies. Het restaurant biedt lokale specialiteiten en eigengemaakte wijn. **www.cerrodehijar.com**

TORREMOLINOS Hotel Miami €

C/ Aladino 14, 29019 ***Tel.*** *en* ***Fax*** *952-385255* ***Kamers*** *26*

Het Miami biedt een welkom respijt van de moderniteit van de Costa del Sol, met witte muren, tegels, smeedijzerwerk, balkons en plantenpotten. De kamers zijn eenvoudig, variërend in omvang en voorzieningen maar comfortabel, en het personeel is vriendelijk en behulpzaam. Het zwembad is een extra bonus. **www.residencia-miami.com**

VEJER DE LA FRONTERA Casa Cinco €€

C/ Sancho IV El Bravo 5, 11150 ***Tel.*** *956-455029* ***Fax*** *956-451125* ***Kamers*** *4*

Deze mooie kleine herberg, op de top van de heuvel, richt zich op alle vijf de zintuigen. Alle kamers zijn apart ingericht, met een mix van eigentijds en traditioneel meubilair van over de wereld. Attente details zoals een cd-speler dragen bij aan de charme. Een verblijf van twee nachten is het minimum. **www.hotelcasacinco.com**

GRANADA EN ALMERÍA

ALMERÍA AM Torreluz €€

Plaza Flores 5, 4001 ***Tel.*** *950-234999* ***Fax*** *950-234709* ***Kamers*** *109*

Dit is het grootste hotel van de Torreluzketen en het is chic en modern, gelegen in het centrum. Een statige wenteltrap leidt naar de kamers met elke denkbare voorziening, waaronder interactieve tv's. Er is ook een zwembad op het dak en een klein zonneterras met ligstoelen. De nabije zusterhotels zijn goedkoper. **www.amhoteles.com**

GRANADA Pensión Landázuri €

Cuesta de Gomérez 24, 18009 ***Tel.*** *958-221406* ***Kamers*** *15*

Dit betegelde pension is misschien wel de beste goedkope optie in Granada. Het heeft twee terrassen met mooi uitzicht op de stad. De kamers zijn eenvoudig, maar verrassend ruim, en bovenin (van tevoren reserveren) hebt u prachtig zicht op het Alhambra. Sommige kamers hebben geen badkamer, en die zijn zeer goedkoop. **www.pensionlandazuri.com**

GRANADA Posada Pilar del Toro €€

C/ Elvira 25, 18010 ***Tel.*** *958-227333* ***Fax*** *958-216218* ***Kamers*** *15*

Rustieke charme is gecombineerd met modern comfort in dit gastvrije hotel in een gebouw uit 1862. Na een ingrijpende verbouwing is het hotel geopend in 2006. Het ligt dicht bij Albaicín, Plaza Nueva (waar u de bus neemt voor het Alhambra) en de kathedraal, en biedt internettoegang in elke kamer. **www.posadapilardeltoro.com**

GRANADA Room Mate Migueletes €€€

C/ Benalúa 11, 18010 ***Tel.*** *958-210700* ***Fax*** *958-210702* ***Kamers*** *25*

Dit kleine, exclusieve hotel ligt fantastisch in Albaicín, maar een paar passen van Plaza Nueva. Onder de 25 beschikbare kamers zijn twee suites:een met jacuzzi en schitterend uitzicht op het Alhambra; de andere zit in een toren met zicht op de Oude Stad én het Alhambra. Charmant en romantisch. **www.casamigueletes.com**

Verklaring van de prijsklassen *zie blz. 212* **Verklaring van de symbolen** *zie achterflap*

GRANADA Parador de Granada €€€€€

C/ Real de la Alhambra, 18009 **Tel.** *958-221440* **Fax** *958-222264* **Kamers** *36*

Dit elegante parador, in de naar jasmijn geurende tuinen van het Alhambra, was ooit een klooster; de kloostergangen zijn nu veranderd in een oase van bloemen en bomen. In de elegante kamers hoort u de fonteinen van het Generalife en geniet u van zalig zicht op de stad en het oude paleis. Ruim van tevoren boeken. **www.parador.es**

LOJA La Bobadilla €€€€€

Finca La Bobadilla, 18300 **Tel.** *958-321861* **Fax** *958-321810* **Kamers** *62*

Dit is een van de meest luxueuze hotels van Europa, en het lijkt meer op een labyrintisch Andalusisch dorp, omringd met een eigen landgoed. Elke kamer of suite is anders, maar ze hebben allemaal iedere denkbare voorziening. Er is een zwembad zo groot als een meer en u kunt vele sporten en activiteiten beoefenen. **www.barcelolabobadilla.com**

MECINA BOMBARÓN Casas Rurales Benarum €

C/ Casas Blancas 1, 18450 **Tel.** *958-851149* **Kamers** *12*

Dit hotel, genesteld in een rustige stad in Las Alpujarras, biedt luxecomfort in een ontspannende omgeving. Elke hut heeft een keuken, woonkamer met haard, wasmachine, barbecue en een badkamer met hydromassagedouche. Beschikbare buitenactiviteiten zijn onder meer boogschieten, wandelen en ballonvaren. **www.benarum.com**

MOJÁCAR Parador de Mojácar €€€

Playa de Mojácar, 04638 **Tel.** *950-478250* **Fax** *950- 478183* **Kamers** *98*

De architectuur van het voor dit doel gebouwde parador aan de kust van Almería doet denken aan die van de duizelingwekkend witte vierkante huizen van het nabije Mojácar. Het heeft uitstekende faciliteiten voor alle watersporten. De lichte, frisse kamers hebben een terras met zeezicht en het restaurant biedt lokale specialiteiten. **www.parador.es**

MONACHIL La Almunia del Valle €€€

Camino de la Umbria, 18193 **Tel.** *en* **Fax** *958-308010* **Kamers** *11*

Hoog in de bergen van de Sierra Nevada wordt dit stijlvolle landelijke verblijf omringd door uitgebreide tuinen. In de winter is het maar 20 minuten rijden van de skihellingen en het hotel biedt pakketten met alles inclusief. In de zomer ligt u bij het zwembad, geniet u van het bergzicht of wandelt u in de tuinen. **www.laalmuniadelvalle.com**

MOTRIL Casa de los Bates €€€

Ctra Nacional 340, km 329,5, 18600 **Tel.** *958-349495* **Fax** *958-834131* **Kamers** *4*

Deze plattelandsvilla in eigen tuinen, met adembenemend uitzicht op zee, de bergen en het kasteel van Salobreña, is een chique schuilplaats met een aristocratische ambiance:antiek, familieportretten en een vleugel. De kamers zijn ingericht in pasteltinten en bij het ontbijt krijgt u vers tropisch vruchtensap. **www.casadelosbates.com**

NIGUELAS Alquería de Los Lentos €€

Camino de los Molinos, 18657 **Tel.** *958-777850* **Fax** *958-777848* **Kamers** *16*

Het Alquería biedt een weelderig verblijf, geschikt voor wie naar de Alpujarras, de Sierra Nevada en Granada wil. Alle kamers zijn suites en ze zijn alle goed voorzien en prettig ingericht. Romantici gaan naar de 'Corral de la Luna' (Stal van de maan), die intimiteit en warmte biedt. **www.loslentos.com**

ORGIVA Taray €€

Ctra A-348, km 18 (Tablate-Abuñol), 18400 **Tel.** *958-784525* **Fax** *958-784531* **Kamers** *15*

Een witgekalkt landelijk hotel, gelegen in mooie tuinen met olijf- en sinaasappelbomen. De kamers zijn zo groot als een klein appartement, maar het Taray heeft zelfs nog grotere suites. Het hotel is een goede uitvalsbasis voor buitenactiviteiten als paardrijden, en is ook toegankelijk voor gehandicapten, met aangepaste kamers. **www.hoteltaray.com**

PECHINA Balneario de Sierra Alhamilla €€

Pechina, 4359 **Tel.** *950-317413* **Fax** *950-317551* **Kamers** *19*

Dit kuurhotel in de Sierra de Alhamilla is tot zijn 18de-eeuwse glorie gerestaureerd. De warme bronnen staan al lang bekend om hun geneeskrachtige eigenschappen. De Romeinen en de Arabieren bouwden hier al kuuroorden. Tot de behandelingen behoren weken in een warm bad met onderwaterstralen, modderbaden en massages.

ROQUETAS DE MAR Hotel Playa Luna €€€€

Urb Playa Serena, Roquetas de Mar, 04740 **Tel.** *950-184800* **Fax** *950-184814* **Kamers** *496*

Dit hotel tegenover het strand van Serena heeft ook een fijn zwembad met gratis handdoek. Er zijn drie clubs voor kinderen van verschillende leeftijden. Er is een internetruimte en een goed gezondheids- en schoonheidscentrum voor boven de 16. All-inclusivedeals zijn beschikbaar, en u vindt mooie aanbiedingen online. **www.hotelesplaya.com**

SAN JOSÉ Cortijo El Sotillo €€€

Ctra San José, 04118 **Tel.** *950-611100* **Fax** *950-611105* **Kamers** *20*

Dit elegante 18de-eeuwse boerenhuis, in de prachtige natuurparken van Cabo de Gata en Nijar, maakt El Sotillo tot de perfecte plek voor een wandelvakantie, met tochten in de vulkanische heuvels. Het strand aan dit adembenemende deel van de kust is maar even rijden. Het restaurant gebruikt producten van eigen land. **www.elsotillo.org**

TURRE El Nacimiento €

Cortijo El Nacimiento, 4639 **Tel.** *950-390673* **Kamers** *5*

Een vriendelijk paar runt dit afgelegen oude boerenhuis, gelegen op ongerept platteland. Ze bieden bed en ontbijt, en vegetarische diners (op verzoek), met eigen biologische producten. De kamers zijn gezellig en mooi, en er is prachtig uitzicht vanaf het terras. Het mooiste is het natuurlijke zwembad op het terrein. Gesloten half jan.–half feb.

RESTAURANTS EN CAFÉS

De bewoners van Andalusië zijn gezellig en gastvrij; daardoor is uit eten gaan een belevenis. Hele families starten 's middags met *tapas* en zijn pas rond middernacht uitgegeten. De beste restaurants komen voort uit taveernes en *tapas*-bars. Het menu is gebaseerd op de regionale keuken. Op bladzijde 228–237 staat een aantal gezellige restaurants waar goede maaltijden worden geserveerd. Op bladzijde 224–225 staat een aantal *tapas*-bars en een verklarende woordenlijst, en op bladzijde 222–227 kunt u zien wat er te eten en drinken valt.

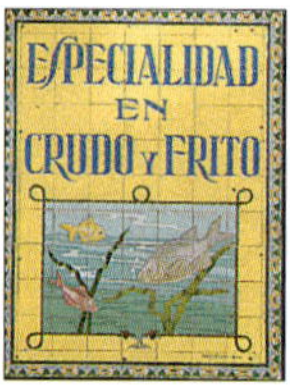

Specialiteiten van het huis

De eetzaal van restaurant El Churrasco in Córdoba *(blz. 232)*

DE ANDALUSISCHE KEUKEN

Vijf van de acht provincies in de regio grenzen aan zee en de zesde (Sevilla) heeft diverse zeehavens (waaronder Cádiz, Sanlúcar, Barbate en Zahára). Dat er in deze provincies een grote variëteit aan vis en schaaldieren op het menu staat, ligt voor de hand. Het beroemdste visgerecht van Andalusië is *pesca'ito frito* (gebakken vis). Vis maakt een integraal onderdeel uit van het Spaanse diëet, terwijl vlees een dure aangelegenheid is en een- à tweemaal per week wordt geserveerd. Ham en goedkoper vlees daarentegen, zoals schenkel en karbonade, staan vaak op tapasmenu's. Landinwaarts worden stoofschotels van ham, worst, gevogelte, varkensvlees, lamsvlees en kip geserveerd. De groenten en salades smaken uitstekend; een goed voorbeeld is *gazpacho*, gemaakt van zongerijpte tomaten en paprika's. Andalusië is de grootste olijfolieproducent ter wereld. De smaak van olijfolie is kenmerkend voor alle regionale gerechten.

OPENINGSTIJDEN

In Spanje ontbijt men tweemaal per dag. Het eerste ontbijt *(desayuno)* is een lichte maaltijd, vaak bestaande uit toast met olijfolie of boter en jam en een *café con leche* (koffie met veel melk). Tussen 10.00 en 11.00 uur volgt een *bocadillo* (sandwich) of *mollete* (muffin) met ham, worst of kaas, een dikke plak *tortilla de patatas* (aardappelpannenkoek), een *suizo* of een *torta de aceite* (zoet broodje). *Churros* zijn gefrituurde stroken deeg die in de herfst en winter op straat worden verkocht. Koffie, vruchtensap en bier maken deze maaltijd compleet. Rond 13.00 uur bestellen veel mensen in een bar een biertje of een *copa* wijn met *tapas*. Alle kantoren en winkels sluiten tussen 14.00 en 14.30 uur voor de *almuerzo* (lunch), het belangrijkste maal van de dag. Deze wordt gevolgd door een uur *siesta*. Rond 17.30 uur gebruiken de Spanjaarden in de cafés, *salones de té* (tearooms) en *pastelerías* (banketbakkerswinkels) *la merienda* (de middagthee). Vanaf 20.30 uur wordt het druk in de *tapas*-bars. *La cena* (het diner) komt rond 21.00 uur op tafel; sommige restaurants serveren deze speciaal voor toeristen op een vroeger tijdstip. In de zomer begint men zelfs rond middernacht nog met de maaltijd, hoewel veel restaurants op het platteland rond 23.00 uur sluiten.

Tapas eet u staande

Café in de Calle Gerona, achter de Iglesia de Santa Catalina in Sevilla *(blz. 91)*

KLEDINGVOORSCHRIFTEN

Avondkleding is bijna nergens verplicht, maar de Spanjaarden zelf besteden veel aandacht aan hun kleding. In de badplaatsen voldoet vrijetijdskleding, zolang u 's avonds maar geen korte broek draagt.

DE MENUKAART

Het Spaanse woord voor menukaart is *carta*. *Menú* betekent dagmenu voor een vaste prijs. De specialiteiten van de dag worden vaak op een schoolbord geschreven of aan de menukaart gehecht. In de duurdere zaken is een *menú de degustacíon* een keuzemenu waarbij u kunt kiezen uit een zes- of zevental specialiteiten van de kok. *La carta* begint met *sopas* (soepen), *ensaladas* (salades), *entremeses* (hors d'oeuvres), *huevos y tortillas* (eieren en omeletten) en *verduras y legumbres* (groenteschotels). Sommige gerechten zijn vegetarisch, maar vraag dit na. Hoofdmaaltijden worden aangeduid met *pescados y mariscos* (vis en schaaldieren) en *carnes y aves* (vlees en gevogelte). *Paella* en andere rijstgerechten staan bovenaan, daarna komen de vleesgerechten. U kunt ook beginnen met *jamón serrano* (rauwe ham) of een salade en daarna *paella* nemen. Het is heel normaal om slechts een of twee gangen van het menu te bestellen. Desserts en puddingen heten *postres*. U kunt de maaltijd ook besluiten met vers fruit.

KINDEREN

Kinderen zijn overal welkom, maar de meeste restaurants hebben geen kinderstoelen of kindermenu's. *Ventas*, of landelijke restaurants, hebben vaak een speciale speelruimte.

De eetzaal van het exclusieve Egaña Oriza in Sevilla *(blz. 230)*

ROKEN

De betere restaurants bieden bij de koffie-met-cognac een goede sigaar *(puro)* aan. Rookvrije ruimten zijn er nog steeds nauwelijks in Spanje, maar dit kan gaan veranderen met de introductie van de nieuwe anti-rookwetgeving van de Europese Unie.

ROLSTOELEN

De meeste restaurants zijn niet ontworpen voor rolstoelen, daarom is het raadzaam van tevoren naar de toegankelijkheid te informeren. De Spaanse wetgeving vereist tegenwoordig dat alle nieuwe publieke gebouwen rolstoeltoegankelijk zijn. De nieuwere restaurants zijn daardoor vaker rolstoeltoegankelijk en beschikken over faciliteiten zoals speciale toiletten en voldoende ruimte in de eetzaal.

Ontspannen op het terras van de Manolo Bar, in het Parque María Luisa te Sevilla *(blz. 98–99)*

DE WIJNKEUZE

Bij schaaldieren, *jamón serrano*, olijven, soep en voorgerechten drinkt u een droge *fino*. De wijnen uit Ribera del Duero, Rioja, Navarra en Penedés passen uitstekend bij de hoofdmaaltijd. Een *tapas*-bar serveert vaak wijn uit Valdepeñas of La Mancha. Oloroso wordt als digestief gedronken.

(Zie Wat drinkt u in Andalusië, blz. 226–227, en *Het land van de sherry, blz. 30–31.)*

PRIJZEN

Het goedkoopst eet u in een *tapas*-bar en in de kleinere *bar-restaurantes*, die door families uitgebaat worden. Bijna elk restaurant heeft een uit drie gangen bestaand *menú del día*, waarmee u veel voordeliger uit bent dan wanneer u de gerechten van *la carta* kiest. Gepeperde prijzen betaalt u voor zaken als *jamón ibérico*, verse zeevis en schaaldieren. Goedkope zwaardvis, heek en tong komen over het algemeen rechtstreeks uit de diepvrieskist. Kreeft, grote garnalen, zeebaars en -brasem worden meestal voor u afgewogen.De prijzen op de menukaart zijn exclusief btw, couvertkosten en bediening. De bedragen hiervoor worden pas op de rekening *(la cuenta)* vermeld. Een fooi wordt beschouwd als een extraatje en bestaat bijna nooit uit meer dan vijf procent van de rekening en wordt gegeven om het totaalbedrag af te ronden. In alle restaurants kunt u met creditcards terecht, maar verwacht niet dat u ermee in een *tapas*-bar of café kunt betalen.

De smaken van Andalusië

Andalusië is groot, van de Middellandse Zee tot de Atlantische Oceaan. In het binnenland zijn er hoge bergen en glooiende heuvels, eindeloze olijfgaarden en velden vol zonnenbloemen. De keuken is net zo gevarieerd als het terrein, met een breed assortiment zeebanket, uitstekend vlees en wild en volop fruit en groenten. De *tapeo* (van de ene tapasbar naar de andere gaan) is een regionaal instituut. Rond Granada krijgt u de hapjes nog altijd gratis bij de drank. Langs de kust, vooral de Costa del Sol, heeft de toestroom van buitenlanders chique internationale restaurants gebracht, maar in de ouderwetse herbergen kookt men nog altijd naar traditioneel recept.

Olijven en olijfolie

Eters maken hun keus in een tapasbar

TAPAS

De *tapeo*, of tapastocht, is een intrinsiek onderdeel van het leven in Andalusië. Elke bar heeft gewoonlijk een eigen specialiteit: de ene heeft bijvoorbeeld een eigen *croquetas* (aardappelkroket, meestal gevuld met ham of kabeljauw), terwijl een andere uitzonderlijke ham serveert, en weer een andere de beste *albóndiga's* (frikadel) in de buurt maakt. Tapas gaan vaak vergezeld van een glas gekoelde, droge *fino*-sherry, of koud tapbier *(una caña)*. Tapas waren ooit gratis, maar die traditie is grotendeels uitgestorven.

ZEEBANKET

Met zo'n lange kustlijn is het geen verrassing dat zuidelijk Spanje elke denkbare soort zeebanket biedt, waaronder kabeljauw, heek, garnalen, rivierkreeft, venusschelpen, scheermessen, inktvis, zeekat, tong en tonijn. Bijna elk kustresort biedt *pescaíto frito*, oorspronkelijk uit Malaga, met de meest verse vis van de dag. In Cádiz worden ze aantrekkelijk opgediend in een papieren zak en in het nabije Sanlúcar mag u de zoete, sappige *langostino's* (grote garnalen) niet missen.

Keuze uit de heerlijke Spaanse *embutidos* (gedroogd vlees)

REGIONALE GERECHTEN EN SPECIALITEITEN

Granaatappel

Andalusië belichaamt veel van de beelden die geassocieerd worden met Spanje: de onstuimige ritmes van de flamenco, schitterende witte dorpen en stierenvechten. En tapas. In Andalusië haalt u gemakkelijk een maaltijd uit deze verrukkelijke traktaties, en elke bar heeft een uitstekend aanbod. Mis de heerlijke hammen uit Jabugo en Trevélez niet, beroemd in heel Spanje, of de schotels met versgebakken vis, besprenkeld met citroensap. Een ijskoude sherry (de naam komt van Jérez, waar de meeste wordt gemaakt) is heerlijk fris in de schroeiende zomerhitte en is de populairste borrel bij zuidelijke fiesta's. Hoewel rundvlees, met name de klassieke gesmoorde stierenstaart, het meest gewilde lokale vlees blijft, zijn eend, varken en lam ook favoriet, subtiel op smaak gebracht met laurierblad.

Gazpacho *Deze beroemde koude soep wordt gemaakt van rijpe tomaten, broodkruim, knoflook en paprika.*

Andalusische groenteboer laat zijn verse koopwaar zien

olie wordt royaal gebruikt in de Andalusische keuken. Het typische zuidelijk ontbijt bestaat uit geroosterd boerenbrood met dunne plakjes tomaat, besprenkeld met olijfolie; oneindig lekker. Het hete klimaat is perfect voor fruit en groenten, waaronder sappige perzik, papaja, persimmon en mango, evenals tomaat, asperge, aubergine en artisjok. De koude tomatensoep, *gazpacho*, is een klassieker, maar *salmorejo*, dikker en met gehakte gekookte eieren en ham erover, is nog smakelijker.

VLEES EN WILD

Rundvlees heerst in Andalusië. U ziet er veel eindeloze velden vol glanzend zwarte stieren (sommige om te vechten, maar de meeste voor het vlees). Een van de populairste lokale gerechten is *rabo de toro* (stierenstaart). De beroemde ham uit Jabugo (in het zuidwesten) en Trevélez (bij Granada) behoort tot de beste van Spanje, en wordt gemaakt van zwartpotige scharrelvarkens gevoed met eikels. Er worden hier allerlei soorten gedroogd vlees gemaakt, vaak naar traditioneel, eeuwenoud recept. In de wilde binnenlandse Sierra's vindt u een overvloed aan wild in het seizoen, naast de traditionele plattelandshoofdschotel van lam en konijn.

Garnalen en sardines uitgestald op de vismarkt

FRUIT EN GROENTE

De glooiende Andalusische velden en hellingen zijn dichtbezaaid met mooie olijfgaarden, en de beste olie wordt net zo zorgvuldig geselecteerd als goede wijn. Olijf-

OP DE KAART

Chocos con habas Zeekat wordt gekookt met bonen, witte wijn en veel laurierblad.

Pato a la Sevillana Sappige eend, langzaam bereid met ui, prei, wortel, laurier en een scheut sherry, is een specialiteit van Sevilla.

Rabo de Toro Een Andalusische klassieker van stukken stierenstaart, langzaam gesmoord met groente, laurier en sherry, tot hij mals is.

Salmorejo Cordobés Een romige tomatendip, gebonden met broodkruim.

Torta de Camarones Heerlijke beignets, gevuld met kleine, hele garnalen.

Tortilla del Sacromonte Een Granadese specialiteit: omelet met hersens, nier of ander orgaanvlees, paprika en erwten.

Huevos a la Flamenca *Eieren worden gebakken in een terracottaschaal met groenten, ham en chorizo.*

Pescaíto Frito *Een favoriet aan zee is deze schotel van kleine vis, in olijfolie gefrituurd in een beslag.*

Tocino de Cielo *Dit is een romig custarddessert met caramel erop. De naam betekent 'hemels spek'.*

Tapas kiezen

Tapas, soms *pinchos* genoemd, zijn kleine hapjes, die zijn ontstaan in de 19de eeuw in Andalusië om bij de sherry te eten. Afkomstig van de gewoonte om een glas af te dekken met een schotel of *tapa* (deksel) tegen de vliegen, ontwikkelde dit zich naar een stuk kaas of bood, en toen naar een paar olijven op een schoteltje naast een drankje. Ooit waren ze gratis, maar tegenwoordig moet u er meestal voor betalen, en een aantal tapas vormt een heerlijke lichte maaltijd. Kies uit een assortiment smakelijke soorten, van koud vlees tot ingewikkeld bereide schotels vlees, zeebanket of groente.

Gemengde groene olijven

Patatas bravas *is een pikant gerecht van gebakken aardappel met een hete rode saus.*

Albondigas *(frikadellen) zijn een stevige tapa, geserveerd met een pittige tomatensaus.*

Almendras fritas *zijn geroosterde, gezouten amandelen.*

Banderillas *zijn canapés geprikt op tandenstokers. De hele canapé moet in één keer gegeten worden.*

Calamares fritos *zijn inktvisringen en -tentakels, met bloem bestoven, en dan gefrituurd in olijfolie. Ze worden meestal gegarneerd met een stukje citroen.*

Jamón serrano *is gezouten ham, gedroogd in berg-* (serrano) *lucht.*

AAN DE TAPASBAR

Alcachofas Artisjokharten, meestal ingemaakt in azijn.

Almejas Venusschelpen.

Berenjenas rebozadas Geroosterde aubergine.

Boquerones al natural Verse ansjovis in knoflook en olijfolie. Ook vaak gebakken geserveerd.

Buñuelos de bacalao Zoute kabeljauwbeignets.

Cacahuetes Pinda's.

Calamares a la romana Gebakken inktvisringen.

Callos Pens.

Caracoles Slakken.

Carne en salsa Vlees in een dikke saus.

Champiñones Gebakken champignons in een lichte saus met knoflook en peterselie.

Chiporones a la plancha Gegrilde zeekat met een saus van knoflook en peterselie.

Chopitos Gefrituurde zeekat in beslag.

Chorizo al vino Chorizo gekookt in rode wijn.

Chorizo diablo Chorizo, geflambeerd in brandewijn.

Costillas Spareribs.

Criadillas Stierentestikels.

Croquetas Kroketten.

Ensaladilla Rusa Russische salade, met groenten en mayonaise.

Gambas pil pil Pittige, gebakken grote garnalen met knoflook.

Habas con jamón Tuinbonen, gebakken met *jamón serrano.*

Magro Varkensvlees in een saus van paprika en tomaat.

Manitas de cerdo Varkenspoten.

Mejillones Mosselen.

TAPASBARS

Zelfs een klein dorp heeft ten minste één tapasbar, waar de lokale bevolking geniet van een drankje, tapas en een gesprek met vrienden. Op zon- en feestdagen zijn de favoriete plaatsen vol met hele gezinnen die zich te goed doen. In grotere plaatsen is het gebruikelijk om van bar naar bar te gaan, en bij elke de specialiteit te proeven. Een tapa is één portie, terwijl een *ración* twee of drie porties is. Tapas worden meestal staande gegeten of hoog op een kruk aan de bar, in plaats van aan een tafel, die vaak extra kost.

Eters maken een keus bij de drukke tapasbar

Chorizo, *een populaire worst, met paprikapoeder en knoflook, kan koud of gebakken en warm gegeten worden.*

Salpicón de mariscos *is een luxe koude salade van gesorteerd zeebanket met een pikante vinaigrette.*

Gambas a la plancha *is een smaakvol gerecht van gegrilde garnalen.*

Tortilla española *is de alomtegenwoordige Spaanse omelet van ui en aardappel, gebonden met ei.*

Queso manchego *is een schapenkaas uit La Mancha.*

Pollo al ajillo *bestaat uit kleine stukjes kip (vaak vleugel), gebakken en dan gestoofd in een saus met knoflook.*

Merluza a la romana Heek, gebakken in een licht beslag.

Migas Broodkruim, gebakken en op smaak gebracht met diverse hartige ingrediënten.

Montaditos Minisandwiches met diverse soorten beleg.

Morcilla Bloedworst.

Muslitos del mar Krabkroket, aan een schaar geprikt.

Orejas de cerdo Varkensoor.

Paella Rijstgerecht met vlees, vis en/of groenten.

Pan de ajo Knoflookbrood.

Patatas a lo pobre Stukjes aardappel, gebakken met ui en rode en groene paprika.

Patatas alioli Stukjes aardappel in knoflookmayonaise.

Pescaítos fritos Vis, licht bestoven met bloem en gebakken.

Pescaditos Kleine gebakken vis.

Pimientos Gebakken paprika.

Pimientos rellenos Gevulde paprika.

Pinchos morunos Moorse kebabs, meestal met varkensvlees.

Pulpo Babyinktvis.

Quesos Spaanse kazen.

Rabo de toro Stierenstaart.

Revueltos Roerei met asperges of paddenstoelen.

Salmonetes Rode mul.

Sardinas Sardines, gebakken of gegrild.

Sepia a la plancha Gegrilde zeekat.

Sesos Hersens, vaak lam of kalf.

Truita de patates Catalaanse naam voor *tortilla española*.

Verdura a la plancha Gegrilde groenten.

Wat drinkt u in Andalusië

Een kan *sangría*

Andalusië is een van de grotere wijngebieden van Spanje en vooral beroemd om zijn sherry *(blz. 30–31)*. De wijnoogst *(vendimia)* is dan ook een belangrijke gebeurtenis en wordt uitgebreid gevierd *(blz. 36)*. Veel van het openbare leven speelt zich af in de bars en cafés. In Spanje begint u de dag met koffie aan de bar, 's middags drinkt u sherry of een biertje, bij de lunch drinkt u een witte wijn en na de maaltijd kunt u heerlijk nagenieten met koffie met een *copa* cognac.

De *vendimia* (wijnoogst) is een groot feest in Andalusië

Fino uit Jerez

Manzanilla uit Sanlúcar

Fino uit Montilla

FINO

Andalusië staat vooral bekend om zijn *fino*. Bestel *un fino* of *una copa de vino fino* en u krijgt, afhankelijk van waar u zich op dat moment bevindt, een lichte droge Jerez de la Frontera *(blz. 162)*, een droge Montilla-Moriles uit de provincie Córdoba of een droge manzanilla uit Sanlúcar de Barrameda *(blz. 162)*. U kunt ook vragen om een Tio Pepe, een voortreffelijke sherry uit de *bodega* van González Byass in Jerez, een gran barquero uit Montilla *(blz. 147)* of een Solear, een manzanillasherry uit de *bodega* van Barbadillo Sanlúcar. Tijdens de Feria de Abril is manzanilla de favoriete drank in Sevilla *(blz. 38)*.

Fino heeft een hoger alcoholpercentage dan gewone wijn (rond 15 procent).

Fino wordt gekoeld geserveerd in een slank wijnglas waarvan de rand een kleinere omtrek heeft dan het voetje. U hoort het glas aan het voetje in de hand te houden. Soms wordt de *fino* in een soort limonadeglas *(copita* of *vasito)* geserveerd.

Fino smaakt uitstekend bij voorgerechten, *tapas* of specialiteiten zoals *jamón serrano* *(blz. 224–225)*.

WIJN

Andalusië produceert slechts enkele jonge witte tafelwijnen: de Castillo de San Diego, de Marqués de la Sierra en de wijnen uit El Condado *(blz. 129)*. De meeste tafelwijnen (*tinto* – rood, *blanco* – wit en *rosado* – rosé) komen uit andere streken van Spanje. In de betere gelegenheden wordt meestal rioja, Ribera del Duero, Navarra of Penedés geschonken. *Denominación de origen* op het etiket waarborgt de kwaliteit en oorsprong van de wijn. Jonge wijnen *(cosechas)* zijn het goedkoopst; de oudere *crianza-* en *reserva-*wijnen zijn duurder. *Cava* (een *méthode champenoise-*wijn) komt meestal uit Catalonië. *Tapas-*bars serveren meestal Valdepeñas- en La Mancha-wijnen. Men lengt de wijn vaak aan met *gaseosa* (priklimonade). Het resultaat – bekend als *tinto de verano* (zomerse rode wijn) – is een heerlijk verkoelende drank.

Castillo de San Diego

BIER

De vele soorten bier die in Andalusië worden gebrouwen, zijn in de cafés vaak van de tap te krijgen. In de zomer drinken veel mensen bier bij hun *tapas*. Vraag om *una caña* als u een biertje wilt bestellen. Cruz Campo is een goede keuze. Dit is een van de betere biersoorten uit de streek en bijzonder populair. San Miguel wordt meer door niet-Spanjaarden gedronken.

Una caña de cerveza

Flesje Cruz Campo

Anijsbrandewijn (aguardiente)

Moscatel uit Málaga

Lepanto: *coñac* uit Jerez

OVERIGE APERITIEVEN

Anijsbrandewijn (vaak aangeduid met *aguardiente*, de algemene benaming voor gedistilleerde dranken) kan droog of zoet zijn en wordt overdag gedronken. Op feestdagen eten de Spanjaarden er zoete koekjes en cakejes bij. Na het eten wordt *aguardiente* als digestief gebruikt.

Tinto de verano is een zomerse drank van rode wijn, *gaseosa* en ijs.

Sangría is een heerlijk verfrissende en dorstlessende punch van rode wijn en fruit. Probeert u ter afwisseling bij de *tapas* een aperitiefwijn uit Jerez of Montilla, zoals Amontillado, Oloroso of Palo Cortado *(blz. 31)*. Als dessertwijn kunt u een Moscatel drinken; de bekendste is een Málaga van Pedro Ximénez. Neem ook eens een zoete *cream*-sherry uit Jerez. Na het eten kunt u koffie met cognac bestellen. De Spaanse *coñac* wordt in ten minste drie kwaliteiten geleverd; de planken waarop de flessen in de *bodegas* liggen, corresponderen met de kwaliteit. Lepanto en Larios 1886 zijn beide van de bovenste plank; Magno is een redelijke cognac. Het is gebruikelijk om in een nachtclub een *long-drink* te bestellen: whisky met water en ijs, gin met tonic of rum met sodawater. De Spaanse rum wordt gemaakt van de rietsuiker die aan de zuidkust groeit.

Aperitiefwijn: Amontillado uit Jerez

KOFFIE

De ochtenddrank in Spanje is *café con leche*: een glas halfvol met koffie, aangevuld met melk. Een *sombra*, een drankje dat het hier vooral goed doet bij kinderen, is de Spaanse variant van de Nederlandse *koffie verkeerd*. *Cortado* is koffie met een wolkje melk. Ter afsluiting van de maaltijd drinken de meeste Spanjaarden een klein kopje (of glaasje) *café solo*. De Spaanse koffiebonen zijn *torrefacto* (zwartgebrand). Voor de smaak wordt er aan de gemalen koffiebonen een schepje suiker toegevoegd.

Café con leche

Café solo

OVERIGE DRANKEN

Infusiones (kruidentheeën) zijn overal verkrijgbaar. Probeer eens *poleo-menta* (pepermunt), *manzanilla* (kamille) of *tila* (limoen). *Zuma de naranja natural* (vers sinaasappelsap) is lekker maar niet goedkoop. Druivensap heet *mosto*. Het kraanwater is te drinken, maar vanwege de smaak prefereren de meeste Spanjaarden een glas bronwater. Het wordt in twee soorten verkocht: *con gas* of *sin gas* (met of zonder koolzuur). Een bekende bron uit de omgeving is Lanjarón *(blz. 189)*. In veel dorpjes kunt u een glas geitenmelk bestellen.

Mineraalwater uit Lanjarón

Vers sinaasappelsap

Kamillethee *(manzanilla)*

WARME CHOCOLADEMELK

Chocolademelk komt oorspronkelijk uit Zuid-Amerika. De Azteken gebruikten *tchocolatl*, een bittere, gepeperde drank, tijdens hun religieuze erediensten. Zendelingen pasten de drank aan door er suiker aan toe te voegen en de conquistadores brachten de cacao in de 16de eeuw mee terug naar Europa. Chocolademelk werd al snel populair. Spanje had het monopolie over de export van cacaobonen en hield het recept van chocolade lang geheim. In 1830 noemde een Engelse schrijver chocolademelk even belangrijk voor de Spanjaarden als thee voor de Engelsen.

Warme chocolademelk

Een Azteek maakt *tchocolatl*

Een restaurant kiezen

De restaurants zijn gekozen uit verschillende prijsklassen voor hun prijs-kwaliteitverhouding, bijzonder eten en interessante locatie. De restaurants staan per gebied vermeld, alfabetisch binnen elke prijscategorie van de goedkoopste tot de duurste. Voor kaartverwijzingen, *zie blz. 112–117.*

PRIJSKLASSEN
Prijzen zijn inclusief een driegangenmenu voor één persoon, een halve fles huiswijn en onvermijdelijke extra's als service en btw.

€ tot 25 euro
€€ 25–35 euro
€€€ 35–45 euro
€€€€ vanaf 45 euro

SEVILLA

ALAMEDA Casa Manolo Leon €€
Calle Guadalquivir 12, 41004 ***Tel.*** *954-373735* **Kaart** *1 C4*

Dit elegante landhuisrestaurant ligt verstopt tussen de rivieroever van Macarena en de Torre de Don Fadrique, met prachtige tuinen om al fresco te eten. Tien menu's dekken het grootste deel van Spanje, van Galicië tot Andalusië, via Madrid, Cantabrië, Extremadura en elders, waaronder *dorada* uit Bilbao en traditioneel Castilliaans varkensvlees.

EL ARENAL Mesón de la Infanta *Tapas* €
C/ Dos de Mayo 26, 41002 ***Tel.*** *954-561554* **Kaart** *3 B2 (5 C5)*

Mesón de la Infanta, in een gerestaureerd historisch gebouw in het hart van het levendige Arenaldistrict, biedt een uitstekende keus aan traditionele gerechten, waaronder heerlijke *guisos* (stoofschotels). De tapasbar is een klassieker op de tapasroute, met een verbijsterende reeks lokale hammen en *embutidos* (vleeswaren), naast alle gebruikelijke favorieten.

EL ARENAL El Cabildo €€
Plaza del Cabildo, 41001 ***Tel.*** *954-227970* **Kaart** *3 C2 (5 C4)*

Een deel van de originele oude Arabische muren zijn bewaard in dit klassieke en heerlijk ouderwetse restaurant. Alle traditionele Andalusische favorieten staan op de kaart, deskundig bereid met verse lokale ingrediënten. Probeer een schotel met verse gebakken vis, of Sevilliaanse *revueltos* (roerei met diverse vulling), alles met krachtige lokale wijn erbij.

EL ARENAL Eslava *Tapas* €€
C/ Eslava 3, 41002 ***Tel.*** *954-906568* **Kaart** *1 C4*

Deze favoriete lokale kroeg staat niet bekend om zijn inrichting, die nogal spartaans is. De nadruk ligt daarentegen sterk op de Andalusische keuken met creatieve trekjes. De eetzaal heeft een volledig menu met zeebanketgerechten en uitstekende salades, terwijl de bar smakelijke, verse tapas serveert. Kom vroeg voor een tafel. Gesloten zo-avond, ma.

EL ARENAL Enrique Becerra *Tapas* €€€
C/ Gamazo 2, 41001 ***Tel.*** *954-213049* **Kaart** *3 B1 (5 C4)*

Dit pluchen restaurant is gehuisvest in een mooi gerenoveerd 19de-eeuws landhuis en biedt een goede selectie vis- en vleesgerechten. Op het dagmenu staat Andalusisch huiselijk eten. Het klassieke aperitief is een geweldige ijskoude Manzanillasherry, om dan te vervolgen met tapas of specialiteiten als gebraden lam met pijnboompitten. Gesloten zo.

EL ARENAL La Isla *Tapas* €€€
C/ Arfe 25, 41001 ***Tel.*** *954-212631* **Kaart** *3 B2 (5 C4)*

Dit aantrekkelijke, centraal gelegen restaurant heeft uitstekende zeebanketspecialiteiten uit Galicië, zoals tarbot, brasem en delicatessen als *percebes* (eendenmosselen). Er staan ook Andalusische gerechten, zoals een rundvleesstoofschotel op het menu. Er is een kleine tapasbar met geweldige garnalen, oesters en veel lokale hammen.

EL ARENAL El Burladero *Tapas* €€€€
Hotel Colón, C/ Canalejas 1, 41001 ***Tel.*** *954-505599* **Kaart** *3 B1 (5 B3)*

El Burladero is een chic hotel-restaurant, versierd met stierenvechtersmemorabilia, in een groot 19de-eeuws gebouw. U kunt er genieten van kaviaar en filet mignon, alsook van lokale gerechten als *puchero* (vlees in een pan) en, natuurlijk, een mooie versie van de Andalusische klassieker *rabo de toro* (gesmoorde stierenstaart). Boven zit een chique tapasbar.

EL ARENAL Taberna del Alabardero *Tapas* €€€€
C/ Zaragoza 20, 41001 ***Tel.*** *954-502721* **Kaart** *3 B1 (5 C3)*

Taberna del Alabardero is gehuisvest in een mooi betegeld landhuis en is een van de beste en mooiste restaurants in Sevilla. De kaart biedt spectaculaire eigentijdse Spaanse gerechten, bereid met de meest verse seizoensingrediënten. Er is ook een goedkope bistro voor lichtere kost, en een gewelfde snackbar.

LA MACARENA El Rinconcillo €
Calle Gerona 42, 41003 ***Tel.*** *954-223183* **Kaart** *6 E2*

Men zegt dat dit het oudste restaurant van Sevilla is (gebouwd rond 1670) en het houdt vast aan zijn wortels, met ham en vlees uit de Huelvaheuvels, vegetarische opties als spinazie en kikkererwten, en de specialiteit:de dagvangst uit Cádiz. Men heeft ook een speciaal *menú de degustación* van de dagschotels, en een goede lokale wijnkaart.

Verklaring van de symbolen *zie achterflap*

LA MACARENA ConTenedor €€
San Luis 50, 41003 **Tel.** *954-916333* **Kaart** *2 E4*

Direct voor de kerk van San Luis, in de bohemienbuurt La Macarena, zet ConTenedor marktverse producten op tafel, in een geïnspireerde medley van traditionele smaken en andere invloeden. Een hip, vriendelijk restaurant. Op maandag en zondag houdt men kunstexposities. Gesloten Semana Santa, Feria de Abril, aug.

OVER DE RIVIER (OOST) Tribeca €€€€
Calle Chavez Nogales 3, 41003 **Tel.** *954-426000* **Kaart** *4 E2*

Met de stijl van downtown Manhattan in Sevilla is dit een van de stijlvolste zaken in de stad. Het menu van chefkoks Pedro en Jaime Giménez volgt de inrichting in de zin van modernistisch-minimalistisch, maar met ruime porties geactualiseerde traditionele gerechten (lam is de specialiteit) en verse vis uit de haven van Costa de la Luz. Gesloten zo.

SANTA CRUZ El Rincón de Anita *Tapas* €
Plaza del Cristo de Burgos 23, 41004 **Tel.** *954-217461* **Kaart** *6 E2*

Dit heerlijke kleine restaurant is ingericht met kleurige tegels, glimmend hout, beelden van de Semana Santaprocessies en veel planten. Dit is de perfecte plek om toe te tasten in smakelijke Andalusische specialiteiten. Probeer de *cola de toro* (stierenstaart), niertjes in sherry en huisgemaakte desserts. Aan de bar kunt u genieten van klassieke tapas.

SANTA CRUZ Doña Elvira €€
Plaza de Doña Elvira 6, 41004 **Tel.** *954-215483* **Kaart** *3 C2 (6 D5)*

Een restaurant met banden met de Don Juanlegende, als favoriete plaats van samenkomst voor Tenorio en Doña Inez. Binnen of buiten, onder de bomen, biedt het restaurant traditioneel bereide gerechten: gazpacho, paella, stoofschotel, tonijn, garnalen en een opmerkelijke *fritura de pescados*, of gemengde gebakken vis. Reserveer of kom vroeg.

SANTA CRUZ El Giraldillo €€
Plaza Virgen de los Reyes 2, 41004 **Tel.** *954-4214525* **Kaart** *3 C2 (6 D4)*

Dit restaurant ligt zo dicht bij de Giralda dat het lijkt alsof u er in zit. Een chique variant op andere eethuizen in de buurt, met een paar tafels buiten tegen de muur. El Giraldillo biedt de gebruikelijke typische kost (paella, gemengde gebakken vis, gesmoorde stierenstaart), maar ook alternatieven zoals venusschelpsoep en als dessert een stijlvolle chocoladetaart.

SANTA CRUZ Becerrita *Tapas* €€€
C/ Recaredo 9, 41004 **Tel.** *954-412057* **Kaart** *2 E5 (6 F3)*

Becerrita is een mooi restaurant, warm ingericht in moderne Andalusische stijl. Heerlijke regionale specialiteiten, waaronder uitzonderlijke kroketten met stierenstaart, of jonge geit met tijm. Aan de bar kunt u kiezen uit een geweldige selectie tapas die dagelijks verandert, afhankelijk van het seizoen. Gesloten zo-avond, aug.

SANTA CRUZ Casa Imperial *Tapas* €€€
Calle Imperial 29, 41003 **Tel.** *954-500300* **Kaart** *4 D1 (6 E3)*

Dit onderdeel van het vijfsterren Casa Imperialhotel, toegankelijk voor niet-gasten, is een uitstekende plek voor diner of lunch, weg van de drukte van Santa Cruz. De elegante binnenplaatsen van het 16de-eeuwse paleis dienen als bar en als restaurant. Het veranderlijke menu biedt traditionele tapas en volledige maaltijden uit het noorden en het zuiden.

SANTA CRUZ Casa Robles €€€
C/ Álvarez Quintero 58, 41004 **Tel.** *954-563272* **Kaart** *3 C1 (6 D3)*

Dit elegante restaurant, precies in het hart van Sevilla, dicht bij de kathedraal, is ingericht met olieverfschilderijen, indrukwekkende sculptuur en mooie tegels. Hoewel het menu neigt naar zeebanket, staan er ook genoeg lokale vleesgerechten op, alles deskundig bereid en exquise opgediend. Met name de desserts zijn ware kunstwerkjes.

SANTA CRUZ Corral del Agua €€€
Callejón del Agua 6, 41004 **Tel.** *954-224841* **Kaart** *3 C2 (6 D/E5)*

Dineer op de patio in de luwte van de Real Alcázartuinen, met planten die romantisch door smeedijzeren hekken kronkelen en een marmeren fontein die zacht ruist op de achtergrond. Antiek meubilair en schilderijen verfraaien de eetzaal en het menu richt zich op seizoensspecialiteiten, traditioneel en deskundig bereid. Gesloten zo.

SANTA CRUZ Don Raimundo €€€
Argote de Molino 26, 41004 **Tel.** *954-223355* **Kaart** *3 C2 (6 D4)*

Dit voormalige 17de-eeuwse klooster heeft stenen muren en ontzaglijke kroonluchters. De specialiteit is *langostinos*, of grote garnalen. Het menu wijkt af van de gewone Andalusische traditie, met delicatessen als *costillitas* (grote ribben) van wild zwijn, gebraden in een houtoven, tortilla van *camarones* (kleine garnalen), en visstoofschotel. Gesloten zo.

SANTA CRUZ La Albahaca €€€
Plaza de Santa Cruz 12, 41004 **Tel.** *954-220714* **Kaart** *4 D2 (6 E4)*

La Albahaca kijkt uit over een charmant, groen plein met een smeedijzeren kruis, en is een van de meest authentieke restaurants in de Barrio Santa Cruz. De mooie setting, een landhuis uit de jaren twintig van de vorige eeuw met 17de-eeuws antiek, maakt het de perfecte plek voor Baskisch eten en uitstekende lokale gerechten. Gesloten zo.

SANTA CRUZ La Hosteria del Laurel *Tapas* €€€
Plaza de los Venerables 5, 41004 **Tel.** *954-220295* **Kaart** *4 D2 (6 E4)*

Deel van het Laurelhotel *(blz. 213)*, waar schrijver José Zorrilla zijn originele verhaal van Don Juan de Tenorio zou hebben geschreven. Dit restaurant en tapasbar biedt een goede selectie van berghammen en vlees uit Huelva, en vis van de kust bij Cádiz. Een van de beste opties in Santa Cruz, zowel populair bij lokale bewoners als bij toeristen.

SANTA CRUZ La Juderia €€€
Calle Caño y Cueto 13 ***Tel.*** *954-412052* ***Kaart*** *4 D2 (6 E4)*

Dit traditionele restaurant, verstopt in de achterafstraten van Santa Cruz/Juderia, breidt het typische Andalusische menu uit met prima lamsvlees uit Castilië en rundvlees uit Avila. Als ze die dag geserveerd worden, probeer dan de specialiteiten zoals de eigengemaakte leverpaté, gerookte wilde Alaskazalm of gezouten vis uit Conil.

SANTA CRUZ Los Seises €€€
Calle Segovias 6, 41004 ***Tel.*** *954-229495* ***Kaart*** *3 C1 (6 D3)*

Dit is ongetwijfeld de meest ongewone eetplek in Sevilla. Het ligt tussen de Romeinse en Arabische resten die gevonden werden onder het viersterren Seises Hotel *(blz. 213)* en nu beschermd worden als deel van het restaurant. Het menu is traditioneel Andalusisch met een moderne draai en presentatie, maar de echte ster is de eetzaal zelf.

SANTA CRUZ Santa Cruz €€€
Plaza de los Venerables, 41004 ***Tel.*** *954-223583* ***Kaart*** *4 D2 (6 E4)*

Dit grote, goedonderhouden landhuis heeft drie ruimten: een binnendeel met zuilen, een groot (en druk) terras en een Salón Taurino, een klein 'museum' gewijd aan het stierenvechten, met kunst geïnspireerd door de corrida. Het menu omarmt de traditie, met gesmoorde stierenstaart en veel vis: visballen, heek en kabeljauw, gebakken of gekookt in azijn.

SANTA CRUZ Egaña Oriza €€€€
C/ San Fernando 41, 41004 ***Tel.*** *954-227211* ***Kaart*** *3 C3 (6 D5)*

Egaña Oriza ligt verstopt tussen de muren van de Alcázartuinen, in een mooi vroeg-20ste-eeuws landhuis. De eetzaal is een elegante, lichte serre, en de verfijnde moderne Baskische keuken neigt naar vis. Vleesgerechten en desserts zijn echter net zo heerlijk en de wijnkaart is geweldig. Gesloten za lunch, zo.

SANTA CRUZ Salvador Rojo €€€€
C/ San Fernando 23, 41004 ***Tel.*** *954-229725* ***Kaart*** *3 C2 (6 D5)*

Dit is een stijlvol, modern restaurant, tegenover de oude Fábrica de Tabaco, met eigentijdse Spaanse gerechten. De meest verse lokale producten krijgen een nieuwe draai: probeer de geroerbakte garnalen met Thaise rijst. Houd plek voor de fabuleuze desserts. Klassieke Spaanse wijn, naast een paar uitstekende, minder bekende merken. Gesloten zo.

TRIANA Kiosko de las Flores *Tapas* €
C/ Betis (Triana), 41010 ***Tel.*** *954-274576* ***Kaart*** *3 A2 (5 A5)*

Dit ouderwetse, okeren gebouw ligt aan de oever van de Guadalquivir, met schitterend uitzicht op de Oude Stad. Het is een historische *freiduria*, waar schotels gemengde gebakken vis al meer dan 70 jaar het klassieke gerecht vormen. Gesloten ma.

TRIANA Maria Angeles €
Puente Isabel II ***Tel.*** *954-337498* ***Kaart*** *3 A2 (5 A4)*

Dit Andalusisch-Baskische restaurant, op een unieke plek uitkijkend over de Guadalquivir en het Puente Isabel II, is een goedkoop alternatief voor de andere zaken aan de rivier en biedt uitzicht vanuit de ramen en vanaf het dakterras. De noord-zuidmix houdt inktvis in naast gebakken vis. De specialiteit is *chipirones*, kleine pijlinktvis gekookt in eigen inkt.

TRIANA Casa Cuesta *Tapas* €€
Calle Castilla 1, 41010 ***Tel.*** *954-333335* ***Kaart*** *3 A2*

Dit is een uitstekende vondst in de straten van Triana, bij het Puente Isabel II. Het is dagelijks geopend tot 01.00 uur. Dit café-restaurant werd geopend in 1880 en heeft nog veel originele tegels en barmeubilair. Het gaat prat op de huisgemaakte traditionele Trianagerechten, bergham en verse vis van de kust. Tapas- of restaurantkaart de hele dag door.

HUELVA EN SEVILLA

ALJARAQUE Las Candelas €€€
Av de Huelva 3, 21110 ***Tel.*** *959-318433*

Dit restaurant is een gevestigde klassieker in een dorp op 6 km van Huelva, en is ingericht met maritieme motieven. Het is geen verrassing dat zeebanket de mediterrane kaart domineert, met delicatessen als zeeduivel in amandelsaus, maar er zijn ook diverse goede gerechten met lokaal vlees. Traditionele Spaanse wijn. Gesloten zo, 24, 25 en 31 dec.

CARMONA Ancla *Tapas* €€
C/ Bonifacio IV 8, 41410 ***Tel.*** *954-143804*

Stevige huiselijke kost wordt geserveerd in dit vriendelijke familierestaurant, dat prat gaat op de meest verse lokale ingrediënten. Er is een uitstekend lunchmenu waarvan u op het terras kunt genieten, en de specialiteiten zijn garnalen in knoflooksaus, gebraden lam, *pescaíto frito* (schotel gebakken vis) en huisgemaakte desserts. Gesloten wo.

CARMONA San Fernando €€
C/ Sacramento 3, 41410 ***Tel.*** *954-143556*

Een exquise landhuis uit 1700 huisvest dit elegante restaurant, dat verse seizoensgerechten uit de regio serveert. De *salmorejo*, tomatensoep gegarneerd met gekookt ei en ham, is met name goed. De *bacalao* (gezouten kabeljauw) wordt op vele manieren bereid, zoals met een verrukkelijke saus van inktvisinkt en knoflook. Gesloten zo-avond, ma.

CARMONA Casa de Carmona €€€€

Plaza de Lasso 1, 41410 ***Tel.*** *954-191000*

Het gaat hier minstens zoveel om de ambiance, in een groots paleis met binnenplaats, als om het eenvoudige menu: tonijn in citroen en tijm, patrijs in pruimen en eendenborst in een saus van noot, fruit en honing. De *borsjtsj* (bietensoep) met meloen, druiven en room is zeer aan te bevelen. Een elegante zaak, maar formele kleding is niet nodig.

HUELVA Farqueo *Tapas* €€

Glorieta de las Canoas, Muelle de Levante, 21003 ***Tel.*** *959-252690*

Farqueo zit vlak bij de Huelvahaven, met mooi uitzicht, en heeft een eersteklas eetzaal boven. Daar kunt u genieten van verrukkelijke moderne Andalusische gerechten, zoals kabeljauw met gemengde schaaldierensaus. Er is een enorm populaire bar beneden, waar u kunt genieten van tapas en op donderdagavond jazz. Gesloten zo, 15–30 juli.

HUELVA El Portichuelo *Tapas* €€€

Avda Vázquet López 15, 21110 ***Tel.*** *959-245768*

Dit is een eenvoudige plek in het centrum en El Portichuelo serveert de traditionele Andalusische keuken in de eetzaal en aan de bar, waar ook een rij tapas ligt. De uitstekende lokale ham is prominent aanwezig, net als vis en schaal- en schelpdieren. Geen culinaire verrassingen, alleen goedbereid eten met verse regionale producten. Gesloten zo.

HUELVA Las Meigas €€€

Avda Guatamala 44, 21003 ***Tel.*** *959-271958*

In dit fris ingerichte Galicische restaurant vindt u het meest verse zeebanket. De Gallego's zijn in het hele land beroemd om hun vaardigheid met zeebanket, dat hier eenvoudig wordt bereid – gegrild, gebakken in een zoutkorst of in de Gallegostijl – om de exquise versheid te versterken. Fantastische huisgemaakte desserts. Gesloten zo.

ISLA CRISTINA Casa Rufino *Tapas* €€

Av de la Playa, 21410 ***Tel.*** *959-330810*

Een populaire strandzaak met op het menu acht verschillende vissen in acht verschillende sauzen, waaronder zeeduivel in rozijnsaus. Casa Rufino heeft terecht een reputatie om de uitzonderlijk verse vis en schaal- en schelpdieren, en voor de uitstekende wijnkelder, met alle klassiekers. Gesloten 's avonds (behalve juli–okt.), Pasen, 22 dec.–2 feb.

JABUGO Mesón 5 Jotas *Tapas* €€

Ctra San Juan del Puerto, 21290 ***Tel.*** *959-121071*

Hier wordt goede Jabugoham gemaakt, en het verbonden bar-restaurant is een goede plek om die te proeven. Dit is de eerste en beste van een keten van tapasbars die als paddenstoelen zijn opgekomen in het land. Naast ham- en worstgerechten kunt u ook de verse Iberische varkensvleesgerechten proberen, zoals *presa de palotilla al mesón*.

OSUNA Dona Guadalupe €€

Plaza de Guadalupe 6–8, 41640 ***Tel.*** *954-810558*

Dit traditionele familierestaurant ligt in het hart van de historische stad van Osuna, met een prettig terras om buiten te zitten. Het menu neigt sterk naar de klassieke Andalusische kost: *rabo de toro* (ossenstaart) en een wilde bergfazantengerecht, bereid in gekruide rijst, zijn twee van de hoogtepunten.

OSUNA Casa del Marqués €€€

Calle San Pedro 20, 41640 ***Tel.*** *954-812223*

Dit onderdeel van het grootse viersterren Hotel de Marqués de Gomera ligt rond een magnifieke binnenpatio met zuilen. Op het menu staat vooral vis: zonnenvis, heek, brasem en kabeljauw in vele bewerkelijke sauzen, maar ook *solomillo* (lende) in een zoete Pedro Ximenezsherrysaus of met eendenpaté, en een rijke entrecôte in een zoete sherrysaus.

PALOS DE LA FRONTERA El Bodegón *Tapas* €€

C/ Rábida 46, 21810 ***Tel.*** *959-531105*

Een sfeervolle voormalige wijnkelder huisvest nu dit gezellige, informele restaurant, waar lokale culinaire standaarden op het menu staan, zoals vis gebakken in een zoutkorst en vlees gegrild boven steeneikenhout. De kaart is klein, maar de verse lokale ingrediënten zijn met zorg gekozen, en het resultaat is altijd heerlijk. Gesloten di, 16–30 sept.

SANLÚCAR LA MAYOR La Alqueria *Tapas* €€€€€

Hacienda de Benazuza, C/ Virgen de las Nieves, 41800 ***Tel.*** *955-703344*

Een luxueus hotel (van het El Bulli-imperium) met een spectaculair restaurant, waar de keuken is gemodelleerd naar het culinaire vuurwerk van de beroemde kok Ferran Adriá. Verwacht het onverwachte en bereid u voor op verbijstering: neem het *menú de degustación*, een reeks kleine wonderen. Gesloten ma, zo; bel van tevoren voor openingstijden.

CÓRDOBA EN JAÉN

BAEZA Juanito €€

Paseo Arca del Agua, 23440 ***Tel.*** *953-740040*

Een comfortabel familiehotel en restaurant in het hart van de olijvengordel. Het goede huiselijke eten is gebaseerd op traditionele recepten met veel olijfolie. Probeer de artisjokken of de *patatas a lo pobre*, een smakelijke aardappelschotel op smaak gebracht met ham. De huisgemaakte desserts zijn heerlijk. Gesloten zo-avond, ma.

BAEZA Vandelvira €€

Calle San Francisco 14, 23440 ***Tel.*** *953-748172*

Dit verbouwde 16de-eeuwse dominincanenklooster, met een ruime overdekte centrale patio, ontleent zijn naam aan de architect die veel van het historische Baeza heeft ontworpen. Het periodefront verbergt een moderne keuken met bekroonde specialiteiten als paté, gebraden *perdiz* (fazant) en *bacalao* (gezouten kabeljauw). Gesloten zo-avond, ma.

BAILÉN Zodíaco Libra *Tapas* €€

Antigua Ctra Madrid–Cádiz, km 294, 23710 ***Tel.*** *953-671058*

Een modern hotel met een groot en populair restaurant. In de zomermaanden staat op het menu een reeks koude soepen, zoals *ajo bianco* (witte knoflook) met amandel. Andere specialiteiten zijn roerei met ham, asperge, garnalen en patrijs. Bij goed weer kunt u eten in de schaduw van de bomen op het mooie tuinterras.

CÓRDOBA Almudaina €€€

Jardines de los Santos Mártires 1, 14004 ***Tel.*** *957-474342*

Dit landhuis, ooit het paleis van bisschop Leopold van Oostenrijk, huisvest nu een restaurant waar typisch lokale gerechten worden geserveerd, uit de verschillende culturen die Córdoba hebben bepaald. De Córdobaanse *salmorejo* is hier uitstekend. Als alternatief kunt u de zeeduivel met gestoofde tomaten proberen. Gesloten zo-avond.

CÓRDOBA Caballo Rojo *Tapas* €€€

C/ Cardenal Herrero 28, 14003 ***Tel.*** *957-475375*

Dit leuke restaurant, direct naast de Mezquita, heeft een centrale patio met smeedijzeren balkons, behangen met kleurige bloemen. De gerechten zijn gebaseerd op oude Moorse en Sefardische recepten. Geniet van lam met honing of de Sefardische salade van wilde paddenstoelen, asperge, geroosterde paprika en gezouten kabeljauw.

CÓRDOBA El Blasón *Tapas* €€€

C/ José Zorrila 11, 14008 ***Tel.*** *957-480625*

Als typisch Andalusisch landhuis rond een magisch betegelde patio is dit de perfecte plek om een breed assortiment Córdobaanse specialiteiten uit te proberen, zoals zeebanket, stevige vleesstoofschotels en geweldige huisgemaakte desserts. El Blasón heeft ook een levendige, populaire tapasbar en café, en ligt gunstig, dicht bij de winkelwijk.

CÓRDOBA El Churrasco *Tapas* €€€

C/ Romero 16, 14008 ***Tel.*** *957-290819*

In dit traditionele Andalusische landhuis is de specialiteit gegrild vlees, maar de groenteschotels en soepen zoals *salmorejo* zijn ook goed. De eetzalen liggen rond twee patio's: in het mooie Patio del Limonera eet u onder een geurige citroenboom. U kunt ook aan een aperitief nippen in de nabije wijnkelders. Gesloten Pasen, aug. en Kerstmis.

CÓRDOBA Taberna Pepe de la Judería *Tapas* €€€

C/ Romero 1, 14003 ***Tel.*** *957-200744*

Dit is al een van de aantrekkelijkste restaurants van Córdoba sinds de opening in 1928. Dineer op een mooie Córdobaanse patio vol met bloemen, of neem plaats in de eetzalen getooid met foto's van beroemde gasten. Probeer de *flamenquin* (gebakken broodjes kalfsvlees of ham), of de ongewone kersengazpacho met munt.

JAÉN Casa Vicente *Tapas* €€

C/ Francisco Martin Mora 1, 23002 ***Tel.*** *953-232222*

Casa Vicente is een klassiek restaurant met stierenvechtersthema in een Andalusisch landhuis. Het serveert typische gerechten uit Jaén. Een goed *menú de degustación* bevat lokale specialiteiten zoals lamstoofschotel of artisjokken in een delicate saus. Neem een aperitief aan de bar, die ook een handvol eenvoudige tapas serveert. Gesloten zo-avond.

JAÉN Casa Antonio €€€€

C/ Fermin Palma 3, 23008 ***Tel.*** *953-270262*

Een elegant restaurant met brutale moderne kunst en blondhouten lambrizering, dat uitstekende eigentijdse Andalusische kost serveert. Traditionele recepten worden heruitgevonden met stijl en creativiteit: probeer de carpaccio's van Huelvagarnalen of -tonijn. Casa Antonio heeft ook een goed *menú de degustación*. Gesloten zo-avond, ma.

PALMA DEL RÍO El Refectorio (Hospederia de San Francisco) €€€

Av Pio XII 35, 14700 ***Tel.*** *957-710183*

Dineer in de 15de-eeuwse refter van dit afgelegen voormalige klooster, dat nu een elegant hotel is. Het restaurant heeft een steeds wisselend menu met veel typisch Córdobaanse gerechten. In herfst en winter staat wild prominent op de kaart. In de zomer serveert men het diner op een betoverende, kaarsverlichte patio.

ÚBEDA El Seco *Tapas* €€

C/ Corazon de Jesús 8, 23400 ***Tel.*** *953-791452*

El Seco is een heerlijke vondst in het hart van de mooie renaissancestad Úbeda. Het is een charmant familierestaurant met een bescheiden, maar onberispelijke eetzaal. Op het menu: vers en smakelijk huiselijk eten, waaronder lekkere kroketten, wild in het seizoen en plattelandssoepen en -stoofpotten. Gesloten avond (behalve vr en za), juli.

ÚBEDA La Abadía €€€

Calle San Juan de la Cruz 10, 23400 ***Tel.*** *953-792645*

Een mix van modernistisch design en 16de-eeuwse architectuur – stenen muren, bogen – maken dit tot een van de chicste eetgelegenheden in Úbeda. Voorgerechten zijn onder meer patrijspaté, wilde paddenstoelen en ansjovis met gegrilde paprika. Er is een klein aantal, uitstekende hoofdgerechten van kabeljauw, baars en koteletten of ander topvlees.

Verklaring van de prijsklassen *zie blz. 228* **Verklaring van de symbolen** *zie achterflap*

CÁDIZ EN MÁLAGA

ARCOS DE LA FRONTERA El Convento €€

C/ Marqués de Torresoto 7, 11630 ***Tel.*** *956-703222*

Een charmant restaurant in een mooi 17de-eeuws paleis, met een binnenpatio. Het serveert ongewone lokale specialiteiten, waaronder de geweldige 'fazant in het paradijs', gestoofd in sherry, en een heerlijke lokale soep, *abajao*, gemaakt met wilde asperge en ei. El Convento is verbonden aan een goed hotel. Gesloten 7–21 jan., 1–7 juli, 1–7 nov.

LOS BARRIOS Mesón El Copo €€€

Autovía Cádiz–Málaga, km 111, Palmones, 11300 ***Tel.*** *956-677710*

Mesón El Copo, in het dorp Palmones, 9 km van Los Barrios, is een van de betrouwbaarste restaurants aan dit deel van de kust. Dineer met geweldig zeebanket, van ansjovis tot kreeft en zeebaars. Bestel een paar schaal- en schelpdiergerechten vooraf om te delen, en vervolg met de *dorada all horno* (gestoofde brasem met aardappel). Gesloten zo.

BENAHAVIS Los Abanicos €€

C/ Málaga 15, 29679 ***Tel.*** *952-855131*

Een bekend en altijd goed restaurant, ingericht met beschilderde *abanicos* (waaiers), in het hart van het mooie dorp Benahavis. Dineer met smakelijke regionale gerechten, waaronder de verrukkelijke huisspecialiteit, *paletille de cordero* (lamsschouder). Het is favoriet voor de zondagse lunch, dus reserveer van tevoren. Gesloten di (behalve juli en aug.).

BENAOJÁN Molino del Santo €€

Bda. Estación, 29370 ***Tel.*** *952-167151*

Deze verbouwde watermolen in een idyllische bergsetting, met tafels buiten onder de wilgen bij een ruisende beek, biedt lokale en internationale gerechten, met goede vegetarische opties en ingrediënten van lokale oorsprong (bergham en -vlees, lokale groenten). Het wordt 's avonds erg druk, dus reserveer van tevoren. Gesloten nov.–maart.

CÁDIZ Freiduria Cerveceria Las Flores Tapas €

Plaza Topete 4, 11009 ***Tel.*** *956-226112*

Het klassieke Andalusische gerecht is *pescaíto frito* (gemengde gebakken vis), en elke stad heeft verscheidene *freidurias* (vissnackbars). Dit is de beste van Cádiz. Kies uw vis (alles van haai tot pijlinktvis), die dan ter plekke wordt gebakken en ingepakt voor een picknick. U kunt ook op het terras eten. Snacks zonder vis zijn onder meer kroketten en empanadas.

CÁDIZ Balandro €€€

C/ Alameda Apodaca 22, 11004 ***Tel.*** *956-220992*

Het Balandro is een elegant restaurant, en de keuken is creatief en verfijnd. De huisspecialiteit is zeebanket uit de Baai van Cádiz, met fantasie bereid, maar er zijn ook genoeg lokale vleesgerechten. Probeer de inktvissalade of de rundvleesmedallions met port. Gesloten zo-avond, ma (behalve juli en aug.), zo (juli en aug.).

CÁDIZ El Faro Tapas €€€

C/ San Félix 15, 11011 ***Tel.*** *902-211068*

El Faro ligt in de oude vissersbarrio van Cádiz en heeft een warme, gezellige sfeer. Het menu, een geweldige mengeling van modern en traditioneel, verandert dagelijks. Er is echter altijd lokaal zeebanket, zoals *tortillitas de camarones* (garnalenbeignets) of rijstgerechten met schaal- of schelpdieren uit de baai. Er is ook een populaire tapasbar.

CÁDIZ Ventorillo del Chato €€€€

Via Augusta Julia, 11011 ***Tel.*** *956-250025*

Deze pittoreske herberg, in een 18de-eeuwse halteplaats aan zee, biedt authentiek Andalusisch eten. De recepten gebruiken geweldige verse vis uit de baai, lokaal vlees en verse groenten, vaak in combinatie. Een zeer populaire plek voor de lunch. Gesloten zo.

ESTEPONA La Alborada €€

Puerto Deportivo de Estepona, 29680 ***Tel.*** *952-802047*

Deze eetgelegenheid aan de kade serveert uitstekende paella en andere rijstgerechten, zoals *arroz a la banda* (een soort visrisotto). Men serveert ook heerlijke *pescaíto frito* (gemengde gebakken vis) en smakelijke huisgemaakte desserts, zoals *pudin de almendras* (romige amandelpudding). Er is mooi uitzicht op de haven vol jachten. Gesloten wo.

ESTEPONA Lido €€€€

Hotel Las Dunas, Urb La Boladilla Baja, 29680 ***Tel.*** *952-794345*

Dit stijlvolle restaurant, in de weelderige omgeving van het Las Dunas Hotel, serveert eigentijdse internationale gerechten. U kunt magnifiek al fresco dineren op het terras met balustrades, uitkijkend op de tuinen, of in een elegante serre. Kenmerkende gerechten zijn de *foie gras mousse* en zeebanketcannelloni. Gesloten ma, di.

FUENGIROLA Portofino €€

Edificio Perla 1, Paseo Maritimo 29, 29640 ***Tel.*** *952-470643*

Dit visrestaurant is populair vanwege de vriendelijke service en goed Italiaans eten, zoals de brochette met vis en schaal- en schelpdieren, of heerlijke pasta's met zeebanketsauzen. Het bereidt ook traditionele Andalusische gerechten, alles in genereuze porties. Het terras kijkt uit op de glossy haven vol jachten. Gesloten ma, juli.

GAUCÍN La Fructuosa €€

Calle Convento 67, 29480 ***Tel.*** *617-692784/952-151072*

U hebt een goed excuus om honger te krijgen in Gaucín op een vrijdagmiddag of -avond, of zondagmiddag: eigenaren Luis Ruibérriz de Torres en Jesús Balsa Pascual weigeren om hun uitstekende moderne mediterrane en Marokkaanse restaurant op andere dagen te openen. Tafels staan op een terras met uitzicht op de Afrikaanse kust. Gesloten nov.–jan.

GIBRALTAR The Rib Room Restaurant €

Rock Hotel, Europa Road ***Tel.*** *73000*

Dit restaurant is een instituut in Gibraltar, vooral voor de zondagse lunch, en mengt Engelse gerechten met Spaanse traditie en een vleugje Afrika. Dat het formeler is dan de buren, blijkt uit de kaart: gebraden rundvlees met eekhoorntjesbrood, varkensmedaillons met geroosterde paprika, zeebaars met anijs en knoflook, en tong, alsook vegetarische opties.

GIBRALTAR The Waterfront €

Queensway Quay, Marina Bay ***Tel.*** *45666*

Dit is de ideale plek voor en lichte lunch of een zonsondergangsmaaltijd, uitkijkend op de jachthaven van Gibraltar. De kaart is internationaal, van cajunkippenvleugels tot curry's, met als kern de VS (hamburgers, steaks) en Europa (pasta, steak au poivre). Op zachte avonden staat buiten een zeebanketbarbecue aan de kade. Gesloten di.

JEREZ DE LA FRONTERA Bar Juanito *Tapas* €€

C/ Pascaderia Vieja 8, 11403 ***Tel.*** *956-334838*

Deze sfeervolle tapasbar en restaurant heeft een onstuimige reputatie vanwege de uitzonderlijk grote porties tapas. Men biedt een fantastische keus, met de lokale artisjokken als de top. U kunt ook uitgebreider dineren met traditionele stoofschotels en een goede *pescaíto frito* (gemengde gebakken vis) uit de baai. Gesloten zo-avond, ma.

JEREZ DE LA FRONTERA La Mesa Redonda €€

C/ Manuel de la Quintana 3, 11402 ***Tel.*** *956-340069*

Een charmant familierestaurant dat favoriet is bij de lokale bevolking vanwege de kwaliteit van de keuken. Het creatieve menu wisselt per seizoen, met zeebanket, vleesgerechten en wild. Probeer de *mojama* (gedroogde tonijn) vooraf en mis de spectaculaire rundvlees-*salteado* (gebakken met zwarte worst) niet. Gesloten zo, 15 juli–16 aug.

MÁLAGA Antigua Casa de Guardia *Tapas* €

C/ Alameda Principal 18, 29015 ***Tel.*** *952-214680*

Dit is de oudste bar van Málaga, gehuisvest in een voormalige wachtpost waaraan het de naam ontleent. De specialiteit is sherry, direct uit een van de grote vaten achter de bar. Eet er een paar eenvoudige tapas bij: een schotel garnalen of mosselen, of zilverachtige *boquerones* (ansjovis), die niet lijken op de gezouten soortgenoten. Gesloten zo.

MÁLAGA Mesón Astorga *Tapas* €

C/ Gerona 11, 29006 ***Tel.*** *952-342563*

Het verfijnde gebruik van de geweldige lokale producten uit Málaga maakt dit klassiek ingerichte en typisch Andalusische restaurant populair. Probeer de gebakken aubergine met melasse, of de salade van verse tonijn met een sherryazijndressing. Aan de levendige tapasbar kunt u aanschuiven bij de lokale bevolking voor flinke *raciones*. Gesloten zo.

MÁLAGA Café de Paris €€€€

C/ Vélez Málaga 8, 29016 ***Tel.*** *952-225043*

Een onaantrekkelijke buitenkant verbergt dit elegante, klassiek ingerichte restaurant, dat geweldige eigentijdse Spaanse en mediterrane kost serveert. Creatieve gerechten worden exquise opgediend, vooral in het uitzonderlijke *menú de degustación*. Uitstekende wijnkaart en onberispelijke bediening. Gesloten zo-avond, ma.

MANILVA Macues €€€

Puerto Deportivo de la Durquesa Local 13, 26961 ***Tel.*** *952-890395*

In dit chique restaurant aan het uiterste puntje van de Costa del Sol kunt u genieten van een goede internationale en Spaanse keuken op een beschaduwd terras, uitkijkend over de indrukwekkende jachthaven beneden. De specialiteiten zijn in zout gebakken vis, en sappig lokaal vlees gegrild op houtskool. Alleen diner. Gesloten ma.

MARBELLA Altamirano €

Plaza Altamirano 3, 29600 ***Tel.*** *952-824932*

In het hart van de mooie witgekalkte Oude Stad van Marbella ligt dit gastvrije familierestaurant met een mooi terras. Smakelijke huiselijke gerechten bevatten veel zeebanket, zoals een schotel met versgebakken vis, die typisch is voor dit gebied. Het personeel is charmant. Dit is een van de beste opties in de Oude Stad. Gesloten wo.

MARBELLA Areté €€

Calle Mediterráneo 1, 29600 ***Tel.*** *952-777334*

Deze modernistische zaak, op een hoek van de zeekant van Paseo Maritimo, biedt *nueva cocida Andaluz* met het accent op gezond eten (een van de twee eigenaren-koks is ook arts). De recepten wisselen maandelijks en dagschotels dagelijks, maar altijd subtiel en zonder veel franje. Aan de muur en op de vloer toont men werk van lokale kunstenaars.

MARBELLA La Comedia €€

Plaza de la Victoria, 29600 ***Tel.*** *952-776478*

La Comedia is een vaste waarde in Marbella's Casco Antiguo sinds 1998, en houdt ook in nieuwe handen vast aan de filosofie van 'rond de wereld in drie gerechten', met een onwaarschijnlijke mengeling van gerechten uit de hele wereld, vaak gekruist met Andalusische klassiekers. Kijkt uit op een van de mooiste pleinen in de Oude Stad. Gesloten vr.

Verklaring van de prijsklassen *zie blz. 228* **Verklaring van de symbolen** *zie achterflap*

MARBELLA Garum €€

Paseo Maritimo 3, 29600 ***Tel.*** *952-858858*

Timo Hamalainen, voorheen van La Comedia, heeft de internationale mix van dat restaurant meegenomen naar een ruime boulevardzaak met een groot besloten terras. 'Zalm 'n chips' en hamburgers krijgen een chique draai, naast Andalusische klassiekers *(rosada, solomillo)* en recepten van zover als Thailand en Mexico.

MARBELLA El Portalón Tapas €€€€

Ctra Cádiz–Málaga (N340), km 178, 29600 ***Tel.*** *952-861075*

In dit klassieke Andalusische restaurant kijken elegant ingerichte eetzalen uit op bloemrijke tuinen. De hoogtepunten zijn hier het vlees en zeebanket, beide bereid in een traditionele steenoven. U kunt ook genieten van tapas en een glas lokale wijn in de aantrekkelijke naburige *vinoteca*. Gesloten zo (behalve aug.).

MARBELLA Santiago Tapas €€€€

C/ Paseo Maritimo 5, 29600 ***Tel.*** *952-770078*

Deze zaak, die al 50 jaar bestaat, is waarschijnlijk de beste plek voor zeebanket aan de Costa del Sol. Iedere dag zijn er wel 40 of 50 verse vis- en schaaldierengerechten. Aan de bar serveert men tapas, maar er is ook een grote verscheidenheid (meer dan 500) te krijgen bij de naburige Tabernita de Santiago. Reserveer een tafel in Santiago ruim van tevoren.

MARBELLA Toni Dalli €€€€

El Oasis, Ctra de Cádiz, km 176, 29600 ***Tel.*** *952-770035*

Dit is een klassieker aan de Gouden Mijl van Marbella sinds 1981. Een maaltijd in dit mooie witte paleis met palmen vormt een grootse avond uit. De Italiaanse keuken omvat huisgemaakte pasta's, vlees en vis. Toni, die ooit een populaire zanger met eigen show in Californië was, zorgt soms zelf voor livemuziek. Gesloten lunch.

MIJAS El Castillo €€

Plaza de la Constitución, Pasaje de los Pescadores 2, 29650 ***Tel.*** *952-485348*

Dit rustieke restaurant ligt op het belangrijkste plein van dit betoverende witte dorp. Het serveert zowel typisch Andalusische als internationale gerechten, die u buiten kunt nuttigen op het levendige terras. Op sommige avonden is er ook een flamencoshow (meestal dinsdag, donderdag en zondag, maar bel voor bevestiging). Gesloten vr.

EL PUERTO DE SANTA MARÍA El Faro del Puerto €€€

Ctra de Fuentebravia, km 0,5, 11500 ***Tel.*** *956-870952*

Dit restaurant is het meest verfijnde van een trio waartoe ook El Faro en het Ventorrilo del Chato in Cádiz behoren. Het is gehuisvest in een elegante, laaggebouwde villa met tuinen rondom. De kaart biedt verfijnde interpretaties van moderne gerechten. Mis de desserts niet, met name het Olosorosherry-ijs

EL PUERTO DE SANTA MARÍA Casa Flores Tapas €€€

C/ Ribera del Rio 9, 11500 ***Tel.*** *956-543512*

Een traditioneel familierestaurant met een aantal intieme eetzalen, ingericht met mooie tegels, schilderijen en wat stierenvechtersmemorabilia. Vis en schaal- en schelpdieren zijn de huisspecialiteiten, met een spectaculair aanbod, van lokale zoete gestreepte garnalen tot ongewone delicatessen als zee-egels.

RONDA Del Escudero €€€

[illegible]

Dit elegante restaurant, met een onvergelijkbare tuinsetting bij Ronda's beroemde arena, biedt spectaculair uitzicht op de vallei en de traditionele Andalusische keuken. Kies het lunchmenu, om waar voor uw geld te krijgen, en nuttig het op het panoramische tuinterras. Gesloten zo-avond.

RONDA Pedro Romero €€€

C/ Virgen de la Paz 18, 29400 ***Tel.*** *952-871110*

Dit restaurant kijkt uit op de beroemde arena van Ronda en hangt vol schilderijen en foto's van beroemde stierenvechters, historische kostuums en opgezette stierenkoppen. Het serveert goedbereid plattelandseten, waaronder gesmoorde stierenstaart en konijn met tijm, naast traditionele stoofschotels. Er is een goede selectie Spaanse wijn.

RONDA Tragabuches €€€€

Calle José Aparacio 1, 29400 ***Tel.*** *952-199201*

Het enige restaurant met een Michelinster in de regio is opnieuw ingericht in somber zwart en wit. Het nieuwe menu biedt nog steeds buitenissige versies van klassieke Andalusische kost, zoals *foie* bereid met kaas en appel, en een ontzagwekkend speenvarken. Het proeverijaanbod (naast het *menú de degustación*) is groter dan ooit. Gesloten ma en zo.

SAN FERNANDO Venta de Vargas Tapas €

Plaza de San Juan Vargas, 11100 ***Tel.*** *956-881622*

Deze populaire eetgelegenheid werd vereeuwigd door de mythische Camarón de la Isla en heeft veel flamencosfeer. Bestel *raciones* van klassiekers zoals *aliñadas* (aardappelsalade) of tast toe in typische lokale stoofschotels en verse vis uit de baai. Eindig met romige *tocino de cielo* ('hemelse spek') voor toe. Gesloten zondagavond, ma.

SAN ROQUE Villa Victoria (Los Remos Rest) €€€€

Ctra San Roque–La Linea 351, km 2,8, Campamento, 11314 ***Tel.*** *956-698412*

Dit restaurant, gehuisvest in een gerestaureerd victoriaans landhuis met mediterrane inrichting, serveert exquise gerechten. De nadruk ligt op eersteklas zeebanket en het *menú de degustación* omvat garnalenbeignets en zeekwal. Er is ook altijd een ruim aanbod aan seizoensspecialiteiten, waaronder wilde paddenstoelen. Gesloten zo-avond, ma.

SANLÚCAR DE BARRAMEDA Casa Bigote *Tapas* €€€

C/ Bajo de Guia, 11540 ***Tel.*** *956-362696*

Deze typische zeemanstaveerne, aan de monding van de Guadalquivir, is in heel legendarisch in heel Andalusië. De tapasbar, behangen met hammen en opgezet met houten vaten, biedt fantastisch zeebanket. U kunt ook dineren onder de houten balken in de *comedor* met *langostinos de Sanlúcar* (grote zoete garnalen) en verse vis. Gesloten zo, nov.

TARIFA (CÁDIZ) Arte-Vida €€

Ctra Nacional 340, km 79,3, 11380 ***Tel.*** *956-685246*

Dit is een fantastisch hotel, gelegen in de duinen aan het eindeloze strand van Tarifa. Het leuke restaurant-café kent een stijlvolle blauw-witte inrichting en serveert verse salades, pizza's en gegrild zeebanket, naast een paar exotischer gerechten zoals Thaise kokossoep. Men maakt ook taarten, heerlijke koekjes en koffie. Het uitzicht reikt helemaal tot Afrika.

TARIFA (CÁDIZ) Mesón de Sancho *Tapas* €€€

Ctra Cádiz–Málaga, km 94, 11380 ***Tel.*** *956-684900*

Een klassieke herberg net buiten Cádiz, aan de weg naar Algeciras. Het is er warm en vriendelijk, en ingericht in de typische *mesón*-stijl. Het biedt vaste menu's met stevige Andalusische vleesschotels, zoals rundvlees met paddenstoelen. U krijgt ook een reeks flinke *raciones* in de bar. Sancho is populair voor gezinsuitjes, vooral de zondagse lunch.

TORREMOLINOS Bar Restaurante Casa Juan *Tapas* €€€

C/ San Gines 18–24, 29620 ***Tel.*** *952-373512*

Een populair strandrestaurant met een uitgebreid terras dat huiselijke favorieten serveert, zoals in zout gebakken vis en *fritura Malagueña*, die gebaseerd zijn op oude familierecepten (van Juáns moeder en grootmoeder). De zaak bestaat al sinds de toeristenstroom dit voormalige vissersdorp ingrijpend veranderde. Gesloten ma.

TORREMOLINOS Frutos *Tapas* €€€€

Av de la Riviera 80, 29620 ***Tel.*** *952-381450*

Deze grande dame van de restaurants aan de Costa del Sol serveert geweldige vlees- en visgerechten. Er zijn een terras en twee glazen eetzalen waar u kunt genieten van speenvarken, gevolgd door *arroz con leche*. De opmerkelijke wijnkelder kan ook bezocht worden. Een informele tapasbar bij de ingang biedt lichtere maaltijden. Gesloten zo-avond.

VEJER DE LA FRONTERA Venta Pinto *Tapas* €€€

La Barca de Véjer, 11150 ***Tel.*** *956-450877*

Véjer de la Frontera is een magisch bergdorp aan de Costa de la Luz, met een schaduwrijk web van nauwe stegen die het Moorse verleden oproepen. Dit leuke restaurant, in een voormalige halteplaats op 3 km van het centrum, serveert creatieve versies van lokale gerechten en heeft een populaire tapasbar, ook met lokale specialiteiten.

ZAHARA DE LOS ATUNES Casa Juanito *Tapas* €€

C/ Sagasta 7, 11393 ***Tel.*** *956-439211*

Dit is een charmant, typisch Andalusisch restaurant met een uitgebreid terras vlak bij het strand. Het ligt in een leuk vissersdorp en sober kustresort. Zeebanket is de specialiteit, vooral de tonijn waar het dorp zijn naam aan ontleent. Casa Juanito heeft ook een eetruimte met een tapasbar. Gesloten wo (behalve aug.), jan., nov., dec.

GRANADA EN ALMERÍA

ALMERÍA Rincón de Juan Pedro *Tapas* €

C/ Federico Castro 2, 04130 ***Tel.*** *950-235819*

Deze zeer geliefde peiler van het tapasgebeuren van Almería heeft een prachtig aanbod aan tapas, bij de prijs van de drank inbegrepen. U kunt ook uitgebreider dineren met *raciones*, evenals vlees- en zeebanketspecialiteiten en lokale gerechten, *trigo a la cortijera* (een stoofschotel met graankorrels, vlees en worst). Gesloten ma.

ALMERÍA Casa Sevilla *Tapas* €€

Calle Rueda López, 04001 ***Tel.*** *950-272912*

Dit familierestaurant is een soort sociaal centrum geworden: eens per maand worden de tapasbar en vier privékamers een wijnclub, waar u enkele van 8000 lokale en nationale wijnen kunt proeven. Op andere dagen kunt u van deze wijn genieten bij de schotels met de vangst van de dag:zeeduivel in een honing-amandelsaus, en tonijn in een pittige saus.

ALMERÍA Club de Mar €€

Playa de la Almadrabillas 1, 04007 ***Tel.*** *950-235048*

Geniet van verse vis en schaal- en schelpdieren aan de kade van de jachthavenclub van Almería, waar lokale inwoners in goede doen en zeelui samenkomen op het levendige terras. Het zeebanket sluit aan bij het uitzicht op de haven, en de *bullabesa* (Spaanse vissoep) en *fritura* (gemengde gebakken vis) zijn erkende specialiteiten. Er is ook een lunchmenu.

ALMERÍA Valentin €€

Calle Tenor Iribarne 19, 4001 ***Tel.*** *950-264475*

Dit is de chicste plek om de plaatselijke specialiteit te proeven: zeebanket. Het ligt verborgen dicht bij de centrale poort van Almería de Puerta Purchena. De *marisqueria* (zaak gespecialiseerd in schaal- en schelpdieren) biedt zeebanket van de kleinste witte en rode *gambas* (garnalen) tot *bogavante* (kreeft), plus de keus van de nabije markt. Gesloten ma.

Verklaring van de prijsklassen *zie blz. 228* **Verklaring van de symbolen** *zie achterflap*

ALMERÍA Bodega Bellavista €€€

Urbanización Bellavista, Llanos del Alquián, 04130 ***Tel.*** *950-297156*

Dit charmant ouderwetse restaurant, op een ongewone locatie in een huizencomplex bij het vliegveld, biedt diverse klassieke en nieuwe Andalusische gerechten, gemaakt met lokale topproducten. Vis en schaal- en schelpdieren domineren, maar er is ook goed rund- en geitenvlees. Een enorme keus aan wijn uit heel Spanje. Gesloten zo-avond, ma.

BUBIÓN Teide Tapas €

C/ Carretera 70, 18412 ***Tel.*** *958-763084*

Dit eenvoudige stenen restaurant ligt verloren in de wildernis van de Alpujarras, omgeven door charmante, informele tuinen met bloemen in potten en schaduwrijke bomen. Het serveert traditionele gerechten zoals gebraden geit en royale salades van lokale groenten. In de aloude Andalusische traditie krijgt u gratis tapas bij uw drankje. Gesloten di.

GRANADA Bodegas Castañeda Tapas €

C/ Almireceros 1–3, 18010 ***Tel.*** *958-215464*

Met zijn uitgesleten tegels, grote houten vaten en verlopen sfeer is dit een van de heerlijkste en authentiekste tapasbars van Granada. Probeer de Trevélezham die smelt op de tong (en die zijn eigen *denominación de origen* heeft) of de grote variëteit aan zeebanketconserven. Een glas ijskoude sherry is dé manier om de avond te beginnen.

GRANADA Chikito Tapas €€

Plaza del Campillo 9, 18009 ***Tel.*** *958-223364*

Chikito is gebouwd op de plek van een café waar Garcia Lorca en zijn tijdgenoten elkaar ontmoetten en serveert tuinbonen met ham en Sacromonteomelet (bereid met hersens, maar smakelijker dan u denkt). Proef ook de *pionono*s (anijstaart). U kunt tapas nuttigen aan de bakstenen bar met beschilderde tegels. Gesloten wo.

GRANADA Mirador de Morayma €€

C/ Pianista García Carrillo 2, 18010 ***Tel.*** *958-228290*

Dit charmante patiorestaurant ligt in Albaícin, met zicht op het Alhambra, en is gespecialiseerd in lokale gerechten, zoals *remojón* (een salade van sinaasappel en kabeljauw) en gebakken geit met knoflook. De wijnkaart bevat biologische wijn van het eigen landgoed. Dinsdags zijn er flamencoshows (bel voor bevestiging). Gesloten zo-avond.

GRANADA Ruta del Veleta €€€

Ctra Sierra Nevada 136, km 5400, Cenes de la Vega, 18190 ***Tel.*** *958-486134*

Dit traditionele restaurant aan de bochtige oude weg naar de Sierra Nevada, aan de rand van Granada, heeft een uitstekende reputatie vanwege de stevige regionale keuken. De inrichting, met typisch Alpujarraans textiel en keramieken mokken, past goed bij schotels als geroosterde babygeit en zeebanket. Probeer wild in het seizoen. Gesloten zo-avond.

GRANADA Veláquez Tapas €€€

C/ Profesor Emilio Orozco 1, 18010 ***Tel.*** *958-280109*

De ambiance is hier warm en het eten is creatief, met moderne interpretaties van Moorse gerechten als *bstella*, duif in deeg met pijnboompitten en amandelen, en hartige amandelroomsoep. Veláquez heeft een ouderwets levendige bar, waar u kunt genieten van tapas bij goede lokale wijnen en Andalusische sherry's. Gesloten zo, aug.

GRANADA Carmen de San Miquel €€€€

Plaza Torres Bermejas 3, 18009 ***Tel.*** *958-226723*

De Andalusische specialiteiten in dit leuke restaurant met inrichting in Moorse stijl omvatten zeebanketsalade en een dessert gemaakt met amandel en aardbei. Alles is vers en creatief bereid door een talentvolle jonge kok. Er zijn prachtige uitzichten op het witgekalkte doolhof van Albaícin vanaf het terras. Gesloten zo.

LOJA La Finca €€€€

Hotel La Bobadilla, Autovia Granada–Sevilla, 18300 ***Tel.*** *958-321861*

Dit uitzonderlijke restaurant in een luxehotel is een omweg waard vanaf de *autovia* om verfijnd te dineren. De kok maakt creatief gebruik van landverse groenten, kapoen en varkensvlees, wild (in het seizoen) en zeebanket. Geef royaal geld uit aan het fantastische *menú de degustación*, en slorp de romantiek van het tuinterras op. Gesloten lunch.

MOTRIL Tropical €€

Av Rodríguez Acosta 23, 18600 ***Tel.*** *958-600450*

Een eenvoudige herberg met een goed restaurant dat een ruime keus aan typisch Andalusische gerechten serveert in een Spaanse kustomgeving. Zowel zeebanket, zoals baars met groene knoflook, als vlees, zoals *choto a la brasa* (gebraden babygeit) zijn hier een specialiteit. Probeer voor toe de sorbet met *chirimoya* (custardappel). Gesloten zo, juni.

ÓRGIVA El Limonero €

Calle Yáñez 27, 18400 ***Tel.*** *958-785157*

Na 12 jaar is dit een begrip geworden in de hoofdstad van Alpujarra. Men mengt 'surf-and-turf'-specialiteiten: rundvleesschenkel, lams *solomillo* (lende), zeebaars en gestoomde zalm. De nadruk ligt op gezond eten (vandaar het ongebruikelijke rookverbod), met inventieve salades en pasta's. Geopend alleen 's avonds (vanaf 19.00 uur) en lunch zo.

VERA Terraza Carmona Tapas €€€

C/ Manuel Giménez 1, 04620 ***Tel.*** *950-390760*

Een eenvoudig motel met een goed restaurant dat diverse lokale prijzen heeft gewonnen. De specialiteiten zijn uitstekend zeebanket en ongewone streekgerechten, zoals *gurullos con conejo* (pasta met konijn). In het seizoen domineren wildgerechten, waaronder wild zwijn met olijf en amandel. Er is ook een leuke tapasbar. Gesloten ma, 8–21 jan.

WINKELEN

Winkelen in Andalusië is een plezierige bezigheid, vooral als u het op de Spaanse manier doet. Dat betekent dat u zich een beetje aanpast aan het warme Spaanse klimaat, winkelt in een laag tempo, ook *siesta* houdt en veel pauzeert voor koffie, *tapas* en thee.

Traditioneel genopte flamencojurk

Ook in Spanje beginnen de grote Europese winkelketens zich te vestigen, maar in het zuiden is deze ontwikkeling nog niet begonnen en komt u winkeltjes tegen die u nergens anders vindt. De streek staat bekend om haar traditionele kunstvoorwerpen en er is een overweldigend aanbod aan keramiek, lederwaren, mozaïekwerk, zilveren sieraden, suikerwaren en koekjes.

In de *bodegas* van Jerez, Montilla, Málaga en Sanlúcar de Barrameda kunt u de wereldberoemde sherry kopen. Het bezoeken van een *bodega* is op zichzelf al een belevenis en een goede manier om kennis te maken met het rijke aanbod.

In de meeste winkels wordt u bijzonder vriendelijk geholpen.

Calle de las Sierpes, een van de drukke winkelstraten van Sevilla

OPENINGSTIJDEN

De meeste winkels in Spanje zijn geopend van 9.30 tot 13.30 uur en van 16.30 tot 20.00 uur. Behalve in warenhuizen en souvenirwinkels is het in Andalusië een goed gebruik dat ook het winkelpersoneel zich aan de *siesta* houdt. De openingstijden verschillen van winkel tot winkel; boetiekjes zullen zelden voor 10.00 uur open zijn. Ook in de zomer kunnen de openingstijden variëren: sommige winkeltjes gaan na de middaghitte helemaal niet meer open, andere blijven, vanwege de toeristen, veel langer open dan normaal.

Vooral in de kleinere plaatsjes waren tot voor kort veel winkels op zaterdagmiddag gesloten. Deze gewoonte is echter aan het verdwijnen. De uitverkoop valt in januari en juli. Sommige winkels houden rond de Kerst al uitverkoop.

BETALEN

Spanjaarden zijn nog gewend om contant te betalen. Creditcards worden wel in de grotere winkels geaccepteerd, maar met travellercheques komt u over het algemeen niet ver. Als een aankoop u niet bevalt, kunt u deze op vertoon van de kassabon ruilen. Artikelen die u in de uitverkoop gekocht hebt, mag u echter niet ruilen. In de grotere winkels en warenhuizen (zoals **Cortefiel** en **El Corte Inglés**) krijgt u in plaats van geld een tegoedbon. Het is handig om daar voor alle zekerheid even naar te informeren voor u iets koopt.

WINKELEN IN SEVILLA

In Sevilla kunt u fantastisch winkelen, of u nu van traditioneel vakmanschap houdt of naar modern design op zoek bent.

In traditionele stijl beschilderd bord uit Sevilla

In de wijk rond de Calle Tetuán en het tot voetgangersgebied verklaarde Calle de las Sierpes *(blz. 74)* vindt u de mooiste oude en nieuwe winkeltjes van Sevilla. De wijk is een wirwar van drukke straten en straatjes, waar alle mogelijke producten te koop worden aangeboden. Voor schoenen kunt u hier terecht bij **Pilar**

De waaiercollectie van Díaz, in de Calle de las Sierpes in Sevilla

Chique hoeden van Sombrerería Hermanos de J. Russi in Córdoba

Burgos en **Pineda**, twee van de beste winkels op hun terrein. Voor de traditionele Spaanse waaiers moet u bij **Díaz** zijn, **Maquedano** maakt de beroemde Córdobese hoeden en bij **Foronda** kunt u kiezen uit een rijke collectie met de hand geborduurde omslagdoeken.
Wilt u Spaanse kleding met een onmiskenbaar traditionele snit mee naar huis nemen, breng dan vooral een bezoek aan de winkel van de ontwerpers **Victorio & Lucchino**. Voor exclusieve lederwaren, zoals tassen, kleren en accessoires in de meest bijzondere kleuren, moet u bij **Loewe** zijn.
Rond de Plaza Nueva bevinden zich kledingzaken zoals **Adolfo Dominguez** en **Marisa Martín**, waar chique maatkleding verkocht wordt, en schilderachtige zaakjes met een rijke keus aan religieuze artikelen.
Casa Rodríguez en **Velasco** verkopen garnituren die speciaal voor bisschopsmantels gebruikt worden, en religieuze afbeeldingen. Voor exclusieve babykleding kunt u terecht bij **Marco y Ana** en ga voor naar jasmijn geurende eau de toilette naar **Agua de Sevilla**.
In de omgeving de Barrio de Santa Cruz vindt u een aantal boeiende winkels. De **Supermercado Baco** is een kleine supermarkt met Spaanse delicatessen en wijnen. De Calle Hernando Colón is vooral interessant voor verzamelaars; er zijn winkels met oud kinderspeelgoed, postzegelwinkels en winkels zoals **El Postigo**, waar kunstnijverheidsartikelen worden verkocht. **Sevillarte**, dicht bij de Real Alcázar *(blz. 82–83)*, en **Martián** verkopen prachtige keramische voorwerpen, zowel voor dagelijks gebruik als ter decoratie.
Ga naar Triana *(blz. 102)* voor echt bijzonder aardewerk en zoek dan in de Calla Covadonga naar **Cerámica Santa Ana** en **Antonio Campos** en de vele andere kleine werkplaatsen hier. Ook voor zwierige flamencokostuums moet u in Triana zijn. Uw *feria*-accessoires koopt u dan bij **Juan Osete**.
Als u zich tot de serieuze verzamelaars van antiek rekent, dan moet u zeker een bezoek brengen aan **Antigüedades Angel Luis Friazza**. Deze winkel is gespecialiseerd in klassiek Spaanse meubels.

La Trinidad, makers van het karakteristieke blauwe glaswerk uit Sevilla

Wilt u misschien wat van het beroemde blauwe glas kopen, doe dat dan in de glasfabriek **La Trinidad**; alles is daar veel goedkoper dan in de toeristische cadeauwinkels in het centrum.
Traditioneel gevlochten voorwerpen vindt u bij **Muebles Ceballos** en andere winkeltjes in de Calle de la Feria.

CÓRDOBA

Ook in Córdoba zijn er verschillende wijken waar het bijzonder goed winkelen is. In de nauwe straatjes van de Judería *(blz. 140)* vindt u wellicht wat van uw gading. De **Zoco Municipal** runt hier een aantal kunstnijverheidswinkels waar zilveren filigraansieraden, handbeschilderd aardewerk, lederwaren en prachtige beschilderde maskers verkocht worden. Keramiek, lederwaren en houten voorwerpen kunt u ook vinden bij **Artesanos Cordobeses**.
Rond de Mezquita *(blz. 144)* kunt u voor snuisterijen in de souvenirwinkeltjes terecht, maar er worden ook ambachtelijk vervaardigde voorwerpen verkocht. **Meryan** is gespecialiseerd in rijkelijk versierde lederwaren. U treft hier een uitgebreide collectie aan. Uit de werkplaats van **Manuel Reyes Maldonado** komen eersteklas handgemaakte klassieke gitaren, waarvan er vele speciaal voor wereldberoemde musici gebouwd worden.
De beroemdste hoedenmaker van Spanje heeft zijn winkel in Córdoba: de **Sombrerería Herederos de J. Russi**. De typische Córdobese hoeden worden er voor veel minder geld verkocht dan in de hoedenzaken van Madrid of Sevilla.

Manuel Reyes Maldonado in zijn werkplaats in Córdoba

Een werkplaats in Granada waar inlegwerk wordt gemaakt

GRANADA

Doordat de winters er streng zijn, is er in Granada een ruim aanbod aan winterkleding en -schoenen. **Julio Callejón** heeft bijvoorbeeld een mooie schoenencollectie, **Zara** heeft heren- en damesmode en het warenhuis **Cortefiel** is gespecialiseerd in kleding. De Sierra Nevada is dichtbij, daarom wordt er in bijna elke kledingzaak skikleding verkocht. In het centrum vindt u de **Mercado Arabe**, een lange winkelgalerij vol winkeltjes waar Marokkaanse kleding en accessoires verkocht worden. **Artesania Francisco Mariscal** is gespecialiseerd in inlegwerk en mantillas. **Tienda La Victoria** heeft een geweldige collectie oude prenten, curiosa en meubilair. In de Gran Vía en de straatjes eromheen liggen de *platerías*.

Vlechtwerk van Alhama de Granada

ANDALUSIË

Een aantal plaatsen in Andalusië heeft een eigen specialiteit; er zijn dorpjes die u voor de olijfolie kunt bezoeken, of voor de wijn, de bijzondere tapijten of de meubels. De allerfijnste olijfolie van eerste persing komt uit Baena *(blz. 147)* en Segura de la Sierra *(blz. 156)*. De beste olijfolie van Sevilla wordt in het dorpje Ginés verkocht. Veel kloosters produceren en verkopen gebak en snoep – een leuk idee voor een cadeautje. Van de *bodegas* die het bezoeken waard zijn, noemen we die in Jerez *(blz. 162)*, in Sanlúcar de Barrameda *(blz. 162)*, in Montilla *(blz. 147)* en in Málaga *(blz. 180)*. De *botijo* (een aardewerken drinkkan) is de specialiteit van La Rambla, een dorpje dertig kilometer ten zuiden van Córdoba. In de provincie Córdoba ligt het plaatsje Lucena *(blz. 147)* waar u keramische gebruiksvoorwerpen en smeedwerk kunt kopen. Ronda *(blz. 176)* heeft een paar bijzondere antiekwinkels met landelijk meubilair te bieden. In Guarromán (in de provincie Jaén) kunt u antiek meubilair kopen bij **Trastos Viejos**, gevestigd in een oude *cortijo*. In de provincie Granada zijn de dorpjes van Las Alpujarras *(blz. 198)* beroemd vanwege de *jarapas* (voddenkleden), gevlochten manden en medicinale kruiden. Ten noorden van Granada ligt het plaatsje Jún, waar de verzamelaar Miguel Ruiz in zijn winkel **Cerámica Miguel Ruiz** het mooiste keramiek van Andalusië verkoopt. **Angeles Espinar** maakt omslagdoeken met fijn borduurwerk.

Fruit- en groentemarkt in Vélez Blanco *(blz. 199)*

Uitgestalde koopwaar op de Plaza de la Corredera in Córdoba

MARKTEN

De markt bestaat voor een groot gedeelte uit stalletjes waar u verschillende soorten worst, kaas en ham kunt kopen. Op de meeste markten wordt er van alles verkocht, maar er zijn ook speciale markten. In Sevilla wordt bijvoorbeeld in de Calle Feria elke donderdag een antiek- en curiosamarkt gehouden. In Los Pájaros wordt elke zondag de huisdierenmarkt op de Plaza del Alfalfa gehouden; op de Plaza del Cabildo worden postzegels en munten verhandeld. Er zijn vlooienmarkten op de Charco de la Pava in La Cartuja en in het Parque Alcosa, ten noordoosten van het centrum. De voedselmarkten op de Plaza de la Encarnación en El Arenal zijn alletwee het bezoeken waard. In Córdoba kunt u zich elke zaterdag en zondag in de drukte van de vlooienmarkt onderdompelen. De markt wordt gehouden op de 16de-eeuwse, met arcaden omgeven Plaza de la Corredera. Aan de Costa del Sol zijn rommelmarkten populair en wordt er veel rechtstreeks vanuit de laadbak verkocht.

ADRESSEN

SEVILLA

Warenhuizen

El Corte Inglés
Pl Duque de la Victoria 10.
Kaart 1 C5 (5 C2).
Tel. *95-4597000.*
www.elcorteingles.es

Mode en accessoires

Adolfo Dominguez
Calle Sierpes 2.
Kaart 3 C1 (5 C2).
Tel. *95-4226538.*
www.adolfo-dominguez.com

El Caballo
Plaza Nueva 12.
Kaart 5 C2.
Tel. *95-4500842.*

Loewe
Plaza Nueva 12.
Kaart 3 B1 (5 C3).
Tel. *95-4225253.*
www.loewe.com

Maquedano
Calle de las Sierpes 40.
Kaart 3 C1 (5 C3).
Tel. *95-4564771.*

Marisa Martín
C/ Argote de Molina 21.
Kaart 4 C1 (6 D4).
Tel. *95-4219312.*

Victorio & Lucchino
Plaza Nueva 10.
Kaart 3 B1 (5 C3).
Tel. *95-4502660.*
www.victorioylucchino.com

Zara
Calle Jose de Velilla 2–4.
Kaart 3 B1 (5 C2).
Tel. *95-4560096.*
www.zara.es

Kinderkleding

Marco y Ana
Calle Cuna 24.
Kaart 4 C1 (6 D3).
Tel. *95-4213038.*

Schoenen

Pilar Burgos
La Campana 3.
Kaart 3 B1 (5 C2).
Tel. *95-4226845.*

Pineda
Plaza Nueva 12.
Kaart 3 B1 (5 C3).
Tel. *95-4564249.*

Flamenco

Calzados Mayo
Plaza del Alfalfa 2.
Kaart 3 C1 (6 D3).
Tel. *95-4225555.*

Díaz
Calle de las Sierpes 67.
Kaart 3 C1 (5 C3).
Tel. *95-4228102.*

Foronda
Calle de las Sierpes 67.
Kaart 3 C1 (5 C3).
Tel. *95-4221727.*

Juan Osete
Calle Castilla 10.
Kaart 3 A1.
Tel. *95-4343331.*

Parfumerieën

Agua de Sevilla
San Fernando 3.
Kaart 3 C3 (5 D5).
Tel. *95-4501538.*
www.aguadesevilla.es

Religieuze artikelen

Casa Rodríguez
Calle Francos 35.
Kaart 3 C1 (6 D3).
Tel. *95-4227812.*

Velasco
Calle Chapineros 4 (bij de Calle Francos).
Kaart 3 C1 (6 D3).
Tel. *95-4226038.*

Kunstnijverheid

Antonio Campos
Calle Alfarería 22, Triana.
Kaart 3 A2.
Tel. *95-4343304.*

Cerámica Santa Ana
Calle San Jorge 31, Triana.
Kaart 3 A2 (5 A4).
Tel. *95-4333990.*

Martián
Calle de las Sierpes 74.
Kaart 3 C1 (5 C3).
Tel. *95-4213413.*

Muebles Ceballos
Calle de la Feria 49 (bij de Calle de Relator).
Kaart 2 D4.
Tel. *95-4901754.*

El Postigo
Calle Arfe.
Kaart 3 B2 (5 C4).
Tel. *95-4560013.*

Sevillarte
Calle Vida 13. **Kaart** 3 C2 (6 D5). ***Tel.*** *95-4210391.*
www.sevillarte.com

La Trinidad
Avda de Miraflores 18–20 (bij de Ronda de Capuchinos). **Kaart** 2 F4.
Tel. *95-4353100.*

Kunst en antiek

Antigüedades Angel Luis Friazza
Calle Zaragoza 48.
Kaart 3 B1 (5 B3).
Tel. *95-4223567.*

Delicatessen

Hornos San Bernado
Marques de Parada 51.
Kaart 3 B1 (5 B3).
Tel. *95-4210926.*

Hornos de San Buenaventura
Calle Carlos Cañal 28.
Kaart 3 B1 (5 B3).
Tel. *95-4223372.*

Supermercado Baco
Calle Cuna 4.
Kaart 3 C1 (6 D2).
Tel. *95-4216673.*

El Torno
Plaza del Cabildo.
Kaart 3 C2 (5 C4).
Tel. *95-4219190.*

CÓRDOBA

Mode

Mango
Avenida Gran Capitán 14–16.
Tel. *957-485354.*
www.mango.com

Kunstnijverheid

Artesanos Cordobeses
Judios s/n (Zoco).
Tel. *957-204033.*

Manuel Reyes Maldonado
Calle Armas 4.
Tel. *957-479116.*

Meryan
Calleja de las Flores 2.
Tel. *957-475902.*

Sombrerería Herederos de J. Russi
Calle Gondomar 4.
Tel. *957-471088.*

Zoco Municipal
Calle Judíos s/n.
Tel. *957-290575.*

GRANADA

Mode, schoenen en accessoires

Adolfo Dominguez
Calle Alhondigas 5.
Tel. *958-523132.*

Cortefiel
Gran Vía de Colón 1.
Tel. *958-229399.*

Julio Callejón
Calle Mesones 36.
Tel. *958-258774.*

Tienda la Victoria
Calle Estribo 8.
Tel. *958-222347.*

Zara
Calle Recogidas 8.
Tel. *958-258005.*

Kunstnijverheid

Artesania Beas
Santa Rosalia 20.
Tel. *958-120034.*

Artesania Francisco Mariscal
Calle Alcaiceria 2–11.
Tel. *958-22[illegible].*

Mercado Arabe
La Alcaiceria

Antiek en cadeaus

Antigüedades Gonzalo Reyes
Meson Placeta de Cauchiles 1.
Tel. *958-523274.*

Delicatessen

Flor y Nata
Avda Constitucion 13.
Tel. *958-272345.*

ANDALUSIË

Angeles Espinar
Calle Pascual Márquez 8, Villamanrique de Condesa, Sevilla.
Tel. *95 5755620.*

Cerámica Miguel Ruiz
Camino Viejo de Jún, Jún, Granada.
Tel. *958-414077.*

Trastos Viejos
Autovía E5, km 280, Aldea de los Rios, Guarromán, Jaén.
Tel. *953-615126.*

Wat koopt u in Andalusië

Zilveren armband van filigraanwerk

Iets van de levendige cultuur van Andalusië kunt u in de winkels en op de regionale markten opsnuiven. Andalusië heeft van oudsher een bloeiende kunstnijverheidsproductie. Elk stadje heeft wel een product dat u nergens anders kunt vinden. Granada is bijvoorbeeld beroemd om zijn inlegwerk en in Moorse stijl beschilderde aardewerk, in Sevilla worden de mooiste waaiers en *mantillas* gemaakt, naar Jerez, Montilla en Málaga gaat u voor de wijnen en Córdoba is alleen al voor het zilveren filigraanwerk, de lederwaren en gitaren het bezoeken waard.

Traditioneel geglazuurd aardewerk uit Úbeda in Jaén *(blz. 154–155)*

AARDEWERK

Al eeuwenlang wordt in Andalusië terracotta gebruikt om praktische en decoratieve voorwerpen te maken. In werkplaatsen en op markten (waar alles goedkoper is) vindt u aardewerken *cazuelas* (ovenschalen), *botijos* (drinkkannen), *tinajas* (potten), *azulejos* (beschilderde tegels) en ander huisraad of keukengerei.

Aardewerken schaal in traditionele kleuren

Bord uit Ronda, met blauwe en groene verf bespat

Traditioneel gedessineerde kom uit Córdoba

Replica's van 18de-eeuwse tegels uit Triana *(blz. 102)*

Kleden

Ook de kunst van het kleden maken wordt al eeuwen beoefend. In de Alpujarras (blz. 198–199) *zijn de mooiste kleden te vinden. Ze worden in allerlei materialen en kleurstellingen gemaakt; aardetinten, gecombineerd met blauw, zijn favoriet.*

Lederwaren

Overal in Andalusië zijn leren tassen en riemen te koop, maar alleen in Córdoba is kunstig opengewerkt leer te vinden (blz. 140–146).

Ingelegde kistjes

In Granada (blz. 190–196) *wordt al het houtwerk met ivoor en gekleurd hout ingelegd en met Moorse dessins versierd.*

Castagnetten
Deze klassieke muziekinstrumenten zijn in alle soorten en maten te koop.

Handgemaakte waaiers
Bruikbaar in de verzengende hitte. De meest exclusieve waaiers zijn van hout en met de hand beschilderd.

Gitaren
In de ateliers van Córdoba worden kwaliteitsgitaren gebouwd, die vaak hun weg naar wereldberoemde spelers vinden.

Mantillas
Een mantilla is een kanten hoofddoek. De mantilla wordt over een in het haar gestoken versierde kam gedrapeerd.

DE SMAKEN VAN ANDALUSIË

Uit Andalusië neemt u natuurlijk olijfolie mee naar huis; er is een ongelooflijke verscheidenheid aan soorten. Van de plaatselijke druiven worden wijn en sherryazijn gemaakt *(blz. 226)*. Amandelen geven smaak aan *turron* (een soort noga).

Olijfolie uit de provincies Córdoba en Sevilla

Sherryazijnen uit sherry-*bodegas*

Yemas*, gemaakt door de nonnen van het Convento de San Leandro *(blz. 77)

Marmelade uit het Convento de Santa Paula *(blz. 90)* in Sevilla

KRUIDEN EN SPECERIJEN

De Moorse invloed op de Andalusische keuken is nog steeds merkbaar. Veel regionale gerechten worden gekruid met oorspronkelijk oosterse specerijen, zoals komijn, koriander, paprika en saffraan. De markt is de beste plek om kruiden en specerijen te kopen. De producten worden over het algemeen los verkocht.

Saffraandraadjes

Pimentón (paprikapoeder)

Korianderzaad

Komijnzaad

AMUSEMENT IN ANDALUSIË

In Andalusië is het vrijwel altijd druk op straat, en u kunt natuurlijk elk vrij moment van uw vakantie vullen met activiteiten als kroegentochten en mensen kijken. Maar er is nog veel meer te zien en te doen. Zuid-Spanje kent een druk programma van traditionele *fiestas (blz. 38–39)* en een verscheidenheid aan jaarlijkse culturele festivals *(blz. 34–37)*, stierengevechten *(blz. 26–27)* en sportwedstrijden. Ook kunt u er volop genieten van muziek en dans; tenslotte is Andalusië de oorsprong van flamenco. Dankzij het milde klimaat vinden veel evenementen buiten plaats. In de zomer, als de temperatuur overdag kan oplopen tot 45 °C, beginnen ze pas laat op de avond, als de lucht koeler is. Veel culturele evenementen en concerten beginnen dan ook pas rond middernacht.

Poster voor een dansfestival

Flamencogitarist tijdens een festival in het Teatro de la Maestranza, Sevilla

PRAKTISCHE INFORMATIE

Als u wilt weten wat er in een bepaalde stad te doen is, kunt u het beste naar een toeristenbureau gaan. Verder zijn er twee handige uitbladen: *El Giraldillo* in Sevilla en *Qué Hacer/What's On* in Málaga. Deze tijdschriften verschijnen allebei maandelijks, behandelen heel Andalusië en zijn gratis.

Elke grote stad heeft zijn eigen commerciële websites die een schat aan informatie bieden. Enkele websites met informatie over heel Spanje zijn echter ook heel nuttig, bijvoorbeeld **Lanetro** en **Guía del Ocio**. Selecteer gewoon de provincie waarin u bent geïnteresseerd uit de keuzelijst.

KAARTEN RESERVEREN

Voor veel belangrijke wedstrijden, opera's, concerten en festivals kunt u van tevoren kaartjes bestellen, bij de kassa, via de telefoon of online. Als alternatief kunt u naar een gespecialiseerd reserveringsbureau gaan, zoals **Servi-Caixa** of **Entradas.com**.

FLAMENCO

Sevilla en Jerez de la Frontera beweren beide de geboorteplaats te zijn van flamenco, de traditionele muziek en dans van Andalusië *(blz. 28–29)*. In beide steden vindt u *tablaos*, bars en restaurants met shows; bij de entreeprijs is vaak een diner of in elk geval een consumptie inbegrepen. In Sevilla kunt u het beste zoeken in de Barrio de Santa Cruz. Een goed beginpunt is het **Museo del Baile Flamenco** *(blz. 75)*. Andere goede zaken zijn **La Carbonería** en **La Casa de la Memoria de Al Andalus**.

Jerez heeft een **Centro Andaluz de Flamenco** en verschillende *tablaos*. In Granada zijn er traditionele flamencozaken in Sacromonte *(blz. 193)* en de Albaicín; zo zijn daar **Sala Albayzín** en **Zambra Maria la Canastera**. Ook Córdoba heeft een aantal flamencobars, zoals **El Cardenal** en **La Bulería**.

De voornaamste flamencofestivals zijn het **Bienal de Arte Flamenco** in Sevilla, dat in even jaren wordt gehouden in theaters door de hele stad, en Córdoba's **Concurso Nacional de Arte Flamenco**, een driejaarlijks evenement dat in 2010 weer plaatsvindt.

THEATER

De meeste theatervoorstellingen zijn in het Spaans, maar af en toe zijn er optredens van internationale gezelschappen of van mimegroepen. Het theaterseizoen omvat niet alleen toneel maar ook klassieke muziek, dans en opera. De voornaamste theaters van Sevilla zijn het **Teatro de la Maestranza** *(blz. 68)*, het **Teatro Lope de Vega** *(blz. 97)* en het **Teatro Central**. Córdoba's toplocatie is het **Gran Teatro**. Granada's belangrijkste theaters zijn het **Teatro Alhambra** en het **Teatro Isabel La Católica**, en in Málaga zijn er het **Teatro Cánovas** en het **Teatro Cervantes**.

Gran Teatro in Córdoba, een van de belangrijkste theaters van de stad

De beroemde Andalusische zangeres Rosario Flores tijdens een concert

FILM

Veel Andalusische bioscopen tonen buitenlandse films alleen nagesynchroniseerd in het Spaans. Originele versies (VO of *version original*) draaien onder meer in **Avenida Cines** in Sevilla, **Filmoteca de Andalucía** in Córdoba en **Complejo Cinematográfico Gran Marbella** aan de Costa del Sol. Van juni tot eind augustus kunt u ook een *cine de verano* bezoeken, een 'zomerbioscoop' in de openlucht.

OPERA EN KLASSIEKE MUZIEK

In Sevilla worden de meeste opera's opgevoerd in **El Auditorio** of het **Teatro de la Maestranza** *(blz. 68)*, waaronder voorstellingen door prestigieuze internationale gezelschappen. Voor iets minder hoogstaand vermaak heeft Spanje zijn eigen soort operette, de *zarzuela*.
Wat klassieke muziek betreft hebben alle grote steden hun eigen orkesten (zoals het **Real Orquesta Sinfónica de Sevilla**). Granada is een toplocatie voor klassieke muziek: het heeft niet alleen het **Centro Cultural Manuel de Falla**, maar is ook gastheer van het **Festival Internacional de Música y Danza** *(blz. 35)*. Tijdens dit festival worden er concerten gehouden voor het Alhambra.

ANDERE LIVEMUZIEK

Internationale rock- en popsterren komen vaak niet verder dan Madrid of Barcelona, maar soms doen ze ook Sevilla of andere Andalusische steden aan. Deze concerten vinden meestal plaats in voetbalstadions en stierenarena's. Spanje kent ook zijn eigen rock- en popwereld. Vooral Andalusische muzikanten halen inspiratie uit de flamencotradities en vormen zo unieke mengelingen van muzikale genres. Andere invloeden zijn Noord-Afrikaanse en Latijns-Amerikaanse muziek. Ook jazz kent hier een toegewijd publiek; in Sevilla is er het **Naima Jazz Café** en Granada organiseert het **Festival de Jazz**. Om te ontdekken waar veelbelovende acts optreden, vraagt u ter plaatse informatie of let u op de flyers.
Een andere interessante muziektraditie is *la tuna*. Groepen studenten, verkleed als minstrelen, zingen serenades op straat onder begeleiding van de luit en mandoline.

La tuna, traditionele zangers in Santa Cruz, Sevilla

NACHTLEVEN

Een nacht stappen begint laat en kan gerust doorgaan tot 's ochtends vroeg. Men begint in een *bar de copas* (of *pub*). In tegenstelling tot tapasbars serveren zij geen eten en in plaats van wijn en bier wordt er veel sterkedrank geschonken. Soms treden er in het weekeinde dj's op. De volgende halte is een *discoteca*, die vaak om middernacht open gaat maar pas een paar uur later volloopt. Er zijn clubs in de centra, maar vele liggen in industriegebieden of buiten de stad, waar het geluid geen hinder veroorzaakt.
Waar u heen gaat is afhankelijk van uw leeftijd, muzieksmaak en seksuele voorkeur; elke stad heeft wel een paar homoclubs. Als u niet per se naar de hipste plekken hoeft, kunt u zich prima vermaken met kroegentochten in Santa Cruz in Sevilla, de Judería in Córdoba en rond de Plaza del Realejo en het lagere deel van de Albaicín in Granada, vooral in de Carrera del Darro en de Paseo de los Tristes.
Het nachtleven van de resorts aan de Costa del Sol is heel anders dan in de steden. Hier vindt u nog altijd *bares de copa* en *discotecas*, maar ook veel zalen die zich richten op buitenlandse toeristen.
Voor een chic nachtje uit gaat u naar een casino. Kleed u niet te nonchalant en neem een identiteitsbewijs mee.

Flamencodans in een bar in Sevilla

Real Escuela Andaluza de Arte Ecuestre, Jerez de la Frontera

STIERENVECHTEN

De **Maestranza**-arena *(blz. 68)* in Sevilla is een mythe onder de liefhebbers, en enkele van de belangrijkste gevechten in Spanje vinden hier plaats tijdens het Feria de Abril *(blz. 38)*. Ronda *(blz. 176–177)*, Córdoba en Granada hebben ook een eigen arena en een bekend programma.

Het seizoen duurt gewoonlijk van april tot oktober. Het van tevoren boeken van kaarten is nodig als het om beroemde matadoren gaat, en aan te raden als u in de schaduw *(sombra)* wilt zitten. Het is gemakkelijker om kaarten te krijgen voor *novillada's*, gevechten met aankomende matadoren. Kaarten koopt u bij het loket van de arena.

VOETBAL

Voetbal is de populairste kijksport in Spanje. Sevilla heeft twee rivaliserende clubs: FC Sevilla, in het **Estadio Ramón Sánchez Pizjuán**, en Betis, die het **Estadio Manuel Ruiz de Lopera** bespeelt.

Andere succesvolle clubs in de regio zijn Cádiz, Málaga en Recreativo de Huelva (de oudste club van Spanje).

Tegel van voetbalclub Betis Sevilla

Er zijn drie divisies met betaald voetbal, met wedstrijden op zondagavond (soms zaterdag) van september tot juni. Tijdens het seizoen spelen de clubs ook om de Copa del Rey (Koningscup) in een knock-outsysteem en om internationale prijzen; dergelijke wedstrijden worden meestal in het midden van de week gespeeld. Belangrijke wedstrijden worden op tv uitgezonden, maar sommige alleen op pay-per-viewkanalen. Om een wedstrijd bij te wonen, kunt u beter van te voren kaarten reserveren bij het stadion of online.

AMUSEMENT VOOR KINDEREN

In Spanje gaan kinderen met volwassenen mee, waar en wanneer dan ook. Als u voor de uwe iets leuks zoekt, zijn er diverse opties. **Isla Mágica** *(blz. 104)* in Sevilla is het grootste themapark van Andalusië, terwijl **Tivoli World** het grootste amusementspark is aan de Costa del Sol. Elke stad of stukje kust heeft een eigen waterpark voor oudere kinderen *(blz. 249)*. Een kabelbaan, de **Teleférico Benalmádena**, vertrekt naast Tivoli World naar de top van de berg Calamorro, 800 m boven zeeniveau. Een andere mooie kabelbaanrit is in Gibraltar *(blz. 172–173)*.

In Sevilla kan een boottocht op de rivier leuk zijn, alsook een tocht door de Baai van Cádiz in een *vaporcito* *(blz. 165)*. Paard-en-wagens rijden rond door de straten van Marbella en Sevilla, en de meeste strandresorts hebben ook wegtreintjes.

De woestijn in het centrum van Almería werd ooit gebruik als filmset voor westerns *(blz. 202)*, en kinderen zijn dol op de vuurgevechten die worden opgevoerd in de kleine wildweststad van **Mini-Hollywood**, bij Tabernas. Een andere goede show – nu met paarden – wordt opgevoerd door de **Real Escuela Andaluza de Arte Ecuestre** *(blz. 162)* in Jerez de la Frontera. Jerez heeft ook de mooiste verzameling exotische dieren in Andalusië in het **Zoo Botánico**; het safaripark **Selwo Aventura**, buiten Estepona, is ook leuk. Er zijn aquariums in Roquetas del Mar *(blz. 202)* in Almería en Benalmádena, met ook **Selwo Marina**, Andalusiës enige dolfinarium en 'pinguïnarium'.

De haven van Gibraltar, gezien vanaf de kabelbaan

ADRESSEN

PRAKTISCHE INFORMATIE

El Giraldillo
www.elgiraldillo.es

Guía del Ocio
www.guiadelocio.com

Lanetro
www.lanetro.com

KAARTEN

Entradas.com
Tel. *902-221622.*
www.entradas.com

ServiCaixa
www.servicaixa.com

FLAMENCO

Sevilla

Bienal de Flamenco
Tel. *95-423446.*
www.bienal-flamenco.org

La Carbonería
Calle Levies 18. **Kaart** 4 D1 (6 E4). ***Tel.*** *954-214460.*

Casa de la Memoria de Al Andalus
Calle Ximénez de Enciso 28. **Kaart** 4 D2 (6 E4). ***Tel.*** *954-560670.*

Córdoba

La Bulería
Calle Pedro López 3.
Tel. *957-483839.*

El Cardenal
Calle Torrijos 10.
Tel. *957-483112.*
www.tablaocardenal.com

Concurso Nacional de Arte Flamenco
Tel. *957-480644.*
www.flamencocordoba.com

Granada

Sala Albayzín
Carretera de Murcia, Mirador San Cristóbal
Tel. *958-804646.*
www.flamencoalbaycin.com

Zambra María La Canastera
Camino del Sacromonte 89. ***Tel.*** *958-121183.*
www.granadainfo.com/canastera

Jerez de la Frontera

Centro Andaluz de Flamenco
Palacio Pemartin, Plaza San Juan 1. ***Tel.*** *956-349265.*
www.caf.cica.es

THEATER

Sevilla

Teatro Central
Avenida José Gálvez, Isla de la Cartuja.
Kaart 1 C2.
Tel. *955-037200.*
www.teatrocentral.com

Córdoba

Gran Teatro
Avenida Gran Capitán 3.
Tel. *957-480237.*
www.teatrocordoba.com

Granada

Teatro Alhambra
Molinos 56.
Tel. *958-220447.*

Teatro Isabel La Católica
Acera del Casino.
Tel. *958-222907.*

Málaga

Teatro Cánovas
Plaza de El Ejido.
Tel. *951-308902.*
www.teatro-canovas.org

Teatro Cervantes
Calle Ramos Marín.
Tel. *952-224109.*
www.teatrocervantes.com

BIOSCOOP

Sevilla

Avenida Cines
Marqués de Paradas 15.
Tel. *954-293025.*

Córdoba

Filmoteca de Andalucía
Medina y Corella 5.
Tel. *957-481835.*
www.filmotecadeandalucia.com

Marbella

Complejo Cinematográfico Gran Marbella
Tel. *952-816421.*
www.cinesgranmarbella.com

OPERA EN KLASSIEKE MUZIEK

Sevilla

El Auditorio
Camino del Descubrimiento, Isla de la Cartuja. **Kaart** 1 B4.
Tel. *954-467408.*
www.auditoriodesevilla.com

Real Orquesta Sinfónica de Sevilla
Tel. *954-561536.*
www.rossevilla.com

Granada

Centro Cultural Manuel de Falla
Paseo de los Mártires.
Tel. *958-222188.*
www.manueldefalla.org

Festival Internacional de Música y Danza
Tel. *958-221844.*
www.granadafestival.org

LIVEJAZZ

Sevilla

Naima Jazz Café
Calle Trajano 47.
Kaart 1 C5 (5 C1).
Tel. *954-382485.*
www.naimacafejazz.com

Granada

Festival de Jazz de Granada
Casa Morisca, Horno del Oro 14. ***Tel.*** *958-215980.*
www.jazzgranada.net

NACHTLEVEN

Sevilla

Fun Club
Alameda de Hércules 86.
Tel. *650-489858.*
www.salafunclub.com

Gran Casino Aljarafe
Avenida de la Arboleda, Tomares. ***Tel.*** *902-424222.*
www.grancasinoaljarafe.com

Benalmádena

Casino Torrequebrada
Avenida del Sol. ***Tel.*** *952-446000.* **www**.casinotorrequebrada.com

Granada

Granada 10
Cárcel Baja 10.
Tel. *958-224001.*

Marbella

Casino Nueva Andalucía
Hotel Andalucía Plaza.
Tel. *952-814000.*
www.casinomarbella.com

Puerto de Santa María

Casino Bahía de Cádiz
Tel. *956-871042.* **www**.casinobahiadecadiz.es

STIERENVECHTEN

Córdoba

Plaza de Toros
Avenida de Gran Vía Parque.
Tel. *957-456081.*

Granada

Plaza de Toros
Avenida Doctor Olóriz 25.
Tel. *958-272451.*

VOETBAL

Estadio Manuel Ruiz de Lopera (Real Betis)
Avenida Heliópolis, Sevilla.
Tel. *954-610340.*
www.realbetisbalompie.es

Estadio Ramón Sánchez Pizjuán (Sevilla FC)
Avenida Eduardo Dato, Sevilla. **Kaart** 4 F2.
Tel. *902-510011.*
www.sevillafc.es

AMUSEMENT VOOR KINDEREN

Benalmádena

Selwo Marina
Parque de la Paloma.
Tel. *902-190482.*
www.selwomarina.com

Teleférico Benalmádena
Explanada de Tivoli.
Tel. *902-190482.*
www.teleferico.com

Tivoli World
Arroyo de la Miel.
Tel. *952-577016.*
www.tivoli.es

Estepona

Selwo Aventura
Autovía Costa del Sol, Las Lomas del Monte.
Tel. *902-190482.*
www.selwo.es

Jerez de la Frontera

Zoo Botánico
Calle Taxdirt.
Tel. *956-153164.*
www.zoobotanicojerez.com

Tabernas

Mini-Hollywood
Tabernas, Almería.
Tel. *950-365236.*

BUITENACTIVITEITEN EN SPECIALE VAKANTIES

Andalusië heeft een perfect klimaat voor allerlei buitenactiviteiten, met relatief weinig koude of natte dagen, en bijna het hele jaar zon. De kust biedt een grote verscheidenheid aan watersporten, van windsurfen aan de Atlantische kust tot duiken in het heldere, kalme water van de Middellandse Zee. Verder van de kust af liggen vele golfbanen en een veelal prachtig platteland, meestal heuvel- of bergachtig, en geschikt voor wandelen en paardrijden. In de winter komen skiërs naar de het zuidelijkste skiresort van Europa, op de hellingen van de Sierra Nevada.

Ballonvaren in Andalusië

WANDELEN EN TREKKEN

Andalusië heeft vele soorten landschappen die geschikt zijn om te wandelen: van de kust, via bossen, tot bergketens. De lente is de beste tijd om buiten te zijn: de temperatuur is zacht en het land staat vol met wilde bloemen. Het midden van de zomer kunt u beter mijden, vanwege de extreme hitte en het risico van uitdroging.

Populaire wandelgebieden zijn de Alpujarras *(blz. 198–199)* en de Sierra de Grazalema *(blz. 174)*, maar alle natuurreservaten in de regio hebben uitgezette voetpaden.

Neem altijd een goede kaart mee. Het Spaanse leger (Servicio Geográfico del Ejercito) geeft een bruikbare reeks uit van kaarten met schaal 1:50.000, maar nog beter is de reeks met 1:25.000 van het Centro Nacional de Información Geográfica (CNIG). Draag goede wandelschoenen, liefst bergschoenen, en een lange broek, om schrammen van mediterrane struiken te voorkomen. Neem een hoed mee en als u op hoogte komt een warme jas. Neem altijd drinkwater mee.

Voor meer advies neemt u contact op met de **Federación Andaluza de Montañismo**. Bedrijven als **Andalucian Adventures** *(zie Speciale vakanties)* en **Spanish Steps** organiseren begeleide tochten door de regio.

FIETSEN

Het terrein in Andalusië is grotendeels bergachtig, wat alleen de stoerste fietsers trekt. Bovendien zijn er maar weinig rustige achterafwegen als alternatief voor de drukke hoofdwegen. Maar de trend om ongebruikte spoorlijnen om te vormen tot 'groene wegen' *(vias verdes)* heeft gezorgd voor 12 verkeersvrije fietsroutes, zoals de 55 km lange Via Verde del Aceite (Groene weg van de olijfolie) tussen Jaén en Alcaudete. Kijk voor de groene wegen op de website van de **Fundación de los Ferrocarriles Españoles**. Voor georganiseerde fietsvakanties met accommodatie zorgt **Biking Andalucia**.

Vissen aan het strand van de mediterrane kust van Andalusië

VISSEN

In Andalusië kunt u goed zeevissen voor de kust; er is wat minder gelegenheid tot zoetwatervissen in de verspreide reservoirs en rivieren, zoals in het natuurreservaat Cazorla *(blz. 156)*. Voor informatie over waar u kunt vissen en welke vergunningen u nodig hebt, kunt u contact opnemen met de regionale vissersbond, de **Federación Andaluza de Pesca Deportiva**.

DIEREN EN VOGELS KIJKEN

De beste plek om dicht bij de flora en fauna van Andalusië te komen is het Nationaal Park Doñana *(blz. 130–131)*, maar andere natuurreservaten bieden ook veel mogelijkheden voor het kijken naar wilde bloemen en vogels. Neem contact op met **Iberian Wildlife** voor tochten. Diverse walviskijktochten vertrekken vanuit de haven van Tarifa *(blz. 170)*, zoals die van de **Foundation for Information and Research on Marine Mammals**.

De Sierra Nevada afdalen door de Alpujarras

PAARDENSPORT

Het paard vormt een trots deel van de Andalusische traditie, zoals te zien is tijdens het Aprilfestival in Sevilla *(blz. 38)*, de bedevaart naar El Rocío *(blz. 38)* en vele andere fiesta's. De absolute paardenhoofdstad van Andalusië is Jerez de la Frontera *(blz. 162)*, met de Real Escuela Andaluza de Arte Ecuestre, met regelmatig shows met dansende paarden.
Een trektocht van een dag per paard is een prachtige manier om het platteland van Andalusië te leren kennen. Er zijn overal maneges die alles organiseren van een korte rit tot een paardrijvakantie. Twee daarvan zijn **Dallas Love** in de Alpujarras en **Los Alamos** aan de Costa de la Luz. Voor alles wat met paarden te maken heeft, neemt u contact op met de **Federación Andaluza de Hípica**.

De prachtige golfbaan van La Cala de Mijas, bij het strand van Málaga

GOLF

Andalusië gaat prat op meer dan 90 golfbanen, voornamelijk aan de Costa del Sol (ook wel 'Costa Golf' genoemd) en rond de grote steden. De meeste hebben 18 holes en zijn toegankelijk voor nietleden tegen een green fee; van tevoren reserveren is aanbevolen.
De grootste golfclub is **La Cala de Mijas**, met drie 18 holesbanen en een 6 holesbaan. Een andere uitstekende baan vindt u bij **Montecastillo**, in Jerez de la Frontera, die gebruikt wordt voor de Volvo Masters en andere belangrijke toernooien. Om de dichtstbijzijnde golfbaan te vinden, neemt u contact op met de **Federación Andaluza de Golf**.

Paardrijden op het verlaten Atlantische strand van Zahara, bij Cádiz

TENNIS

Tennis is extreem populair in Andalusië. Vraag ter plaatse iemand waar u kunt spelen. Veel grote hotels hebben banen voor gasten, en er zijn ook clubs waar u lid van kunt worden. Een goedkope optie is om een baan te boeken bij het lokale sportcomplex. Neem voor meer informatie contact op met de **Federación Andaluza de Tenis**.

WATERSPORT

Watersporten zoals kajakvaren en waterskiën kan bij alle grote resorts langs de kust. Zeewaardige boten kunt u huren bij de meeste jachthavens. Informatie over zeilen voor de kust van Andalusië krijgt u van de **Real Federación Española de Vela**.
Tarifa *(blz. 173)* heeft ideale condities voor wind- en kitesurfen; Hotel Hurricane *(blz. 218)* vertelt u waar u les kunt nemen en materiaal kunt huren. De baaien bij La Herradura, aan de kust van de provincie Granada, en rond de Cabo de Gata in Almería staan bekend om het duiken. De **Federación Española de Actividades Subacuáticas** wijst u op de dichtstbijzijnde duikschool, waar u het kunt uitproberen of kunt intekenen op een cursus.
Andalusië heeft ook tien waterparken *(parques acuáticos)*, speciaal gericht op kinderen, met glijbanen en golfslagbaden. Die zijn in Torre del Mar, Torremolinos, Granada, Mijas, Córdoba, Sevilla, Almuñecar (aan de kust van Granada), Puerto de Santa Maria, Huelva en Vera (in Almería).

LUCHTSPORTEN

Waar en hoe u kunt zeilvliegen, ballonvaren of parachutespringen boven Andalusië, vraagt u na bij de **Federación Andaluza de los Deportes Aéreos**.
Vanwege de betrouwbare weersomstandigheden wordt Andalusië beschouwd als een goede plek om te parachutespringen: **Skydive Spain** heeft een eigen landingsplaats bij Sevilla en biedt zowel beginnerscursussen als tandemsprongen. **Glovento Sur** maakt ballonvaarten van een uur boven Granada.

SKIËN

De **Sierra Nevada** *(blz. 197)* is het zuidelijkste skiresort van Europa. Het basisstation ligt op 2100 m en het hoogste parcours begint op 3300 m. Het resort heeft in totaal 80 pistes, waarvan Pista del Águila het langste ononderbroken parcours heeft, namelijk van 6 km.

Kitesurfen, een populaire activiteit op het strand van winderig Tarifa

De indrukwekkende en sfeervolle Turkse baden in Granada

NATURISME

Topless zonnen wordt stilzwijgend toegestaan in alle resorts, waarvan de meeste een of meer discrete, officieel erkende naturistenstranden hebben in een kleine inham, weg van het hoofdstrand. **Vera Playa Club** in Almería is een hotel speciaal voor nudisten, en **Costa Natura** bij Estepona is een soort 'dorp' voor naturisten. Voor nadere informatie over naturisme, neemt u contact op met de **Asociación Naturista-Nudista de Andalucía**.

KUUROORDEN EN ARABISCHE BADEN

De traditionele kuuroorden zijn vooral kleine, afgelegen plaatsen waar hotels-cum-sanatoria hete of geneeskrachtige bronnen gebruiken om patiënten te behandelen. De belangrijkste zijn Alhama de Almería, Sierra Alhamilla (Almería), Alhama de Granada, Alicun de las Torres (Granada), Graena (bij Guadix), Lanjarón (in de Alpujarras), San Andrés (Jaén), Carratraca (Málaga), Fuente Armaga in Tolox (Málaga) en Fuente Amarga (bij Chiclana in Cádiz). Neem voor details contact op met de **Asociación Nacional de Estaciones Termales**.

Kuurhotels zijn de afgelopen jaren enorm populair geworden. Deze hotels zijn vaak grotere, luxueuze landgoederen, vaak aan het strand of met een golfbaan. De kuurfaciliteiten zijn normaliter gereserveerd voor hotelgasten en neigen meer naar verwennen en schoonheidsbehandelingen dan echte therapie.

Het kuurcentrum in **Gran Hotel Guadalpin Byblos** (Mijas Costa) is gespecialiseerd in natuurtherapieën met zeewater. Tot de typische behandelingen behoort een kaviaargezichtsmasker met producten van La Prairie. Gasten van **Hotel La Fuente de la Higuera**, in Ronda, kunnen kiezen uit een reeks gezichtsbehandelingen, pakkingen en massages, of weken in Turkse baden. Het **Incosol Hotel** in Marbella richt zich meer op welzijn, met afslank- en antistressbehandelingen. Het vredige kuurcentrum van **Las Dunas**, in Estepona, gebruikt producten van Ligne St. Barth uit de Franse Caraïben in alle verwenbehandelingen. Het **Marbella Club Hotel** *(blz. 217)* heeft een strandkuurcentrum dat 99 thalasso-, lichaams- en schoonheidsbehandelingen biedt, waaronder een gezichtsmassage met schelpen. Het Elysium Spa in **NH Sotogrande** (Sotogrande) biedt behandelingen zoals hydromassage en een kleurentherapie in een ontspanningsruimte.

Toen de Moren heersten in Andalusië waren er vele openbare badhuizen, het equivalent van Turkse baden. Het laatste sloot in de 17de eeuw, maar onlangs zijn bedrijven begonnen met het exploiteren van eigen 'Arabische baden', met hete en koude ruimtes en massages, in Sevilla, Córdoba, Málaga en Granada. Sessies daar moeten van te voren worden gereserveerd, en soms ook betaald.

SPECIALE VAKANTIES

Een leuke manier om een week of twee in Andalusië te zijn en tegelijk iets nieuws te leren is een special-interest-vakantie. Als u wilt doordringen in het hart van Andalusië, kunt u bijvoorbeeld een plaatselijke flamencoworkshop proberen bij **Cortijo del Caño** in Granada.

Koken is ook een manier om iets over de omgeving te leren. **Alhambra Travel** organiseert cursussen in mediterraan koken, terwijl u bij **L'Atelier** in de Alpujarras de veganistische en vegetarische keuken leert.

Spaans leren spreken is nog een voor-de-hand-liggende manier om meer uit uw vakantie te halen, maar wees gewaarschuwd: het kan zijn dat u een Andalusisch accent oppikt in plaats van de meer neutrale uitspraak uit het midden van Spanje. Veel bedrijven bieden cursussen Spaans van een week tot een aantal maanden, maar een veilige optie is om een afspraak te maken met de organisatie die de Spaanse taal promoot, het **Instituto Cervantes**.

Andere thema's zijn niet direct gebonden aan Andalusië. **Andalucian Adventures** leert u schilderen, fotograferen en yoga, maar biedt ook begeleide wandelingen, en het **Complejo Turístico Salitre** in de bergen achter Estepona laat u kennismaken met de schoonheid van de nachtelijke hemel vanuit het observatorium.

Kunstenaar schildert het kustlandschap bij Nerja, aan de Costa del Sol

ADRESSEN

WANDELEN EN TREKKEN

Federación Andaluza de Montañismo
Camino de Ronda 101 (Edificio Atalaya) 7-G, Granada.
Tel. *958-291340.*
www.fedamon.com

Spanish Steps
Calle Carreteria 6, Cómpeta (Málaga).
Tel. *952-553270.*
www.spanish-steps.com

FIETSEN

Biking Andalucia
Apartado de Correos 124, Orgiva (Granada).
Tel. *676-002546.*
www.bikingandalucia.com

Fundación de los Ferrocarriles Españoles
www.ffe.es/viasverdes

VISSEN

Federación Andaluza de Pesca Deportiva
Calle León Felipe 2, Almería.
Tel. *950-151746.*
www.fapd.org

DIEREN EN VOGELS KIJKEN

Foundation for Information and Research on Marine Mammals
Pedro Cortés 4, Tarifa.
Tel. *956-627008.*
www.firmm.org

Iberian Wildlife
Apartado de Correos 59, Potes (Cantabria).
Tel. *942-735154.*
www.iberianwildlife.com

PAARDENSPORT

Los Alamos
Apartado 56, Barbate (Cádiz).
Tel. *956-437416.*
www.losalamosriding.co.uk

Dallas Love Stables
Bubión (Alpujarras).
Tel. *958-763038.*
www.spain-horse-riding.com

Federación Andaluza de Hípica
Tel. *954-218146.*
www.fah.es

GOLF

La Cala Resort
La Cala de Mijas, Mijas Costa.
Tel. *952-669033.*
www.lacala.com

Federación Andaluza de Golf
Tel. *952-225590.*
www.fga.org

Montecastillo Barceló Golf Resort
Carretera de Arcos, Jerez de La Frontera.
Tel. *956-151200.*
www.barcelomontecastillo.com

TENNIS

Federación Andaluza de Tenis
Tel. *954-444433.*
www.fatenis.com

WATERSPORT

Federación Española de Actividades Subacuáticas
Tel. *950-270612.*
www.fedas.es

Real Federación Española de Vela
Tel. *915-195008.*
www.rfev.es

LUCHTSPORTEN

Federación Andaluza de los Deportes Aéreos
Estadio de la Cartuja, Sevilla.
Tel. *954-325438.*
www.feada.org

Glovento Sur
Placeta Nevot 4, Granada.
Tel. *958-290316.*
www.gloventosur.com

Skydive Spain
Apartado de Correos 66, Bolullos de la Mitación.
Tel. *687-726303.*
www.skydivespain.com

SKIËN

Sierra Nevada
Tel. *902-708090.*
www.sierranevada.es

NATURISME

Asociación Naturista-Nudista de Andalucía
Tel. *628-806250.*
www.naturismo.org/anna

Costa Natura
Carretera de Cádiz, km 151, Estepona.
Tel. *952-808065.*
www.costanatura.com

Vera Playa Club
Carretera de Garrucha a Villaricos, Vera (Almería).
Tel. *950-467475.*
www.playahoteles.com

KUUROORDEN EN KUURHOTELS

Asociación Nacional de Estaciones Termales
Tel. *915-490300.*
www.balnearios.org

Las Dunas Beach Hotel & Spa
Urb. La Boladilla Baja, Ctra de Cadiz, km 163,5, 29689 Estepona, Marbella.
Tel. *952-809400.*
www.las-dunas.com

Gran Hotel Guadalpin Byblos
Urbanización Mijas Golf 29650 Mijas Costa, Málaga.
Tel. *952-473050.*
www.guadalpinbybloshotel.com

Hotel La Fuente de la Higuera
Partido de los Frontones, 29400 Ronda, Málaga.
Tel. *952-114355.*
www.hotellafuente.com

Incosol Hotel
Urbanización Golf Rio Real, 29603 Marbella, Málaga.
Tel. *952-860909.*
www.incosol.net

NH Sotogrande
Autovía A-7, Salida 130, 11310 Cádiz.
Tel. *956-695444.*
www.nh-hotels.com

ARABISCHE BADEN

Córdoba
Calle Corregidor Luis de la Cerda 51.
Tel. *957-484746.*
www.hammamspain.com

Granada
Calle Santa Ana 16.
Tel. *958-229978.*
www.hammamspain.com

Málaga
Tómas de Cozár 13.
Tel. *952-212327.*
www.elhammam.com

Sevilla
Calle Aire 15.
Tel. *955-010025.*
www.airedesevilla.com

SPECIALE VAKANTIES

Alhambra Travel
Casa Azahar, Calle San Luis 12, Granada.
Tel. *958-201557.*
www.alhambratravel.com

Andalucian Adventures
Tel. *01453834137 (in het Verenigd Koninkrijk).*
www.andalucian-adventures.co.uk

L'Atelier
Calle Alberca 21, Mecina Fondales (Alpujarras).
Tel. *958-857501.*
www.ivu.org/atelier

Complejo Turístico Salitre
Tel. *952-117005.*
www.turismosalitre.com

Cortijo del Caño
Lanjarón (Alpujarras).
Tel. *958-771244.*
www.alpujarrasinfo.com/dance

Instituto Cervantes
Tel. *91-4367600.*
www.cervantes.es

PARADA
Coca-Cola
BAR TERRAZA

WEGWIJS IN ANDALUSIË

PRAKTISCHE INFORMATIE

Het is niet zo vreemd dat het toerisme in belangrijke mate aan de economie van Andalusië bijdraagt. Van de vele bezoekers die komen voor de ruige natuur of het prachtige culturele erfgoed blijft een aantal voorgoed. Geen wonder: de streek is door de prachtige kleuren, de olijfgaarden en de flamenco bijzonder aantrekkelijk.

Logo van de Junta de Andalucía

Sinds de Expo '92, de 500ste geboortedag van Columbus, de WK skiën in de Sierra Nevada en de culturele tochten in het kader van de Legado Andalusi in 1995 is de streek nog meer op toeristen ingesteld. Bij de Junta de Andalucía hebt u een flinke keus uit handige brochures, plattegronden en folders.

Probeer op uw reis naar Andalusië niet te veel tegelijk te doen; bezoek alleen de hoogtepunten en pas u aan het langzamere tempo aan. Een tip: ga 's morgens vroeg al op pad en ontwijk op deze manier de verzengende middaghitte.

Folders van de Junta Andalucía over de cultuur van Andalusië

TOERISTENINFORMATIE

De meeste grote steden hebben Oficinas de Turismo (toeristenbureaus). Turespaña is het bureau voor heel Spanje, terwijl de Junta de Andalucía regionale informatie verstrekt. Plaatselijke toeristenbureaus hebben alleen informatie over de directe omgeving.

De meeste bureaus zijn goed georganiseerd en kunnen u alles vertellen over bezienswaardigheden, dagtochtjes en overnachtingsmogelijkheden. Ook kunt u er terecht voor folders over de plaatselijke festivals, het nachtleven, theatervoorstellingen en flamencoshows. Zoekt u de meest recente informatie over sport, tentoonstellingen of concerten, kijk dan vooral in de plaatselijke krantjes *(blz. 263)*.

Ook als u in een grote stad een gids wilt, kan het toeristenbureau u verder helpen.

Het project El Legado Andalusi ('De erfenis van Andalusië') werd in 1995 opgezet rond het Moorse erfgoed. Het omvat tentoonstellingen, rondleidingen en diverse publicaties over het onderwerp.

TOEGANGSPRIJZEN

Sommige monumenten zijn gratis voor Spanjaarden en bewoners van de EU. Voor andere bezienswaardigheden geldt een toegangsprijs (voor kinderen tot 12 jaar betaalt u de helft). Voor groepen van boven de vijftig personen geldt vaak een toegangsprijs van de helft van de gewone prijs. Betaal contant en niet met creditcards.

Kaartjes voor het Hospital de los Venerables in Sevilla *(blz. 81)*

OPENINGSTIJDEN

Voor bezienswaardigheden gelden geen algemene openingstijden. Informeer hier dus naar vóór u ergens een bezoek wilt brengen. De meeste musea openen tussen oktober en maart rond 10.00 uur en sluiten vanaf 13.30 uur voor de *siesta*. Daarna gaan ze

Rondleiding met gids door de straten van Sevilla

◁ **Café-bar en kathedraal aan de Plaza de Pio XII, oude centrum Cádiz**

Een straatmuzikant op een terrasje speelt flamencomuziek

rond 16.30 uur weer open en sluiten ze ergens tussen 18.00 en 20.00 uur. Op zondagmiddag zijn de meeste musea gesloten. Tijdens het hoogseizoen zijn veel musea echter de hele dag geopend. De meeste kerken kunt u alleen tijdens de mis bezoeken.

KERKBEZOEK

De mis wordt op zondag elk uur opgedragen en op overige dagen tussen 19.00 en 21.00 uur. Zolang u zich maar rustig gedraagt, bent u in de meeste kerken tijdens de mis welkom. Wat kleding betreft zijn de regels niet zo strikt, als u maar geen korte broek of zonnehemdje draagt. De toegang is vrij, maar meestal verwacht men een kleine donatie.

ETIQUETTE

In Spanje groeten zelfs vreemdelingen elkaar vriendelijk als ze elkaar op straat, in de gang of in de lift tegenkomen. De Spanjaarden zeggen *!Hola*, *!Buenos dias* of *!Buenas tardes*. Het is ook beleefd om bij elke ontmoeting een hand te geven. Voor vrouwen is het de gewoonte elkaar op beide wangen te kussen.
In bioscopen, liften, treinen en bussen is het verboden om te roken, elders hebben niet-rokers het zwaarder. Een Spanjaard zal (tot na het avondeten) zelden iets drinken zonder een knabbeltje erbij. Tijdens een rondje ieder voor zich te laten betalen, wordt in Spanje als bijzonder onbeleefd ervaren.
Topless zonnebaden is alleen aan de Costa del Sol een heel normaal verschijnsel.

FOOIEN

Het geven van een fooi wordt in Spanje aan uw eigen inzichten overgelaten, maar zeer gewaardeerd.
Hoewel bedieningsgeld *(servicio)* in rekening wordt gebracht *(blz. 221)*, is het gebruikelijk om een fooi van vijf tot tien procent te geven. Ook taxichauffeurs, plaatsaanwijzers in de bioscoop en portiers krijgen vaak een fooi.

KLACHTENBOEK

Als de service in een restaurant of hotel u tegenvalt, kunt u om het *Libro de Reclamaciones* vragen. De gemeente inspecteert de klachtenboeken geregeld. Gebruik het daarom alleen maar als u werkelijk iets te klagen hebt, of dreig iets in het boek te schrijven als u vermoedt dat u wordt opgelicht.

Bordje dat de aanwezigheid van een klachtenboek vermeldt

TOILETTEN

Openbare toiletten zult u weinig vinden. Bars hebben de plicht u gebruik te laten maken van hun toilet. Ze zijn echter niet alle even toeschietelijk als u niet iets gekocht hebt. 'D' betekent *Damas* (dames) en 'C' staat voor *Caballeros* (heren).
Houd wat kleingeld bij de hand, want als de toiletten niet op munten werken (in nieuwere gebouwen), is het de gewoonte wat geld achter te laten.

ADRESSEN

TOERISTENINFORMATIE

Oficinas de Turismo

Avenida de la Constitición 21, Sevilla. **Kaart** 3 C2 (5 C4).
www.tourspain.es
Tel. *95-4787579.*
Costurero de la Reina, Paseo de las Delicias 9, Sevilla. **Kaart** 3 C4.
Tel. *95-4234465.*
Calle Torrijos 10, Córdoba.
Tel. *957-355179.*
C/ Mariana Pineda, Granada.
Tel. *958-247128.*
www.andalucia.org

Spaanse bureaus voor toerisme

Laan van Meerdervoort 8a, 2517 AJ Den Haag.
Tel. *070-3465900.*
www.spaansverkeersbureau.nl
Koningsstraat 97, 1000 Brussel.
Tel. *02-2801926*
www.tourspain.be

RELIGIEUZE DIENSTEN

Katholiek (Engelse dienst)

Iglesia del Señor San José
Calle San José 17, Sevilla.
Tel. *95-4220319.*

Joods

Sinagoga
Urbanización el Real, km 184, Marbella. ***Tel.*** *95-2774074.*

Islamitisch

Mezquita
Carretera de Cádiz, km 178, Marbella. ***Tel.*** *95-2774143.*

Een buitenlandse studente rust uit bij een Sevilliaanse fontein

DOUANE

Voor een bezoek dat korter duurt dan 90 dagen hebt u in Spanje geen visum *(visado)* nodig. Als u langer wilt blijven, dan moet u een visum aanvragen bij het Spaanse consulaat. Doe dit een paar weken voor vertrek. Bij de grens is de Spaanse douane niet echt streng. Ook als u op de plaats van bestemming bent, hoeft u zich niet bij de autoriteiten te melden, alleen zal er in een hotel om wat informatie van uw paspoort gevraagd worden. Verder hebt u geen speciale inentingen nodig. U mag tot € 6000 vrij in- en uitvoeren. Hogere waarden dienen te worden aangegeven.

AMBASSADES EN CONSULATEN

Mocht u uw paspoort verliezen of juridisch advies of andere hulp nodig hebben, dan kunt u contact opnemen met de ambassade of het consulaat van Nederland of België. De grotere plaatsen beschikken over vrijwillige tolken, die u meestal via het politiebureau kunt vinden *(blz. 258)*. Aan de Costa del Sol kunt u hulp krijgen bij het Departamento de Extranjeros (afdeling vreemdelingen) van het Ayuntamiento.

GEHANDICAPTEN

Moderne gebouwen hebben meestal voldoende faciliteiten voor gehandicapten. Historische monumenten zijn vaak moeilijk binnen te komen. Het plaatselijke toeristenbureau kan u vooraf vertellen welke gebouwen voor gehandicapten niet of moeilijk toegankelijk zijn. De **ANWB** en **AccessWise** verstrekken algemene informatie; de **Servi-COCEMFE** in Madrid kan u vertellen welke hotels in Spanje speciale voorzieningen hebben *(blz. 209)*.

INFORMATIE VOOR STUDENTEN

Sevilla, Granada en Córdoba trekken veel buitenlandse studenten, die meestal naar Andalusië komen om Spaans te leren. Bijna alle grote steden hebben een **Centro de Documentación e Información Juvenil**, waar informatie aan jongeren en studenten wordt verstrekt. Een geldige internationale studentenkaart (ISIC) zorgt voor korting op museumprijzen en vervoer.

ACTIEVE VAKANTIES

Overal in Andalusië kunt u cursussen in de taal en cultuur van Spanje volgen. De universiteit van Sevilla *(blz. 96)* en **Granada** verzorgen het hele jaar door verschillende cursussen en er zijn ook particuliere instituten die dit doen. Zoekt u een goede taalcursus, neem dan contact op met de **AEEA** (Asociación Empresarial de Escuelas de Español para Extranjeros de Andalucía) of het **Instituto Cervantes**.
Wilt u meer leren over onder andere koken, salsa of flamenco, bel of schrijf dan naar het **Instituto Internacional Gibralfaro**. Voor liefhebbers van de natuur, golf, paardrijden of watersport is er ook van alles te doen. Voor meer informatie over actieve vakanties zie blz. 248–251.

Paardrijden op het platteland van Granada

STRAATNAAMBORDEN

Veel van de straten in Andalusië worden opgesierd met bijzondere straatnaamborden. Meestal zijn ze gemaakt van witte beschilderde tegels. Vaak staat het wapen van de stad of de provincie er ook op. Op het bordje van de Calle Barrio staat een granaatappel (granada).

De kleurrijke straatnaamborden van Andalusië

ELEKTRICITEIT

Het Spaanse electriciteitsnet levert 220V. De meeste hotels en *pensiones* hebben op alle kamers stopcontacten voor haardrogers en scheerapparaten. In veel hotels krijgt u tegenwoordig een 'keycard' voor het in werking stellen van de elektriciteit op uw kamer.

ADRESSEN

Het woordje *calle* wordt in mondelinge of geschreven informatie vaak weggelaten – Calle Mateos Gago wordt dan Mateos Gago. Andere termen, zoals *plaza*, *callejón*, *carretera* en *avenida*, worden wel altijd gebruikt.
Buiten de stad kunt u een adres als volgt tegenkomen: 'Carretera Córdoba-Málaga km 47', dit betekent dat het gebouw aan de weg tussen Córdoba en Málaga ligt, vlak bij kilometerpaal 47.

SPAANSE TIJD

In Spanje geldt de Midden-Europese tijd. Ook geldt dezelfde zomertijdregeling als in de Midden-Europese landen.
Voor officiële aankondigingen wordt het 24-uurs-systeem gebruikt, maar men spreekt over *por la mañana* ('s morgens) en *por la tarde* ('s middags). Eigenlijk begint de middag pas na de *siesta*, dus rond 17.30 uur.

ADRESSEN

Nederlandse ambassade
Avda del Comandante Franco 32, 28016 Madrid.
Tel. *91-3537500.* ***Fax*** *91-3537565.*
www.embajadapaisesbajos.es

Belgische ambassade
Paseo de la Castellana 18 (6°), 28046 Madrid.
Tel. *91-5776300.* ***Fax*** *91-4318166.*
www.diplobel.org/spain

Nederlandse consulaten

Algeciras: Avenida Virgen del Carmen 3 y 5–2° Cial, 11201 Algeciras (Cádiz). ***Tel.*** *956-588205.* ***Fax*** *956-588206.*

Almería: Reyes Católicos 20–4°–A, 04004 Almería. ***Tel.*** *950-268504.* ***Fax*** *950-275013.*

Cádiz: Transbull Cádiz S.A., Avenida Ramón de Carranza 26–27–1–B, 11006 Cádiz. ***Tel.*** *956-280866.* ***Fax*** *956-258659.*

Sevilla: C/ Placentines 1, 41004 Sevilla. ***Tel.*** *95-4228750.* ***Fax*** *95-4564819.*

Torremolinos: Avda Carlota Alessandri 33, Edificio San Andrés 1–F, 29620 Torremolinos (Málaga). ***Tel.*** *952-380888.* ***Fax*** *952-378459.*

Belgische consulaten

Granada: Calle Neptuno 66–1°–A, 18004 Granada. ***Tel.*** *958-251631.* ***Fax*** *958-254691.*

Málaga: Urbanizacion Las Buganvillas Crta de Cadiz, km 202, 29650 Mijas-Costa. ***Tel.*** *952-599159.* ***Fax*** *952-494071.*

Sevilla: Calle Fabiola 10, 41004 Sevilla. ***Tel.*** *954-220087.* ***Fax*** *954-560786.*

ADRESSEN

INFORMATIE VOOR GEHANDICAPTEN

Oficina de Turismo para Personas Discapacitadas
Ceadis Calle Fray Isidoro de Sevilla 1, Sevilla.
Tel. *95-4915444.*
Fax *95-4915445.*

AccessWise
Postbus 532, 6800 Arnhem.
Tel. *026-3706161.*
www.accesswise.org

Servi-COCEMFE
C/ Luis Cabrera 63, 28002 Madrid.
Tel. *91-7443600.*
www.cocemfe.es

INFORMATIE VOOR STUDENTEN

La Casa de la Juventud
Campo Madre de Dios s/n, 14010 Córdoba.
Tel. en ***Fax*** *957-764707.*

Centro de Información Juvenil
Calle Castelar 22, 41001 Sevilla. Kaart 2 D5 (6 E1).
Tel. *95-4559900.* ***Fax*** *4559913.*

Centro Provincial de Documentación e Información Juvenil
Avenida de Madrid 5, Tercera Planta, 18012 Granada.
Tel. *958-207674.*

ACTIEVE VAKANTIES

AEEA
Instituto Picasso, Plaza de la Merced 20, 1ste verdieping, 29012 Málaga.
Tel. *95-2213932.*
www.aeea.org

Universidad de Granada
Centro de Lenguas Modernas, Placeta del Hospicio Viejo, 18071 Granada.
Tel. *958-215660*
www.ugr.es

Instituto Cervantes
Domplein 3, 3512 JC Utrecht.
Tel. *030-2334261.*
www.utrecht.cervantes.es

Instituto Internacional Gibralfaro
Duque de la Victoria 8, 29015 Málaga. ***Tel.*** *95-2215411.*
www.gibralfaro.de.uk

Veiligheid en gezondheid

Agent van de *Policía Nacional*

Andalusië is over het algemeen veilig voor toeristen. Vrouwen alleen worden meestal niet lastiggevallen, maar krijgen wel voortdurend complimentjes van mannen van alle leeftijden. Zakkenrollers zijn helaas een normaal verschijnsel, vooral in Sevilla. Wees dus op uw hoede rond toeristische attracties. Vermijd het zoveel mogelijk om waardevolle spullen mee te nemen en gebruik een geldgordel om geld in te doen. Mocht u ziek worden, ga dan naar een apotheek; daar kan men u verder helpen. Zorg dat u voor uw vertrek de reisverzekering geregeld hebt, want vanuit Spanje gaat dat moeilijk.

EIGENDOMMEN

Zakkenrollers zijn een probleem rond monumenten en op marktpleinen. Houdt u vooral mensen die de tijd vragen in de gaten, waarschijnlijk willen ze uw aandacht afleiden zodat een handlanger uw tas kan weggrissen. Hebt u een scooter, zorg dan voor een stevig slot, vooral in Sevilla en Málaga.
Gebruik als betaalmiddel travellercheques. Laat uw paspoort in het hotel en draag een fotokopie ervan bij u. Bent u met de auto, laat dan geen waardevolle spullen zichtbaar in de auto achter en zoek een bewaakte parkeerplek. Mocht u ondanks alles toch beroofd worden, meldt u dit dan binnen 24 uur aan de politie *(poner una denuncia)*. Houdt u aan deze termijn, want na 24 uur wordt het moeilijk om een bewijs van aangifte *(denuncia)* te krijgen.

VEILIGHEID

In de drukke straten zal het niet zo snel voorkomen dat u lastiggevallen wordt. Vrouwen kunnen zich bedreigd voelen door mannen die voortdurend opmerkingen maken, of zelfs achter ze aan lopen. Dit laatste *(piropo)* wordt door de Spanjaarden zelf als een spelletje gezien, dus probeer het niet al te serieus op te vatten. Sevilla heeft geen wijken waar u beter niet kunt komen. Laat op straat niet merken dat u een toerist bent, ga bijvoorbeeld niet op een kruispunt op de kaart staan kijken, en er kan u weinig gebeuren. Bent u van plan een avond naar de grotten van Sacromonte te gaan *(blz. 193)*, ga dan niet alleen en houd uw bezittingen in de gaten. Als u een taxi neemt, vergewis u er dan van dat de chauffeur een vergunning heeft. Ga 's avonds niet alleen op stap met openbaar vervoer.

Politiewagen van de *Policía Nacional*

Patrouillewagen van de *Policía Local*

De bereden politie van de *Policía Nacional*

POLITIE

Spanje heeft drie verschillende politiecorpsen: de *Guardia Civil*, de *Policía Nacional* en de *Policía Local*. Denk eraan dat u in Spanje verplicht bent een legitimatiebewijs, zoals een paspoort of rijbewijs, op zak te hebben. Buiten de grote steden krijgt u meestal met de groengeklede leden van de *Guardia Civil* te maken. Ze patrouilleren op de snelwegen en hoewel ze een slechte reputatie hebben, zullen ze u altijd helpen als u pech hebt *(blz. 271)*.
De *Policía Nacional* is in het donkerblauw gekleed. Hier kunt u het beste terecht als u een misdaad aan te geven hebt. De *Policía Nacional* houdt zich onder andere bezig met verblijfsvergunningen en het bewaken van ambassades en regeringsgebouwen.
De politietaken in kleine plaatsen en dorpjes worden door de *Policía Local* vervuld.

ALARMNUMMERS

Eerste hulp
Sevilla ***Tel.*** *112.*
Córdoba ***Tel.*** *112.*
Granada ***Tel.*** *112.*

Politie
Tel. *112.*

Verkeerspolitie
Sevilla ***Tel.*** *95-4621111.*
Córdoba ***Tel.*** *957-203033.*
Granada ***Tel.*** *958-153600.*

APOTHEKEN

Voor de minder serieuze klachten kunt u bij een apotheek *(farmacia)* terecht, waar het goed opgeleide personeel u verder kan helpen. Er worden veel middelen zonder recept verkocht, zelfs antibiotica. *Farmacias* herkent u aan het groene of rode neonkruis, dat gewoonlijk aan en uit knippert. In de meeste plaatsen houden ze zich aan de gewone openingstijden (9.30–13.30 uur en 16.00–20.00 uur). Ten minste één apotheek is *de guardia* (dag en nacht open). De openingstijden staan op de deur en in de plaatselijke krantjes.

Borden van de apotheek

MEDISCHE ZORG

Hebt u direct medische hulp nodig, ga dan naar een *Urgencia* (de eerstehulpafdeling van ziekenhuis of kliniek). Elke stad heeft zeker één ziekenhuis. De Costa del Sol heeft een ziekenhuis net buiten Marbella, aan de N340. De meeste ziekenhuizen hebben Engelssprekende vrijwilligers in dienst die voor u kunnen tolken. Het Cruz Roja (het Rode Kruis) heeft door heel Spanje een uitgebreid netwerk aan posten en beheert de ambulances. Inwoners van de EU hebben recht op een spoedbehandeling via het Spaanse ziekenfonds. De behandeling is gratis of belangrijk in prijs gereduceerd. Hebt u een reisverzekering afgesloten, zorg dan dat u de polis bij u hebt als u medische bijstand vraagt. Bij verschillende maatschappijen moet u zelf de kosten betalen en krijgt u het bedrag later terugbetaald.

Ambulance van het Rode Kruis

U doet er natuurlijk altijd goed aan de dekking van uw verzekeringspolis nog even te controleren. Bij de geringste twijfel is het verstandig een aanvullende verzekering voor het buitenland af te sluiten.

Veel basisverzekeringen hebben een buitenlanddekking in hun *aanvullende* verzekeringspakket opgenomen. Op het platteland is vaak sprake van plaatselijke eerstehulpdiensten, de *casas de socorro*.

VOORZORGSMAATREGELEN

Pas op voor de zon, vooral tussen mei en oktober als de temperaturen tot 45 °C kunnen oplopen. Ga, als het even kan, niet in de middaghitte wandelen en blijf zoveel mogelijk in de schaduw. Drink vooral genoeg (mineraal) water. Het is aan te bevelen om een zonnebril en iets op uw hoofd te dragen. Buiten de stad kunt u waarschuwingsbordjes tegenkomen waar een stier op staat *(Toro bravo)*. Neem deze waarschuwingen serieus; de stieren zijn gevaarlijk en kunnen niet benaderd worden.

RECHTSBIJSTAND

Bent u betrokken geraakt bij een incident en hebt u rechtsbijstand nodig, vraag dan bij de ambassade of het consulaat *(blz. 256)* om het adres van een betrouwbare advocaat. Een probleem is wel dat veel advocaten geen Engels spreken. Soms kan de politie u aan een *intérprete* (vrijwillige tolk) helpen. Anders moet u een tolk huren. *Traductores Oficiales* of *Jurados* zijn officieel bevoegde tolken.

ADRESSEN

VERLOREN VOORWERPEN

Sevilla
Oficina de Objetos Perdidos, Almansa 21. **Kaart** 4 D3.
Tel. *95-4215064.*

Córdoba
Comisaria de Policia, Avenida Doctor Fleming 2.
Tel. *957-594500.*

Granada
Ayuntamiento, Plaza del Carmen 5.
Tel. *958-248100.*

VERLOREN TRAVELLERCHEQUES EN CREDITCARDS

American Express
Tel. *902-375637.*

Diners Club
Tel. *90-1101011.*
www.dinersclub.com

MasterCard (Access)
Tel. *900-971231 (gratis).*

VISA
Tel. *900-991216 (gratis).*

Travelex
Tel. *900-948971 (gratis).*

MEDISCHE HULP

Cruz Roja
Hospital Victoria Eugenia, Avenida de la Cruz Roja, Sevilla. **Kaart** 2 F4. ***Tel.*** *95-4351400.*
www.cruzroja.es

Hospital Costa del Sol
Carretera Nacional 340, km 187, Marbella, Málaga.
Tel. *95-2828250.*

Hospital General
Avenida de las Fuerzas Armadas, Granada. ***Tel.*** *95-8020000.*

Hospital Nuestra Señora de Valme
Carretera de Cádiz, Sevilla.
Tel. *95-5015000.*

Hospital Reina Sofía
Avenida Menéndez Pidal, Córdoba.
Tel. *95-7010000.*

RECHTSBIJSTAND

Asociación Profesional de Traductores e Intérpretes
Plaza de los Mostenses 1, 28615 Madrid. ***Tel.*** *91-5410723.*

Banken en plaatselijke valuta

Geld wisselen kon in Spanje een tijdrovende bezigheid zijn – met de invoering van de euro zou het opnemen van geld aanzienlijk gemakkelijker moeten gaan. Behalve in de dorpen kunt u overal wel een bank vinden. Travellercheques kunt u ook verzilveren bij *casas de cambio*, hotels en reisbureaus. Verder kunt u in de grotere winkels, hotels en restaurants met creditcards en travellercheques betalen.
Wanneer u van plan bent om geld met een waarde van meer dan 6000 euro mee naar Spanje te nemen, dan moet u dit bij de grens aangeven.

GELD OPNEMEN

Bij banken, *cajas de ahorros* (hypotheekbanken) en *casas de cambio* (wisselkantoren), kunt u geld opnemen en travellercheques verzilveren. De bank op het vliegveld van Sevilla heeft normale openingstijden en op het vliegveld van Málaga kunt u elk uur van de dag bij de bank terecht.
Met uw pinpas kunt u bij de geldautomaten van de grote banken maximaal 300 euro per keer opnemen. Denk eraan dat ook de computer in Spanje weet dat u in Nederland of België rood staat!
Ga van huis met een hoeveelheid euro's die uw eerste reis- en vakantieuitgaven dekt. Het is het veiligst, en ook het voordeligst, om verder te betalen en geld op te nemen met een internationale bankpas of creditcard.

BANKEN

Het bezoeken van een bank in Andalusië zal uw geduld danig op de proef stellen, want er staan altijd lange rijen voor de loketten. Soms spreekt er iemand van een groot bankkantoor Engels, maar dan nog maar een paar woordjes.
Bij sommige banken moet u bij de *cambio* (het wisselloket) enige formulieren invullen voordat u door kunt om bij de *caja* (het geldloket) in de rij te gaan staan. Kies voor de zekerheid een nationale bank, zoals de BBVA (Banco Bilbao Vizcaya Argentaria) of de Banco Central Hispano. Deze banken hebben vestigingen in heel Andalusië en vaak hoeft u maar één keer in de rij te staan.
U moet eerst aanbellen om een bank binnen te gaan, iemand achter de balie opent de deur dan op afstand. Veel banken hebben ook automatische dubbele deuren. Eerst drukt u op de knop om de buitenste deur te openen, daarna wacht u binnen op het groene licht (als de buitenste deur weer gesloten is) dat aangeeft dat de binnenste deur opengaat.

BBVA-logo, de Banco Bilbao Vizcaya Argentaria

OPENINGSTIJDEN

De banken in Andalusië zijn op maandag tot en met vrijdag open van 8.30–14.00 uur. Op zaterdag en in de winter sluiten ze al om 13.00 uur. Van mei tot september zijn ze op zaterdag de hele dag gesloten.
De banken zijn in de regel gesloten op nationale feestdagen *(blz. 37)*; tijdens de jaarlijkse *feria*-week van een stad *(blz. 38–39)* zijn de banken slechts drie uur per dag geopend (9.00–12.00 uur).

CREDITCARDS

De bekende creditcards, zoals VISA, American Express en Mastercard (Access), worden overal in Spanje geaccepteerd. In sommige gelegenheden zal naar een identiteitsbewijs, zoals een paspoort of rijbewijs, gevraagd worden. Bij de grote banken kunt u met een creditcard contant geld opnemen. U kunt er ook uw PIN-pas gebruiken om geld uit de geldautomaat te halen. De instructies daarvoor worden in verschillende talen op het scherm gegeven.
Een bankpasje waarop het logo van Cirrus of Maestro staat, kan meestal in heel Andalusië gebruikt worden om geld bij een automaat op te nemen of om mee te betalen.

TRAVELLERCHEQUES

Travellercheques zijn te koop bij American Express, Thomas Cook of uw bank.
Ze worden allemaal geaccepteerd. Als u American Expresscheques inwisselt bij een kantoor van American Express, wordt er geen commissie berekend.
De meeste travellercheques worden door de Spaanse banken geaccepteerd.
Wilt u meer dan 3000 euro opnemen, dan moet u dit een dag van tevoren aangeven.
Als u uw travellercheques voor meer dan 600 euro wilt wisselen, wordt er vaak naar een bewijs van aankoop gevraagd.

ADRESSEN

BUITENLANDSE BANKEN

Banco Halifax Hispania
Martin Villa 3, 41003 Sevilla.
Tel. *95-4500440.*

Barclays Bank
Reyes Católicos 6, 41001 Sevilla.
Tel. *95-4216049.*

Citibank
Avenida República Argentina 24, 41011 Sevilla.
Tel. *95-4990460.*

Lloyds TSB
Plaza Nueva 8, 41001 Sevilla.
Tel. *95-4501546.*

DE EURO

De euro, de Europese munteenheid, is per 1 januari 2009 in 16 van de 27 lidstaten van de EU in gebruik: België, Cyprus, Duitsland, Finland, Frankrijk, Griekenland, Ierland, Italië, Luxemburg, Malta, Nederland, Oostenrijk, Portugal, Slovenië, Slowakije en Spanje doen allemaal mee met de Europese munt; Groot-Brittannië, Denemarken en Zweden kozen ervoor voorlopig niet deel te nemen. Montenegro en Kosovo zijn ook overgegaan op de euro, hoewel zij geen EU-lid zijn. Eurobiljetten zijn in alle zestien landen identiek.
De munten echter zijn aan één kant identiek (de muntkant) en aan de andere kant zijn ze uniek voor elk land (de kopzijde). De biljetten en munten zijn in alle zestien landen geldig en uitwisselbaar.

Bankbiljetten
Eurobankbiljetten zijn er in zeven verschillende coupures: het 5-eurobiljet (grijs) is het kleinst, daarna komen de biljetten van 10 euro (roze), 20 euro (blauw), 50 euro (oranje), 100 euro (groen), 200 euro (geel) en 500 euro (paars). Op alle biljetten staan de 12 sterren van de Europese Unie.

5 euro

10 euro

20 euro

50 euro

100 euro

200 euro

500 euro

2 euro

1 euro

50 cent

20 cent

10 cent

Munten
Er zijn acht verschillende euromunten: 1 en 2 euro (zilver- en goudkleur); 50 cent, 20 cent en 10 cent (goudkleur); en 5 cent, 2 cent en 1 cent (koperkleur). De muntzijde (zie afbeeldingen) is in alle deelnemende landen gelijk, de kop is per land anders.

5 cent

2 cent

1 cent

Communicatie

Postkantoor *(correos)*

Het telefoonbedrijf van Spanje heet Telefónica. Het is een efficiënt systeem, waarvan gezegd wordt dat het het duurste van Europa is. De lijnen zijn goed en er zijn genoeg telefooncellen. De Spaanse posterijen zijn echter berucht. Breng daarom uw post altijd bij een hoofdpostkantoor, dan valt de vertraging nog mee. Doordat de Spanjaarden van radio en televisie houden, is er een groot aantal lokale radiostations in Spanje. De regionale kranten worden in Andalusië meer gelezen dan vroeger.

De moderne, blauw-groen gekleurde telefooncellen van Telefónica

TELEFONEREN IN ANDALUSIË

Spanjaarden houden van telefoneren en daar krijgen ze, door de grote hoeveelheid telefooncellen *(cabinas telefónicas)*, overal de gelegenheid toe. Er zijn openbare telefoonkantoren *(locutorios)*, waar pas na het gesprek betaald hoeft te worden, maar ook particuliere bureaus waar u kunt telefoneren en faxen. De openbare telefoons werken met munten of telefoonkaarten *(tarjetas telefónicas)*. Om vanuit

Logo van de Spaanse telefoonmaatschappij, Telefónica

een *cabina* te kunnen telefoneren, moet u een minimum bedrag inwerpen. Telefoonkaarten zijn te koop bij tabakswinkels *(estancos)* en kiosken. Voor een interlokaal gesprek *(conferencia interurbana)* kunt u het beste naar een *locutorio* gaan. Een gesprek via een *cabina telefónica* of *locutorio* kost 35 procent meer dan via een particuliere telefoon. In bars en hotels kunnen de telefoonkosten onbetaalbaar zijn, doordat er in veel bars meters geïnstalleerd zijn met een verschrikkelijk hoog tarief. Naar het buitenland bellen is het goedkoopst tussen 22.00 en 8.00 uur.

EEN KAART- OF GELDTELEFOON GEBRUIKEN

1 Pak de hoorn, wacht op de kiestoon en op de woorden *'Inserte monedas o tarjeta'*.

2 Werp geld in *(monedas)*, druk op de knop rechts van de gleuf indien aanwezig, of gebruik een kaart *(tarjeta)*.

3 Toets het telefoonnummer in (stevig, maar niet te snel).

4 Terwijl u de toetsen indrukt, verschijnt het nummer op de display. Ook wordt getoond hoeveel geld of eenheden er nog over zijn en wanneer u meer munten moet inwerpen.

5 Hang na het gesprek de hoorn op. U krijgt nu automatisch uw telefoonkaart terug. Een teveel aan munten wordt ook teruggeven.

Een Spaanse telefoonkaart

EEN TELEFOONCEL GEBRUIKEN

De meeste nieuwe openbare telefooncellen hebben een display waarop aanwijzingen verschijnen. Verder hangen erin de steden en andere toeristencentra in de telefooncellen meestal duidelijke instructies en een lijst met netnummers. In sommige telefooncellen kuntu door op een knop te drukken de taal veranderen waarin de instructies gesteld zijn.

Soms treft u een telefooncel die buiten gebruik is gesteld. Als u een open telefooncel gebruikt, houd dan uw bezittingen in de gaten voor alle zekerheid.

EEN BRIEF VERSTUREN

De Spaanse posterijen staan als langzaam bekend. Tussen grote steden zijn de diensten wel efficiënt, maar de post

Opvallende gele Spaanse brievenbus *(buzón)*

Gewone postzegels

van of naar een klein plaatsje gaat zeer traag. In de zomer kan een ansichtkaart er wel een maand over doen.
Brieven die op een hoofdpostkantoor worden afgegeven komen meestal wel binnen een redelijke tijd aan. Brievenbussen *(buzones)* worden zelfs in de stad soms dagen niet geleegd.
Belangrijke post verzendt u daarom het beste aangetekend *(certificado)* en per expresse *(urgente)*. Binnen Europa kost het dan drie tot vijf dagen.
Postzegels *(sellos)* zijn te koop bij postkantoren en *estancos* (tabakswinkels). De laatste zijn te herkennen aan een opvallend geel-rood bord. Openingstijden van hoofdpostkantoren: ma–vr 8.00–21.00 uur, za 9.00–19.00 uur. Plaatselijke kantoren: ma–vr 9.00–14.00 uur, za 9.00–13.00 uur.

POSTE RESTANTE

U kunt naar de grotere steden uw post ook *poste restante* laten versturen.
De brief dient dan voorzien te zijn van uw naam, *'Lista de Correos'*, de naam van de stad en de naam van de regio.
U kunt uw post gratis aan het hoofdpostkantoor afhalen.
Voor identificatie hebt u uw paspoort nodig.

BELANGRIJKE NET- EN LANDNUMMERS

- De netnummers van de verschillende provincies zijn: Sevilla en Málaga 95, Córdoba 957, Granada 958, Cádiz 956, Huelva 959, Jaén 953, Almería 950. Deze nummers gelden voor alle binnenlandse gesprekken.
- Internationale gesprekken: kies 00, wacht op de kiestoon, kies daarna landnummer, netnummer (zonder de begin-0) en abonneenummer.
- Voor Telefonica-inlichtingen binnenland: kies 11818.
- Voor inlichtingen over buitenlandse nummers: 025.
- Kies voor een telefoniste 1008 (voor Europa en Noord-Afrika) of 1005 (de rest van de wereld). Vraag van tevoren de kosten.
- Wilt u collect bellen, kies dan 900 990031 voor Nederland, 900 990032 voor België.

RADIO EN TELEVISIE

De Spaanse televisie zendt uit via TVE1 en TVE2; Antena 3 en Telecinco (5) zijn de commerciële stations. Verder heeft Andalusië via Canal Sur en Canal 2 Andalucia regionale televisie. Canal Plus is een kabelstation met films, sport en documentaires. Ondertitelde buitenlandse films worden in televisiegidsen aangegeven met VO *(Versión Original)*. Het beste nieuws via de radio ontvangt u van Radio Nacional de España. Informatie over de BBC World Service kunt u vinden in *Worldwide*, een tijdschrift voor Engelstalige luisteraars.

Canal Sur, het lokale televisiestation

Enkele nationale en regionale Spaanse kranten

KRANTEN EN TIJDSCHRIFTEN

De belangrijkste kranten zijn *El País* (met een socialistische inslag), *ABC* (conservatief) en *El Mundo* (onafhankelijk).
Van *El País* verschijnt ook een speciale uitgave voor Andalusië. Wilt u weten wat er op sportief of cultureel gebied te doen is, dan kunt u beter een plaatselijke krant kopen. Elke vrijdag verschijnt er van *Sur* een gratis Engelstalige versie. Plaatselijke activiteiten zijn ook te vinden in de *Giraldillo* (Sevilla) en de *Guía del Ocio* (Granada, blz. 244). In *La Tribuna*, die wekelijks in Córdoba verschijnt, staat veel bruikbare informatie.

ADRESSEN

HOOFDPOSTKANTOREN

Sevilla
Avenida de la Constitución 32.
Kaart 3 C2 (5 C4).
Tel. *954-224760.*

Córdoba
Calle Cruz Conde 15.
Tel. *957-496342.*

Granada
Puerta Real 2.
Tel. *958-21138.*

Algemene inlichtingen
Tel. *902-197197*

TELEFOONKANTOREN

Sevilla
Plaza de la Gavidia 2.
Kaart 3 B1 (5 C3).

Córdoba
Plaza de las Tendillas s/n.

Granada
Puerta Real.

REISINFORMATIE

Andalusië wordt goed bediend door velerlei vervoer. Elk jaar komen er duizenden charter- en lijnvluchten aan, de meeste uit Europese landen, maar soms ook uit de VS. De meeste vluchten van buiten Europa landen in Madrid of Barcelona voor ze aankomen op het drukste vliegveld van Andalusië: Málaga. Op maar een paar kilometer van Marokko dient Málaga als poort naar Afrika. Het vliegveld van Sevilla ontvangt ook internationale vluchten. Sevilla heeft goede treinverbindingen, en de hogesnelheidslijn AVE, tussen Sevilla en grote steden als Córdoba en Madrid, zal vaak sneller gaan dan vliegen (als u inchecktijd meerekent). Er zijn bussen vanuit Noord-Europa en regionale lijnen door heel Andalusië. Veerboten vertrekken uit Plymouth en Portsmouth naar Santander en Bilbao; vanaf daar is het maar 10 uur rijden naar Andalusië. Overigens is autorijden niet aan te raden in de zomer, als er een massale uittocht vanuit Madrid naar de Costa del Sol is en het aantal huurauto's op de weg op zijn grootst is.

Toestel van Iberia Airlines

Sevilla Airport, gunstig gelegen net buiten de stad

AANKOMST PER VLIEGTUIG

De grote Europese maatschappijen en sommige uit de VS en het Midden-Oosten hebben lijnvluchten op Málaga, de grootste luchthaven van Andalusië. In meerderheid komen de vakantiegangers echter met goedkopere chartervluchten, met duizenden tegelijk, en dag en nacht. Deze vluchten kunnen in de zomer echter overboekt zijn en kennen lange wachttijden. De luchthaven van Sevilla is veel minder druk en ligt gunstig voor reizigers naar het binnenland.

PAKKETVAKANTIES

Bijna alle pakketten naar Andalusië richten zich op strandvakanties. Maar een of twee touroperators bieden ook stedentrips. Sommige bieden een tour langs een aantal steden, beginnend in Málaga (waar het vliegtuig aankomt), en vervolgens een rondreis per bus langs de Costa del Sol, naar Sevilla, Córdoba, Granada en Cádiz.

LUCHTHAVEN SEVILLA

De luchthaven van Sevilla ligt maar 4 km buiten het centrum, aan de NIV-weg naar Córdoba en Madrid. Er zijn dagelijkse lijnvluchten vanuit Londen, Parijs en Frankfurt. Chartervluchten komen ook in Sevilla, maar alleen in bepaalde periodes van het jaar. Behalve steden als Madrid, Barcelona en Santiago de Compostella behoren ook Palma de Mallorca en Tenerife tot de interne bestemmingen. **Vueling Airlines** biedt goedkope interne vluchten. Los Amarillos kent een regelmatige busdienst van en naar de luchthaven van 6.15 tot 23.00 uur. Er zijn ook taxi's naar het centrum, die 17–20 euro kosten.

Kaartautomaat Iberia Airlines

LUCHTHAVEN MALAGA

De luchthaven van Málaga ontvangt ongeveer 10 miljoen passagiers per jaar en heeft verbindingen met zo'n 120 internationale bestemmingen. De luchthaven is het hele jaar door druk, maar vooral van juni tot september. Als u per charter naar Málaga reist, moet u ruim van tevoren boeken. U kunt ook een lijnvlucht nemen: uit Amsterdam gaan directe vluchten van **Transavia** (die ook uit Rotterdam vliegt) en **Vueling**, en uit Brussel kunt u reizen met **Ryanair** en **Virgin Express**.
De luchthaventerminal in Málaga is enorm. U kunt elektronische wagentjes bestellen. Er zijn diverse autoverhuurfaciliteiten, maar u kunt beter van tevoren boeken. De *tren de cercanías (blz. 266)* rijdt elke 20 minuten van 6.00 tot 23.00 uur Málaga in en naar de Costa del Sol tot aan Fuengirola.
Per auto rijdt u in ongeveer 20 minuten naar Málaga. Taxi's zijn dag en nacht beschikbaar, met tarieven bij de standplaats. Bus 19, die elk halfuur gaat, van 6.30 uur tot middernacht, gaat ook naar Málaga.

Logo van Iberia Airlines

LUCHTHAVEN GRANADA

Granada's luchthaven ligt 17 km ten zuidoosten van de stad aan de hoofdweg naar Málaga. Er zijn plannen om het netwerk uit te breiden, maar nu biedt de luchthaven alleen interne vluchten. De faciliteiten zijn nogal beperkt: er zijn een kiosk, een cadeaushop, een café en een restaurant. Er zijn lijnvluchten op Palma de Mallorca, Tenerife en Las Palmas, alsook naar Barcelona, Madrid en Valencia. De luchthaven is open van 8.30 tot 20.30 uur en in de terminal kunt u een auto huren.

LUCHTHAVEN GIBRALTAR

Dit vliegveld kan nuttig zijn als aankomstplaats voor reizigers naar het westen van Andalusië. Er zijn alleen vluchten van **GB Airways** uit Engeland (Gatwick, Heathrow en Manchester) en Noord-Afrika. De luchthaven zelf is klein, met weinig voorzieningen.

AUTOVERHUUR OP VLIEGVELDEN

Op de grote luchthavens zijn veel mogelijkheden met internationale autoverhuurbedrijven als **AVIS, Hertz** en **Europcar**, naast lokale bedrijven. **Holiday Autos** is een goedkope optie, online te boeken. Huur uw auto van tevoren in het hoogseizoen. Veel reisbureaus hebben fly-driveaanbiedingen. Vaak is het dan goedkoper als u van tevoren boekt.

NAAR NOORD-AFRIKA

De meeste nationaliteiten hebben alleen een geldig paspoort nodig voor een bezoek van maximaal 90 dagen naar Marokko. Als u per auto komt hebt u een geldige groene kaart nodig; voor een huisdier hebt u een gezondheidsverklaring nodig die niet ouder is dan 10 dagen. Omdat Marokko buiten de EU ligt, zijn er invoerbeperkingen voor alcohol en tabak. Marokko heeft Greenwichtijd, en het is dus een uur later dan in Spanje. Voor meer informatie kunt u terecht bij het **Marokkaanse consulaat** of op de website van het **Moroccan National Tourist Office**.

De snelste manier om in Marokko te komen is per snelle veerboot tussen Algeciras en Ceuta *(blz. 171)* met **Acciona Trasmediterranea** of tussen Tarifa en Tanger met **FRS**. Beide maatschappijen, alsmede **Euroferrys** en **Compagnie Marocaine de Navigation** (Comanav), bieden diensten op de drukke Algeciras–Tangerroute. Acciona Trasmediterranea biedt ook veerdiensten vanuit Málaga en Almería naar Melilla *(blz. 171)*, en van Almería naar Nador. Comanav vaart ook op de Almería–Nador- en de Almería–Al Hoceimaroute. De reis per veerboot duurt zo'n 6 uur.

Een andere optie is om te vliegen. **Iberia** vliegt van alle Andalusische luchthavens (meestal indirect) naar Agadir, Casablanca, Fez, Laâyoune, Marrakesh, Melilla, Ouarzazate Ouja en Tanger. **Royal Air Maroc** (RAM) vliegt van Málaga naar deze en de acht andere Marokkaanse luchthavens. **Air Europa** vliegt van Málaga naar Marrakesh; Air Nostrum van Almería, Granada en Málaga naar Melilla. **Meliyet** vliegt van Málaga naar Melilla en Nador. **Helicópteros del Sureste** biedt een helikopterdienst tussen Málaga en de heliport in Ceuta.

Snelle veerboot van FRS tussen Tanger en Tarifa

ADRESSEN

LUCHTVAART

Luchthaveninfo
Sevilla ***Tel.*** *95-4449000.*
Málaga ***Tel.*** *95-2048484.*
Granada ***Tel.*** *958-245200*

Air Europa
www.air-europa.com

GB Airways
www.gbairways.com

Iberia
Málaga.
Tel. *90-2333933.*
www.iberia.com

Meliyet
www.meliyet.com

Royal Air Maroc
Tel. *91-5487800.*
www.royalairmaroc.com

Ryanair
www.ryanair.com

Spanair
www.spanair.es

Transavia
www.transavia.com

Virgin Express
www.virgin-express.com

Vueling Airlines
www.vueling.com

Helicópteros del Sureste
www.helisureste.com

VEERDIENSTEN

Acciona Trasmediterranea
www.trasmediterranea.es

Compagnie Marocaine de Navigation (Comanav)
www.comanav.co.ma

Euroferrys
www.euroferrys.com

FRS
Estación Marítima,
Tarifa.
www.frs.es

AUTOVERHUUR

Avis **www**.avis.es
Europcar **www**.europcar.es
Hertz **www**.hertz.com
Holiday Autos **www**.holidayautos.co.uk

MAROKKO

Consulaat van Marokko
Camino de los Descubrimientos,
Isla de la Cartuja, Sevilla.
Tel. *95-4081044.*

Moroccan National Tourist Office
www.visitmorocco.org

Per trein reizen

Logo van AVE-hogesnelheidstreinen

De Pyreneeën vormen de natuurlijke flessenhals tussen Spanje en de rest van Europa. RENFE (de Spaanse spoorwegen) verbindt Madrid en Barcelona met Frankrijk, Italië, Oostenrijk en Zwitserland. **RENFE** beheert een netwerk van routes door het hele land en biedt veel service. De hogesnelheidstrein AVE *(Tren de Alta Velocidad Española)* verbindt Sevilla, Córdoba en Madrid met elkaar. De reistijden zijn door de komst van de AVE gehalveerd en daardoor is het reizen per trein bijzonder efficiënt geworden.

AVE-hogesnelheidstreinen op het Estación de Santa Justa in Sevilla

AANKOMST PER TREIN

Het eindstation van buitenlandse treinen is Madrid of Barcelona. Na Barcelona doet de trein er nog negen uur over om in Sevilla te komen; de reis Madrid–Sevilla duurt per AVE drie uur.

Het belangrijkste treinstation van Andalusië is Santa Justa *(blz. 268)* in Sevilla. Het heeft directe verbindingen met alle belangrijke steden in Andalusië, Barcelona en Madrid. Verder vertrekken er elf AVE-treinen per dag.

RENFE accepteert alle Europese en Amerikaanse treinkaarten, inclusief EurRail- en Inter-Railkaarten. Op sommige trajecten moet u wel een toeslag betalen.

TREINREIZEN IN SPANJE

Spanje beschikt over een uitgebreid spoornet en RENFE heeft voor elke beurs een passende trein. De AVE-treinen zijn het snelst, maar ook het duurst. Als de trein meer dan vijf minuten te laat aankomt, krijgen reizigers hun geld terug.

Andere langeafstandstreinen *(largo recorrido)* rijden overdags *(diurnos)* of 's nachts *(nocturnos)*. De *Intercity's* zijn normale treinen die overdag rijden; *Talgos* zijn iets duurder en luxueuzer. De nachttreinen heten *Expresos* of *Talgo cama* (*cama* betekent bed).

De regionale treinen heten *Regionales*. Ze doen onderweg alle stations aan. *Cercanías* zijn treinen die speciaal voor de forenzen tussen grote steden en de omliggende plaatsen heen en weer rijden.

BOEKEN EN RESERVEREN

Reserveer voor reizen over langere afstanden, vooral op feestdagen *(días festivos)* en vrije weekeinden *(puentes)*. Reserveren is tot 60 dagen voor vertrek mogelijk. U moet uw kaartje ten minste 24 uur van tevoren ophalen. U kunt het ook naar uw hotel laten opsturen *(servicio a domicilio)*. Voor *regionales* kunt u niet reserveren. Het personeel is behulpzaam, maar spreekt helaas maar zelden Engels. Voor informatie kunt u bij de reisbureaus terecht.

TARIEVEN

De tarieven voor de trein zijn in Spanje redelijk. *Largo recorridos* en *regionales* hebben eerste- en tweedeklascompartimenten *(primera/ segunda clase)*. De tarieven voor de AVE-treinen en de Talgo 200 van Málaga naar Madrid hangen af van de klasse (*turista, preferente* of *club*) en de drukte (*valle* – weinig, *plano* – gemiddeld of *punta* – veel). De duurste kaartjes zijn dus *club punta* en de voordeligste *turista valle*. Op uw kaartje staat het nummer van uw zitplaats (of bed) aangegeven.

Kaartjes voor internationale treinreizen kunt u kopen op de grotere stations, bij de RENFE-kantoren en op sommige *cercanías*-stations. Op de grote stations kunt u betalen met een creditcard,

Het treinstation van El Chorro, Andalusië

HET RENFE-SPOORNETWERK

De Spaanse spoorwegen bieden verschillende mogelijkheden. Lees de RENFE-folder zorgvuldig voor u een kaartje koopt.

SYMBOLEN

- Hoofdstation
- Belangrijk spoortraject
- AVE-hogesnelheidtraject
- AVE-traject in aanleg

maar op de kleinere stations of *cercanías*-stations is dat niet het geval.

U mag de datum van uw reservering twee keer veranderen, maar u betaalt daarvoor een bedrag van 10–15 procent van de aankoopprijs. Mocht u daarna nog iets willen wijzigen, dan moet u een nieuw kaartje aanschaffen.

TARIEVEN VAN CERCANÍAS EN REGIONALE TREINEN

Voor de regionale lijnen en de *cercanías* zijn tienrittenkaarten *(bonos)* te koop, waarmee u 40 procent op de prijs spaart. U moet uw *bono* voor het betreden van het perron in de automaat afstempelen.

DE KAARTJESAUTOMAAT GEBRUIKEN

Het gebruik van een kaartjesautomaat *(cercanía)* is niet bijzonder ingewikkeld. Volg gewoon het groene knipperlicht.

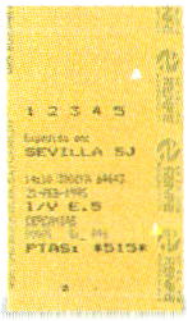

Kaartje

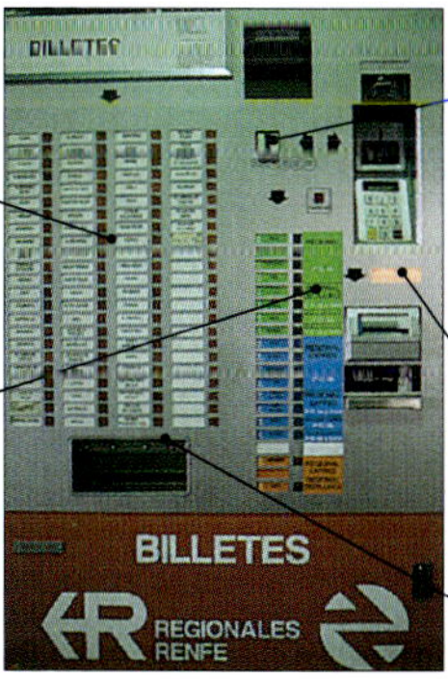

1 Kies uw bestemming.

2 Kies uw kaartje; *sencillo* (enkel), *ida y vuelta* (retour) of *tarjeta dorada* (65-plus).

3 Doe het geld in de automaat (biljetten of munten). De machine geeft het teveel terug.

4 *Solo Monedas* betekent dat bankbiljetten niet worden geaccepteerd.

5 Neem uw kaartje uit.

DIENSTREGELINGEN

De treinen rijden in Andalusië goed op schema; vooral de AVE is punctueel. De dienstregelingen en prijstabellen zijn gratis te verkrijgen en gemakkelijk te ontcijferen. De informatie over de *laborables* (weekdagen) en *sábados, domingos y festivos* (zaterdag, zon- en feestdagen) staat gewoonlijk onderaan in de tabel.

NUTTIGE TELEFOONNUMMERS

RENFE-kantoren
Tel. *90-2240202.*
www.renfe.es

Sevilla
Calle Zaragoza 1.
Kaart 5 C2.
Tel. *95-4226160.*

Córdoba
Ronda de los Tejares 11.
Tel. *957-477835.*

Granada
Reyes Católicos 30.
Tel. *958-229777.*

Málaga
Calle Trinidad Grund 2.
Tel. *95-2218191.*

Het ultramoderne uiterlijk van het in 1992 gebouwde station Santa Justa in Sevilla

SEVILLA, SANTA JUSTA

Het bijzondere station Santa Justa is gebruiksvriendelijk en modern. Zelfs op spitsuren hebt u niet het gevoel dat het er bijzonder druk of onveilig is, maar laat u zich hierdoor niet misleiden en wees op uw hoede voor zakkenrollers. Als u in het midden van het gebouw gaat staan, kunt u in een oogopslag alle perrons overzien.

Vlak bij de loketten kunt u de dienstregeling van de AVE en andere langeafstandstreinen bekijken. Voor de regionale diensten en de *cercanías* zijn er kaartjesautomaten *(blz. 266–267)*. In het station bevinden zich een groot café-restaurant, cadeauwinkeltjes, kiosken, geldautomaten en wisselkantoren. Gevonden voorwerpen kunt u aangeven bij de balie waar *Atención al Cliente* boven staat. Aan de voorkant van het station kunt u parkeren of een taxi nemen. Het station is geopend van 4.00 tot 24.00 uur. Hoewel het station zich in een enigszins morsige buitenwijk bevindt, bent u in vijf minuten in het centrum van de stad.

RENFE-logo

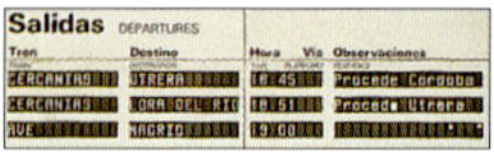

Vertrektijden op het station Santa Justa

Loketten van het station Santa Justa

CÓRDOBA

In 1994 werd in het noordwesten van Córdoba het nieuwe station geopend. Vanaf het station is het vijf minuten naar het centrum. Het station van Córdoba is ruimtelijk en overzichtelijk. Er vertrekken treinen naar Madrid, Málaga, Barcelona, Sevilla, Jaén en Bilbao. Per AVE bent u in twee uur in Madrid en in 45 minuten in Sevilla. U kunt ter plekke uw bagage in een kluis achterlaten om te winkelen of iets te drinken in een van de cafés.

GRANADA

Het station van Granada is bescheiden. U vindt er een klein café-restaurant en een taxistandplaats. De meeste treinen die het station aandoen, zijn regionale treinen of *cercanías*, maar er passeren ook treinen naar Madrid, Sevilla, de Costa Brava, Barcelona, Almería, Córdoba en Málaga. Er zijn bagagekluizen aanwezig.

De gevel van het station in Granada

MÁLAGA

Alleen vlak voordat er een trein aankomt of vertrekt, wordt het druk op dit station. Vanaf Málaga vertrekt een *cercanía* die langs de hele Costa del Sol (tot aan Fuengirola) rijdt. Verder gaan er regelmatig treinen naar Madrid, Barcelona, Sevilla, Córdoba en Cádiz. Buiten het station is een taxistandplaats.

STATIONS

Sevilla, Santa Justa
Avenida Kansas City. **Kaart** 2 F5 en 4 F1.

Granada
Avenida Andalusia s/n.

Córdoba
Glorieta de las Tres Culturas.

Málaga
Explanada de la Estación s/n.

Inlichtingen spoorwegen
Tel. *902-240202.*
www.renfe.es

Reizen per bus

De belangrijkste busverbindingen tussen Andalusië en de rest van Europa zijn die met Frankrijk, Nederland, België, Zwitserland en Oostenrijk. Het reiscomfort is de laatste jaren enorm vooruitgegaan; de meeste bussen hebben nu airconditioning, een bar, video en een toilet. Ook de wegen zijn verbeterd. Dit maakt het reizen per bus tegenwoordig erg comfortabel. Het is een goedkoop alternatief ten opzichte van andere vormen van vervoer. Rond vakantiedagen wordt het reizen echter door overvolle busstations en drukke wegen bemoeilijkt.

Regionale bus van Alsina Graells

AANKOMST PER BUS

De belangrijkste busstations van Andalusië zijn gevestigd in Sevilla, Granada, Córdoba en Málaga. Sommige busondernemingen mijden echter de grote stations in de steden. Dit gebeurt vooral in Granada, waar veel verschilllende ondernemingen opereren. De busondernemingen onderhouden lijnen tussen de grotere steden en stadjes. Soms kunt u een dorp alleen per bus bereiken. De bus is het beste vervoermiddel om een streek te leren kennen.

SEVILLA

Het grootste busstation van Sevilla ligt in het centrum van de stad aan de Plaza de Armas. Busmaatschappij Alsa verzorgt zowel busreizen naar internationale bestemmingen als naar Madrid, Huelva, Badajoz en Extremadura. Voor alle andere bestemmingen gaat u naar het busstation in Prado de San Sebastian.

CÓRDOBA

Het busstation in Córdoba wordt door Alsina Graells gerund. Het is een bescheiden station, met een een voudige wachtruimte, een café en een kiosk. Er vertrekken bussen naar Granada, Murcia, Almería, Málaga, Algeciras, Cádiz en Sevilla.

GRANADA

In Granada opereren zoveel verschillende busondernemingen dat het moeilijk kiezen wordt. De grootste is Alsina Graells Sur. Het station van deze onderneming wordt als het centrale busstation gezien. Jammer genoeg is het er smerig en druk; u kunt beter uw kaartje van tevoren kopen zodat u voor vertrek slechts een paar minuten op het station hoeft te verblijven. Vanaf dit station rijden er bussen door heel Murcia en Andalusië.

De bus naar Madrid vertrekt vanaf het centraal station in de Avenida Andaluces.

MÁLAGA

In Málaga ligt het centrale busstation in het centrum van de stad. U kunt hier de bus nemen naar alle grote steden van Andalusië, of naar Madrid, Barcelona, Valencia of Alicante. Julia Tours en Lineabus verzorgen busreizen naar België, Nederland, Zwitserland en Duitsland.
De bussen van Eurolines en Iberbus rijden via Madrid en Parijs naar België en Nederland.

BUSSTATIONS

Sevilla
Estación Plaza de Armas
Plaza de Armas. **Kaart** 1 B5 en 5 A2.
Tel. *95-4908040.*
Prado de San Sebastian Estación
Tel. *95-4417111.*

Córdoba
Terminal Alsina Graells
Glorieta de las Tres Culturas
Tel. *957-404040.*

Granada
Terminal Alsina Graells Sur
Carretera de Jaen, Granada.
Tel. *958-185010.*

Málaga
Estación de Autobuses
Paseo de los Tilos.
Tel. *95-2350061.*

De grote vertrekhal van het busstation aan de Plaza de Armas in Sevilla

Rijden in Andalusië

Logo van een grote keten van benzinestations

De meeste snelwegen en autowegen van Andalusië verkeren in een uitstekende conditie. Doordat veel van de wegen pas zijn aangelegd, kunnen kaarten van enkele jaren oud niet meer van toepassing zijn. Koop dus vooral een nieuwe kaart voor u op pad gaat. Vergeet ook niet dat in Spanje het aantal verkeersongelukken het op een na hoogste is van Europa. Rijd daarom altijd voorzichtig, vooral in juli en augustus, als de wegen vol vakantiegangers zijn, die het gebied niet kennen. Parkeer uw auto in een buitenwijk als u een stad bezoekt, en ga te voet het centrum in.

Karakteristiek straatje in Andalusië

AANKOMST PER AUTO

Als u met uw eigen auto reist, hebt u over het algemeen geen bijzondere papieren nodig. U neemt, net als in alle andere landen van Europa, uw groene kaart mee en verder is het verplicht om het kentekenbewijs van uw auto, verzekeringspapieren en een geldig rijbewijs bij u te hebben.
Als u ter plekke een auto wilt huren, hoeft u alleen maar uw rijbewijs te laten zien. Sommige autoverhuurders verlangen echter het internationale rijbewijs (IRB).
U kunt voor dit document bij de ANWB of bij de TCB terecht.
Langs de meeste autosnelwegen in Spanje staan praatpalen; in geval van nood kunt u hiermee altijd om assistentie verzoeken. Vraagt u om *auxilio en carretera*.

VERKEERSREGELS

In Spanje moet u het verkeer op rotondes voorrang verlenen. Wees echter voorzichtig als u zelf op een rotonde rijdt, want auto's die de rotonde oprijden kunnen u negeren en gewoon doorrijden.
De maximumsnelheden zijn 50 km/u binnen de bebouwde kom, 90–100 km/u buiten de bebouwde kom en 120 km/u op autosnelwegen. Veiligheidsgordels zijn voor en achter in de auto verplicht. Motorrijders moeten een helm dragen. Automobilisten horen altijd een reflecterend vest en een gevarendriehoek bij zich te hebben. Als u geen EHBO-doos in de auto hebt, riskeert u een boete.

VERKEERSBORDEN

In Andalusië worden dezelfde verkeersborden gebruikt als overal in Europa. De bewegwijzering is echter vaak verwarrend en onlogisch. Let dus vooral goed op als u een stad nadert. Als u vanuit een stad naar een andere stad wilt gaan, speur de weg dan af naar borden; sommige zijn zo klein dat u ze gemakkelijk voorbijrijdt. Rijdt u eenmaal op de verkeerde weg en wilt u van richting veranderen, zoek dan naar bordjes waarop *Cambio de Sentido* staat. Deze bordjes leiden gewoonlijk naar bruggen of tunnels waar u kunt keren.

PLAATSELIJKE CHAUFFEURS

Spaanse chauffeurs negeren veel verkeersborden en de meeste Spanjaarden verhogen hun snelheid als het verkeerslicht op oranje springt.

VERKEERSBORDEN IN ANDALUSIË

Let op de volgende verkeersborden: *Peligro* (gevaar), *Obras* (werk in uitvoering), *Ceda el Paso* (voorrang verlenen) en *Cuidado* (let op).

Verkeersbord met de hoofdroutes op een kruispunt

Bord dat aangeeft dat de weg een autosnelweg is

Kijk uit voor stieren op de weg

Waarschuwing voor sneeuw of ijs

Ook rijdt een Spanjaard zo dicht mogelijk achter u als hij wil inhalen. Als er iemand met een arm uit het autoraampje naar u gebaart, betekent dit dat ú kunt inhalen. Richtingaanwijzers worden niet altijd gebruikt; wees dus op onverwachte manoeuvres van andere weggebruikers voorbereid.

AUTOSNELWEGEN

Autovías zijn tolvrije snelwegen die vaak over verouderde wegen zijn aangelegd. Een tolweg heet *autopista*. De A4 *(Autopista Mare Nostrum)* verbindt Sevilla met Cádiz. Als u de *autopista* nadert, rijdt u eerst een van de rijstroken op. Als het groene licht brandt, kunt u doorrijden naar het tolhuisje, waar u een kaartje krijgt. U betaalt als u de weg verlaat. Het bedrag hangt af van de afstand die u op de *autopista* hebt gereden.

Onofficiële parkeerwacht

LANDELIJKE WEGEN

Ga alleen van de goed onderhouden N-wegen *(rutas nacionales)* af als u geen haast hebt. De landelijke wegen van Andalusië kunnen nog wel eens kronkelig en slecht onderhouden zijn. Daar komt nog bij dat de alternatieve routes vaak slecht en verwarrend bewegwijzerd zijn. Als u zo'n route neemt, moet u op uren extra reistijd rekenen.

BENZINE

Hoewel dit snel verandert, wordt u bij meer dan de helft van de benzinepompen nog steeds door een bediende geholpen. Buiten de stad zijn er voldoende benzinestations; bij de grotere kunt u 24 uur per dag terecht. Bij de zelfbedieningsstations moet u de benzine gewoonlijk van tevoren afrekenen. De meeste stations verkopen *super* (super), *gasoil* (diesel) en *sin plomo* (loodvrij). U kunt praktisch overal met creditcards betalen.

RIJDEN IN DE STAD

In de stad kan het autorijden moeilijk zijn. De centra van Sevilla (vooral rond Santa Cruz) en Córdoba (rond de Mezquita) bestaan uit vaak smalle, kronkelige straatjes waar nauwelijks een auto door kan. Verder rijden de stedelingen zelf nogal roekeloos, dus u begrijpt dat het rijden in de stad een inspannende bezigheid kan zijn. Parkeer uw auto liever ergens en gebruik het openbaar vervoer tot u een beetje met de omgeving vertrouwd bent geraakt.

PARKEREN

Behalve in de Barrio Santa Cruz kunt u overal in Sevilla redelijk parkeren. Er zijn nergens wijken met parkeermeters *(zonas azules)*, maar over de stad verspreid is er een aantal gemakkelijk bereikbare parkeergarages. Soms heeft er op een plein of in een straat iemand zichzelf tot parkeerwachter benoemd. De meeste van deze parkeerwachters zijn wel te vertrouwen. Voor een fooi helpen ze u met het vinden van parkeerruimte en bewaken ze uw auto tot u terugkeert.

In het centrum van Córdoba is het bijna onmogelijk om te parkeren, maar misschien vindt u in de ondergrondse parkeergarage naast de Mezquita nog een plaatsje. Granada heeft meer parkeergelegenheden. Het parkeren kost er ongeveer een euro per uur.

FIETSEN

Sevilla, Córdoba en Granada hebben nu fietspaden, maar niet in het centrum. Automobilisten behandelen fietsers als een plaag. Ook worden fietsende vrouwen nogal eens lastiggevallen. Door het vrij chaotische verkeer is een ritje maken in de stad geen pretje. Buiten de stad is het echter heel plezierig om tochtjes op een mountainbike te maken.

ADRESSEN

HULPDIENSTEN

ADA
Tel. *900-100142.*

Europ Assistance
Tel. *91-5972125.*

RACE
(zusterorganisatie van de ANWB en de TCB) ***Tel.*** *91-5933333.*

AUTOVERHUURBEDRIJVEN

Avis
Sevilla ***Tel.*** *95-426156.*
Córdoba ***Tel.*** *957-401445.*
Granada ***Tel.*** *958-232338.*

Hertz
Sevilla ***Tel.*** *954-417009.*
Córdoba ***Tel.*** *957-402060.*
Granada ***Tel.*** *958-204454.*
Málaga ***Tel.*** *952-241017.*

In de Sierra Nevada rijdt u op een van de hoogstgelegen wegen van Europa

Lopend of per bus de stad verkennen

Veel plaatsen in Andalusië hebben een historisch interessant hart, met smalle straatjes en gezellige pleintjes. U komt in die buurten het beste lopend terecht, vooral omdat in een aantal plaatsen in bepaalde wijken alleen auto's van bewoners mogen komen. Bussen zijn eigenlijk alleen maar voor vervoer naar het centrum of naar winkelcentra geschikt. De afstand tussen de verschillende monumenten kunt u beter op een andere wijze afleggen. De bussen zijn goedkoop, veilig en schoon, en alleen tijdens spitsuren zitten ze vol.

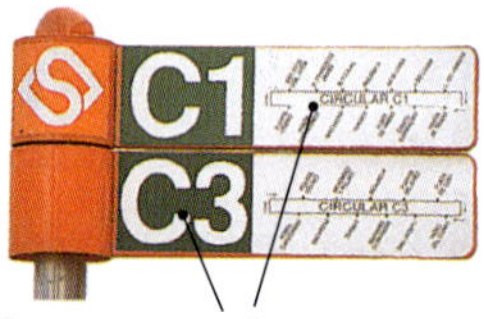

Een oranje stadsbus van Tussam, in Sevilla

LOPEN

In veel van de Andalusische steden liggen de belangrijkste bezienswaardigheden op loopafstand van de meeste hotels, of kost het u een korte rit met bus of taxi. In Sevilla is de folder *Paseando por Sevilla* (slenteren in Sevilla) te verkrijgen. Maar misschien is het spannender om in de smalle straatjes te verdwalen en plotseling voor een interessant gebouw te staan. Voor een tochtje naar het platteland kunt u zich aansluiten bij een van de vele georganiseerde wandelgroepjes. In *Giraldillo (blz. 263)* staan deze groepjes onder het kopje *Deportes* (sport).
Het *paseo* (slenteren) is 's avonds een vast gebruik. Groepen vrienden, stelletjes en hele families kleden zich netjes aan om voor het diner (rond 22.00 uur) te winkelen, koffie te drinken, te kijken en bekeken te worden.

Rood betekent stoppen, groen betekent lopen en uitkijken

OVERSTEKEN

Zelfs als een voetganger voorrang heeft, kan het gebeuren dat een automobilist gewoon doorrijdt. Ook voor zebrapaden is er nauwelijks respect. Een voetgangersoversteekplaats wordt vaak alleen maar met een oranje knipperbol aangegeven. Zelfs als het verkeerslicht voor voetgangers op groen staat, is het verstandig om goed uit te kijken voor u de weg oversteekt.

STADSBUSSEN

Bij een Spaanse bus stapt u aan de voorkant in. Daar kunt u een kaartje van de chauffeur kopen of uw buspas laten zien. In de automaat voor in de bus stempelt u uw *bonobus* (tienrittenkaart) af. De uitgang van de bus zit in het midden. Als u wilt uitstappen, drukt u op het knopje. Geef uzelf in een volle bus genoeg tijd om de uitgang te bereiken. **Autobuses Urbanos Tussam** is de grootste busonderneming van Sevilla, de bussen zijn oranje, rood of zwart (nieuwe bussen). De bruikbaarste buslijnen zijn de C1, C2 en C3; zij rijden alleen in het centrum. De bussen rijden op maandag tot en met zaterdag van 6.00 tot 23.30 uur en op zon- en feestdagen van 7.00 tot 23.30 uur. In de zomer rijden de bussen tot 0.30 uur. De nachtbus rijdt tot 2.00 uur elk heel uur. In Sevilla kunt u met *Sevirama City Tour* in een open dubbeldekker de belangrijkste bezienswaardigheden bekijken. De bus rijdt van de Torro del Oro *(blz. 69)* naar de Plaza de España *(blz. 98)*.
In Granada staan de meeste bezienswaardigheden in voetgangersgebieden. Bus 2 rijdt van het centrum naar het Alhambra.
In Córdoba is het centrum ook op voetgangers ingesteld. Bus 12 rijdt van de Mezquita naar het nieuwere centrum, waar de meeste winkels zijn gevestigd.

***Sevillanos* die, volgens de gewoonte van het *paseo*, aan het slenteren zijn**

BUSONDERNEMINGEN

Autobuses Urbanos Tussam
Avda de Andalucia II, Sevilla. **Kaart** 4 D3.
Tel. *902-459954*. **www**.tussam.es

Sevirama City Tour
Paseo de las Delicias 1, Sevilla.
Kaart 3 C3. ***Tel.*** *954-560693*.

RIJTUIGEN

Er is geen betere manier om de sfeer van een Andalusische stad op te snuiven dan per rijtuig.
U kunt de tarieven bekijken op de plaatsen waar de koetsiers op hun vrachtje wachten: in Sevilla bij de Giralda *(blz. 78)* en in Córdoba bij de Mezquita *(blz. 144–145)*. Meestal bedraagt de prijs voor een enkele rit van 40 minuten voor vier personen € 40. Vaak is de koetsier bereid om met u over de prijs te onderhandelen. Er kunnen vier personen in een rijtuig.

Rijtuig bij de kathedraal van Sevilla

KAARTJES EN BUSPASSEN

In Sevilla kunt u in de bus een *billete sencillo* of een *univiaje* (enkele reis) kopen. Zorg dat u gepast geld hebt, want als de buschauffeur niet kan wisselen, laat hij u bij de volgende halte uitstappen.
Een *bonobus* kaart (tienrittenkaart) kost de helft minder dan tien afzonderlijke kaartjes. Met een *bonobus con derecho a transbordo* kunt u binnen het uur ook nog overstappen. De kaart is maar een fractie duurder dan de *bonobus*.
Een *tarjeta turística* (toeristenpas voor drie of zeven dagen) is een goede aankoop als u meer dan vijf busreizen per dag maakt. U kunt er onbeperkt mee reizen. De pas is te koop bij Tussamkiosken, krantenkiosken en tabakswinkels.
Als u langer in Sevilla verblijft, kunt u een *bono mensual* (maandpas) kopen. De fotokaart die hiervoor nodig is, kunt u bij het centrale Tussamkantoor laten maken.

TAXI'S

Er rijden veel taxi's in de Spaanse steden. Een Spaanse taxi is wit en voert het logo van het taxibedrijf met het registratienummer. De chauffeur spreekt zelden Engels, zorg dus dat u een paar woordjes Spaans beheerst om uw bestemming uit te leggen en over de prijs te onderhandelen. Op de standaardprijs kan een toeslag gerekend worden: *tarifa nocturna* voor nachtelijke ritten, *maletas* voor bagagevervoer en *días festivos* voor het vervoer op feestdagen. Twijfelt u aan de ritprijs, vraag dan om de *tarifas* (tarievenlijst).

De in Sevilla gebruikelijke witte taxi met logo en registratienummer

TAXIBEDRIJVEN

Sevilla
Tel. *95-4580000.*

Córdoba
Tel. *957-764444.*

Granada
Tel. *958-280654.*

EEN STEMPELAUTOMAAT GEBRUIKEN

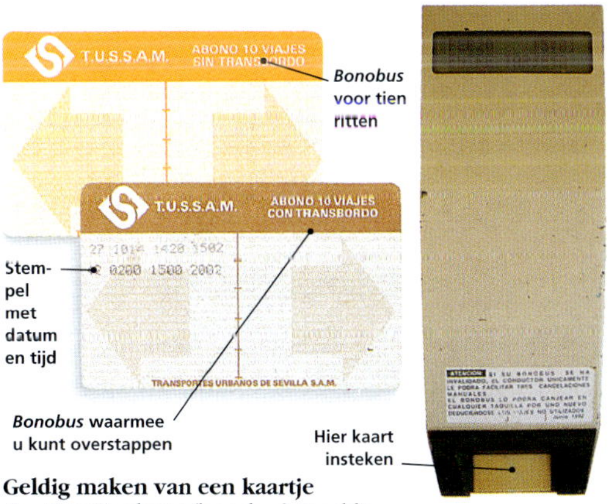

Stempelautomaat

Geldig maken van een kaartje
Een tienrittenkaart (bonobus) *is geldig als hij afgestempeld is.*

METRO

Er wordt een nieuw metronet voor Sevilla aangelegd. Het net, bedoeld om de buitengebieden van Sevilla met het centrum te verbinden, zal bestaan uit vier metrolijnen. De eerste, lijn 1, wordt eind 2008 geopend. De lijnen zullen bus- en treinstations met elkaar verbinden en lijn 4 zal naar de luchthaven lopen. De Metro-Centrotram begon in april 2007 diensten te onderhouden in het stadscentrum. Hierdoor is er nu een snelle verbinding tussen Prado de San Sebastian en Plaza Nueva. De komende paar jaar worden andere lijnen toegevoegd, die het netwerk uitbreiden tot Puerta Osario en het treinstation Santa Justa.

Register

A

B

N

O

P

Q

R

Dankbetuiging

De uitgever bedankt de volgende personen en instellingen, wier bijdragen en hulp dit boek mogelijk hebben gemaakt.

Auteurs

David Baird woonde van 1971 tot 1995 in Andalusië en schreef verschillende artikelen en boeken over Spanje, waaronder *Inside Andalusia*.

Martin Symington is schrijver en reisjournalist en heeft veel over Spanje gepubliceerd. Hij schrijft onder andere voor *The Daily Telegraph* en is medeauteur van de *Capitool Reisgids Groot-Brittannië*.

Nigel Tisdall is medeauteur van de *Capitool Reisgids Frankrijk* en schrijver van vele publicaties, waaronder de *Insight Pocket Guide to Seville*.

Medewerkers

Louise Cook, Josefina Fernández, Adam Hopkins, Nick Inman, Janet Mendel, Steve Miller, Javier Gómez Morata, Clara Villanueva, John Gill, Mari Nicholson.

Aanvullende illustraties

Richard Bonson, Louise Boulton, Brian Cracker, Roy Flooks, Jared Gilbey, Paul Guest, Christian Hook, Mike Lake, Maltings Partnership, John Woodcock.

Aanvullende cartografie

James Anderson, Uma Bhattacharya, DK Cartography, Mohammed Hassan, Jasneet Kaur.

DTP, ontwerp en redactionele assistentie

Word on Spain, Eugenia Blandino, Greta Britton, Maggie Crowley, Cathy Day, Vinod Harish, Tim Hollis, Vincent Kurien, Colin Loughrey, Francesca Machiavelli, Susan Mennell, Michael Osborne, Olivia Shepherd, Azeem Siddiqui, Sylvia Tombesi-Walton.

Register

Helen Peters.

Aanvullende fotografie

Patrick Llewelyn-Davies, David Murray, Martin Norris, Ian O'Leary, Rough Guides/Demetrio Carasco, Clive Streeter.

Fotografische en illustratiereferentie

Concha Moreno van Aeropuerto Málaga; Fanny de Carranza van Area de Cultura del Ayuntamiento, Málaga, Tere González van Oficina de Turismo, Ayuntamiento, Cádiz; en personeel van Castillo San Marcos, El Puerto de Santa María, Itálica, Kathedraal van Sevilla en Museo Bellas Artes, Sevilla.

Bijzondere hulp

De uitgever is dank verschuldigd aan alle regionale en plaatselijke toeristenbureaus, *ayuntamientos* en *diputaciones* in Andalusië voor hun hulpvaardigheid, in het bijzonder het Oficina de Turismo de Sevilla de Junta de Andalucía en andere afdelingen van de Junta de Andalucía. Dank ook aan: Javier Morata, Jose Luis de Andrés de Colsa en Isidoro González-Adalid Cabezas van Acanto Arquitectura y Urbanismo, Madrid; Juan Fernández van Aguilar voor zijn nuttige commentaar; Robert op de Beek van Alvear, Montilla; Francisco Benavent van Fundación Andaluza de Flamenco, Jerez de la Frontera; personeel van Locutorio, Granada; Paul Montegrifo; Amanda Corbett van Patronato Provincial de Turismo de Sevilla; José Pérez de Ayala van Parque Nacional de Doñana; Gabinete de Prensa, RENFE, Sevilla; Graham Hines en Rachel Taylor van Sherry Institute of Spain, Londen; dr. David Stone; Joaquín Sendra van Turismo Andaluz SA; *6 Toros 6* magazine, Madrid.

Toestemming voor foto's

De uitgever wil iedereen bedanken die toestemming heeft gegeven om foto's te maken in de verschillende *ayuntamientos*, kathedralen, kerken, galeries, hotels, musea, restaurants, winkels, transportdiensten en andere bedrijven, die te groot in aantal zijn om afzonderlijk te bedanken.

Fotoverantwoording

b = boven; bl = boven links; bm = boven midden; br = boven rechts; mlb = midden links boven; mb = midden boven; mrb = midden rechts boven; ml = midden links; m = midden; mr = midden rechts; mlo = midden links onder; mo = midden onder; mro = midden rechts onder; ol = onder links; o = onder; om = onder midden; or = onder rechts; d = detail.

We hebben onze uiterste best gedaan om alle rechthebbenden te achterhalen. Onze verontschuldigingen voor de gevallen waarin dat niet is gelukt. In een volgende uitgave zullen wij graag de rechthebbende(n) onze dank betuigen.

Kunstwerken staan afgebeeld met toestemming van de volgende copyrighthouders: © SUCESION PICASSO/DACS, Londen 2006 52mlo; DACS, Londen 2006 53mo; © PATRIMONIO NACIONAL MADRID: 43or, 46ml, 46mo, 47mb, 50ol.

Foto's gemaakt met de hulp van AL-ANDALUS, IBERRAIL SA, Madrid: 266o; CASA-MUSEO FG LORCA, Fuentevaqueros, Granada: 195o; TEATRO DE LA MAESTRANZA, Sevilla: 230b; CANAL SUR, Sevilla: 245mr.

De uitgever is dank verschuldigd aan de volgende personen, bedrijven en fotoarchieven voor hun toestemming voor het afdrukken van hun foto's:

AISA ARCHIVO ICONOGRÁFICO, Barcelona: 4b, 23o, 23mr, *Juanita Cruz*, A. Beltrane (1934) 27ol (d); Biblioteca Nacional Madrid/Museo Universal, *La Spange de C. Duvillier*, Gustavo Doré 28ml (d); 41b, 42bl, 42m, 42or, 43mr, 44mb; Kathedraal, Sevilla, *San Isidoro y San Leandro*, Ignacio de Ries (17de eeuw) 45mro; Universidad de Barcelona, *La Corte de Abderramán*, Dionisio Baixeres (1885) 46mr–47ml; 47bm, 47ol, 48ol, 48or, 49ol, 50ol; Museo Naval Madrid, *Retrato de Magallanes*, 50or; 52ml; Casón del Buen Retiro, *La Rendición de Bailén*, J. Casado del Alisal (1864) 53b; Greenwich Museum, *Battle of Trafalgar*, G. Chamberg 53mb (d); 52mr–53ml, 55or, 121ol; Museo-Casa de los Tiros, *Gitanos Bailando el Vito*, Anoniem 193or (d); Algar 44ol, 46cmlo; Servicio Histórico Nacional, *Alfonso XII*, R. de Madrazo 53or (d); 55mb; © DACS 1996 Museo Nacional d el Teatro, Almagro, Ciudad Real, poster 'Yerma' (F.G. Lorca) door José Caballero y Juan Antonio Morales (1934) 55mo; D. Baird 36o, 39m; Bevilacqua 45ol, 49m; J.D. Dallet 42mlo; Dulevant

50mlo; J. Lorman 33bm; M. Ángeles Sánchez 38b; Sevillano 39b; Alamy images: Authors Image/ Mickael David 11br; Bildarchiv Monheim GmbH/ Markus Bassler 11bl; blickwinkel 249or; Stuart Crump 266or; Danita Delimont/Alan Klehr 171br; David Sanger Photography/Sam Bloomberg-Rissman 169bl; Susan E. Degginger 10bm; Kathy deWitt 107mr; Mark Eveleigh 166br; Kevin George 106bl; Eric James 252–253; Jose Antonio Jimenez 169mro; Jon Arnold Images/Jon Arnold 106mlb; Chris Knapton 248ol; Lightworks Media 249br; Melvyn Longhurst 167bm; Barry Mason 10mlb, 250or; Geoffrey Morgan 246or; Robert Harding Picture Library Ltd/Michael Jenner 223ml; Felipe Rodriguez 10or; SAS 178bm; Carmen Sedano 249ml; Alex Segre 225br; Gordon Sinclair 166ol; 166mlb; Nicholas Stubbs 11or; Renaud Visage 222ml; Ben Welsh 248mr; Peter M. Wilson 167or, 168 ol.

Arenas Fotografía Artística, Sevilla: 49mr, 116ml, Monasterio de la Rábida, Huelva, *Partida de Colón*, Manuel Cabral Bejarano 127o (d).

LLa Belle Aurore, Steve Davey & Juliet Coombe: 15m, 230mlo; Bridgeman Art Library/Index: *The Life and Times of Don Quixote y Saavedra* (1608), Biblioteca Universidad Barcelona 51ol.

Cephas: Mick Rock 20br, 30br, 30ml, 31mr, 31or, 159; Roy Stedall 27br; Cnes, 1987 Distribution Spot Image: 11b; Bruce Coleman: Hans Reinhard 21mro; Konrad Wothe 149mro; Dee Conway: 25mb, 25mr; Corbis: Owen Franken 223bl; Robbie Jack 29mb; Giancarlo Costa, Milaan: 27om (d), 41o; JD Dallet, Málaga: 18ol, 32bl, 32mlo, 32or, 35o, 36b, 122bl, 146mr, 158, 190b; Agencia EFE, Madrid: 52mlo, 56o, 57o, 57mro; Equipo 30, Sevilla: 29bl; Europa Press Reportajes: 57or; Mary Evans Picture Library: 9 (inzet), 28bl, 59 (inzet), 70o, 92o, 111 (inzet), 177o (d), 253 (inzet); El Vapor de el puerto: 165or.

Frs iberia s.l.l: 265mr.

Getty images: AFP 27mr; Glovento sur s.l.: 248bm; The Roland Grant Archive: *'For a Few Dollars More'*, United Artists 202b; Giraudon, Parijs: 42mr; Flammarion-Giraudon 43m; José M. Gutierrez Guillén, Sevilla: 84; Robert Harding Picture Library: Sheila Terry 49or, 58–59; Hemispheres images: Jean du Boisberranger 107bl; Patrick Frilet 250bl; Bertrand Gardel 107ol; Hervé Hughes 107mo; Stefano Torrione 168mrb; Hulton Deutsch: 54mr–55ml, AM/Keystone 57bl, 171o.

Iberia Archives: 264b; Incafo Archivo Fotográfico, Madrid: 157b, 157mb; A Camoyán 157mrb, 157mo; J.L. Glez Grande 157mlb; Candy Lopesino/Juan Hidalgo 157mlo; J.L. Muñoz 157o; Index, Barcelona: 43mo, 44or, 46mlb, 46ol, 46or, 47mo, 52bl, 52or, 53mro, 53mlo (d), 53ol, 179mrb; Image/Index 54bl, Privécollectie, *Sucesos de Casaviejas*, Saenz Tejada 55bl, 205 (inzet); Iranzo 44mlo; The Image Bank: © Chasan 61o; Stockphotos inc © Terry Williams 184; Images: 4o, 17, 20o, 21bl, 21ol, 32br, 34o; AGE Fotostock, 13o, 17b, 26br, 26mlo, 27m, 28or, 31ml, 37b, 37o, 39o, 137b, 157m, 226br, 246b; Horizon/ Michele Paggetta 27m–29m; met dank aan Isla Magica: 104bl, 106o.

Pablo Juliá, Sevilla: 245o.

Anthony King: 21br.

Life File Photographic Library/Emma Lee 30bl, 148ol; José Lucas, Sevilla: 244m, 246m; Neil Lukas: 130mo, 130o.

Arxiu Mas, Barcelona: 26or; Museo Taurino, Madrid, poster voor stierengevecht met Rodolfo Gaona, H. Colmenero 27ol; 45bm, 46bl, 48bl, 48m, 48mr–50ml; Museo América, Madrid, *Uitzicht op Sevilla*, Sánchez Coello 50mr–51ml; © Patrimonio Nacional Madrid 45or, 48ml, 48mo, 49mb; Magnum/Jean Gaumy 57mo.

NHPA: Vicente Garcia Canseco 131mb; Naturpress, Madrid: Jose Luis G. Grande 131o; Francisco Márquez 21or; Network Photographers: 31bl; Rapho/Hans Silvester 34m.

Oronoz Archivo Fotográfico, Madrid: Privécollectie, *La Feria* (Sevilla), J. Domínguez Bécquer (1855) 8–9; 26mb, Privécollectie *Reyes Presidiendo a una Corrida de Toros* (1862), Anoniem 27or, Banco Urquijo *Cartel Anunciador Feria de Sevilla* (1903), J. Aranda 34b, 38m, 42o, 43bl, 43bm, 43ml, 43mro, 43or, 43bl, 45bl; María Novellakerk, Florence, *Detail van Averroes*, Andrea Bonainti 47bl; 47mro, 47or, 49bl, Diputación de Granada, *Salida de Boabdil de la Alhambra*, Manuel Gómez Moreno 49mlo; 50bl, 50mlb; Museo del Prado, *Cristo Crucificado*, Diego Velázquez 51m (d); Museo de Prado, *Expulsión de los Moriscos*, Vicent Carducho 51mo (d); Musée du Louvre, Parijs, *Joven Mendigo*, Bartolomé Murillo 51or (d); © Patrimonio Nacional Madrid, Palacio Real, Riofrio, Segovia, *Carlos III Vestido de Cazador*, F. Liani 52ol; © DACS Londen 1996, Sternbergpaleis, Praag, *Zelfportret*, Pablo Picasso 54mlo; Privécollectie, Madrid, *Soldados del Ejército Español en la Guerra de Cuba* 54or; 55mro, 55ol, 56bl, 57bm, 72ol, 83o, 143b, 142m; 84b; Privécollectie, Madrid, *Patio Andaluz*, Garcia Rodríguez 138ml; 156ml; Museo de Bellas Artes, Cádiz, *San Bruno en Éxtasis*, Zurbarán 193r; 193ol; 227or.

Eduardo Paez, Granada: *Porte de la Justice*, Baron de Taylor 40; Paisajes Españoles, Madrid: 89b; Jose M. Perez de Ayala, Doñana: 130br, 130ml, 129b, 129mb; Pictures: 39o; Prisma, Barcelona: 51bl, 135o; Museo Lázaro Galdiano, Madrid, *Lope de Vega*, F. Pacheco 136o; 139b; *Vista desde el Puerto* Nicolás Chapny (1884) 183b; 245b, 264o; Ferreras 256o, Hans Lohr 161o; Anna N. 174m; Sonsoles Prada 43ol.

Jose Lucas Ruiz: 82or, 165bm.

M. Ángeles Sánchez, Madrid: 242br, 242bm; Tony Stone Images: Robert Everts 82mlb. Visions of Andalucía Slide Library, Málaga: M. Almarza 21mr; Michelle Chaplow 19or; 28mr–29ml, 162o, 267o; A. Navarro 36ml; SOL.com: 106ol.

Peter Wilson: 1, 2–3, 35b, 61mo, 144b, 174b, 174o, 179b.

Binnenflap voor: alle foto's in opdracht, behalve J.D. Dallet, Málaga: om; The Image Bank: Stockphotos inc © Terry Williams or; Jose M. Gutierrez Guillén, Sevilla: bm.

Omslag: Voor - DK Images: Linda Whitwham mlo; Superstock: Age fotostock hoofdfoto. Achter - Cephas Picture Library: Mick Rock mlo; DK Images: Neil Lukas bl, ol; Oronoz archivo fotographico: J. Aranda mlb. Rug: DK Images; o; Superstock: age fotostock b.

Algemene uitdrukkingen

In noodgevallen

Help!	**¡Socorro!**	soo-**kor**-roo
Stop!	**¡Pare!**	**paa**-ree
Bel een dokter!	**¡Llame a un médico!**	**jaa**-mee aa **oen mee**-die-koo
Bel een ambulance!	**¡Llame a una ambulancia!**	**jaa**-mee aa **oenaa** am-boe-**lan**-sjaa
Bel de politie!	**¡Llame a la policía!**	**jaa**-mee aa laa poo-lie-**sie**-jaa
Bel de brandweer!	**¡Llame a los bomberos!**	**jaa**-mee aa los bom-**bee**-ros
Waar is de dichtstbijzijnde telefoon?	**¿Dónde está el teléfono más próximo?**	**don**-de es-**taa** el tee-**lee**-foo-noo mas prok-sie-moo
Waar is het dichtstbijzijnde ziekenhuis?	**¿Dónde está el hospital más próximo?**	**don**-de es-**taa** el os-pie-**tal mas prok**-sie-moo

Basiswoorden

ja	**sí**	sie
nee	**no**	noo
alstublieft	**por favor**	por-faa-**bor**
dank	**gracias**	**kraa**-sjas
pardon	**perdone**	per-**do**-ne
hallo	**hola**	**oo**-la
tot ziens	**adiós**	aa-**djos**
goedenacht	**buenas noches**	**bwee**-nas-**not**-sjes
ochtend	**la mañana**	laa man-**jaan**-naa
middag	**la tarde**	laa **tar**-de
avond	**la tarde**	laa **tar**-de
gisteren	**ayer**	aa-**jer**
vandaag	**hoy**	oj
morgen	**mañana**	man-**jaa**-naa
hier	**aquí**	aa-**kie**
daar	**allí**	aa-**jie**
wat?	**¿qué?**	kee
wanneer?	**¿cuándo?**	kwan-**doo**
waarom?	**¿por qué?**	por-**kee**
waar?	**¿dónde?**	**don**-de

Nuttige zinnen

Hoe gaat het met u?	**¿Cómo está usted?**	**koo**-moo **es**-taa oes-ted
Heel goed, dank u.	**Muy bien, gracias**	moej **bjen kraa**-sjas
Prettig met u kennis te maken.	**Encantado de conocerle**	en-kan-taa-doo de koo-noo-ser-le
Tot zo.	**Hasta pronto**	**as**-taa **pron**-too
Dat is prima.	**Está bien**	es **taa bjen**
Waar is/zijn ...?	**¿Dónde está/están ...?**	**don**-de es-**taa**-es-**tan**
Hoe ver is het naar ...?	**¿Cuántos metros/ kilómetros hay de aquí a ...?**	**kwan**-tos **mee**-tros/kie-**loo**-mee-tros **aj** de aa-**kie** aa
Welke kant uit is het naar ...?	**¿Por dónde se va a ...?**	por **don**-de se **baa** aa
Spreekt u Engels?	**¿Habla inglés?**	**aa**-bla ien-**gles**
Ik begrijp het niet.	**No comprendo**	noo kom-**pren**-doo
Kunt u wat langzamer praten alstublieft?	**¿Puede hablar más despacio por favor?**	**pwee**-de aa-**blar mas** des-pa-sjoo por faa-**bor**
Het spijt me.	**Lo siento**	loo **sjen**-too

Nuttige woorden

groot	**grande**	**kran**-de
klein	**pequeño**	pee-**ken**-joo
warm	**caliente**	kal-**jen**-te
koud	**frío**	**frie**-joo
goed	**bueno**	**bwee**-noo
slecht	**malo**	**maa**-loo
genoeg	**bastante**	bas-**tan**-te
goed	**bien**	bjen
open	**abierto**	aa-**bjer**-too
gesloten	**cerrado**	ser-**raa**-doo
links	**izquierda**	ies-**kjer**-daa
rechts	**derecha**	dee-**ret**-sjaa
rechtdoor	**todo recto**	too-doo-**rek**-too
vlakbij	**cerca**	**ser**-kaa
ver	**lejos**	**lee**-gos
naar boven	**arriba**	ar-**rie**-baa
naar beneden	**abajo**	aa-**baa**-goo
vroeg	**temprano**	tem-**praa**-noo
laat	**tarde**	**tar**-de
ingang	**entrada**	en-**traa**-daa
uitgang	**salida**	saa-**lie**-daa
toilet	**lavabos, servicios**	laa-**baa**-bos, ser-**bie**-sjos
meer	**más**	mas
minder	**menos**	**mee**-nos

Winkelen

Hoeveel kost dit?	**¿Cuánto cuesta ésto?**	**kwan**-too **kwes**-taa **es**-too
Ik wil graag ...	**Me gustaría ...**	mee-koes-taa-**rie**-jaa
Hebt u ...?	**¿Tienen ...?**	**tjen**-nen
Ik kijk alleen maar.	**Sólo estoy mirando**	**soo**-loo es-**toj** mie-**ran**-doo
Accepteert u creditcards?	**¿Aceptan tarjetas de crédito?**	aa-**sep**-tan tar-**gee**-tas de **kree**-die-too
Hoe laat gaat u open?	**¿A qué hora abren?**	aa-**kee** o-raa **aa**-bren
Hoe laat sluit u?	**¿A qué hora cierran?**	aa-**kee** o-raa **sjer**-raṅ
deze	**éste**	**es**-te
die	**ése**	**ee**-se
duur	**caro**	**kaa**-roo
goedkoop	**barato**	baa-**raa**-too
maat, kleding	**talla**	**taj**-jaa
maat, schoenen	**número**	**noe**-me-roo
wit	**blanco**	**blan**-koo
zwart	**negro**	**nee**-kroo
rood	**rojo**	**roo**-goo
geel	**amarillo**	aa-maa-**riej**-joo
groen	**verde**	**ber**-de
blauw	**azul**	aa-**soel**
antiekwinkel	**la tienda de antigüedades**	laa **tjen**-daa de an-tie-kwee-**daa**-des
bakkerij	**la panadería**	laa paaa-naa-de-**rie**-jaa
bank	**el banco**	el **ban**-koo
banketbakker	**la pastelería**	laa pas-te-le-**rie**-jaa
boekwinkel	**la librería**	la lie-bre-**rie**-jaa
drogist	**la farmacia**	laa far-**maa**-sjaa
groente en fruit	**la frutería**	laa froe-te-**rie**-jaa
kapper	**la peluquería**	laa pe-loe-ke-**rie**-jaa
krantenkiosk	**el kiosko de prensa**	el **kjos**-koo de **pren**-saa
kruidenier	**la tienda de comestibles**	laa **tjen**-daa de ko-mes-**tie**-bles
markt	**el mercado**	el mer-**kaa**-doo
postkantoor	**la oficina de correos**	laa of-fie-**sie**-naa de kor-**ree**-os
reisagentschap	**la agencia de viajes**	laa aa-**ken**-sjaa de **bia**-ges
schoenenzaak	**la zapatería**	laa saa-paa-te-**rie**-jaa
slager	**la carnicería**	laa kar-nie-se-**rie**-jaa
supermarkt	**el supermercado**	el **soe**-per-mer-**kaa**-doo
tabakswinkel	**el estanco**	el es-**tan**-koo
visboer	**la pescadería**	laa pes-kaa-de-**rie**-jaa

Uitstapjes

bibliotheek	**la biblioteca**	laa bie-blie-joo-**tee**-kaa
busstation	**la estación de autobuses**	laa es-taa-**sjon** de au-too-**boe**-ses
gesloten voor vakantie	**cerrado por vacaciones**	ser-**raa**-doo por baa-kaa-**sjoo**-nes
kathedraal	**la catedral**	laa kaa-te-**dral**
kerk	**la iglesia**	laa ie-**klee**-sjaa
	la basílica	laa baa-**sie**-lie-kaa
kunstgalerie	**el museo de arte**	el moe-**see**-oo-de ar-te
museum	**el museo**	el moe-**see**-oo
toeristenbureau	**la oficina de turismo**	laa of-fie-**sie**-na de ien-for-ma-**sjon** toe-**ries**-tie-kaa
tuin	**el jardín**	el gar-**dien**
stadhuis	**el ayuntamiento**	el aa-joen-ta-**mjen**-too
spoorwegstation	**la estación de trenes**	laa es-taa-**sjon** de-**tree**-nes

Verblijf in een hotel

Hebt u een kamer vrij?	**¿Tiene una habitación libre?**	**tjen**-ne **oe**-naa aa-bie-taa-**sjon**-**lie**-bre
tweepersoonskamer met tweepersoonsbed	**habitación doble con cama de matrimonio**	aa-bie-taa-**sjon** **doo**-ble kon **kaa**-maa de maa-trie-**moo**-njoo
kamer met twee aparte bedden	**habitación con dos camas**	aa-bie-taa-**sjon** kon dos **kaa**-mas
eenpersoonskamer	**habitación individual**	aa-bie-taa-**sjon** ien-die-bie-**dwal**
kamer met bad	**habitación con baño**	aa-bie-taa-**sjon** kon **ban**-joo
douche	**ducha**	**doe**-tsjaa
kruier	**el botones**	el boo-**too**-nes
sleutel	**la llave**	laa **jaa**-be
Ik heb gereserveerd	**Tengo una habitación reservada**	ten-koo **oe**-na aa-bie-taa-**sjon** ree-ser-**baa**-daa

Uit eten

Hebt u een tafel voor ...?	**¿Tiene mesa para ...?**	**tjen**-ne **mee**-saa paa-**raa**
Ik wil een tafel reserveren	**Quiero reservar una mesa**	**kje**-roo ree-ser-**baa**-doo **oe**-naa **mee**-saa
De rekening	**La cuenta**	laa **kwen**-taa
Ik ben vegetariër	**Soy vegetariano/a**	soj bee-kee-taa-**rjaa**-noo/naa
serveerster/ober	**camarera/camarero**	kaa-maa-**ree**-raa/ kaa-maa-**ree**-roo
menu	**la carta**	laa **kar**-taa
menu tegen vaste prijs	**menú del día**	mee-**noe** del **die**-jaa
wijnkaart	**la carta de vinos**	laa **kar**-taa de **bie**-nos
glas	**un vaso**	oen **baa**-soo
fles	**una botella**	oe-naa boo-**tej**-jaa
mes	**un cuchillo**	oen koe-**tsjie**-joo
vork	**un tenedor**	oen tee-nee-**dor**
lepel	**una cuchara**	oe-naa koe-**tsjaa**-raa
ontbijt	**el desayuno**	el dee-saa-**joe**-noo
lunch	**la comida/el almuerzo**	laa koo-**mie**-daa/ el al-**mwer**-soo
diner	**la cena**	laa **see**-naa
hoofdgerecht	**el primer plato**	el **prie**-mer **plaa**-too
voorgerechten	**los entremeses**	los en-tree-**mee**-ses
dagschotel	**el plato del día**	el **plaa**-too del **die**-jaa
koffie	**el café**	el kaa-**fee**
licht doorbakken (vlees)	**poco hecho**	**poo**-koo-**et**-sjoo
medium	**medio hecho**	**mee**-djoo-**et**-sjoo
goed doorbakken	**muy hecho**	moej **et**-sjoo

Het menu

al horno	al **or**-noo	gebakken
asado	aa-**saa**-doo	geroosterd
el aceite	el aa-**sei**-te	olie
las aceitunas	aa-sei-**toe**-nas	olijven
el agua mineral	**aa**-kwaa mie-ne-**ral**	mineraalwater
sin gas/con gas	sin kas/kon kas	zonder/met koolzuur
el ajo	**aa**-goo	knoflook
el arroz	ar-**ros**	rijst
el azúcar	aa-**soe**-kar	suiker
la carne	**kar**-ne	vlees
la cebolla	see-**boj**-jaa	ui
el cerdo	**ser**-doo	varkensvlees
la cerveza	ser-bes-saa	bier
el chocolate	tsjoo-koo-**laa**-te	chocolade
el chorizo	tsjoo-**rie**-soo	gekruide worst
el cordero	kor-**dee**-roo	lamsvlees
el fiambre	**fjam**-bre	koud vlees
frito	**frie**-too	gefrituurd
la fruta	**froe**-taa	fruit
los frutos secos	**froe**-tos **see**-kos	noten
las gambas	**kam**-bas	garnalen
el helado	ee-**laa**-doo	roomijs
el huevo	**wee**-boo	ei
el jamón serrano	**gaa**-mon ser-**raa**-noo	gerookte ham
el jerez	**gee**-res	sherry
la langosta	lan-**kos**-taa	kreeft
la leche	**let**-sje	melk
el limón	lie-**mon**	citroen
la limonada	lie-moo-**naa**-daa	limonade
la mantequilla	man-te-**kie**-jaa	boter
la manzana	man-**zaa**-naa	appel
los mariscos	maa-**ries**-kos	vis
la menestra	mee-**nes**-traa	groentenstoofschotel
la naranja	naa-**ran**-gaa	sinaasappel
el pan	pan	brood
el pastel	pas-**tel**	cake
las patatas	paa-**taa**-tas	aardappelen
el pescado	pes-**kaa**-doo	vis
la pimienta	pie-**mjen**-taa	paprika
el plátano	**plaa**-taa-noo	banaan
el pollo	**poj**-joo	kip
el postre	**pos**-tre	dessert
el queso	**kee**-soo	kaas
la sal	sal	zout
la salsa	**sal**-saa	saus
seco	**see**-koo	droog
el solomillo	soo-loo-**mie**-joo	lendebiefstuk
la sopa	**soo**-paa	soep
la tarta	**tar**-taa	taart/cake
el té	tee	thee
la ternera	ter-**nee**-raa	biefstuk
las tostadas	tos-**taa**-das	toast
el vinagre	bie-**naa**-kre	azijn
el vino blanco	**bie**-noo **blan**-koo	witte wijn
el vino rosado	**bie**-noo roo-**saa**-doo	rosé
el vino tinto	**bie**-noo **tien**-too	rode wijn

Getallen

0	**cero**	**see**-roo
1	**uno**	**oe**-noo
2	**dos**	dos
3	**tres**	tres
4	**cuatro**	**kwa**-troo
5	**cinco**	**sien**-koo
6	**seis**	seis
7	**siete**	**sje**-te
8	**ocho**	**ot**-sjoo
9	**nueve**	**nwee**-be
10	**diez**	djes
11	**once**	**on**-se
12	**doce**	**do**-se
13	**trece**	**tres**-se
14	**catorce**	kaa-**tor**-se
15	**quince**	**kien**-se
16	**dieciséis**	dje-sie-**seis**
17	**diecisiete**	dje-sie-**sje**-te
18	**dieciocho**	dje-sie-**ot**-sjo
19	**diecinueve**	dje-sie-**nwee**-be
20	**veinte**	**bein**-te
21	**veintiuno**	bein-tie-**oe**-noo
22	**veintidós**	bein-tie-**dos**
30	**treinta**	**trein**-taa
31	**treinta y uno**	trein-taa-ie-**oe**-noo
40	**cuarenta**	kwaa-**ren**-taa
50	**cincuenta**	sien-**kwen**-taa
60	**sesenta**	see-**sen**-taa
70	**setenta**	see-**ten**-taah
80	**ochenta**	ot-**sjen**-taa
90	**noventa**	noo-**ben**-taa
100	**cien**	**sjen**
101	**ciento uno**	**sjen**-too **oe**-noo
200	**doscientos**	dos-**sjen**-tos
500	**quinientos**	kie-**njen**-tos
700	**setecientos**	see-tee-**sjen**-tos
900	**novecientos**	noo-bee-**sjen**-tos
1000	**mil**	miel
1001	**mil uno**	**miel oe**-noo

Tijd

een minuut	**un minuto**	oen mie-**noe**-too
een uur	**una hora**	**oe**-naa **o**-raa
halfuur	**media hora**	**mee**-djaa-**o**-raa
maandag	**lunes**	**loe**-nes
dinsdag	**martes**	**mar**-tes
woensdag	**miércoles**	**mjer**-koo-les
donderdag	**jueves**	**gwee**-bes
vrijdag	**viernes**	**bjer**-nes
zaterdag	**sábado**	**saa**-baa-doo
zondag	**domingo**	doo-**mien**-koo

A
B
C
1
2
3
4
5
Wegenkaart van Andalusië
EX112
N630 (E803)
N432
N502
Pozob
SIERRA
MO
N433
Jabugo
Aracena
SIERRA DE ARACENA
Minas de Riotinto
N435
SIERRA NORTE
Cazalla de la Sierra
Constantina
A455
C433
A431
Medina Azahara
Almodóvar del Río
Guadalquivir
Palma del Río
Écija
El Condado
Sanlúcar la Mayor
Itálica
NIV (E5)
Carmona
A472
A483
A49 (E1)
Castilleja de la Cuesta
Sevilla
Alcalá de Guadaira
A92
Huelva
Moguer
Palos de la Frontera
La Rábida
Isla Cristina
Ayamonte
Punta Umbría
Mazagón
A494
El Rocío
Matalascañas
A364
Osuna
Estepa
Fuente de Piedra
Costa de la Luz
PARQUE NACIONAL DE DOÑANA
A4 (E5)
Lebrija
NIV
A382
Garganta del Chorro
Carratraca
Álora
Sanlúcar de Barrameda
Chipiona
Jerez de la Frontera
Arcos de la Frontera
Prado del Rey
Grazalema
A376
Ronda la Vieja
Ronda
Benaoján
Rota
El Puerto de Santa María
A381
A369
Cádiz
San Fernando
Medina Sidonia
A375
Jimena de la Frontera
San Pedro de Alcántara
Marbella
Mijas
Fuen
A390
Manilva
A7 AP7 (E15)
Estepona
Castellar de la Frontera
Sotogrande
N340 (E5)
Costa
San Roque
Los Barrios
La Linea de la Concepción
Gibraltar
Algeciras
Tarifa
0 kilometer
50
Estrecho de Gibraltar
Ceuta (SPAIN)
Tanger
S704
P2
P38
P28
Tétouan
P37
Asilah
Larache
MAROKKO
Chefchaouen
P39
SYMBOLEN
Luchthaven
Veerdienst
Station
AVE-treinaansluiting
Spoorlijn
Snelweg
Hoofdweg
Secundaire weg
Weg in aanleg